由南开大学中外文明交叉科学中心资助出版
南开大学中外文明交叉科学中心文明互鉴系列

中世纪的西方精神生活

The Western Spiritual Life during the Medieval Period

于可 著

中国社会科学出版社

图书在版编目(CIP)数据

中世纪的西方精神生活／于可著．—北京：中国社会科学出版社，2024.5

（南开大学世界古史论丛）

ISBN 978-7-5227-3528-3

Ⅰ.①中… Ⅱ.①于… Ⅲ.①西方国家—中世纪史 Ⅳ.①K13

中国国家版本馆 CIP 数据核字（2024）第 091530 号

出 版 人	赵剑英
责任编辑	安　芳
责任校对	张爱华
责任印制	李寡寡

出　　版	中国社会科学出版社
社　　址	北京鼓楼西大街甲 158 号
邮　　编	100720
网　　址	http：//www.csspw.cn
发 行 部	010-84083685
门 市 部	010-84029450
经　　销	新华书店及其他书店

印刷装订	北京君升印刷有限公司
版　　次	2024 年 5 月第 1 版
印　　次	2024 年 5 月第 1 次印刷

开　　本	650×960　1/16
印　　张	24
字　　数	321 千字
定　　价	108.00 元

凡购买中国社会科学出版社图书，如有质量问题请与本社营销中心联系调换
电话：010-84083683
版权所有　侵权必究

"南开大学世界古史论丛"编委会

陈志强　江　沛　杨巨平　叶　民

"南开大学世界古史论丛"总序

南开大学历史学科即将迎来建立百年的日子，为纪念这一重要时刻，特推出"南开大学世界古史论丛"。作为南开大学世界史学科发展的重要学科领域，世界上古中古史学科方向经几代学者的不懈努力，不仅培养了大批学有专长的后备人才，而且取得了显著的科研成果。在世界上古中古史学科发展的历史上，涌现出蒋廷黻（曾开设欧洲文艺复兴史）、雷海宗、黎国彬、辜燮高、陈楠、王敦书、于可、李景云等蜚声国内外的老一辈学者群体，他们的弟子遍及海内外，也为其后以陈志强、杨巨平和王以欣等学者为代表的学科中坚力量的发展打下了坚实的学术基础。

改革开放以来，本学科优势持续发扬光大，呈现出令人可喜的局面，形成了西方古典史、拜占庭史、古代中西交流史、古埃及学等诸多国内领先的研究领域，在国内外学界的影响力持续增强。作为南开大学世界史学科重要的组成部分。世界上古中古史学科方向先后建立了南开大学希腊研究中心（教育部国别和区域研究备案中心）、西方古典文明研究中心、东欧拜占庭研究中心、丝路古代文明研究中心等学术机构，承担国家社科基金重大项目及以下各级别研究课题多项，培养了数以百计的硕士和博士生，他们已经成为国内各高校和科研机构的骨干力量。

为了继承和发扬传统、回顾和总结经验和成果、激励后学，在学院和学校各级领导大力支持下，我们决定共同努力，收集整

"南开大学世界古史论丛"总序

理南开大学世界史老中青三代教师们的相关成果,编辑和出版"南开大学世界古史论丛"。该论丛以马克思主义历史唯物论为指导,突出学术性,展现南开大学世界上古中古史研究的实力,并向南开大学历史学科百年生日献上一束花,祝愿学科发展再上层楼。

序

这篇文字曾用于《于可先生文集》，经先生同意后稍加修改用在这里，一是表达弟子的心情，二是再度重温先生的道德文章。于可先生已过鲐背之年，身体依然健康，思维仍旧敏捷，只是语速更慢，步履更缓了些。他虽是耄耋老人，但还是非常健谈，特别是回忆往事的聊天每每过了两个时辰而不知。他是我的硕士研究生导师，更是我一生"问计于南山"的师长，可以说我是在先生的关注下成长的，我的每一步发展都凝结着先生的心血。我敬佩先生的道德文章，特对其学术贡献做如下归纳，以备后学参考学习。

一 基督教史及其学术研究

于可先生自20世纪80年代初开始，陆续在《历史研究》《世界历史》《世界宗教研究》等学术刊物上发表论文，在基督教史、宗教改革史、马丁·路德研究等方面提出了系统的学术观点，成一家之言，被研究马丁·路德的芬兰专家卢卡南教授誉为"中国研究马丁·路德第一人"，此处所谓"第一"还指研究的水准。

根据先生自述，他选择基督教这个研究方向是接受了雷海宗先生的指点，因为雷先生曾对他说："不了解基督教是怎么回事，是不可能学好世界史的。中国学术界自'五四'以来，无人专门研究基督教史，你如有兴趣，将来可以研究基督教的历史地位与作用，但难度很大。"(《于可自述》，见陈洪主编《南开学人自述》（第二卷），南开大学出版社 2016 年版）众所周知，改革开放以前，从事基督教史研究非常艰难，相关研究成果特别少见，诚如雷先生所言，相关研究人员更是寥寥无几，与今日盛况形成鲜明对照。究其原因不仅是当时的研究环境有极大局限性，而且也存在研究者的工作语言瓶颈和研究资料匮乏的问题。于可先生正是在这样一个艰深的领域首先进行了艰难的开拓性研究工作。

于可先生在这个"无人专门研究"的领域，艰苦探索，成就非凡。《试论原始基督教的政治思想》(《世界历史》1981 年第 4 期)、《试论原始基督教的演变及其必然性》(《世界宗教研究》1986 年第 2 期)、《原始基督教的产生》《原始基督教的发展和演变》(载《世界历史大事集》古代部分·第一分册，重庆出版社 1982 年版) 和"当代新教的发展趋势"(于可主编：《当代基督新教》，东方出版社 1993 年版，第 9 章) 等研究成果最有代表性，他认为对原始基督教的认知不能仅仅停留在一般知识性的了解和教义信条的解读，而是应在当时的历史变动背景中去分析其政治思想。他根据大量的史料得出结论，认为原始基督教不仅是犹太教的一个教派，而且是一个新的政治派别，其政治思想和行动纲领包括：揭露罗马帝国的黑暗统治，号召人民奋起反抗；提出建立现实的、平等的、公共消费的、劳动人民掌权的新社会；指出推翻罗马统治并建立理想国的途径和依靠力量。作为一个革命性的政治派别，其思想理论具有明显的现实性、鲜明的阶级性、实现平均主义的公正性、人人平等的公平性。然而原始基督教在经历了三百年之后，逐渐演变成为罗马帝国的国教，成为奴隶主阶级的御用工具。这是为什么？它是怎样演变的？具体过程又如何？对于这些问题于可先生进行了深入的研究，认为原始基督教的演变首先表现在信徒阶级结构的变化和保罗派基督徒在斗争中逐渐占据了上风。随着保罗派的兴起，在流传的过程中，教会组织逐渐产生了长老或执事，他们多出自富有家庭，既有空余的时间，又能提供作为会堂的场所，教会组织内部的阶级构成发生了变化。由于原始基督教在流传过程中，非犹太人大量参加，阶级基础发生变化，保罗派在教义中大量吸收希腊罗马庸俗哲学，特别是吸收斐洛哲学与塞涅卡哲学，进而深刻改变了基督教的政治思想：即从反抗罗马的统治演变为主张服从罗马皇帝的统治，甘当顺民，神化皇权；从否定奴隶制度转化为承认奴隶制度的合理性，宣扬服从天命；否认地上的千年王国，把理想社会演化为虚幻的天国；从斗争哲学改变为宣扬无原则的忍耐与超阶级的爱。这一研究成果以坚实的史料证据和严谨的逻辑论说，拨开了认识原始基督教的层层迷雾，有助于人们对基督教特别是其早期发展历史的全面了解。

于可先生还在全面梳理基督教历史的基础上，对当代基督新教做了广泛调研，高度概括出当代基督新教的发展趋势，即信徒结构深刻变动、教会重心逐渐转移、在西方信仰危机的背景下呈现出世俗化、神学和教会组织的多元化和两极化趋势、第三世界信徒增加和民族化。这一观点以马克思主义历史唯物论为指导，系统总结了当代基督新教的深刻变化和发展趋势，准确把握了基督教整体历史发展的脉络，得到学界的广泛认同，并在很多大学中成为高等教育关于基督教历史发展的知识框架。

二　马丁·路德专题研究

宗教改革的发起者是德意志人马丁·路德。对于这位深受德国人民爱戴的教士，我国学者并不陌生。马克思主义经典作家对马丁·路德宗教改革及其引发的德国农民战争有精彩的论述，其阶级分析的思路很受我国学界的欢迎，因此在相当长一段时间里，依据马克思、恩格斯的阐释进行的研究形成了我国学者的思维定式。于可先生有针对性地开展基础研究工作，实事求是地重新梳理其改革实践活动，全面解读其作品，客观分析评价其历史作用，形成了客观合理的结论。其相关系列研究成果不仅为我国学界所公认，也为国际学界所关注，于可先生进而成为我国马丁·路德研究的首席专家，代表中国学界参与多种国际学术活动。1995 年在海德堡大学举行的路德研究国际会议（International Congress for Luther Research）期间，于可先生与雷雨田教授向有关负责人倡议编译 15 卷本的《路德文集》，受到与会者的高度重视。会后，达成具体合作意向：由中国（含香港、台湾地区）和美国的"路德学者"组成编委会共同主持落实此项工作，于可先生与美国教授被选举为编辑委员会轮任主席（2012 年先生辞去该职务），2015 年《路德文集》中译本已出版了 4 卷，其他 11 卷也将陆续出版。

《马丁·路德早期政治思想初探》（《世界宗教研究》1983 年第 2 期）、《加尔文的"预定论"与资产阶级——兼与马丁·路德"唯信称义"说比较》（《历史研究》1985 年第 3 期）、《论西欧资本主义早期的观念更新问题（兼评加尔文主义的历史作用）》（《史学理论》1988 年第 2 期）等论文在其发表的 50 多篇研究成果中最有代表性。作者以历史唯物主义的研究思路，对马丁·路德的政治思想做了深入的探讨，认为这个宗教改革运动的发起者是在欧洲特别是德意志历史巨变的时代，在人民群众运动的推动和支持下，提出了拯救德意志民族的政治思想，包括作为其政治思想理论基础的"因信称义"（唯信称义）和三大政治主张，即驱逐罗马教廷的政治特权、经济势力于德意志国土之外，实现民族独立；政教分离，君权独立，建立民族的与廉俭的教会；批判等级制度，为市民资产阶级争取自由、平等。难得的是，于可先生分析了马丁·路德早期政治思想的历史进步性和局限性，认为它是 16 世纪德意志历史的产物，反映了当时正在成长的、不成熟的市民资产阶级的政治要求，既有革命性的一面，又有明显的软弱性、不彻底性与对国内封建势力的依赖性，因而在革命的关键时刻，他必然投效诸侯，反对农民战争，这是那个时代德意志市民资产阶级两面摇摆的政治态度的具体反映与表现。

于可先生充分肯定了马丁·路德开启欧洲宗教运动的巨大历史功绩,指出正是路德提出的改革主张和思想理论突破了天主教长期禁锢人民精神的枷锁,打破了信仰上帝必须通过罗马教会规制的要求和信仰不自由的思想牢笼,瓦解了罗马教会在信徒与上帝交流中虚构出的特殊作用,将罗马教廷一再强化的神学限制和罗马教廷掌控信徒信仰的关键"角色"打得粉碎,进而赋予普通信徒直接阅读和自由理解《圣经》的权利。这一观点在20世纪80年代的中国学术界实有振聋发聩的学术意义,因为它突破了当时中国学者在马丁·路德研究中思想僵化的学术束缚,打破了很长一段时间里中国学界对马克思主义经典作家的解读和理论方法上的思维模式,树立起马克思主义在相关问题上的中国式解读,因此在学者中产生了积极的反响。

三 宗教改革史及其流派沿革

基督教自产生之日起便不断变革,以适应时代的变化。其早期历史上的保罗派改革促使该教向世界性宗教迈出了一大步,中古时代其不同教派的变革又为今日基督教整体构架奠定了基础。但是,其中最大的变革发生在近代早期的欧洲,宗教改革推动了基督教历史上的第二次大分裂,也同时开创了基督新教自由发展的时代。当时,我国学界在宗教改革史和基督新教发展史方面的研究都比较欠缺,于可先生知难而上,在这一领域进行了大胆的开拓性研究,并取得了重要成果,为学界所公认。

于可先生全面研究了欧洲宗教改革各个主要流派,最为学界认同的是其对加尔文和宗教改革整体思想的研究。他对比了欧洲宗教改革两大重点地区的实况,认为法国——以及瑞士——资产阶级与德意志资产阶级面临的历史环境不同,其中心任务是批判天主教的封建神学,建立适合法国国情的资产阶级神学理论,为资本主义的合理性提供理论基础和宗教依据,加尔文很好地完成了这一历史任务。加尔文提出的"预定论"（包括"天命说""拣选说"和"呼召说"）等救赎理论，是其继承保罗、奥古斯丁的救赎理论并推进马丁·路德"唯信称义"说的重要思想成果，将被动的宿命论变为法国资产阶级急需的新救赎观，对新兴资产阶级的发展具有重要意义。这一结论精练地解释了经历改革的基督新教是如何转变为资本主义精神的。特别是于可先生对加尔文和马丁·路德思想理论高度概括精练的总结，清晰地向人展示了复杂多变，甚至令人眼花缭乱的欧洲宗教改革的理论内核，这一学术结论至今为后辈学者所引用。

  于可先生对于加尔文思想的研究并没有止步于此，而是进一步探讨了这一思想是如何影响欧洲资产阶级发展的。他深刻指出，西欧从封建制向资本主义制度转变时期，反封建思想观念斗争、进行观念更新具有长期性与艰巨性。自文艺复兴以后，对封建观念的批判长达400年之久。即便从加尔文主义诞生之日计，也有近200年的历史。在长期的反封建斗争中，以宗教的说教、上帝的监督强化新观念的树立和思想更新成为重要特点。在欧洲资产阶级革命前，它是发动革命的理论和精神力量，在革命后，以之改造社会和人的思想，并逐步形成一种传统，对西欧、北美有关国家的影响长达200年之久。启蒙运动后，由于科学的发展与社会的进步，国家实行政教分离，人们的宗教观念逐渐淡薄。但是，宗教迷雾开始消散后，这些资产阶级商品生产的新观念已根植于世俗社会之中，从西方奋发向上的企业家、事业家、科学家、社会中坚与精英人士中不难找到加尔文主义思想观念的痕迹与精神。于可先生归纳总结了加尔文学说具有突出贡献的几个方面：在人的价值观念、忠于职守并努力提高效率的观念、把握机会的机遇观念、勤奋节俭观念、时间观念、民权观念、商品经济和商业精神，从而解决了资产阶级发展中的思想理论难题。加尔文主义的思想观念，尽管具有明显的资本主义性质，但与西欧的封建观念相较，诸如封建贵族的骄奢淫逸，浪费无度，生活昏庸，无所事事，讲求门第，饱食终日，高高在上，追求神权等，无疑具有历史的进步性，理应属于人类历史上优秀文化遗产的一部分。

于可先生还对受到热捧的马克斯·韦伯的观点进行批评，十分到位，认为韦伯脱离了历史发展的物质背景，单纯从人类精神层面分析问题的方式方法缺乏研究物质运动的基础，而后者是不以人的意志为转移的。这些观点之深刻，至今仍然闪烁着思想的光辉。

四 基督宗教知识普及

很长一段时间以来，学术界形成了一种不成文的习惯，将研究成果转化为适合普通民众理解的知识即所谓"大众普及"工作视为分外之事，不屑于为之劳神费力。学者们愿意在书斋里沉思默想而不愿意面对普通百姓，愿意在课堂上对学生们高谈阔论而不愿意解答一般民众的问题，并以"阳春白雪"自诩，难与"下里巴人"为伍。于光远先生对这种情况也深表担忧，公开提出我国民众对于基督教历史和基本宗教知识无知的状态，并呼吁学界需要大力开展基督宗教知识的普及工作。正是在这一背景下，于可先生充分发挥专家学者的优长，投入相关的写作工作。目前，我国学界忽视学术成果普及工作的情况已经大有改观，而在基督宗教知识普及工作方面，于可先生是先驱者之一，直到八十多岁时还在为此笔耕不辍。于可先生普及基督教历史知识的作品非常丰富。由《外国史知识》杂志连续刊载的《基督教史话》便涉及基督教的基本概念、基督教的产生及其演变、基督教的派别、基督新教及其宗派、马克思主义与基督教等（《外国史知识》1985年第4—8期），向读者细致地介绍了相关知识。由《世界宗教文化》杂志连续刊载的基督新教及其宗派则涉及了加尔文宗、路德宗、公理宗、贵格宗、卫斯理宗、浸礼宗、安立甘宗，以及基督新教几大教派之外的其他派别等基督新教的历史知识（1984年第

序

1期—1985年第1期、1988年第4期)。《基督教史话》(载《世界古今宗教史话》,商务印书馆1991年版)和《耶稣》(新蕾出版社2000年版)也是于可先生以通俗易懂的语言向广大读者普及相关知识的作品,其中包含着他常年进行艰深学术研究的心血。

于可先生一生致力于高等教育事业,始终坚持工作在本科教学的第一线。实事求是地讲,由于历史的原因,于可先生开始全身心投入学术研究和教学工作的时间比较晚。但是他克服了诸多不利因素,珍惜分分秒秒,深入钻研学问,不求功名利禄,后半生专一治学,心无旁顾,持之以恒,坚持不懈,取得了令学界同仁和后辈学人敬佩的成果,受到国内外同行的重视。不仅前往国内许多所高校讲演,还先后多次出国进行学术交流,于1989年应美中学术交流会邀请赴明尼苏达大学圣克罗第分校,路德神学院等四所院校访问讲学。不久又参加在德国海德堡大学、丹麦哥本哈根大学等地举行的相关国际会议和讨论会,1993年,受邀参加美国的"马丁·路德国际学术讨论会"。其学术成就深受国外相关权威学术组织的认可,授权他推荐中国学者参加相关会议。

作为于可先生的弟子,我一直以先生为榜样,学习先生治学一丝不苟、为人诚实可靠的品行,希望先生能够健康长寿,以苏轼的《次韵子由三首》诗句"到处不妨闲卜筑,流年自可数期颐"为结尾吧。

陈志强于南开园

目　录

第一编　基督教史研究

十年来我国关于基督教史研究的评估 / 003
基督教简史 / 015
试论原始基督教的政治思想 / 039
试论原始基督教的演变及其必然性 / 053

第二编　路德研究

20 世纪西方史学界的"路德复兴" / 073
马丁·路德早期政治思想初探 / 081
关于马丁·路德评价的几个问题
　——纪念马丁·路德诞辰五百周年 / 105
马丁·路德生平 / 123

第三编　加尔文研究

20 世纪西方史学界关于加尔文的研究 / 181

目 录

加尔文的"预定论"与资产阶级
　　——兼与马丁·路德"唯信称义"说比较 / 187

第四编　新教宗派研究

基督新教的七大宗派及其历史渊源 / 211

路德宗 / 225

加尔文宗 / 234

近年来西方史学界的闵采尔研究热潮 / 246

安立甘宗 / 257

公理宗 / 266

卫斯理宗 / 274

浸礼宗 / 285

贵格宗 / 294

新教几大教派外的其他派别 / 304

第五编　新教影响研究

论西欧资本主义早期的观念更新问题
　　——兼评加尔文主义的历史作用 / 323

基督新教与天主教的关系及其区别 / 348

1996年世界基督教信徒的增减状况 / 356

天主教自由派向保守派的新挑战
　　——评《困境中的教会——梵蒂冈是否
　　　背叛了梵二会议?》 / 359

第一编

基督教史研究

十年来我国关于基督教史研究的评估

基督教史是世界历史与宗教学的重要组成部分，是内容浩瀚、丰富多彩的一门专史。在我国，对于基督教史（不含中国基督教史）的研究起步较晚，基点较低，尚属一门新兴学科。十一届三中全会召开以来，这方面的研究工作已经开始，现把这方面的研究情况综述如下。

一 十年来研究工作的回顾

1978 年以来，世界史学界的基督教史研究具有以下成果与特点：

（一）发表了一批论著。主要有李平晔的《人的发现——马丁·路德与宗教改革》（四川人民出版社 1983 年版）；张绥的《中世纪"上帝"的文化——中世纪基督教会史》（浙江人民出版社 1987 年版）与《东正教和东正教在中国》（学林出版社 1986 年版）。主要内容含有基督教史的作品有：黄心川、戴康生等编著《世界三大宗教》（生活·读书·新知三联书店 1979 年版）；于可主编的《世界三大宗教及其流派》（湖南人民出版社 1988 年版）等。

公开发表的学术文章逐年上升，十年来共发表 383 篇（不含译文），其中论文 153 篇，研究动态 35 篇，评介文章 195 篇。十年来，基督教史文章发表的园地也在不断增加。除《世界宗教研究》《世界宗教资料》发表大量基督教史文章（82篇）外，全国性的报纸和史学刊物也公开发表了一批文章，计《人民日报》（9篇）、《光明日报》（7篇）、《历史研究》（4篇）、《世界历史》（9篇）、《世界史研究动态》（13篇）、《历史教学》（11篇）。各高等学校学报发表的相关文章也为数不少，计85篇，其余散见于其他报纸杂志。

（二）研究与教学工作相结合，队伍不断扩大。十年来在高校中初步形成了一支基督教史的研究队伍，专门或主要从事这一领域的研究工作，包括老、中、青三代，总数30余人。开设此课者有南开大学、杭州大学、北京大学、南京大学、复旦大学、湘潭大学、北京师范大学等十余所高校，有的学校还招收了此研究方向的硕士学位研究生（过去除神学院和教会大学外，在国立大学无开此课者）。在世界史学界对此感兴趣者亦不乏其人，近年来还涌现了一批青年学者，并研修有成。

参加有关工具书和普及读物的编写。基督教史研究工作者参加了有关世界历史工具书的编写。朱庭光主编的《外国历史名人传》中含有基督教人物16篇。朱庭光、张椿年主编的《外国历史大事集》内含有关基督教史事件15篇。十年来，已出版这一领域的外国历史小丛书有《教皇史话》《马丁·路德》《闵采尔》《基督教史话》《英国新教及其宗派》《东正教》《胡格诺战争》等。此外尚有发表于各报刊的知识性文章195篇，它们满足了各界的需要，普及了基督教史的知识。

进行学术讨论与交流。十年来，世界中世纪史研究会与有关高校举行了三次宗教改革史的学术讨论会。1983年在长沙举行了"纪念马丁·路德诞生五百周年学术讨论会"。这是我国首次召开的有关基督教史人物的学术会议，提交论文40余篇。与会者就路德宗教改革的历史背景、神学思想、政治社会思想及历史评价等进行了热烈讨论，促进了基督教史的研究。1987年在西安召开了

"文艺复兴与宗教改革学术讨论会",会议就文艺复兴与宗教改革之关系、加尔文与路德神学思想、社会思想的比较,做了较广泛的探讨,把研究向纵深发展推进了一步。1988年在开封举行了"16世纪社会变革学术讨论会",与会者就英国宗教改革的历史背景、宗教改革运动的影响与意义交换了意见。为了协调与深入进行宗教改革史的研究,还筹备组建了"文艺复兴与宗教改革史研究分会",报名参加者30余人。与此同时,尚进行了一些国际学术交流。

二 重点讨论的问题与观点

十年来,我国世界史学界对近两千年的基督教史作了较广泛的研究,内容涉及各个历史时期的有关神学、哲学、伦理、社会、政治、教义、组织、礼仪、人物、事件等诸方面的探讨。其中较集中和较深入讨论的问题有以下七个方面。

(一) 耶稣其人。关于耶稣是否确有其人的问题,自18世纪以来,西方史学界一直争论不休,我国学者对此意见亦不一,目前有两种不同意见。一种意见认为耶稣是真实的历史人物,确有其人,其依据有三:其一,1世纪犹太史家约瑟弗斯著作中曾提到耶稣,并说"他是基督"。虽然这句话很可能是改写,但不能作为不存在这一历史人物的依据。其二,罗马史家著作中说明了基督教是由一个称为"基督"的人所创立,而对基督徒来说,它是耶稣的专有称号。其三,福音书的资料来源可能包括从耶稣活动时期到成书时期有关耶稣各种传说的记载,故有一定的真实性。据此三方面说明耶稣是一个历史人物,他很可能是当时犹太社会群众运动的领袖,运动失败后,人民长期铭记他,奉为救世主。[1]另一种意见认为在历史上并无耶稣其人,仅是传说的虚构人物,

---

[1] 胡玉堂:《历史上的耶稣》,《历史研究》1981年第2期。

因为在他同时代或 1 世纪的作品中几乎没有可靠的材料提到过他。"耶稣"仅是犹太人中一个非常普遍的名字,是"约书亚"一词的希腊文译法。① 主张此看法者尚有一些同志。我认为在发掘出新的史料以前,从历史科学的角度,很难确切地说明其有或无。但根据目前的迹象和基督教的传说来看,我赞同证明耶稣无比证明耶稣有更困难。此问题的最终解决,尚有待于新史料的发现。

(二)原始基督教的性质与作用。原始基督教产生之初,其性质与作用如何?它仅仅是一个宗教派别还是兼有政治性质?其思想是否具有进步性,还是只有麻醉性,历史作用如何?十年来我国世界史学者对此讨论颇为热烈。归纳起来有以下四种意见。第一,认为它是犹太民族争取独立解放高潮中派生出来的一个犹太教的新宗派,但这只不过是受尽磨难的群众对强大敌人无可奈何,只有发发牢骚,表现对现实苦难的抗议而已。他们没有组织群众斗争,没有革命行动,只把希望寄托于神,消极等待救世主来临。它只能用这种永远不能实现的幻觉使群众麻木下去。认为它是麻醉人民的鸦片。② 第二,与前者不同,认为它的纲领中,革命因素是主要的。它反抗压迫的革命精神,在斗争中团结互助,民族平等、爱国主义精神都很突出,它并不都是消极等待,而基本上是号召人们积极行动。"千年王国"的理想有其消极的一面,但它却可能促使人们积极努力,而且它是当时革命运动的外衣和组织形式。③ 第三,从当时犹太社会的主要矛盾与社会思想角度评价,认为原始基督教不仅是犹太教的一个新教派,也提出了新的政治、社会思想与纲领,最初它是作为被压迫群众的运动而产生的,是奴隶和被释放奴隶的宗派。其进步意义在于反对罗马帝国统治,提倡在现实土地上建立一个理想的、平等的、公共消费的

---

① 颜昌友:《耶稣——传说中的虚构人物》,《世界宗教研究》1981 年第 2 期。
② 司马英:《对原始基督教的认识与评价》,《昆明师院学报》1980 年第 4 期。
③ 姚鹏:《原始基督教是被压迫阶级的革命运动》,《复旦学报》1981 年第 4 期。

社会与国家。其政治、社会思想既有积极的革命的一面,又有消极的、空想的和虚幻的一面。但在其初期,积极因素起了较大作用,并对后世欧洲历史、思想史有着巨大的影响。① 第四,认为原始基督教根本就不是社会政治运动,也不是作为阶级斗争的产物——不论是积极的还是消极的——而出现的。因而谈不到革命还是反动的问题。基督教亦断无什么狭隘的民族意识和爱国主义观念,如果说原始基督教有什么革命性的话,那么,它确是思想史、伦理史、文化史上的一次革命。②

产生以上不同意见的原因有很多,主要有以下三点:其一,原始基督教(1世纪30年代至392年)有一个漫长的发展过程,包括产生期、形成期与演变期,研究其性质与作用在时间上宜具体分析,才能得出较全面的结论。其二,分析的角度有所不同。其三,对《新约全书》各章形成的过程、时间、作者等以及《新约伪经》均有待于深入探讨,确定其可靠程度,始有助于这一问题的圆满解决。

(三)德意志宗教改革运动的背景、性质与任务。关于德意志宗教改革运动的资产阶级性质,学者们看法一致。但由于对16世纪德国的经济发展水平、资产阶级成熟的程度的估计和认识不同,因而对这一革命运动的主要任务存在不同的看法与要求。主要有五种:其一,变革生产关系,进行资产阶级的革命。持此看法的同志认为"16世纪初叶,德国社会经济发展水平在欧洲是名列前茅的……德意志工商业的发展水平也不落后于其它国家",宗教改革"是资产阶级为了从意识观念形态上建立符合自身利益的宗教的过程,是为了借此建立资本主义土地所有制的一种形式"③,"宗教改革决不是天主教内部的神学纷争,而是一场变革封建制度的政治大革命"④。

---

① 于可:《试论原始基督教的政治思想》,《世界历史》1981年第6期。
② 安希孟:《关于原始基督教的性质》,《宗教》1981年第2期。
③ 郑如霖:《论欧洲早期的宗教改革运动》,《华南师范学院学报》1979年第2期。
④ 孟广林:《"第一号资产阶级革命"——世界中世纪史的终结和近代史的开端》,《贵州大学学报》1985年第4期。

007

其二，民族自主。16世纪"德意志的经济状况造成了政治上的分散性，由此决定了在阶级关系上地方诸侯的经济、政治势力的强大。王权衰落、市民阶级软弱……当时客观条件比较成熟的只是德意志民族摆脱罗马教皇的压迫，维护民族独立的革命运动"①。"在德国随着教廷压榨的加重，民族主义也在滋长，可悲的是德国没有能与教廷相抗衡的王权，因而就只有通过全民族的浴血奋战换来别国用法令、诏典得到的果实。"② 其三，主要目标是建立民族的廉俭教会。路德的宗教改革"是由正在形成中的温和的资产阶级代表人物所领导，主要目标是建立民族的廉俭教会"。"路德的改革同德国农民战争，从其任务、战斗目标、活动的内容和形式，以及时间范围等多方面来看，二者是内容不尽相同的两个运动。"③ 其四，基本任务是结束分裂局面而建立统一的国家。"十六世纪初德国的资本主义生产已有一定程度的发展，资产阶级开始形成，德国革命的基本任务是结束国家分裂局面，建立一个能为资本主义发展开辟道路的统一的中央集权国家。"④ 其五，民族独立与国家统一。"16世纪初德国工商业中一些部门已达到或超过当时西欧先进国家的水平，德国当时面临的任务是民族独立与国家统一，二者虽有区别，但又互相联系，不能割裂。"⑤

以上五种看法均有其理由与根据。在整个西欧，资产阶级革命运动有一个由浅入深的过程，且各个国家和地区在政治、经济、思想诸方面的发展亦不平衡，从近代的观点来观察，德意志需要解决的问题很多，如民族自主，消除封建割据，建立统一的中央集权国家，以至于进行资产阶级革命等，但我们对

---

① 于可：《关于马丁·路德评价的几个问题》，《世界历史》1983年第6期。
② 修海涛：《德国宗教改革的起因》，《世界历史》1982年第6期。
③ 刘明翰：《关于德国农民战争史的几个问题》，《文史哲》1985年第2期。
④ 孔祥民：《德国农民战争性质刍议》，《北京师范大学学报》1986年第2期。
⑤ 雷雨田：《马丁·路德宗教改革学术讨论会在长沙举行》，《世界史研究动态》1984年第2期。

宗教改革运动所要求的应是该国较成熟的和条件具备的内容。深入发掘史料,从中探讨其客观存在而又有可能解决的问题作为其主要任务,我以为这是解决此问题的有效途径,有待于我们做进一步的努力。

（四）马丁·路德的神学思想与政治思想研究。关于这一问题在三个方面取得新的进展。第一,我国传统认为路德宗教改革神学思想的核心是"因信称义"。近年来,我国世界史学界对此作了较细致的探讨,认为因信称义"非路德提出的为其所独有的思想,《圣经》中早已有之。路德的贡献是在此基础上提出了唯信称义说,它与因信称义有所区别"①。并进一步分析了其思想渊源,与人文主义的关系,认为它"包含了强烈的个人主义思想和反对罗马政权奴役的思想"②,把路德的神学思想讨论引向深入。第二,路德神学思想与中世纪宗教改革家神学思想的根本区别在于对《圣经》的态度。中世纪的宗教改革家把《圣经》视为法律,而路德则把《圣经》视为产生信仰的依据,这一思想成为其全部思想体系的核心。③ 第三,较深入地探讨了路德的政治思想与纲领,其内容主要是驱逐罗马教皇的政治、经济势力于国土之外,实现民族自主;政教分离,君权独立,建立廉俭的民族教会;批判等级制度,为市民资产阶级争取自由平等。④

（五）关于马丁·路德的评价。学者们由于对德意志宗教改革运动的主要任务和对路德神学、政治思想的贡献认识不同,因

---

① 于可：《马丁·路德早期政治思想初探》,《世界宗教研究》1983年第2期。雷雨田：《是因信称义还是唯信称义——评马丁·路德宗教改革政治思想的核心》,《湖南师院学报》1983年第1期。
② 李平晔：《马丁·路德因信称义说与资产阶级个人主义》,《世界宗教研究》1983年第1期。
③ 于可：《关于马丁·路德评价的几个问题》,《世界历史》1983年第6期。
④ 雷雨田：《封建神权政治的叛逆者——马丁·路德》,《湘潭大学学报》1983年第4期；于可：《马丁·路德早期政治思想初探》,《世界宗教研究》1983年第2期。

而对路德的评价提出了不同的标准,要求不一,意见分歧。归纳起来,大体上有两种不同的标准和评价。一般说来,持资产阶级革命说的学者,强调其对农民战争的态度和运动的结果,多采用阶段论的方法,把路德的一生分阶段评价。有的将其一生分为两段,认为其前段是"一个卓越的资产阶级温和派宗教改革家,伟大的德意志民族的语言家,同情下层人民,还是一位人文主义教育家兼新教教派的创始人……但随着革命的深入,其妥协性和动摇性不断暴露,以致逐渐堕落,从右倾走上反对革命的道路,成为镇压德国农民战争的帮凶"①。亦有的学者将其一生分为三个阶段,以沃姆斯会议和农民战争为分界线,评价其一生为革命—改良—叛变,最终成为叛徒。② 另一种意见则认为路德是市民资产阶级的代表人物,其纲领的根本特点是反对外部封建势力罗马教皇,并不反对国内的封建主,相反,他主张依靠国内封建主的暴力驱逐教皇的势力。他从未重视社会下层的力量,也从未主张过依靠下层发动自下而上的资产阶级革命,对农民仅是同情而已。这一态度在农民战争前后并无质的变化,所以根本谈不上叛变问题。从其贡献看,他是一位划时代的宗教改革家,也是早期资产阶级民族主义爱国者,③ 或将其评价为"向封建神权勇敢挑战的斗士","封建神权政治的叛逆者"。④

(六)关于德意志宗教改革与农民战争的关系。近年来对路德的宗教改革与农民战争的异同与关系有两种不同的看法。一种意见认为二者虽有某些共同之点,但其内容却是不尽相同的两个

---

① 郑如霖:《略论马丁·路德》,《华南师院学报》1982年第3期。
② 雷雨田:《封建神权政治的叛逆者——马丁·路德》,《湘潭大学学报》1983年第4期;于可:《马丁·路德早期政治思想初探》,《世界宗教研究》1983年第2期。
③ 于可:《关于马丁·路德评价的几个问题》,《世界历史》1983年第6期。
④ 刘菁华:《向封建神权勇敢挑战的斗士——马丁·路德》《四川大学学报》1983年第1期;雷雨田:《封建神权政治的叛逆者——马丁·路德》,《湘潭大学学报》1983年第4期。

运动。农民战争的目标是反对封建和剥削，结果以失败而告终。路德改革的主要目标则是建立廉价教会，1554年路德派教会公开确立，以成功而告终。故二者虽有重要联系，却是各有本身的线索、任务和阶段性的两个运动。① 另一种意见认为路德的改革是德国资产阶级革命的开端，是欧洲资产阶级反封建制度的第一次大决战，不能认为仅仅是为建立一个廉价的教会。农民战争是在路德的号召下发生的，是宗教改革的继续和合乎逻辑的发展。路德宗教改革是德国资产阶级革命的开始，到德国农民战争时达到顶点，农民战争失败后基本结束。②

（七）加尔文、路德比较。关于加尔文与加尔文主义，我国过去研究甚少，近年有了新进展。首先表现于对其神学思想与社会功能根据原著作了较深入的实事求是的探讨，具体分析了其预定论的内容，天命论、拣选论、呼召论三者之间的联系与内涵。有学者认为拣选论是神秘而无形的，但它通过呼召论提出了拣选的具体标志：坚定的信念、事业的成功和高尚的道德，使无形变为有形，使人看得见，摸得着，从而激励人们为求得证实自己被拣选而努力终生，为现世的事业而奋斗，促进了社会的前进和发展。③ 学者们还对加尔文与路德神学思想之异同及其社会作用作了进一步探讨，认为他们均是近代宗教改革的伟大代表人物，但其社会功能有所不同，主要有以下四种看法：其一，认为预定论的神学思想主要服务于现实社会，重点在于改造社会，与路德的"唯信称义"，与上帝的神秘的结合有所不同；另一特点是加尔文依靠选民实现自己的理想，而路德则依靠诸侯的力量实现其改革。④ 其二，路德与加尔

---

① 刘明翰：《关于德国农民战争史的几个问题》，《文史哲》1985年第2期。
② 孔祥民：《德国农民战争性质刍议》，《北京师范大学学报》1986年第2期。
③ 于可：《加尔文的"预定论"与资产阶级——兼与马丁·路德"唯信称义"说比较》，《历史研究》1985年第1期。
④ 于可：《论西欧资本主义早期的观念更新问题——兼评加尔文主义的历史作用》，《史学理论》1988年第2期。

文的神学是应两种不同的社会需要、负两种不同的历史使命而产生的，是两种不同功能的宗教理论。路德主义是世俗封建势力反对教会封建势力的理论武器，是苦难恐惧心灵的安慰。加尔文主义则是资产阶级改造社会的根本大法。① 其三，加尔文学说没有把反世俗封建势力作为主要目标……其目的主要是打击天主教会，但在新教徒处于少数的情况下，如在法国，其最高目标不是推翻天主教会，而只是用和平的方法为新教徒争取一个平等地位。② 其四，认为文艺复兴是人的发现，路德宗教改革是在宗教领域对人的肯定，而加尔文主义则是对人和社会的改造，以适应商品经济的发展。"它批判了阻碍资本主义发展的封建观念，把人改造为具有新观念、新价值观、适应商品生产的新人，从而巩固了资本主义制度，推动了生产力的发展与社会的前进。"③

三　十年来成果的评估

十年来，我们取得了上述初步成果，尽管从数量到质量方面均存在种种问题、不足与缺陷，但我们决不能低估，而应从我们自己的起点出发，做一较客观的评估。

上述成果可以认为是空前的。中华人民共和国成立以前，我国世界史学界几乎没有人专门或主要研究基督教史，文章亦颇鲜见。除教会大学和神学院外，在国立大学从未开设过基督教史课程。究其原因，除世界史学科相当薄弱外，更为重要的是与对基督教史的认识有关。基督教曾四度传入我国，前三次为和平传入，而19世纪的第四次则是伴随帝国主义的侵略，依靠火与剑，凭借

---

① 傅雁南：《路德主义与加尔文主义——两种不同功用的宗教理论》，《世界宗教研究》1986年第2期。
② 王加丰：《加尔文主义与法国宗教改革》，《世界宗教研究》1987年第1期。
③ 于可：《论西欧资本主义早期的观念更新问题——兼评加尔文主义的历史作用》，《史学理论》1988年第2期。

不平等条约大规模传入中国的。因此,基督教在中国人的心目中冠以"洋"字,是西方强制推行的结果。所以受到众多爱国的中国人的抵制,以至于在社会上多次出现教案。在学术界,许多学者出于爱国心,视之为帝国主义侵略的一部分,亦未严格区分基督教与帝国主义二者之界限,以致中华人民共和国成立以前史学界几乎无人研究。这一视角对中华人民共和国成立以后的史学界亦有影响。今天,我国实行改革开放的政策,面向世界,中西文化正在进行平等的交流。从历史的角度观察,19世纪基督教伴随帝国主义的侵略而大规模地传入我国,这是历史事实,它也给基督教蒙上了一层阴影。但近年来,我国学术界从两个方面深入思考,得出了以下两点认识。第一,帝国主义与基督教是两种不同性质的事物和范畴,帝国主义虽曾利用过基督教,而且部分传教士的确参与了侵略活动,但二者毕竟不能视为一体,相互等同。宗教是一种特殊的意识形态,是对宇宙和人生认识的一种思想体系。第二,基督教自产生起伴随着西方历史的发展已近两千年,是西方文化的主要组成部分。近代西方社会的文化渊源,一般认为来自"二希主义"(希腊文化与希伯来—基督教文化),深入研究基督教历史对于我们认识今日西方有着重要意义,也有利于我们汲取有益之精华。因此,加强对基督教史的研究,具有重要的现实意义。

上述成果也是1978年以前所无法取得的。在当时的条件下,基督教史的研究基本上是一片空白,在1949—1978年近30年中无一部专著,公开发表的文章仅48篇,平均每年不到两篇(不含中国基督教史),且多属评价与批判文章。究其原因是多种因素造成的。中华人民共和国成立后除受到传统的影响外,又由于全盘引进苏联当时的史学观点,其中许多属于片面或僵化地理解马克思与恩格斯的某些具体论断。我国史学界和宗教学界受其影响较大,在基督教史研究中存在着教条主义的倾向,集中表现在两个方面:其一,以现成的结论代替具体问题的具体分析。对基督教历史上的任何时期、任何宗派最终均冠以"人民的鸦片"而不区分新兴的、上升阶级的宗教与腐朽的、没落阶级的宗教,均视为统治阶级麻醉人民的思想工具。在评价其历史作用时,所强调的是消极性、麻醉性、阶级性和保守性。路德评价中的"叛徒论",加尔文评价中的"宿命论"均属此。其二,宗教思想是一种复杂的历史、文化现象,但当时仅以"唯物"或"唯心"加以区分、评价,这样做未免过于简单化。由于这两种观点的影响,使许多有志之士望而生畏,却步不前,因而成果稀少。

十一届三中全会以来,在党的改革开放政策指引下,史学工作者和宗教学学者认识到历史研究不是从现成的结论出发,去寻找史料,而是要依据广泛的、可靠的史料,进行科学分析,实事求是地得出结论,"事实是研究的出发点,研究工作的任务不是重复众所周知的事实,而是探究它的所以然"[①]。因此,前述成果之取得应是在改革开放政策与百家争鸣方针的指引下,广大史学工作者提高认识,解放思想,辛勤劳动,追求真理的结果。今天,我们可以实事求是地把基督教史的事件、人物、宗派等置于人类历史长河中加以客观的分析观察,评价其社会功能与历史作用。所以,尽管成绩微薄,但我们绝不可低估。它迈开了扎实的第一步,走上了新的起点。

(原载《世界史研究动态》1989年第7期)

[①] 赵复三:《究竟怎样认识宗教的本质》,《中国社会科学》1986年第3期。

基督教简史

一　什么是基督教

基督教与佛教、伊斯兰教并列为世界三大宗教。在研究古今中外各个时期的历史过程中，我们都会接触到一些有关基督教的经典、派别、人物、事件和制度，即使是学习马克思、恩格斯的原著，这些问题亦比比皆是。在现实生活中，涉及基督教的问题，更非鲜见。20世纪80年代初，全世界的基督教信徒997783140人，约占世界总人口的四分之一（美国1983年《世界年鉴》），分布于150余个国家和地区，它对当代西方的政治、经济、文化、社会生活诸方面的影响较深。

基督教名称的来源

基督教（Christianity）从其名称来看，顾名思义，它是一种信仰基督（Christ）的宗教。"基督"一词意为救世主。此字最初来源于犹太人希伯来文的弥赛亚（Mashiah）一词，意译为"受膏者"。因为古代犹太人的君主行就职仪式时，在头发和前额上由祭司涂以羊油，象征上帝赐福、降恩和承认之意，故被称为"受膏者"。公元前6世纪犹太亡国后，数千名犹太贵族、祭司、工匠及其家属被俘往巴比伦，史称"巴比伦之囚"。此时，这些流亡者幻想上帝将会派遣一位弥赛亚来拯救处于水深火热中的犹太人，并将帮助他们重返家园，复兴故国。这样，弥赛亚一词遂演化为

"复国救主"之意。及公元前538年波斯帝国兴起，允许犹太人重返故土建附属国。犹太教正式形成后，弥赛亚一词又逐步演化为"救主"之意。公元前1世纪罗马帝国侵入巴勒斯坦后，犹太人的民族灾难达到了顶峰。此后，犹太教兴起了许多新的教派，均预言救主即将降临人世。其中认为传说中的耶稣就是救世主的一派，后来逐渐演化成为基督教。其所以称为基督教是因为救世主一词的希腊文为"Christós"，拉丁文为"Christus"，汉译音为基利斯督，简称基督，故我国称之为基督教。

该教于1世纪中期产生，在发展过程中不断分化，出现许多派别，除正统教会外，还有许多被正统教会称之为异端的派别。在中世纪有100余派，当代已有500余派，其中有三大支派，即天主教、东正教和在宗教改革过程中产生的基督新教，学术界习称新教，新教中又有七个主要宗派。所以说基督教自形成之日起，并非一个统一的整体，但其共性是均认为耶稣就是基督，就是救世主，这是它区别于其他宗教的一个根本特征。所以，基督教可以说是1世纪中期产生的，在历史上形成和发展的、以信仰耶稣基督为核心的各教派的总称。

自16世纪陆续产生的脱离罗马教廷的新教派原文为"Protestantism"，其意译应为抗议宗或抗罗宗，但于1807年传入我国后，宗教界将该词亦译为"基督教"，民间俗称耶稣教，学术界则称为新教。因此，这一名称在我国产生了广义与狭义的两种含义。广义的基督教（Christianity）是指各教派的总称；狭义的基督教则仅指脱离罗马教廷的抗议宗（Protestantism）。为避免混淆，将狭义的基督教译为"基督新教"较为适宜。这一译法已逐渐得到国内学术界，包括我国香港、台湾地区的基督教学术界的承认。

基督教的经典、教义、组织和礼仪

基督教的教派林立，在教义、组织制度以及宗教仪式的项目和内容方面可谓千差万别、形式各异。在此我们仅就其绝大多数教派所承认和实行的教义、组织制度和礼仪作一介绍。

基督教的经典是《圣经》，又称《新旧约全书》，其中《旧约全书》是基督教继承犹太教的《圣经》，《新约全书》是基督教自身的经典。据《新约·希伯来书》解释：犹太教的《圣经》是上帝与犹太人订立的约法，由于他们"不恒心守约"，已陈旧了，故称之为《旧约全书》。《新约全书》则是上帝与基督徒新订立的约法，由耶稣基督作为保证人，故称《新约全书》。

基督教教义的核心是神学信条，其基本信条有四：第一，信"三位一体"的上帝，认为世界和宇宙存在一种超自然和超社会的神秘力量，即上帝。他是至高无上，全能全知，无所不在，创天地万物的唯一真神。但上帝具有三个位格（Person），即包括圣父、圣子、圣灵三个部分，其中圣父在天，圣子为耶稣基督，圣灵（天主教称为圣神）是上帝与世人的中介，给人以启迪。这三个位格并非独立的三个神，而是同一本体，属于一个上帝的三个部分。第二，信原祖原罪，认为人类起源于一个共同的祖先。据《旧约·创世记》，原祖是亚当和夏娃，他们是上帝在创世的第六天，按照自己形象创造的。亚当和夏娃最初住在伊甸乐园（据《圣经》考古学者考证，伊甸乐园即西亚的美索不达米亚平原），过着无忧无虑的生活。后因夏娃受魔鬼的引诱，偷吃了上帝禁食的生命果，而懂得羞耻与生儿育女，因此触怒了上帝，被逐出乐园，降罚尘世。后来基督教会把阶级社会各种灾难解释为是由于人类的原祖犯了罪，所以现实社会充满邪恶，这种罪称为"原罪"。基督教会认为人一出生就继承了这种罪性，只有加入基督教，依靠教会才能赦免。第三，信基督救赎，认为人世间充满罪恶，而世人不能自救，于是上帝大发慈悲，派其独生子耶稣降临世间，拯救人类。耶稣基督为救赎世人的罪，甘愿自己被钉死在十字架上，以自己的血洗净世人的罪过。所以人们欲灵魂得救，就要信仰、祈求耶稣基督。第四，信灵魂不灭与世界末日，认为人的肉体是短暂的，而灵魂则长存，现实世界有限，世界末日迟早会到来。人死以后灵魂将受到审判，善者升天堂，恶者下地狱。

基督教的信条和其他宗教的说教一样，其基本内容是相信一种虚幻的神秘力量，即神定胜人，而非人定胜天；把阶级社会的剥削、压迫、苦难以及各种自然灾害均归之为由于人类犯了罪，咎由自取，从而掩盖了阶级压迫的实质，并且把人们的精神生活引向虚无缥缈的彼岸世界。

基督教奉行的教规是十诫，其内容是：除上帝外，不许拜别的神。不许制造和敬拜偶像（天主教无此条，另增一条为"勿贪他人妻"）。不许妄称耶和华（即上帝）的名。六日勤劳作工，第七日守安息日为圣日。须孝敬父母。不许杀人。不许奸淫。不许偷盗。不许作假见证陷害人。不许贪恋他人所有的财物。

基督教的组织称为教会，是制定与解释教义，执行教规，管理信徒和传教的机构。其组织制度不统一，大体有四种：教皇制、主教制、长老制、公理制。教皇制是天主教的教会制度，其特点是任命制、集权制与教阶制。天主教的神职人员分为三级：教皇、主教、神父（或神甫）。教皇是天主教的最高领袖，又是教皇驻地梵蒂冈的最高元首，实行集权制，一切重大决策，诸如建立教区，解释教义，制定教规，任命主教等均归教皇掌握。主教中又分为四级，地位最高的是枢机主教，因身着红色服饰，俗称为红衣主教，目前全世界共有135名，组成枢机主教团，是教皇的咨询机构。其他主教因教区与权限的大小不同分为总主教、大主教和主教。基层教堂的神职人员为神父，尊称司铎，负责本堂区的教务工作。进修道院而未晋升为司铎者称为修士，无神权。妇女不准担任神职，出家后终生为修女。天主教会组织严密，层层控制。我国天主教的广大神职人员、教友为了维护祖国的独立和尊严，保卫教会的纯洁，已摆脱了罗马教皇的控制，实行自治、自传、自养，走上独立自主自办教会的道路。

东正教教会除无教皇和枢机主教外，其他基本上与天主教相同。但天主教的一切神职人员均须独身，东正教的主教亦不许结婚，而神父则可听其自便。天主教的独身制度目前已遭到许多国家的中下层神职人员的反对和抵制,但教皇仍坚持这一制度。

主教制是新教圣公宗和卫斯理宗的组织制度。圣公宗的教牧人员分为主教、会长、会吏三级,以坎特伯雷大主教的地位最高,会长相当于牧师,会吏相当于实习牧师。卫斯理宗的主教在我国称为会督。此外,北欧的路德宗也有采用主教制的。

长老制是加尔文宗的组织制度,教会由信徒选出长老,与牧师一起共同管理教会。公理制是英国清教运动产生的较为民主的组织制度,由信徒公众治理教会,目前新教的公理宗、浸礼宗均实行此制。

基督教各派实行的圣礼不一,天主教有七项,形式豪华,内容繁复;新教则主张廉俭教会,经济上和时间上厉行节约,减少了圣礼的项目和内容。目前,绝大多数教派所公认的圣礼有洗礼和圣餐礼。洗礼是入教仪式,方式有点水礼与浸礼两种。圣餐(天主教称为圣体)是信徒领用面饼和葡萄酒,以纪念或重演基督救赎,表示与基督合为一体。

基督教历史悠久,变化丛生,下一次我们谈谈它的产生和发展。

(原载《外国史知识》1985年第4期)

二 基督教的产生与演变

基督教产生于1世纪中期的巴勒斯坦地区。从其产生至392年,学术界称之为原始基督教或早期基督教,分为三个阶段:1世纪30—60年代为其产生时期;1世纪中期至2世纪中期为形成时期;此后至392年为原始基督教的演变及其与罗马帝国政权合流的时期。

原始基督教的产生及其教义

原始基督教本是犹太教众多派别中的一派,它是古犹太人民

第一编 基督教史研究

反抗罗马帝国群众运动的产物。古代犹太人是西亚地区的一个灾难深重的弱小民族。他们自公元前11世纪建国后,长期被周围的大国,如亚述、新巴比伦、波斯、马其顿等所统治和奴役。公元前2世纪罗马势力东进后,犹太民族灾难达到了顶峰。他们发动了反抗罗马的斗争,1世纪初,起义连绵不断,但由于力量悬殊,均告失败,许多人被卖为奴隶,一些起义领袖被钉死在十字架上。在反抗罗马的激烈的群众斗争中,由于政治态度和宗教观点的差异,犹太教分裂为四大派和近百个小派,其中的一个小派拿撒勒派,后来发展为原始基督教。

按照《圣经》的说法,基督教由耶稣基督于1世纪30年代初创立。耶稣的养父为木匠约瑟,母玛利亚为童贞女,因圣灵受孕生耶稣于伯利恒。他是救主,受圣父的派遣,下降尘世拯救世人。耶稣生前事迹主要是为穷人治病、传道与创教。由于他宣传的教义不利于罗马的统治而被钉死在十字架上,死后三天复活升天,并将复临人世,建立上帝之国。

经历史学家、《圣经》考据学家们的研究认为,历史上是否有耶稣其人,尚不能肯定。一般认为耶稣只是传说中的人物,因此说基督教由耶稣创立是没有根据的,它只是由拿撒勒派逐渐发展而形成的一种新的宗教。

"拿撒勒"(Nazarites)意为持守某些教义、规则的人。该派之先驱为施洗者约翰,他出身贫苦,据《新约》记载,曾为耶稣受洗,因反抗罗马被处死。此后传说中的耶稣可能继为此派领袖,在社会下层继续宣传其教义和政治主张,也有可能想发动起义。由于拿撒勒派的主张与传统的教义相抵触,犹太教的当权派拒不承认耶稣是救主,此派被逐出圣殿,后来逐渐在巴勒斯坦、小亚细亚一带发展成为一个独立的教派,即原始基督教。

原始基督教与犹太教分离后,在地中海沿岸广为流传,信徒中犹太人居多;有自由人,也有奴隶、被释奴隶,主要以下层民众为主。其所以比当时存在的民族宗教更具有吸引力,除因宣传仇视罗马，建立平等社会外，还与其改革犹太教的教义和礼仪有关。原始基督教打破了民族宗教的狭隘性，建立了一种新的普世性信仰。初期的教义有以下三点：

第一，一神与选民。崇信犹太教的耶和华为全宇宙的唯一真神，但排除了只有犹太人才是选民的说法，主张凡基督徒均为选民，这就打破了选民的民族界限。这也是它在300年后能战胜其他民族宗教的一个基本因素。

第二，信仰耶稣基督，信仰因信得救。宣扬信徒不分民族、贫富，只要信仰基督，便可得到拯救与赐福。它打破了各种原始宗教需靠大量献祭、上贡才能赎罪祈福的传统，以精神信仰为主，并实行经济上的互助，因而对社会下层特别具有吸引力。

第三，改革礼仪。它废除了犹太教的仪式、禁忌和献祭，打破了犹太教的排他性、孤立性与保守性。如犹太教禁止吃"走兽中仅反刍而不分蹄者"，如骆驼，或"仅分蹄而不反刍者"，如猪；禁止与外族通婚；实行割礼等，原始基督教均予废除。该教只有洗礼和圣餐两项仪礼，洗礼是入教仪式与选民的标志；圣餐则是犹太教公餐制的演化，亦含有济贫的因素。当时认为圣餐中的面饼系由群山之麦粒结为一体，象征基督徒的团结；葡萄酒系经踹、踏、压榨而成，系象征对敌人的仇恨。

初期的教义受到了帝国内部劳动群众的欢迎，传播迅速，信徒日增。但它毕竟是一种宗教，具有虚幻性、空想性与麻醉性，不可避免地在发展过程中逐步演化、变质，在300年后成为帝国的国教。

原始基督教的演变

原始基督教产生后，由于信徒成员的变化，神职人员的产生和教义的发展，而逐渐向奴隶主阶级靠拢。

罗马帝国的建立，逐渐消灭了各民族政治和社会的差异。帝国初期，不仅奴隶的地位毫无改善，即使是罗马公民也普遍处于无权状态，甚至一些奴隶主也由于帝国捐税日增和内部斗争而破产。罗马公民的意志消沉与精神颓废相当普遍,被压迫民族向往过去的独立生活,亦不满现状,各阶层普遍出现了信仰危机。这为基督教的传播提供了广阔的社会基础,基督徒中非犹太人的信徒大增,社会中、上层人士入教者亦不少。这一批有产者和奴隶主财大气粗,又有知识,他们在经济和理论方面逐渐成为主导力量,控制了教会。

原始基督教的另一演变表现在神职人员的产生及其对教会的把持。它与犹太教分离后,最初的组织与活动非常简单,只有一些分散的基督教团体和游方传道的使徒,并无固定的组织。后来,在流传的过程中逐渐产生了召集人,称为长老或执事。他们多出自富有家庭,既有空余时间,又能提供集会的场所。同时还出现了经费管理人,称为财务官或监督。随着信徒和捐献的增多,到2世纪出现了集财权、神权和管理权于一身的主教,成为教会的专职领导人。到2世纪中期,罗马、叙利亚和小亚细亚等地普遍出现了由各自的主教主持的教会,他们成为基督教的领导力量,教会的组织已牢固地控制在有产者的手中。

基督教教义的变化反映在《新约全书》中。1世纪中期至2世纪中期是其基本定型的时期。基督教与犹太教分离后需要有自己的经典,特别是以非犹太人为主的教会,他们不熟悉《旧约》,对此更为迫切。又因当时宗派林立,斗争激烈,亦均需有自己的经典。同时基督教还面临着一些亟须重新做出解释的问题,例如最初预言人间天国即将到来,但事实上根本不能实现,故须在教义上做出新的说明。

基督教的主教和神学家们为了能自圆其说,在教义中,大量吸收了希腊、罗马的庸俗哲学。特别是斐洛和塞涅卡的思想。斐洛是1世纪中期亚历山大里亚希腊化的犹太人,他以希腊唯心主义哲学解释犹太教的教义,提出了"灵智论",认为上帝有其智慧,智慧的人格化则是上帝的长子等。塞涅卡是1世纪罗马的唯心主义哲学家,主张尽本分,听天命,宣扬人应该服从命运的安排。基督教的神学家从这两种唯心主义哲学中吸收了大量的内容，并赋予宗教的形式，致使教义发生了很大的变化。他们把灵智论演化为圣父、圣子和圣灵"三位一体"的教义；把耶稣说成从来就是上帝，为拯救世人甘愿被钉死在十字架上；把原来地上的理想社会演化为死后的天国等。与此同时，在政治态度上也有很大变化。《新约全书》主张服从罗马皇帝的统治，甘当顺民，神化皇权；承认奴隶制度的合理性，宣扬服从听命；主张无原则的忍耐与超阶级的爱。但为了保持对劳动群众的吸引力，又不得不保存过去一些下层派别的主张，因而，内容相互矛盾之处甚多。

《新约全书》到2世纪中期已初步定型，至4世纪始定编，全书共27卷，原文为希腊文，包括《启示录》，使徒书信21篇，福音书4卷和《使徒行传》。《启示录》是《新约全书》中成稿最早的一篇，作品以预言的形式保存了较多原始基督教的主张。使徒书信反映了1世纪中期至2世纪中期神学、伦理道德和政治思想的变化。福音书有马可、马太、路加、约翰四部。"福音"是好消息之意，其内容是描绘耶稣的生平。《新约全书》的定型标志着原始基督教的形成。

原始基督教与罗马政权的合流

原始基督教从形成至392年发展成为罗马国教，有一个演化过程。在此期间，正统的教会牢牢地掌握在主教和神学家手中。他们在思想上神化皇帝和奴隶制度，从理论上论证基督教与罗马帝国利益的一致性，在行动上不断向皇帝写效忠信，主动向帝国政权靠拢。而此时正值帝国内部出现了全国性的奴隶制总危机，史称"三世纪危机"，具体表现为政局动荡、经济崩溃、思想空虚。帝国统治集团和知识界的部分人士也感到前途渺茫，悲观失望，丧失信心，因而其中一些人也皈依了基督教，在宗教中寻求慰藉。帝国当权人士虽对基督教进行过镇压，但已逐步认识到基督教对克服帝国危机具有特殊的作用，故在4世纪二者逐渐合流。

311年，君士坦丁大帝依靠基督教会和蛮族军队的支持，先后击败了帝国西部的几个竞争者,成为西部的唯一统治者。因此他决心支持基督教,于313年与帝国东部的统治者联合发表"米兰敕令",宣布基督教为合法宗教。这个敕令标志帝国从对基督教实行宽容与镇压相结合的政策转变为依靠、扶持和利用的政策。君士坦丁大帝取得全国政权后,深感基督教在教义、经典、组织和礼仪方面不统一,教派斗争激烈,不利于发挥统治工具作用。为此他于325年召开尼西亚会议,亲临致辞,树立三位一体派为正统;制定《尼西亚信经》,确立基督教的基本信条;颁布教会法规,加强主教制,规定皇帝对宗教的领导权和主教的任命权。会后,又以皇帝的名义确定《新约》经卷的数字,派人抄录50部,分发各地使用。尼西亚会议后,基督教得到长足的发展。至392年,皇帝狄奥多西一世公布法律,禁止一切原始宗教活动,定基督教为国教。

(原载《外国史知识》1985年第5期)

三　基督教的教派

古往今来,基督教并非一个统一的整体,而是宗派林立,派别丛生,各派均有自己的名称、教义、组织和礼仪。因此,我们欲了解和研究基督教,洞悉其教派是必不可少的。

目前,全世界基督教的派别达数百派。但探本溯源,其中绝大部分均分属于基督教的三大支派,即天主教、东正教和基督新教。这三大支派是基督教历史上两次大分裂的产物。

基督教第一次大分裂发生于1054年,由此形成西欧的天主教与东欧的东正教两派。这次大分裂虽然发生于11世纪,但双方的裂痕由来已久。4世纪基督教成为罗马国教后,一切听命于皇帝,他既是帝国的君主,又是基督教会的最高领袖。教会依罗马行省而建立教区,在各教区中,罗马和君士坦丁堡二城主教的地位日益增高。罗马城是帝国的首都，该城主教以罗马教会是耶稣的门徒彼得和保罗二人亲自建立为由，强调其地位应高于其他教会，后来逐渐发展为帝国西部教会的中心。由于这一地区的教会使用拉丁语，故习称"拉丁教会"。帝国东部地区教会的中心为君士坦丁堡，它们使用希腊语，故东部教会又习称为"希腊教会"或"东方教会"。君士坦丁堡大主教的权力由于330年的迁都而提高，君士坦丁堡被认为是"第二罗马"或"新罗马"，意欲与罗马主教平起平坐，但并未得到罗马主教的承认。395年帝国分裂为东、西两个罗马帝国，这一历史事件更强化了教会的分歧，基督教事实上已分裂成为东、西两个教会。此后，各自走上了独立发展的道路。

5世纪后，西罗马帝国屡遭蛮族入侵，政局混乱，罗马主教利奥一世（440—461年在位）借机要求皇帝授予特权，并自封为基督教会的领袖，从而控制了西罗马帝国的教会，由此奠定了教皇制的基础。6世纪末，教皇格里高利一世（590—604年在位）借伦巴德人进攻，东罗马皇帝鞭长莫及之机，攫取了罗马城的世俗统治权，出任执政官，掌握了该城的政治、经济、军事大权，其领地及于意大利中部及沿海岛屿。756年，法兰克国王丕平为报答教皇支持、投靠之恩，又将拉文纳地区赠予教皇，史称"丕平献土"，这一历史事件标志教皇国的建立。此教皇国延续了一千余年，直至1870年始被迫缩为梵蒂冈城国。由此，教皇俨如世俗的国君，政治、经济势力大增，至中世纪中期达到了顶峰，实际上成为西欧各君主国的太上皇。而与此同时，东方教会则始终在拜占庭皇帝控制之下，成为巩固皇权的思想统治工具。它在皇帝的支持下，在东欧地区广泛传播，并自视为正统，不承认教皇的地位。因此，双方均否认对方的决议，自视为正宗，认为自己的传教地区包括对方的势力范围，关系日趋恶化。9世纪双方为争夺对保加利亚教会的控制权，几乎导致公开分裂。最后于1054年，双方因争夺意大利南部教会的统治权而发生冲突，导致罗马教皇与君士坦丁堡大主教公开决裂,相互开除对方教籍,断绝来往。由此,基督教会正式分裂为天主教与东正教。

天主教是基督教的重要支派,信徒人数超过5.8亿人,约占世界基督徒总数的60%,主要分布于南北美洲、欧洲中南部和亚洲等地。天主教原本称为"公教"(Ecclesia Catholica),音译为"加特力教"。该教于1582年(明朝万历十年)由意大利耶稣会传教士利玛窦传入我国,汉译为天主教。"天主"一词来源于《史记·封禅书》内有秦始皇首至泰山祭天主,由此得名。

天主教的经典为《新旧约全书》,以此作为其教义的主要来源和依据。它不同于其他支派的关键在于其教义来源还包括:一是"圣传",亦称口传或教会传统,指古代的先知、使徒口传下来的"上帝启示"的各种说法而形成的传统,这些传统说法虽无《圣经》依据,但也作为教义的一部分,如认为耶稣之母玛利亚无染原罪,肉身升天等;二是教皇的决定亦作为教义之来源,并认为教皇是基督在世界上的代表,他在信仰和信理方面永无谬误等。

天主教会的组织制度是教皇制,其内容包括集权制、任命制与教阶制。即一切立法、司法和行政大权均集中于梵蒂冈的罗马教皇,一切主教、高级教职均需教皇任命,并认为神职人员在教会内的地位高于世俗人士,神职人员又分为三级:教皇、主教、神父,以下为修士、修女,他们在神学方面的待遇与地位亦不相同,并且组织严密,层层控制。

天主教的圣礼多达七种,而且形式豪华,内容烦琐。圣洗:入教仪式,婴儿出生后八天领洗;坚振:成年时举行的坚定信仰之礼;告解:信徒向神父秘密悔罪的仪式和制度;圣体:由神职人员在弥撒中将无酵面饼和葡萄酒祝圣化为耶稣的肉与血,信徒经告解后始能领取面饼,以示与基督合为一体,但圣"血"不许一般信徒领用,只准神职人员独饮,据说是担心教徒人多手杂,易将圣"血"溅于杯外,有损基督的尊严;终傅:为即将去世的信徒施行的圣礼，以利灵魂升天；婚配：神职人员主持的婚礼，以示上帝的承认与祝福；神品：由修士晋升神父之礼。天主教规定这七项圣礼均需神父以上的神职人员主持才能生效，其中神品与坚振两项只有主教才能主持。天主教由于实行教皇集权制，一切大事听命于梵蒂冈，所以教内不允许出现神学上的宗派，仅有修会。修会是经罗马教皇批准的神父、修士或修女的组织。各修会在教义上是一致的，但在会规、培养与活动方式、任务、衣着、活动地区和建会的目的等方面，均有所不同。目前，较大的天主教修会有耶稣会、圣方济各会、圣多明我会、遣使会、圣言会、基督徒弟兄会等。它们在近代西方殖民主义活动中，充当了马前卒。

1054 年东、西教会分裂后，东方教会自称为"正教"或"东正教"，希腊原文为"Orthodoxia"，意为保有正统教义的正宗教会。东正教与天主教在教义、礼仪方面并无大的原则性分歧，仅在具体细节上有所区别。如东正教不承认天主教主张的圣母无原罪说，也不承认教皇永无谬误，并反对把教皇的决定作为教义的来源与根据之一。在礼仪方面，东正教亦实行七项圣礼，与天主教不同的是圣洗仪式增加驱魔的内容，实行浸洗（全身快速投入水中），天主教则实行洒洗；坚振礼可由一般神职人员主持，但所需之圣油必由主教祝圣；东正教使用面包作为圣体，天主教使用面饼；东正教的神父可结婚，仅主教必须禁婚，天主教则均禁婚。东正教与天主教最大的不同点是教会制度的区别。东正教会实行主教制，在拜占庭帝国时期是帝国的国教，循过去的传统，一切听命于皇帝。皇帝可任命大主教（东正教的大主教，我国学界一般译为牧首），召开主教会议，批准宗教会议的决定，并有权解释教义。君士坦丁堡大主教仅居于首席地位，对其他教区并无直接领导权。在东正教的历史上，它从未形成像罗马教皇那样的独立的政治势力，而是长期依附于政权。1453 年拜占庭帝国灭亡后，东正教的中心逐渐转移到俄国。16 世纪，莫斯科正教会独立，成为使用古斯拉夫语的俄罗斯正教会，受沙皇控制，并成为国教，称莫斯科为"第三罗马"。18世纪后，东欧一些国家的正教会亦先后脱离君士坦丁堡牧首的管辖而独立。目前独立自主的东正教会有君士坦丁堡、俄罗斯、亚历山大里亚、安提柯、耶路撒冷、格鲁吉亚、塞尔维亚、罗马尼亚、保加利亚、塞浦路斯、希腊、阿尔巴尼亚、波兰、捷克、美国等15个正教会，1984年，信徒达到74174500人。该教于1728年中俄《恰克图条约》签订后，随俄国传教士传入我国。

天主教与东正教均为欧洲中世纪发展起来的基督教支派，近代以来，它们虽经历次改革，力求适应资产阶级的需要，但均保留了若干封建的烙印。随着资本主义的兴起，资产阶级的壮大，基督教的另一支派基督新教应运而生。它是适应资产阶级的需要而兴起的重要支派，也是基督教史上的第二次大分裂的产物，新教对于资本主义的历史产生了深远的影响，限于篇幅，下一期专文介绍。

（原载《外国史知识》1985年第6期）

四　基督新教及其宗派

基督新教（Protestantism）是基督教历史上第二次大分裂的产物，我国宗教界曾先后译为"抗议宗""抗罗宗""更正教""复原教""耶稣教"等，学术界则习称为新教。它是自16世纪马丁·路德发动宗教改革后陆续产生的脱离罗马教廷各教派的总称。"Protestantism"这一名称的使用有一个过程，该名最早产生于1529年，当时，神圣罗马帝国皇帝在斯拜尔召开会议，重申路德等教派为异端，并禁止夺取天主教会的财产，信仰路德宗的诸侯们联合对此提出抗议，因而被称为抗议派（Protestants），由此得名。后来其他一些新教派也在其名称前面冠以此词，以示区别于天主教，至18世纪末逐成为新教的共同名称，为各国学术界和宗教界所使用。

新教自16世纪20年代产生以来，至今全世界共有信徒343546740人，占基督徒总数的三分之一，分布于世界上150余个国家和地区。

新教并非一个统一的整体，并无统一的领导机构。目前，新教有500多派，仅美国就有200余派。但这些派别大都是新教的七个主要宗派的演化或联合的产物。它们是16世纪产生的路德宗、加尔文宗、安立甘宗；17世纪产生的公理宗、浸礼宗、贵格宗；18世纪建立的卫斯理宗。这七个主要宗派构成了新教的主干。

16世纪的宗教改革运动是西欧资产阶级反对封建制度的第一次大决战。当时，罗马教皇是西欧封建制度的中心和总代表，他在经济上是最大的地主，掌握西欧土地的三分之一，在政治上竭尽全力控制着各国的政局，并主宰着整个西欧的精神生活。所以，那时的反封建斗争必然把矛头指向罗马教皇。又由于16世纪的资产阶级尚未成熟，还不能提出公开的、明确的政治纲领，因此，这场革命只能以宗教改革的形式出现。宗教改革运动首先发生于德意志。当时，德意志在政治上四分五裂，受教皇的控制；经济上受到罗马教皇的严重搜刮，每年从德意志运往罗马的金币达30万之多。特别是他滥发赎罪券坑害群众，宣称不管犯了什么罪，只要购买了赎罪券均可被赦免，并规定赎各种罪的价格：如重婚6个金币，偷窃9个金币，杀人8个金币等，以此大量骗取银钱，从而激起了举国上下的普遍不满。在此基础上，马丁·路德于1517年公开贴出抨击罗马教皇滥发赎罪券的《九十五条论纲》，由此点燃了宗教改革运动之火。路德是神学教授、市民资产阶级的代表。该《论纲》引起了德意志各爱国阶级、阶层的强烈反响；它们纷纷响应支持，从而掀起了反封建、反教皇的爱国民族运动。在群众的推动下，路德认识到只有解除教皇的"神圣"武装，才能有效地解决其政治控制与经济剥削问题。当时教皇的神学理论支柱是：宣称他就是基督在世的代表、教会的最高首领，任何人欲求上帝降福免灾，必须以天主教会为中介，参加神职人员主持的圣礼，服从教会的统治，做众多的好事，如念经、施舍、朝圣、购赎罪券等。路德针对此提出了"唯信得救"的理论，意思是人们只要信仰基督，便可得救。他宣称：基督教信仰的最高权威是《圣经》，而不是教皇，任何人只要通过阅读、理解《圣经》，产生对基督的信仰，便可得到上帝的喜爱和赐福，完全不需要教皇所宣传的那一套说教，从而彻底否定了教皇和天主教会的神学理论，使之成为宗教信仰的多余之物。路德的这一思想体现了资产阶级的自由与平等的要求，以及反对封建束缚，维护民族尊严的愿望。因此，"唯信得救"论提出后，受到了德国绝大多数备受封建压迫的各阶层人民的拥护，也受到长期不满教皇搜刮的德意志部分封建主的赞同，他们出于经济上的考虑也支持路德的宗教改革。

此外，路德还主张建立民族的与廉俭的教会，在组织、经济和信仰诸方面彻底断绝与罗马的关系。为了适应原始积累时期资产阶级的需要，他还提出宗教活动应节约时间和金钱，减少与简化圣礼，路德宗仅保留洗礼与圣餐两项，删除并合并了大量次要节日。

经过群众运动和农民战争，天主教会在德意志遭到了沉重的打击。1530年路德宗发布《奥格斯堡信条》，公布了它不同于罗马天主教的系统教义21条款，路德宗正式成立。至16世纪50年代，在德意志的大部分地区确立了路德宗的信仰，并传播至北欧和西欧的一些国家。

路德的"唯信得救"论是新教诸派的神学理论基础，并为第二代宗教改革家加尔文所继承，影响深远。他的思想与改革，在基督教的历史上开辟了一个新的时代——资本主义时代。因此恩格斯把他列为划时代的巨人之一。但是路德的宗教思想本身对世俗封建主具有依赖性与妥协性，不能适应资本主义较发达地区的需要，传播受到了局限。16世纪主要流行于德意志和封建王权较强大的北欧诸国。17世纪后，随移民传入美国。1847年由德国传教士传入我国。目前，全世界有信徒7000余万人。

16世纪产生的另一个新教重要派别是加尔文宗，又称长老宗或改革宗，由法国人让·加尔文于1541年创立于瑞士日内瓦城。加尔文的新教派有两点新的内容，其一为"预定论"。他对基督教传统的预定论赋予新的解释，强调每个人的不同命运均为上帝所决定，上帝对喜爱者在各方给以支持，使之成为选民，否则便是弃民，个人无法改变和影响上帝的庄严决定。既然如此，当时人们当然希望成为选民，也都想知道自己是否是选民。于是加尔文进而宣称：上帝的神圣决定秘而不宣，但每个人均可在生前从自己的事业的成败体会到自己是否是上帝的选民。如某人在对社会有益的各种职业中万事如意，获得成功，并且有道德，参加教会等，就是他得到上帝支持、成为选民的外在标志。因而，他的"预定论"就激励着每个人全力奋斗，争取事业上的成功，成为选民。这一思想显然是把资本主义原始积累时期的社会分化、商业竞争成败的现实加以神化，鼓励资产阶级广求财源，发家致富，成为资产阶级追求财富的理论根据。加尔文新教派另一新的内容是坚持实行民主共和的教会制度。基层教堂由信徒选举长老负责，由长老聘请牧师，发挥一般信徒的管理作用。它是资产阶级反对封建专制，要求民主共和的政治主张在宗教上的反映。加尔文的这些主张是适应资本主义的发展，为资产阶级在政治上推翻专制制度、夺取与掌握政权服务的新思想。恩格斯对此评价说："加尔文的教会组织是完全民主共和的，而在上帝的王国已经共和化了的地方，人间的王国还能从属于君主、主教和领主吗？"它为英国发生的资产阶级革命的第二幕提供了意识形态的"外衣"。因此，加尔文宗在资本主义较发达的地区广为传播，影响较大。此后产生的新教教派均不同程度地吸收了加尔文的教义。20世纪80年初，全世界有信徒 4000 余万人。该宗于 1813 年由美国教士传入我国。

安立甘宗（Anglicans）是 16 世纪英王亨利八世（1509—1547 年在位）为维护民族独立，反对罗马教皇控制而发动的、自上而下的宗教改革之产物。其教会称为圣公会，英格兰的圣公会称为英国国教，目前，英国国教仅是世界安立甘团体之一员。此派在神学上并无新的建树，在教义方面它吸收并综合了路德与加尔文的思想，在教会制度方面保留了天主教的主教制，以英国女王为教会的领袖，是新教流派中保留天主教残余较多的一派。20 世纪 80 年代初，安立甘宗共有信徒 4500 余万人，主要分布于英语国家，1844 年传入我国。

公理宗、浸礼宗、贵格宗均为 17 世纪英国资产阶级革命中因政见和宗教观点的分歧而产生的新宗派。英国革命是以清教运动的形式进行的。"清教徒"因他们主张以加尔文的教义改造英国国教、清除天主教的残余而得名。后来清教徒分裂，一些较保守的人仅反对主教制，要求改行长老制，故称为长老派；较激进的一派要求脱离国教，另立教会，称为独立派。随着革命的发展，由于独立派中的阶层、政见和对革命要求的不同而分裂为新的宗派。公理宗是独立派的核心，以坚持教会由信徒管理而得名，主张打破国定教区，自行联合，一切自理。20 世纪 80 年代初，公理宗共有信徒 250 万人，1807 年传入我国。浸礼宗亦属独立派的一支。它以加尔文的教义为基础，吸收了部分再洗礼派的教义，坚持施洗时行浸水礼（全身浸入水中），因而有别于其他宗派。浸礼宗目前主要流传于美国黑人中，共有信徒 2500 余万人，1836 年传入我国。贵格宗来源于英国革命中出现的诸小派，多为小资产阶级和劳动者，他们不满英国革命后的现状，要求政治平等与经济保障，有的还采取了激进的行动，遭到镇压，后来集结为贵格宗。该宗的正式名称为公谊宗或教友派，"贵格"一词为英语"Quaker"之音译，意为颤抖者，因该宗建立之初在聚会时常有人全身颤抖而得名。该宗的特点是以圣灵的直接启示作为思想行动的指南，要求形式上的绝对平等，反对一切暴力和战争。由于其教义之消沉与孤寂，19世纪后在英国趋于没落。目前全世界仅有信徒20余万人，主要集中于美国，人数虽少，但因其思想体系具有特点，故仍被公认为新教的一个主要宗派。1887年由美国教士传入我国。

18世纪英国开始了工业革命，旧工业区扩大，并建立了新工业区，无产阶级的人数增多，生活日益恶化。然而旧有各派不愿到艰苦地区传道，卫斯理宗应运产生。该宗因创立人为约翰·卫斯理而得名，又称循道宗、监理宗，1795年脱离国教会独立。该宗并无新的神学思想，仅在组织制度与活动方式上具有特点：精选会员，严密组织，露天巡回布道，强调社会服务，在巩固资本主义制度、维护与安定社会秩序方面发挥了作用。1847年传入我国。

新教在产生之初，确曾在西欧历史上发挥了某些程度不同的积极作用，对西欧各民族国家和近代文化的形成，以及资产阶级革命的进程具有重要的影响。但在英国革命后，这一作用逐渐降低，自法国大革命始，资产阶级革命已不需披以宗教外衣了，此后新教各派就完全成为资本主义对外扩张，对内实行精神控制的一种工具了。有关对基督教的全面看法，将在下一期《马克思主义与基督教》一文中与大家共同讨论。

（原载《外国史知识》1985年第7期）

五　马克思主义与基督教

基督教自产生迄今，经历了奴隶、封建、资本主义直到今天的社会主义社会，已有两千年的历史。它起源于亚洲的巴勒斯坦地区，在罗马帝国时期传播至欧洲和非洲，到近代又随西方殖民主义扩张和资本主义的侵略，扩展到全世界绝大多数国家和地区，发展成世界性宗教。那么，基督教的本质与特征是什么？历史作用如何？如何看待社会主义时期的基督教呢？

对此，在有神论与无神论之间，在马克思主义与非马克思主义之间，历来存在着较大的分歧。19世纪资产阶级宗教学的创始人缪勒（Max Muller, 1834—1898）认为：基督教是人类对于伟大造物主的承认。当代西方一些基督教学者认为基督教是人们对上帝的信仰和崇拜，是人对自己和他人生命的最大关怀。也有人把基督教说成是"爱的宗教"，其特征是对人和上帝的爱。还有人以为基督教不过是一种迷信，微不足道。这些说法，虽从某一方面说明了基督教的内容与特点，但均未科学地说明它的本质与特征。只有依据马克思主义的唯物史观，才能做出科学的论断。

基督教的特征及其与一般迷信的区别

马克思主义认为：基督教是人们头脑对外部世界的一种反映，是一种社会意识形态。其特点是以虚幻的方式反映客观世界。基督教和其他宗教一样，有两个基本的特征。一是信仰与崇拜一个根本不存在的超自然、超社会的神秘力量，即"三位一体"的上帝，相信它是宇宙的主宰，创造一切，具有无穷无尽的力量，支配着人类的现实生活和命运。二是相信人具有脱离肉身而独立存在的灵魂，且长存不灭，并认为在现实世界之外还存在着一个彼岸世界，在那里有天堂和地狱。所以恩格斯说它"不过是支配人们日常生活的外部力量在人们头脑中幻想的反映，在这种反映中，人间的力量采取了超人间力量的形式"。由此说明：基督教是一种特殊的意识形态，其"特殊"之点在于它是人们对自然界和社会的一种虚幻的、歪曲的、颠倒的，因而也是错误的反映和认识。

但是，我们绝不能因此把基督教与一般的迷信相等同。日常所说的迷信活动是指算命、相面、合婚、驱鬼等。近年来，在我国香港地区，以及美国等地还有用微型电脑测算人们的吉凶祸福，这些均属迷信。基督教作为一种世界性宗教，具有系统而完整的经典与教义，阐述了该教的人生观与世界观。天主教的《要理问答》中第一问就是："你为什么活在世界上？"答："为敬上帝和救自己的灵魂。"《圣经》中系统地说明了神创世界、宇宙和上帝造人的观点。此外，基督教的教义还以神学的语言说明了该教的哲学思想、伦理道德和政治思想。而一般的迷信则无这些内容，所回答的仅仅是某一具体问题，如吉凶、婚姻、疾病、谋职等。更有一些巫婆神汉，借此骗取钱财，坑害群众，皆属取缔之列。其次，基督教有固定的组织与团体，如教会、修会、团契等，并制定出明确的教规、纪律和节日、仪式等。更为重要的是基督教自产生之日起，作为一种意识形态与社会力量，在一定的历史时期内，程度不同地影响着人类的历史和文化，而一般的迷信根本无此作用。

基督教的历史作用

基督教在长达两千年的历史中作用如何？这是一个十分复杂的问题。1844年马克思曾深刻地评论说："宗教里的苦难既是现实的苦难的表现，又是对这种现实的苦难的抗议……宗教是人民的鸦片。"[①] 马克思的这一言简意赅的论断，对基督教并不例外。我国学术界近年来对此进行了热烈的讨论，但看法尚未一致。我认为可从两个方面理解。第一，马克思从世界观的高度形象地说明了基督教神学世界观的社会作用。它把人们追求美好的、现实的希望和理想寄托于神的力量，把现实的生活引向来世，用虚无缥缈的天堂给阶级社会中处于水深火热之中的群众以精神上的寄托。这种安慰犹如麻醉剂一样，虽可暂时减轻病人某些精神上的苦恼，但从根本上说无济于事。因此，马克思形象地将之比喻为"人民的鸦片"。第二，马克思从人类社会发展的高度概括了基督教神学世界观在历史长河中的作用。它不是依靠人类自身的努力

[①] ［德］马克思：《〈黑格尔法哲学批判〉导言》，《马克思恩格斯选集》第1卷，人民出版社1972年版，第2页。

和奋斗，也不鼓励人们正确地认识世界与改造世界，去创造美好的生活，而是把人民群众的注意力引向幻境与神力。因此，它在客观上压抑了人的理性，消磨了人同自然和社会做斗争的勇气和信心。所以，它在人类历史的长河中是一种消极与保守的因素。从本质上看，无助于人类的进步和促进社会的发展。马克思的这一科学论断，既是历史的总结，又是理论的概括，是我们从整体和本质方面认识基督教社会历史作用的出发点。

基督教在近两千年的历史过程中，长期被统治阶级所利用，成为麻醉人民的工具。但历史现象是复杂的，值得注意的是在不同的历史时期中，因其教派之不同与政治态度之各异，基督教各派除均具有基督教之共性外，还有各派之个性或阶级性。例如，中世纪后期，有代表封建领主利益的天主教的上帝，也有代表新兴资产阶级利益的基督新教之上帝，还有众多的代表劳动人民的异端教派的上帝。因此，对于基督教的不同派别、不同的历史人物，在各自的历史时期内的社会历史作用，必须具体分析，而不应简单化、公式化。列宁曾说：马克思主义最本质的东西，马克思主义活的灵魂，就是具体地分析具体情况。事实上，有些教派和人物在历史上确实起到了一定的进步作用。恩格斯曾把基督新教的创立者马丁·路德和达·芬奇、马基雅维里并列为巨人时代的巨人。16世纪加尔文的"预定论"神学思想成为西欧较先进地区资产阶级反封建斗争的思想武器，其共和制的教会思想为尼德兰革命和英国资产阶级革命提供了现成的思想武器。更有众多的异端教派发动反封建的革命运动，以暴力反抗统治阶级。它们均程度不同地在历史上起过进步作用。但是，到了18世纪法国革命资产阶级已强大到能独立地、公开地提出自己的战斗口号和政治纲领后，宗教就不再具有这方面的作用了。工人阶级是以马克思主义为思想武器的先进阶级，既不相信救世主，也不依靠神灵，全靠自己救自己。它以辩证唯物主义和历史唯物主义的世界观，团结全体劳动群众，去改造旧世界，建立新世界。所以，世界上既没有工人阶级的宗教,也没有代表工人阶级的基督教教派,更没有工人阶级领导的、代表工人阶级利益的社会主义的宗教。

社会主义时期的基督教

基督教是阶级社会的产物,在封建社会得到长足的发展,并受到资产阶级的大力支持和提倡。在社会主义社会,虽然没有社会主义的基督教,但是在这一历史时期,基督教将会长期存在。我们对此应有明确和足够的认识。依据马克思主义的原理,基督教有其产生、发展和消亡的规律。社会主义社会虽然清除了剥削制度和剥削阶级,但由于基督教的信仰、道德规范、礼仪节日已深入信徒的思想和生活习惯之中,从而产生了宗教感情,形成为一种传统力量,因而在群众中具有一定的影响。中华人民共和国成立后,虽然科学、教育和工农业生产得到空前的发展,但与发达国家比较还十分落后。教育、婚姻、卫生、就业等诸多社会问题尚未彻底解决,社会主义物质文明和精神文明尚需大大提高。加之我国与国际联系的日益增多,基督教存在的社会根源并未完全消失。同时,自然的奥秘虽然一个接着一个被揭示,但在人类征服自然界的无限过程中,仅仅是走了很小的一步。从微观到宏观,从生命的产生到宇宙的起源,大量科学课题尚待探索。对于洪水、地震、时疫等天灾,人们尚未完全掌控,在一定程度上我们还要靠天吃饭。这些都会使部分人产生错觉和神秘感,从而进入了基督徒的行列。这也就决定了我国社会主义时期基督教存在的长期性。

既然基督教在我国将会长期存在,所以我们对此应有正确的认识。

第一,我国的基督教已经摆脱了帝国主义的控制,走上了独立自主、反帝爱国的道路。中华人民共和国成立后,基督教的广大教牧人员、学术界人士和信徒是爱国的,在政治上拥护中国共产党的领导,走社会主义的道路。早在1950年基督新教界爱国人士就曾发表宣言,主张割断与国外的联系,实现自治、自养、自传。1954年正式成立了中国基督教三自爱国运动委员会。天主教也相继成立了中国天主教爱国会，反对罗马教廷的控制，实现了独立自主、自办教会的主张。多年来，他们团结全国教友反帝爱国，积极参加祖国各项社会主义建设，发挥了作用。当然，在共产主义世界观与基督教世界观之间还存在着无神与有神的根本分歧，但这只是"大同"中的"小异"了，仅属于人民内部不同的思想认识了。

第二，对于人民内部的不同思想认识只能说服，不能压服，任何以强力压制的行为都是违背马克思主义的。世界各国的历史事实均证明了这一点。因此我国依马克思主义原理，按宗教发展的历史规律制定了正确的宗教信仰自由的政策。对此我们必须自觉地遵守执行。我们必须开展无神论和共产主义一定要实现的宣传和教育，普及科学知识，扩大无神论的阵地。在这项工作中切忌简单粗暴的做法，应避免形式主义与教条主义。要做到这一点，首要的任务是我们必须了解基督教及其历史与现状。

第三，开展对基督教的历史与现状的调查研究刻不容缓。应该承认：过去由于种种原因，我们对基督教的研究还不够，在一些方面可以说尚处于无知的状态。可喜的是十一届三中全会召开后，科学的春天来到了。基督教史，乃至于宗教史的研究迈出了可喜的一步。在此，热切地盼望对基督教史研究有兴趣的青年史学工作者踊跃投入这一行列。

（原载《外国史知识》1985年第8期）

试论原始基督教的政治思想

原始基督教从其产生到发展成为罗马国教，经历了三百余年，自身有一个产生、发展和变化的过程。本文主要探讨其产生时期，即公元1世纪30年代至1世纪下半期的政治思想。

一 原始基督教政治思想的内容

"基督教同任何大的革命运动一样，是群众创造的。它是在新宗派、新宗教、新先知数以百计地出现的时代，以一种我们完全不知道的方式在巴勒斯坦产生的。"[①] 直至今日，我们仍无法以确凿的史料清楚地说明原始基督教产生时的具体状况及其政治思想的完整与详尽的内容。在1—2世纪犹太与罗马史学家的著作中，有关原始基督教的活动状况的记载非常简略，只说明当时存在着以"基督"为首的一批犹太人的反抗活动。如公元1世纪著名的犹太历史学家约瑟弗斯在其《犹太古事记》一书中曾两次提到基督教，除明显地被4世纪基督教会篡改过的一处外[②]，仅记有公元62年犹太教大祭司处死了"称为基督的耶稣之弟雅各和其他一些

[①] ［德］恩格斯：《启示录》，《马克思恩格斯全集》第21卷，人民出版社1965年版，第11页。

[②] 参阅 ［英］罗伯逊《基督教的起源》，纽约国际出版社1954年版，第107页。(Archibald Robertson, *The Origins of Christanity*, New York: Internation Publishers, 1954, p. 107.)

第一编　基督教史研究

人或某些他的同伴"①。对此句之真伪目前也存在不同的意见。②罗马史学家塔西佗所著《编年史》中记有"那些通常被称为基督徒的，因有种种恶行受到痛恨，尼禄把他们定为罪犯，予以严刑惩罚，那个使他们有基督徒之称的人，基督，已在提比略时期，为总督彼拉多所杀"③。其他如斯韦陀尼阿斯在《十二恺撒传》中的记载，亦大同小异，均不能确切地说明问题。因此，我们探讨原始基督教的政治思想，目前还只能依靠《新约全书》和《新约逸经》(或译为《新约伪经》)④。《新约全书》反映出原始基督教政治思想的，主要是较早的《启示录》和《同观福音书》(synopticgospels)⑤。《启示录》描绘了原始基督教最初的思想面貌，"这一篇是在公元68年或69年1月间写成的，因而它不仅是新约中真正确定了日期的唯一的一篇，而且也是这些篇中最古老的一篇"；就史料价值来说是新约中"其可靠性是无可怀疑的唯一的一篇"⑥。《同观福音书》产生于1世纪下半期至2世纪上半期，虽然不是目击者的记述，只是后来加工的作品，而且在流传过程中渗糅了许多统治阶级的思想和观点，但其中的人物与情节多少保留了与《启示录》的观点相近的微弱的历史核心。⑦因而，在

---

① [古罗马] 约瑟弗斯：《犹太古事记》，斯克兰顿公司1905年版，第20卷，第9章，第1节。载William Whiston, eds., *The Works of Flavius Josephus*, Hartford: S. S. Scraton Co., 1905, p. 598。
② 参阅[英]罗伯逊《基督教的起源》，第107页；杨真：《基督教史纲》(上册)，生活·读书·新知三联书店1979年版，第22页；胡玉堂：《历史上的耶稣》，《世界宗教研究》1981年第1期。
③ [古罗马] 塔西佗：《编年史》第15卷，第44节，罗叶布古典丛书本 (Tacitus, Annals, XV, 44, *The Loeb Classical Library*, London: Harvard University Press, 1981)。
④ 该书最新英译本为Montague Rhodes James, *The Apocryphal New Testament*, Oxford: Oxford University Press, 1975. 此书日文版译为《新约外典》。我国习称《新约伪经》。
⑤ "Synopticgospels"指马太、马可、路加三福音书。
⑥ [德] 恩格斯：《启示录》，《马克思恩格斯全集》第21卷，第11、13页。
⑦ 关于《福音书》的真实性，自19世纪以来在《圣经》批判学者中有较大的争论。

材料缺乏的情况下，仍具有一定的参考价值。至于《新约逸经》，其称谓并不意味作品本身是赝品，首先称此书为"逸经"（Apocryphal）者也并不认为其为伪造。① 相反，它是指一般人见不到，仅为少数人所掌握的经典"秘本"，标榜其为庄严与尊贵之作品。过了三个世纪，到尼西亚会议之后的杰罗姆②的时代，Apocryphal 始含有"假造的""伪的"之意；《新约逸经》也被摒弃于正典之外③。因此，《新约逸经》只是在新约成书过程中，由于教派的斗争，或观点的分歧，而未收入正典的基督教经典。从这一点考虑，在反映原始基督教的人民性方面，其史料价值倒可能比正典更具有真实性，特别是其中的《彼得启示录》残篇，其价值不亚于《约翰启示录》，年代也与其相近，对原始基督教的政治思想有更为明确的描述。

我们从这几篇有限的材料中，可以看到 1 世纪中期的原始基督教不仅是犹太教的一个新的教派，而且也是一个新的政治派别，它提出了新的政治思想与纲领。其具体内容是：

（一）揭露罗马帝国的黑暗统治，号召人民起来推翻罗马和犹太上层分子的统治，声称：要报仇，要伸冤

《新约·启示录》的作者以比喻的手法，称罗马帝国为"巴比伦大城"，是"用淫行败坏世界的大淫妇"④；把罗马的统治比作"世上的淫妇和一切可憎之物的母"。咒骂罗马是"魔鬼的住处和各种污秽之灵的巢穴，并各样污秽可憎之雀鸟的巢穴"。作者把当时的罗马世界划分为两大营垒，一方是魔鬼或撒旦、野兽、假先知和"有兽名的人"（指与罗马政权合作的人——笔者）。另

---

① 参阅《新约逸经·序言》，第 9—10 页。
② Saint Jerome（340—420），拉丁教会的神学家，通俗拉丁文《圣经》译本的编译者。
③ 《新约·启示录》19：2。［本文所用《圣经》版本为国际圣经协会出版的《圣经：中英对照》（和合本），国际圣经协会 1978 年版。以下同，不一一注明。］
④ 《新约·启示录》17：5—6；18：1—2。

041

一方则是上帝、基督、圣徒和"写在羔羊生命册上的人(指信仰基督的人,即不与罗马政权合作之人——笔者)。两大阵营将进行决战,其最终的结果将是魔鬼、野兽、假先知被擒拿,被"活活地扔在烧着的硫磺的火湖里"①。这里的"野兽"是指罗马统治者及其皇帝,特别是指尼禄,"假先知"则暗指与罗马勾结的犹太教统治者和上层祭司,即当时的撒都该派(Sadducees)和法利赛派(Pharisecs),撒都该人是犹太当权的祭司贵族。他们依靠掌握耶路撒冷犹太教圣殿的统治权,搜刮贡赋,兑换银钱,放高利贷盘剥劳动人民;在政治上与罗马勾结,镇压人民的反抗。法利赛人的主要成员为《新约》中提及的"文士"和"律法师",是犹太的中产阶级和宗教知识分子,他们在政治上的态度是表面上不与罗马政权合作,但并不投入斗争。②《同观福音书》对这两派人进行了猛烈的抨击,把当时被撒都该派统治的耶路撒冷犹太教圣殿称为"贼窝"③,攻击法利赛人说"你们这些假冒为善的文士和法利赛人有祸了,因为你们好像粉饰的坟墓,外面好看,里面都装满了死人的骨头和一切的污秽。你们也是如此,在人前,外面显出公义来,里面却装满了假善和不法之事"④。

在《启示录》中,原始基督教以强烈的仇恨提出要报仇、要申冤,以其人之道,还治其人之身,罗马统治者"怎样待人,也要怎样待他,按他所行的,加倍报应他,用他调酒的杯,加倍的调给他喝"⑤。《启示录》申明,"掳掠人的必被掳掠,用刀杀人的必被刀杀"⑥;并预示两军对垒的结果是罗马的灭亡,"对淫妇讨

---

① 《新约·启示录》19:20。
② 关于这派的观点参阅 [古罗马] 约瑟弗斯《犹太战争史》第2卷,第8章。载于 William Whiston, eds., *The Works of Flavius Josephus*, Hartford: S. S. Scraton Co., 1905, pp. 673–676.
③ 《新约·马太福音》21:11–14。
④ 《新约·马太福音》23:27–28。
⑤ 《新约·启示录》18:5–7。
⑥ 《新约·启示录》13:9–10。

流仆人血的罪,给他们伸冤……烧淫妇的烟往上冒,直到永远永远"①。这些誓言宣布了与罗马奴隶主政权势不两立,决战到底的决心,反映了强烈的民族仇恨与阶级仇恨。

(二)提出了建立现实的、平等的、公共消费的、劳动人民掌权的新国家与新社会的理想

《启示录》的作者把他们理想中的新国家和新社会称之为"新天新地""新耶路撒冷""上帝之城"或"千年王国"②。这一理想的蓝图带有浓厚的宗教色彩,生活在这个国家里的民众,"上帝要擦去他们一切的眼泪,不再有死亡,也不再有悲哀、哭号、痛疼,因为以前的事都过去了"③。在《彼得启示录·附录》中,理想的国家被描述为:"安琪儿将扶助和带领其他那些向往正义与美行、敬神与公正的思想的人们通过火河直达光明,过无忧无虑的生活,那里是伟大上帝的永生的通路,有葡萄酒、蜂蜜和牛奶的三条泉流……既没有婚姻,也没有死亡,也没有卖和买,也没有日落和日出,因为上帝使每个人长命百岁。"④《约翰启示录》的描述更为形象,据记载该城呈正方形,每边长2414千米,总面积近500万平方千米。城墙均以黄金、宝石等镶砌而成。生命河水贯流其中,两岸布满生命之树,结十二种果实,每月一种,新耶路撒冷的民众可尽情享用。生命果树的叶子可为万民治病。⑤ 这些对理想国的描述,显然都是乌托邦式的,是虚幻性的追求与向往,但是也具有世俗性、现实性的一面,具有以下四个特点:

其一,明显的现实性。"新耶路撒冷"这一理想的国家和社会是在人间、在现实的土地上而非在天上,在今生而非在来世。"上帝的帐幕在人间,他要与人同住,他们要作他的子民,上帝要

---

① 《新约·启示录》19:2-3。
② 《新约·启示录》21:1;21:2;3:13;20:7。
③ 《新约·启示录》21:1-8。
④ 《彼得启示录》五、附录。载《新约逸经》,第524页。
⑤ 参阅《新约·启示录》20,21。

与他们同在,作他们的上帝。"① 而且,这一理想国不是在遥远的未来,而是即将实现,在当时活着的人去世前就能实现。《启示录》和福音书的作者多次借上帝和耶稣之口说"日期近了"②。施洗者约翰被捕后,耶稣来到加利利,宣传上帝的福音说:"日期满了,上帝的国近了。"③《同观福音书》均提道:"我实告诉你们,站在这里的,在没有尝到死味以前,必然看到上帝之国大有能力临到"④;"人为我和福音撇下房屋或是兄弟、姐妹、父母、儿女、田地,没有不在今世得百倍的"⑤。此外,还明确提出"上帝不是死人的上帝,乃是活人的上帝"⑥;"上帝的国近了,我实在告诉你们,这世代还没有过去,这些事都要成就"⑦。《彼得启示录》更明确地说理想国是在"大家共有的大地"上。⑧ 由此我们可以看到,这些思想与后世正统基督教虚无缥缈的天国是绝然不同的,具有明显的现实性和世俗性。

其二,鲜明的阶级性。原始基督教的理想国不分为主的与为奴的,一律平等,但是一切统治者和富人是不包括在内的。"有钱财的人进入上帝之国是何等的难啊!骆驼穿过针眼,比财主进天国都容易。"⑨ 而一切贫穷的人不仅可以进入上帝之国,而且将得到满足。"你们贫穷的人有福了,因为你们将要喜笑。"⑩ 在福音书中明确提出了理想国将颠倒现在的秩序。"凡自高者必降为卑,

---

① 《新约·启示录》21:3。
② 《新约·启示录》22:10,《新约·马太福音》:6:17,10:17,《新约·马可福音》:17:29,1:14。
③ 《新约·马可福音》1:14。
④ 《新约·马可福音》9:1,《新约·马太福音》16:23,《新约·路加福音》9:27。
⑤ 《新约·马可福音》10:29,《新约·路加福音》18:29。
⑥ 《新约·马可福音》12:27。
⑦ 《新约·路加福音》21:32。
⑧ 《新约逸经》,第524页。
⑨ 《新约·马可福音》10:23。
⑩ 《新约·路加福音》6:20。

自卑者必升为高"①，"有许多在前的将要在后，在后的将要在前"②。新的国家将要"叫有权柄的失位，叫卑贱者升高，叫饥饿者得美食，叫富足的人空手回去"③。由此看出，新的理想国家是对罗马奴隶主国家和秩序的否定，是劳动人民掌权的国家。恩格斯说"新的宗教哲学倒转了从前的世界秩序，它在穷人、苦难人、奴隶和被排斥的人中寻找信徒，蔑视有钱人、有势力的人和有特权的人"④。

其三，实行平均主义的公共消费制度。理想国中实行公共所有，平均财富的制度。那里"生活和财富将是共有的、不分家的"⑤。在《新约》中亦提道："你们要变卖所有的，周济人"，"你们无论什么人，若不撇下一切所有，就不能作我的门徒"⑥。在《马太福音》中还述说一个富人问耶稣如何才能进入上帝之国，耶稣提出了若干诫命，富人答曰："夫子，这一切我从小都作了。"耶稣看看他说："你还缺少一件，去变卖你所有的，分给穷人……你还要跟随我。这人听见这话，脸上就变了色，忧忧愁愁地走了，因为他的产业很多。"⑦ 在《使徒行传》中亦申明此点，"那许多信的人，都是一心一意的，没有一个人说，他的东西有一样是自己的，都是大家公用……内中也没有一个缺乏的，因为人人都将田产、房屋卖掉了，把所卖的钱拿来，放在使徒脚前，照各人所需的分给个人"⑧。看来，平均主义地实行财富和消费品的公有制是原始基督教理想国中的一条重要原则，是有别于其他派

---

① 《新约·马太福音》23：12，《新约·路加福音》14：11。
② 《新约·马可福音》10：31，《新约·马太福音》19：30。
③ 《新约·路加福音》1：52。
④ [德] 恩格斯：《布鲁诺·鲍威尔和早期基督教》，《马克思恩格斯全集》第19卷，人民出版社1965年版，第329页。
⑤ 《彼得启示录》，载《新约逸经》，第524页。
⑥ 《新约·路加福音》12：33，14：33。
⑦ 《新约·马可福音》10：19–22。
⑧ 《新约·使徒行传》4：32–35。

别的一个重要标志。

其四，人人平等。在理想国中人与人一律平等，反对奴隶制度，这一思想在《彼得启示录》中表述得最明确。"大家共有的大地将不再用墙和篱笆隔开……将没有穷人，也没有富人，也没有暴君，也没有奴隶，也不再有大小尊卑之分，没有国王和王子，所有的男人将共同在一起。"① 这一思想在同观福音书中亦可找到其痕迹。耶稣曾向门徒说："看哪，我的母亲，我的弟兄。凡遵行我天父旨意的人，就是我的弟兄、姐妹和母亲了。"又说："你们不要受拉比的称呼，因为只有一位是你们的夫子，你们都是弟兄。"② 这种平等思想对于千百年来世代贫困的自由人和处在社会最底层的奴隶来说，无疑具有着巨大的吸引力。这种平等思想是对罗马奴隶制帝国人吃人、人压迫人的社会的否定和抗议，是对自由的向往。

（三）指出了推翻罗马统治，建立理想国的途径和依靠力量

根据《启示录》和同观福音书的材料，原始基督教将其实现政治理想的途径和依靠力量寄希望于救世主，似乎全能的救世主一旦莅临，一切理想都将实现，这当然是其虚幻性的一面。但有关材料说明其还有现实的一面，就是要积极地去争取，同观福音书几次提到耶稣急不可待地说："我在你们这里要到几时呢？我忍耐你们要到几时呢？"③ 并且公然提出暴力手段，主张通过强力实现其政治理想。"我来要把火丢在地上，倘若已经火着起来，不也是我所愿意的吗！"④ 甚至更明确地说："你们不要想我来，是叫地上太平，我来并不是叫地上太平，乃是叫地上动刀兵。"⑤ "从约翰传道之日起直到今天，天国一直遭受到猛烈的攻击，暴力的

---

① 《新约逸经》，第 524 页。
② 《新约·马太福音》12：49-50，23：8。
③ 《新约·马可福音》9：20；《新约·马太福音》17：17。
④ 《新约·路加福音》12：50。
⑤ 《新约·马太福音》10：34。

人们争取夺得它。"① 最后号召其门下:"如今有钱囊的可以带着,有口袋的也可以带着,没有刀的要卖衣服买刀。"② "你们听见打仗和打仗的风声不要惊慌,这些事是必须有的,只是末期还没有来到。"③ 这些均说明他们实现其理想的途径并非只是消极地等待救世主,而且也包括积极争取,通过暴力实现其政治理想。

从其依靠的阶级力量来看,耶稣的活动主要是在劳动人民中间进行宣传、组织动员工作,"最初的基督徒来自哪样一些人呢?正像作为革命因素所应该的那样,主要来自属于人民最下层的'受苦受难的人'。这些人之中都有些什么人呢?在城市里,是形形色色的破产的自由人……此外还有被释放的奴隶和特别是未被释放的奴隶"④。其骨干力量(门徒)多为社会下层人物,在《同观福音书》中有明确记载者多属于此,如彼得、安德烈、雅各、约翰均为渔民,还有一名属于奋锐党的西门。⑤ 原始基督教的先驱者施洗者约翰也是"穿骆驼毛的衣服、束皮带,吃的是蝗虫、野蜜"⑥ 的贫苦人。

根据以上材料可以看出原始基督教不单纯是一个犹太教的新教派,而且是一个具有政治思想,并为其实现而奋斗的新的政治派别,尽管这些思想涂上了一层宗教的色彩,但是我们拨开迷雾就可以看到其现实性的一面,并应将它放在具体的历史条件下来观察与确定其性质,探讨其历史作用。

二 原始基督教政治思想的两重性

任何一种政治思想都是现实阶级斗争与民族斗争的产物。

---

① 《新约·马太福音》11:12。
② 《新约·路加福音》22:36。
③ 《新约·马可福音》13:7。
④ [德]恩格斯:《论早期基督教的历史》,《马克思恩格斯全集》第22卷,人民出版社1965年版,第541页。
⑤ 《新约·马可福音》1:16-17。
⑥ 《新约·马可福音》1:6。

原始基督教的政治思想亦不例外，它是古代以色列人民反抗罗马野蛮统治和犹太上层斗争的产物，是这一斗争在思想上的反映。

以色列人自建国以来长期被外族，特别是罗马统治、奴役和剥削。犹太被划归直属省后，所受统治和剥削更为加重，经过普查人口、厘定税金，犹太人民缴纳人头税、农业税以及其他苛捐杂税，此外还要向圣殿交什一税。流落他乡的犹太人，每人每年也要向圣殿交两个德拉克玛的贡赋，在这种残酷的剥削下，犹太人民尝尽了国破家亡之辛酸，发动了持续不断地反抗罗马的运动，包括政治思想的和武装的斗争。公元初，加利利的犹大、约旦河谷的奴隶西门、牧羊人阿夫朗加斯先后起义，自称犹太国王，掀起抗交人头税的斗争，结果被叙利亚总督瓦鲁斯率领的两个军团镇压下去，起义地区的人民被屠杀与掠夺，两千人被俘后钉死在十字架上。直到公元66年前，起义和反抗连绵不断，加利利的犹大的三个儿子先后担任起义领袖，自立为王。稍后又有伊里查起义，斗争长达20年。[①] 这就说明了自公元前1世纪中期至公元1世纪，犹太社会的主要矛盾是罗马统治与反统治的民族矛盾。对犹太上层统治阶级的斗争是与反抗罗马的斗争分不开的，撒都该人之所以能剥削压迫犹太人民是因为他们在政治上投靠罗马帝国，因而阶级斗争与民族斗争密切相连，阶级斗争必须从属于民族斗争，反抗犹太上层必须首先反抗罗马的统治。所以，反抗罗马还是投降妥协成为当时犹太社会衡量人们的思想和行动的准绳，成为进步的、革命的或是保守的、反动的思想和行动的分水岭。原始基督教的政治思想恰恰是在这种历史条件下，在反抗罗马统治的群众运动中产生的，是民族斗争和阶级斗争相统一的产物与表现。因而它是一个爱国主义的纲领，其主要目标是宣传与组织

[①] William Whiston, eds., *The Works of Flavius Josephus*, Hartford: S. S. Scraton Co., 1905, pp. 590, 683.

群众，推翻罗马的统治，渴望在现实的土地上建立一个平等的、平均主义的劳动人民掌权的理想国家与社会。这一思想反映了犹太下层人民，包括奴隶、被释放的奴隶、穷人、无权者的愿望与要求，反映了劳动人民对罗马统治的仇恨与抗议以及对人剥削人的奴隶制度的憎恶与否定，也反映了对理想生活的向往与憧憬，因而它在思想上具有一定的革命性，在行动上具有相应的进步性。正如恩格斯所说，它"成为人类精神史中最革命因素之一的阶段"①。但是，原始基督教的思想体系是复杂的：作为一种宗教，它的神学思想必然占主导地位，又由于其阶级的和时代的局限性，近两千年前的奴隶阶级和劳动人民也不可能提出明确的、切实可行的政治纲领。因此，它的政治思想不能不受到神学思想的影响，处于救世主的迷雾笼罩之下，从而在具有革命因素的同时，又具有虚幻性、空想性与麻醉性，这样的理想国家也是不可能实现的。

原始基督教与成为国教后的统治阶级御用的基督教有根本的不同，"它既没有后世基督教的教义，也没有后世基督教的伦理，但是却有正在进行一场对全世界的斗争以及这一斗争必将胜利的感觉，有斗争的欢悦和胜利的信心"。原始基督教最初是作为被压迫群众的运动而产生的，"它最初是奴隶和被释放的奴隶、穷人和无权者、被罗马征服或驱散的人们的宗教"②。它的进步意义主要集中和决定于它的政治纲领和思想：反对罗马帝国统治，在现实的土地上建立理想的、平等的国家与社会。因此，原始基督教的政治思想，尽管受到神学思想的笼罩，带有虚幻性的一面，但其核心内容在当时的历史条件下，仍然起到了一定的进步作用，并对后世的欧洲有着深远的影响。

---

① ［德］恩格斯：《论早期基督教的历史》，《马克思恩格斯全集》第 22 卷，第 536 页。
② ［德］恩格斯：《论早期基督教的历史》，《马克思恩格斯全集》第 22 卷，第 536—537、525 页。

三 原始基督教政治思想的进步作用与影响

原始基督教的政治思想既有积极的革命的一面；又有消极的空想和虚幻性的一面，但是在其兴起之初，从其发展之速度、劳动人民皈依之众多，说明其积极因素在当时起到了较大的作用，并对后世的欧洲有着巨大的影响。这具体表现在：

（一）对当时犹太人民反抗罗马的群众运动起到了宣传、鼓动和组织的作用，原始基督教提出了与当时的庞然大物——罗马帝国势不两立、以推翻帝国统治为目标的纲领，提出要报仇、要伸冤。"进行积极的宣传，对内外敌人做不屈不挠的斗争，在异教徒的法庭上昂然承认自己的革命观点，决心随时为将来的胜利而殉道。"[①] 对这一斗争充满了信心和勇气。原始基督教对风起云涌的反对罗马的群众运动起到了推波助澜的作用，在长期的宣传鼓动中，组织了反抗罗马的战斗队伍，激励了他们的斗志，为1世纪60年代的犹太战争打下了思想基础，并且参加了66年反抗罗马的犹太战争。[②]

（二）原始基督教提出的"平等""公共消费"的思想是对罗马奴隶主阶级思想家提出的"奴隶制合理说""私有制永恒说"的批判和否定，在欧洲思想史上具有进步的和革命的意义。奴隶主的思想家和罗马法历来认为"奴隶是会说话的工具"，不属于"人的范畴"，因而奴隶主对奴隶具有无限的权力是合理的。即便在自由人中，在法律上的不平等也被认为是合法的。例如一般的自由民仅适用于万民法，人格要平等，只有罗马公民才适用于市民法，具有完整的人格；而原始基督教提出的理想社会贯彻了平

[①] ［德］恩格斯：《论早期基督教的历史》，《马克思恩格斯全集》第22卷，第550页。

[②] 关于原始基督徒参加66年犹太战争问题，史学界意见不一。本文根据罗伯逊（A. Robertson）的研究成果。参阅［英］罗伯逊《基督教的起源》，第140页。

等的原则,否定了人与人不平等的奴隶制与人剥削人的私有制的合理性与合法性,这无疑在思想史上具有解放思想的革命意义。对劳动人民的斗争起到了鼓舞作用。

(三)自1世纪后期,原始基督教的政治思想的两重性,分别为两大派别所继承。其消极的、虚幻的一面,随着剥削阶级的大量参与并控制了教会,以及希腊、罗马庸俗哲学的渗入,由代表罗马奴隶主阶级的护教家和教父所继承,在教义、组织和仪式方面向神秘宗教发展,4世纪成为罗马国教,中世纪达到顶峰,成为封建势力的国际支柱与中心。其反抗统治阶级、建立现实的、共同消费的、平等理想社会的革命性一面,则由代表劳动人民的某些异端教派所继承,对后世的欧洲思想史和政治史产生了深远的影响。

2世纪的孟塔努教派(Montanists),坚持原始基督教的信仰,反对《约翰福音》和保罗派,在政治上主张建立理想的国家和社会,实现千年王国。[1] 它的流传遍及西亚、高卢,最后发动了农民武装起义,反抗罗马政权,惨遭镇压,但此后在北非继续流传。起源于孟塔努教派的多那图斯教派(Donatistas),反对罗马正统教会的教义,坚持返回原始基督教的财产共有和人与人的平等。4世纪和5世纪,这个教派的下层,以保卫多那图斯教会的信仰为名,发动了反罗马的起义,自称阿哥尼斯特(意为争取正当信仰的战士),这一斗争一直坚持到7世纪伊斯兰教侵入为止。

到中世纪,"一切革命的社会政治理论大体上必然同时就是神学异端"[2]。异端与农民运动和起义结合在一起,所受原始基督教政治思想的影响更为明显。"在中世纪,在被压迫农民,特别是城市平民的最初的起义中就突出地表现出来了。这些起义同中世纪

---

[1] 参阅[古罗马]爱利尼阿斯《反异端》及该书导论,载谢扶雅编《尼西亚前期教父选集》,香港基督教文艺出版社1962年版。
[2] [德]恩格斯:《德国农民战争》,《马克思恩格斯全集》第7卷,人民出版社1965年版,第401页。

的所有群众运动一样，总是穿着宗教的外衣，采取为复兴日益蜕化的早期基督教而斗争的形式。"[1] 他们所复兴的是什么，就是原始基督教的政治思想中的革命因素，从阿尔比派、使徒兄弟派到约翰·保尔，从塔波尔派到尼古拉·施托黑和闵采尔，无不受其平等的理想国家与社会的影响，闵采尔并进一步地丰富和发展了原始基督教政治思想的革命性与现实性。"闵采尔的纲领，与其说是当时平民要求的总汇，不如说是对当时平民中刚刚开始发展的无产阶级因素的解放条件的天才预见。这个纲领要求立即在地上建立天国，建立早经预言的千载太平之国；建立天国的途径是恢复教会的本来面目并废除与这种似乎是原始基督教会而实际上是崭新的教会相冲突的一切制度。闵采尔所了解的天国不是别的，只不过是没有阶级差别，没有私有财产，没有高高在上和社会成员作对的国家政权的一种社会而已。"[2] 这一切都说明原始基督教政治思想的革命因素对欧洲的影响是长期的、持续的、深远的，为欧洲人民反封建斗争提供了精神武器和纲领。

综上所述，我认为对原始基督教必须具体分析，认真对待。对其中的神学思想与政治思想加以区分的同时，又要看到它们之间的联系；既看到其政治思想的空想性、虚幻性，也不能抹煞其具有一定的革命性、进步性与现实性的积极因素。

（原载《世界历史》1983 年第 6 期）

---

[1] ［德］恩格斯：《论早期基督教的历史》，《马克思恩格斯全集》第 22 卷，第 526 页。
[2] ［德］恩格斯：《德国农民战争》，《马克思恩格斯全集》第 7 卷，第 414 页。

试论原始基督教的演变及其必然性

基督教产生于1世纪中期。恩格斯将演变成为罗马国教以前的基督教称之为"das Urchristeutun",意为最初的基督教,我国学术界译为原始基督教。原始基督教产生之初不仅是犹太教的一个革新派别,而且也是一个政治派别,它是在反抗罗马暴政的群众运动中产生的。[1]"它最初是奴隶和被释奴隶、穷人和无权者、被罗马征服或驱散的人们的宗教。"[2] 然而经历了三百年之后,它逐渐演变成为罗马帝国公认的国教,成为奴隶主阶级的御用工具。这是为什么?它是怎样演变的?具体过程又如何?这一历史现象值得我们进行艰苦的研究。然而由于有关史料之依稀与模糊,目前很难作出令人满意之答复,本文仅欲就此问题作一初步探讨。

一 社会基础的演变

原始基督教的演变首先表现在信徒阶级结构的变化。1世纪中期原始基督教的信徒主要是犹太社会的下层劳动群众,但到2世纪中叶《新约全书》定型的百余年间,其成员有了较大的变化。《新约全书》和基督教的早期文献反映了这一历史现象,许

---

[1] 请参阅拙作《试论原始基督教的政治思想》,《世界历史》1981年第6期。
[2] [德]恩格斯:《论早期基督教的历史》,《马克思恩格斯全集》第22卷,人民出版社1965年版,第525页。

多奴隶主甚至社会上层人士都参加了基督教。《新约》记载当时信徒中有"尊贵的妇女"和"男子",有"城内管银库的",有"赛普路斯岛的总督"①等。2世纪初年安提阿主教伊格那丢(Ignatius of Antioch,约35—107)在赴罗马受刑途经小亚细亚时曾在信中问候"税务司的夫人以及她全家,她女儿"②。2世纪形成的《雅各书》反映出当时信徒中"有钱人手戴金戒指,身穿华丽衣服",有的是"衣着破烂的男人"。进入会堂后,穿华美衣服的人被"请上座";穷人则"站在一边或坐在脚凳旁"③。这说明一批有产者和奴隶主加入了基督教,并且占据了显著的位置,他们在经济上和教义方面逐渐成为主导力量,控制了教会。

其所以产生如此的变化,究其原因主要是罗马帝国内部信仰危机之开端和保罗派基督徒在斗争中逐渐占据了上风所致。罗马帝国的建立逐渐消除了帝国内部政治和社会的差异,同时也消灭了古老的民族宗教赖以存在的基础。帝国初期,不仅奴隶的处境毫无改善,而且自由民也普遍处于无权的地位。随着公民权的扩大和政治权力的日益集中,罗马公民的特权锐减,在经济上也动荡不安,许多自由小农陷入债务的泥潭。韦帕芗(69—79)和图密善(81—96)执政时期,帝国的捐税大增,一些公民,甚至一些奴隶主均告破产。公民的思想面貌今非昔比,意志消沉与精神颓废相当普遍。其他被压迫民族则向往过去独立的生活,不满现状,但又无力改变目前的处境。许多人感到"现状不堪忍受,未来也许更加可怕。没有任何出路,悲观绝望……在各阶级中必然有一些人,他们既然对物质上的解放感到绝望,就去追寻精神上

---

① 《新约·使徒行传》17:4—12;13:7—12;《新约·罗马书》26:24。
② 《伊格那丢达坡里卡普书》,第8章,第2节,章文新等编:《基督教早期文献选集》,台湾基督教文艺出版社1976年版,第1部,第93页。关于其生平请参阅拉图雷特《基督教史》,哈珀出版社1953年版,第116—117页(Kenneth Scott Latourette, *A History of Christianity*, New York: Harper Publisher, 1953, pp. 116–117)。
③ 《新约·雅各书》2:2-15。

的解放来代替，就去追寻思想上的安慰，以摆脱完全的绝望处境"①。然而他们又都深切感到旧的民族神不再能有效地保护自己，于是产生了信仰危机。这就为基督教的迅速传播提供了广阔的社会基础，非犹太人的信徒日增，从而在原始基督教内部出现了"外邦人"基督徒和以彼得为代表的犹太基督徒之区别。随着"外邦人"基督徒的日益增多，逐渐形成了以非犹太人为主的保罗派。

保罗派的领袖人物保罗（Paul,？—67）是希腊化的犹太人，1世纪初年生于小亚细亚的塔萨斯城。本人为帐幕工匠，其父由于为罗马承办军需品有功，获得公民权，故保罗出生即为罗马公民。他早年曾反对基督教，约37年始皈依基督教，是第二代的使徒。据《新约》记载他曾在小亚细亚、希腊和罗马传教约20年，曾代表"外邦人"教会赴耶路撒冷和彼得会晤，商讨教义等问题，由于对犹太律法和饮食规则意见不一而未达成协议，不欢而散。保罗在传教中曾七次被捕，最后被送至罗马，于67年被处死。保罗死后其门徒继续传教。该派使用希腊语，信徒中以非犹太人的中产阶级为骨干，在流传中大量吸收了希腊罗马庸俗哲学，对初期的教义进行了改造，并且与彼得派的斗争较激烈。《新约全书》中保罗派的经典《哥林多后书》攻击彼得派"传另一个耶稣，不是我们所传那一位……有另外的一种灵和另一种福音，跟我们所传授给你们的不同"②。保罗派还指责彼得派迁就犹太信徒"奉行犹太律法"③。彼得派则指责保罗派忘记了穷人。并因此保罗五次被打。"我被犹太人鞭打过五次，每次照例打39下。"④ 双方斗争的详细史料不足，仅知斗争的结果是保罗派基本上取得了

---

① ［德］恩格斯：《布鲁诺·鲍威尔和早期基督教》，《马克思恩格斯全集》第19卷，人民出版社1965年版，第333—334页。
② 《新约·哥林多后书》11：4。
③ 《新约·加拉太书》2：16。
④ 《新约·哥林多后书》11：24。

胜利，其教义逐渐成为正统。《新约全书》中除《启示录》是彼得派的观点外，其他26篇的相当部分均反映了保罗派的观点，并且在教义和组织上逐渐控制了各地的教会。该派还进一步广泛地吸收了非犹太人的城市中、上层人士参加教会，致使原始基督教在阶级基础上发生了较大的变化。

二 组织和礼仪的演变

原始基督教与犹太教分离后，组织与活动均很简单，只有一些分散的基督教团体，由一些游方的使徒巡回传道，反映约1世纪末年教规和教会的重要文献《十二使徒遗训》说："凡有使徒到你们那里去，接待他如接待主，但他只得在你们处住一天，如必要时，住两天也可；然若住三天，他便是假先知了。使徒出门时，不可接受人的礼物，只可领取饼食，够他所要到的当晚住宿地即可；若他索取银钱，便是一个假先知了。"① 他们的礼仪也很简单。洗礼是基督教的入教仪式和选民的标志。另外每礼拜日举行公餐，称为感谢祭，祈祷后，吃面饼和饮葡萄酒。面饼犹如群山之麦粒集合在一起，是象征基督徒的团结，他们虽然分布在天涯海角，应聚集在一起进入上帝之国。这饼"当初是麦子，曾散满在山岗，而后团和为一，同样，但愿教会也从地极聚合起来，进入上帝之国"②。酒是经过踹踏、压榨而成，象征选民对敌人的仇恨和诅咒，③ 说明当时并无饼与酒是耶稣之肉与血的说教。后来

---

① 《十二使徒遗训》，第11章，第4—5节，章文新等选编：《基督教早期文献选集》，香港基督教文艺出版社1976年版，第3部，第269页。此书为1873年由东正教会伯吕思组（P. Btyennios）在君士坦丁堡之耶路撒冷教父文库中发现，据圣经学考证：初期基督教文献中经常提到这一著作，但原文失传。此次发现的是最早的希腊文抄本，共十六章，系犹太基督教徒于1世纪后半期所写。
② 《十二使徒遗训》，第9章，第4节。
③ 此说是根据英国圣经学者罗伯逊（A. Robertson）的解释。参阅［英］罗伯逊《基督教的起源》，第194页。

在福音书中感谢祭演化为圣餐礼与主的最后的晚餐说。

随着保罗派之兴起,在流传的过程中,教会逐渐产生了召集人,称为长老或执事。他们多出自富有家庭,既有空余的时间,又能提供作为会堂的场所。另外还产生了经费管理人,称为财务官或监督,最初长老的地位在监督之上,但随富有信徒的增加和捐献财产的增多,出现了将财权与神权、管理权集于一身的主教,他们成为专职的教会领导人。最早的主教可能出现于小亚细亚,现知最早的主教为 2 世纪上半叶士每拿(Smyrna)的主教坡里卡普(Polycarp,约 70—168)。2 世纪中期,在罗马、叙利亚等地普遍出现了主教主持的教会,但教会各自立,互不相属。最初主教尚由信徒选举产生,"你们当为自己推举配作主门徒的人为主教和执事,即温柔的、不贪财的、诚实可靠而被考验无误的"①。同时,教会也产生了教阶制的萌芽,神化神职人员,认为基督召选使徒,使徒委派主教,主教授权长老。主教制与教阶制萌芽的产生,说明教会已牢固地控制在富有阶级手中。

2 世纪的教会宗派林立、互相攻击,各不相属,斗争颇为激烈。至 2 世纪末年,在实力和宗教权威方面,罗马、亚历山大里亚、小亚细亚、安提阿和迦太基等地教会占有优势。罗马与迦太基的教会使用拉丁语,其他使用希腊语。此时的基督教已经结成了一个由许多个体教会组成的教会网,由一些经常相互联系的主教加以控制。

三 教义与政治思想的演变

1 世纪中期至 2 世纪中期原始基督教的教义与政治思想的演变集中反映在《新约全书》中。流传于世的《新约全书》的思想

---

① 《十二使徒遗训》,第 15 章,第 1—2 节,章文新等选编:《基督教早期文献选集》,第 3 部,第 271 页。

第一编 基督教史研究

内容自相矛盾之处甚多，往往一件事情前后有两种不同的或相反的观点和说法。例如，把耶稣既说成是人子又说成是神；理想的国家既说在地上又说在天上；既表示仇视罗马，反对富人，又要求当帝国的顺民；既反对奴隶制度，要求平等，又说要听命、忍耐、服从。圣经学者们对这些现象做了长期研究，迄今尚未取得一致的看法。目前我国史学界较为一致的意见是：产生这一现象的原因是原始基督教在流传过程中，非犹太人大量参加，阶级基础的变化，保罗派在教义中大量吸收希腊罗马庸俗哲学，特别是吸收斐洛哲学与塞涅卡哲学的结果。

斐洛（J. Philo，约前20—公元40）为亚历山大里亚希腊化的犹太人，精通希腊语与希腊文化。他将希腊唯心主义哲学柏拉图主义与斯多葛主义兼收并蓄，合为一体，借以解释犹太教教义，提出灵智论（Gnosticism，音译诺斯提主义，此字源于希腊文"Gnosis"，知识之意），1世纪时此派仅是一个哲学派别，到2世纪始发展为一个教派，其著作因被后来的基督教会视为异端，绝大多数已失传，[①] 其代表作为《智慧生活论》(*On the Life of Wisdom*)。斐洛的灵智论的主要内容有四：

1. 非所有的人均能了解与认识上帝，仅具有灵性的人才能获得这一奥秘的知识（Gnosis）。

2. 逻各斯［Logos，唯物主义哲学家赫拉克利特解释为规律，斯多葛学派塞浦路斯的芝诺（Zenon of Cyprus）解释为神的智慧］具有上帝的属性，但上帝与神的智慧既联系在一起，又有所不同，并把逻各斯人格化，视为上帝的长子，他是上帝及其智慧（或称为道）的产物。这一解释实际上包括了基督教的圣父、圣子、圣灵三位一体的思想。

[①] 其著作目前仅存四类，共13卷，收于罗叶布古典丛书。其目录见桑德迈《1世纪的犹太教与基督教》（Samuel Sandmel, *First Christian Century in Judaism and Christianity*, Oxford University Press, 1969），牛津大学出版社1969年版，第108页。

3. 罪恶来自物质世界本身，人力无法改变现状，只有借助逻各斯才能得救。

4.《摩西五经》并非历史和法律，仅是一种寓言，所以不能从字面上理解，应探讨其深刻的含意，例如"五经"主张要行割礼，实际上并非要求肉身割礼，而应理解为行心里的割礼，因为叙利亚人、阿拉伯人甚至埃及人均行割礼，但上帝并不保护他们。又如不许吃猪肉，其实并非对食物的禁令，而是属于灵性的解释，实质是要求人们不要像猪一样，顺利时忘了主，贫困时想到主。正如猪饿了去找主人，吃饱即走。[①]

塞涅卡（L. Seneca，前4—公元65）是1世纪罗马帝国新斯多葛派的代表人物之一，为尼禄的宫廷教师。此派是晚期希腊斯多葛学派在罗马的变种，其所以"新"即因其抛弃了斯多葛学派的唯物主义外衣，集中谈论道德问题，主张尽本分，从天命，公开宣扬听从命运的安排是人类的美德。

原始基督教的保罗派从这两种庸俗哲学中吸收了大量的内容，并赋予宗教的形式，致使教义发生了很大的变化。例如，他们把上帝与逻格斯的说教逐渐演化为圣父、圣子、圣灵"三位一体"的教义；把人格化的逻各斯与传说中的"人子""先知""夫子"耶稣拼凑在一起，说他为了拯救有罪的众生，在十字架上甘愿做出赎罪的牺牲，他从来就是"神子"与"圣子"，把耶稣一生的活动中心说成是创立基督教等。这样就使原始基督教的教义包含了原来所没有的，而后来为罗马国教所包含的全部本质观念。所以说基督教并非从犹太教直接发展而来，而是希腊、罗马世界的产物。保罗派为坚持其教义曾与彼得派作了激烈的斗争，但为了保持对社会下层的吸引力，又不得不与彼得派有所妥协。因此，体现在《新约全书》中的教义是两派相互斗争与妥协的产物，也

---

① 参阅《巴拿巴书》第6章，第1—4节；第10章，第1—3节。载章文新等选编《基督教早期文献选集》，第1部。

是其内容存在着许多矛盾的原因。但《新约全书》中居于核心地位的是保罗派的观点,确如恩格斯所说:"基督教事实上是自发地形成的,是这些宗派中最发达的宗派相互影响而产生的中间物,后来由于加进了亚历山大里亚犹太人斐洛的论点,稍后又由于受到斯多葛派思想的广泛渗透,而形成为一种教义。的确,如果我们可以把斐洛称为基督教教义之父,那末塞涅卡便是它的叔父。新约中有些地方几乎就像是从他的著作中逐字逐句抄下来的。"①

《新约全书》的内容在2世纪中期已基本定型。它反映了1世纪中期至2世纪中期两派的斗争与融合,以及保罗派取得优势的情况,也反映了保罗派在斐洛与塞涅卡思想的影响下,在教义方面大量吸收了希腊、罗马庸俗哲学思想,以及在政治思想上的变化。《新约全书》反映出保罗派的政治思想是:

一是从反抗罗马的统治演变为主张服从罗马皇帝的统治,甘当顺民,神化皇权;二是从否定奴隶制度转化为承认奴隶制度的合理性,宣扬服从天命;三是否认地上的千年王国,把理想社会演化为虚幻的天国;四是从斗争哲学改变为宣扬无原则的忍耐与超阶级的爱。

自1世纪中期至2世纪中期《新约》定型的百余年间,原始基督教在阶级基础、组织与礼仪、教义与政治思想诸方面的演变,为其后发展成为罗马国教奠定了思想基础与组织基础。此后,它通过教会的领导人和理论家进一步向罗马奴隶主政权靠拢,逐步演化成为罗马国教。

四 原始基督教的继续演变及与罗马政权的合流

原始基督教自2世纪中期后,继续向帝国靠拢,在此期间正

---

① [德]恩格斯:《启示录》,《马克思恩格斯全集》第21卷,人民出版社1965年版,第11—12页。

统教会牢牢地掌握在保罗派手中，他们在组织上实行主教制，严密控制了教会；在思想上神化罗马皇帝和奴隶制度，从理论上论证基督教与罗马帝国利益的一致性；在行动上不断地向罗马皇帝写效忠信，表白基督教忠于帝国政府。而2世纪中期后的罗马帝国内部，奴隶制的危机已显露苗头，至3世纪出现了全帝国范围的总危机，史称"三世纪危机"，具体表现为政局动荡，经济崩溃，思想混乱，蛮族入侵，阶级斗争日益尖锐。帝国统治集团和知识界的部分代表人物也感到前途渺茫悲观失望，丧失信心，以致其中的某些人参加了基督徒的行列，在宗教中寻求慰藉。帝国当局在长期过程中，也逐步认识到基督教这一支新的力量对克服帝国思想危机的作用，故至4世纪，二者终于合流，帝国当局抛弃了过时的多神教，奉基督教为罗马国教。

原始基督教的这一继续演变过程主要是通过教父和护教学者们完成的。所谓"教父"，是基督教会对2—11世纪（天主教与东正教的分裂）期间，在制定或解释教义、巩固组织方面作出较大贡献，为后世基督教奠定理论基础的神学家的尊称。教父之所以产生于2世纪中期，是因为此时《新约全书》各篇已基本定型，并广为流传，教会认为《圣经》是依上帝的启示写成的，是经典，不能更改，但随着时代的前进，需要根据不同时期的要求对教义作出新的补充或解释，因而出现了一批神学家、理论家和护教学者，他们在这方面作出了贡献，其中贡献较大和思想纯正者被尊为教父。按时期划分，这一时期的教父称为尼西亚会议前和使徒后期教父。他们控制了教会组织并掌握了教义的解释权，特别是在政治思想方面著书立说，鼓吹基督教与帝国利益的一致性，给罗马奴隶制政权冠以神圣之光环。其政治思想的演变主要表现在三个方面：第一，鼓吹服从帝国统治，俯首听命。被称为使徒后期第一位神学家的游斯丁（Justin，？—165）曾致函皇帝安东尼说："我们比所有人众更快爽地随地随清付通常税项及临时特税……这是按照上帝的教导。……我们承认你们为世人的君王和统治者，我们祈求上帝使他们不但有统治权力，也有健全的判断"①。被尊为拉丁教会三大教父之一的爱利尼阿斯（Irenaeus，约137—202）在《反异端》第十章中亦鼓吹要甘当顺民，积极支持罗马政权。第二，神化罗马帝国和皇帝。德尔图良（Tertullian，160—230）在其《护教篇》中宣称：君主是神的代表，基督徒应像侍奉神那样侍奉君主。还说："我们基督徒竭诚地为所有的皇帝祈求长寿，使帝国安定，老百姓讲道德，全世界得安宁。"② 第三，神化奴隶制度，为奴隶主统治的合法性作辩护。爱利尼阿斯为此辩护说"律法是为奴隶而设的……就像铁链牵着灵魂去服从诫命，使人学会事奉神"。"仆人对家主要存顺服敬畏之心……甚至对那剥夺我们财物的人，也不要计较他们的恶。"③ 3世纪初，亚历山大的克雷芒（Clemens Alexandrinus，约150—215）更向帝国献媚说：基督教信仰有助于对奴隶的统治，因为惧怕上帝能使人克制肉欲。尽管奴隶比主人强壮，但由于惧怕，就会接受主人的统治。在行动上，教父们一再向帝国效忠投靠，谋求罗马的信任与支持。许多教父和护教学者所写的护教篇均是向皇帝的上书，极力表白帝国与基督教的利害一致。教会愿为帝国效劳，并表示愿为皇上、帝国祈祷，盼望帝国国运长久。教父们的政治态度与效忠活动为基督教在4世纪成为官方思想统治工具打下了基础，在当时也取得了一定成效。2世纪后，皇族、官吏中不断有人信奉基督教，有的基督徒还担任了省、市级的官员，基督教一度取得了半合法的地位。

与此同时，帝国当局对基督教的了解也开始深入，逐步划清

---

① ［古罗马］游斯丁：《第一护教辞》，第17章"基督教导在政治上服从"。载章文新等选编《基督教早期文献选集》，第9部，第297页。
② 参阅 Henry Bettenson, eds, *Documents of the Christian Church*, New York: Oxford University Press, 1982, p. 8.
③ ［古罗马］爱利尼阿斯：《反异端》，第4部，第13章，第2—3节。载谢扶雅编《尼西亚前期教父选集》，香港基督教文艺出版社1962年版。

了两个界限。他们认识到基督教与犹太教不同,并且在基督教中正统的保罗派与异端教派亦不同。对反抗罗马的犹太人和异端要坚决镇压,对基督教则由最初的镇压改变为基本上是宽容的政策。但有时出于政治上的原因亦间或实行镇压政策。据基督教会统计,自该教产生至尼西亚会议前共受到十次大迫害,究其原因有二:第一,基督教否认除上帝以外的一切神,包括罗马的最高神朱庇特,并反对偶像崇拜,从而触犯了罗马的宗教制度,特别是3世纪后,罗马皇权神化,皇帝自称是朱庇特之子;故否认朱庇特神也就是否定了皇帝的神圣性。第二,基督教会已发展为独立于帝国、人数日益增多的宗教团体,据估计2世纪末基督徒仅有50万人,至3世纪已有600万人,教会亦日益增多,"98年有42个教会,180年74个,325年550处"[①]。因此,当政局不稳,皇权受到威胁时,帝国根据政治上的需要数度对基督教实行镇压政策,但由于教会的神学家与教父一再表示拥护皇帝,恪守帝国法律,并在每次镇压后,更向帝国靠拢一步。因此,在此时期罗马帝国对基督教的基本政策是宽容政策。

罗马帝国对基督教的最后一次大规模的迫害活动是在戴克里先统治时期(245—305),前后达6年之久。戴克里先为挽救政治危机,改元首制为君主制,自称朱庇特之子,以神化和巩固皇权。但由于基督教否认朱庇特神并且在帝国内部已发展成为一支声势浩大的独立力量,在皇族中亦有一批基督徒,因此戴克里先将基督教视为异己的势力,决定予以镇压。303年,他借口其驻节地小亚细亚的尼科美底亚宫廷两次起火,疑为基督徒所为,决定全面取缔基督教。旋即发布敕令:(1)全部教堂一律拆毁,参加基督教活动者处死刑。(2)一切《圣经》、圣书上交地方官,公开焚毁。(3)教会财产全部没收。(4)自由民中的基督徒不许在军

---

① [德] 考茨基:《基督教之基础》,叶启芳等译,生活·读书·新知三联书店1955年版,第328页。

政界担任职务和享有荣誉,奴隶永不准解放。接着又发布命令,将全体教士一律逮捕,强令基督徒参加罗马多神教崇拜。由此在全国,特别是帝国东部掀起了大规模的烧《圣经》、拆教堂的高潮,据估计此次大迫害,全国约有2000名教士和信徒被杀。镇压持续了6年,但并未收到预期的效果,基督徒也没有被征服,相反,他们的活动转入地下,人数反而有所增加。事实说明,以暴力强制宗教信仰往往是难以奏效的。帝国东部的奥古斯都伽勒里乌斯(戴克里先已于305年退位)经历了"六年来迫害的经验……终于使他明白了一个道理:最酷烈的暴政也不足以灭绝整个民族或者消除他们的宗教偏见"①,终于在311年与帝国西部的奥古斯都君士坦丁等联合发布通谕,宣布停止迫害,允许集会,释放被捕的基督教徒,镇压运动以失败而告终。

其实,在此次大规模镇压基督教以前,帝国统治集团内部对基督教的认识已出现了分歧。他们对利用宗教加强思想统治,巩固皇权,挽救思想危机方面认识是一致的,但对利用基督教抑或继续利用多神教则意见不一,帝国西部的统治者君士坦蒂乌斯及其子君士坦丁大帝较有远见,倾向于支持基督教;而戴克里先则欲在四君中突出其最高的地位,独揽"朱庇特之子"之称号,故决定对基督教采取镇压政策。但即使在303—305年的镇压高潮中,帝国西部的高卢、不列颠等地亦仅推倒教堂,形式主义地执行戴克里先的敕令,基督徒所受迫害甚微。

311年后,君士坦丁依靠基督教会和蛮族军队的支持,先后击败了西部的几个竞争者,取得了意大利、非洲和西班牙的统治权,于312年成为西部帝国唯一的奥古斯都。因此,他决心以基督教作为帝国的精神支柱和统治工具,于313年与帝国东部的奥古斯都联合发布《米兰敕令》(*Edict of Milan*),其主要内容有二:

---

① [英]爱德华·吉本:《罗马帝国衰亡史》第16章,王绳祖、蒋梦引、李澍泖、徐式谷译,转引自《世界历史译丛》1980年第5期,第86页。

（1）正式承认基督教为合法宗教，与其他宗教一样享有同样的自由。（2）基督教堂和财产一律发还。《米兰敕令》是基督教史上的转折点，也是帝国对基督教从实行宽容与镇压相结合的政策转为依靠、扶植、利用的政策的标志，从此它开始与奴隶主政权合流，成为御用的思想统治工具。帝国宗教政策的改变反映了罗马奴隶制危机的加深，旧奴隶主贵族的没落，以及旧的多神教号召力的丧失。加之君士坦丁起家所依靠的力量为高卢一带的新兴奴隶主，为取得全帝国的霸权，必然寻求新的精神支柱，所以君士坦丁支持基督教是历史的必然。

《米兰敕令》后，君士坦丁为统一全帝国，继续实行扶植、收买基督教的政策，他先后诏令承认主教在教会的领导地位；部分地区的神职人员的费用由国库开支；319年宣布神职人员豁免劳役和享有免税特权，321年又通过立法使基督教会享有接受遗产的权利。[①] 由此得到基督徒的拥护，特别受到了帝国东部基督教会的赞赏。君士坦丁在314—323年与东部奥古斯都李锡尼争夺霸权中也因此占据了优势，于323年战胜了李锡尼，统一全帝国，成为最高统治者。

君士坦丁大帝取得全国政权后，深感基督教在教义、经典、组织和礼仪方面尚不统一，教派争端激烈，不利于进一步发挥其思想统治工具的作用。当时正统的基督教会在教义方面存在较大分歧，主要有两大派：一为三位一体派，流行于帝国西部与埃及，代表人物为阿塔那修（Athanasius，约293—373），主张上帝三位一体论。其内容是耶稣既是受造物又是上帝的一部分，是圣子，与圣父同性同体。另一派为阿利乌派，流行于利比亚和帝国东部，代表人物为阿利乌（Arius，约250—336）。他反对三位一体论，主张圣子不是上帝，只是来自上帝，与圣父非同性同体，仅属于

[①] ［美］哈第编：《拉丁教会文集》，马葆炼等译，基督教辅桥出版社1959年版，第2页。

受造之物。双方互相攻击，争论激烈，几乎所有的教会均卷入了这场纷争。以君士坦丁堡为例，据说当时满城都在辩论这一问题，做任何一件事情之前，都要先表明自己的观点，然后再谈具体事情。如某一人向另一人兑换一块银币，他会首先告诉你，圣子与圣父的区别。如果你问面包的价格，他将先告诉你"圣子低于圣父"，然后告诉你多少钱一个；假如你去澡堂洗澡问："洗澡水准备得如何？"你首先得到的答复是：圣父与圣子同性，然后说："洗澡水已经准备好了。"[①] 由于这场辩论波及很广，不利于发挥教会的统治作用。因此君士坦丁大帝于325年在小亚细亚召开尼西亚会议，所要解决的主要问题是统一教义，停止纷争，以及健全教会的组织和领导体制。会议出席的代表约三百人，君士坦丁大帝亲临致辞，并由其代表主持会议。决议要点有三：第一，由于赞同阿利乌观点的帝国东部部分主教曾支持东部奥古斯都李锡尼，故君士坦丁大帝决定支持三位一体派，强行决议树立三位一体派为正统，谴责阿利乌派，并决议开除阿利乌教籍，予以放逐，著作焚毁。以后虽有反复，但阿利乌派在帝国境内终至消声敛迹，后来仅流行于蛮族之中。第二，以赞同三位一体观点的巴勒斯坦凯撒利亚教会的信经为基础，制定并通过了《尼西亚信经》。主要内容为：上帝创天地万物；圣父圣子同体同质；三位一体；基督救赎；耶稣复活升天；末日审判等，[②]《尼西亚信经》至今仍为该教主要信条。第三，制定教会法规二十条，其中心有：确立皇帝对教会的最高领导权，按行省划分教区；加强主教制，教区领导人为主教，有授圣职之权，神职人员不许流动；各教区主教组成宗教会议，皇帝掌握该会的

---

① ［美］汤普生：《西洋中古史》，陈受颐、梁茂修译，商务印书馆1940年版，第33页。
② 《尼西亚信经》，载汤清编译《历代基督教信条》，香港基督教文艺出版社1968年版，第8—9页。

最高领导权；禁止教士放债取息。① 这些内容说明：基督教已具有统一的教义、组织，成为由皇帝直接控制的官方机构，已从原始基督教演化为奴隶主阶级进行思想统治的工具，并与帝国政权结为一体。因此尼西亚会议标志着原始基督教的质变，实质上已成为罗马帝国的国教。

尼西亚会议后，基督教除在罗马皇帝、背教者朱里安（Julianus，332—363）执政期间受到暂时压制外，② 得到了长足的发展。375年，皇帝格拉提安宣布禁止向基督教以外的神庙献祭，废除皇帝之原罗马神庙的"最高祭司"的称号。392年，狄奥多西一世（379—395）公布法律：关闭一切异教神庙，禁止献祭活动，违命者罚款黄金25磅，没收献祭活动的房屋、土地；知情不举者同罪。是故史学家一般以392年作为基督教正式定为罗马国教之年。

五　原始基督教演变成为罗马国教的必然性

原始基督教经历了300年的演变，发展成为罗马国教，这是为什么？其必然性何在？依据唯物史观的基本原理，我们探讨这一问题的途径不是从基督教自身去寻找，而首先应从罗马帝国时期的经济、政治中去探寻。因为"'基督教本身'没有任何历史，基督教在不同时代所采取的不同形式，不是'宗教精神的自我规定'和'它的继续发展'，而是受完全经验的原因、丝毫不受宗教精神影响的原因所制约的"③。这说明原始基督教演变为罗马国

---

① 参阅《尼西亚教会法规》，[美] 哈第编：《拉丁教会文集》，马葆炼等译，第371—375页。
② 请参阅拙作《朱里安》，朱庭光编：《外国历史名人传》（上册），中国社会科学出版社1982年版，第519—523页。
③ [德] 马克思、恩格斯：《德意志意识形态》，《马克思恩格斯全集》第3卷，人民出版社1960年版，第163页。

教首先是罗马帝国的奴隶制经济和政治的需要，是古代罗马历史发展的必然产物。

（一）原始基督教的演变是罗马帝国经济、政治发展的需要。1世纪的罗马帝国，已打破了狭隘的小国寡民的共和体制，建立了代表全帝国的元首政治，调整了自由民内部的关系以适应奴隶制经济的发展，并取得了初步成效。但它在宗教的形式与思想上并未同步发展，没有产生与帝国政权相适应的新的全国性的宗教。而旧有的民族宗教已失去其存在的基础，代表以往各狭小民族的神灵在帝国时期已失去了往昔的吸引力，它不再能有效地给各族人民以信心和勇气，提供精神上的保护。罗马的主神朱庇特，不仅对帝国境内各被统治民族无任何号召力，即使对罗马公民也逐渐失去了昔日之神威。所以，尽管奥古斯都极力复兴罗马的传统宗教，神化皇权，2世纪哈德良（Hadrian，117—138）在罗马扩建万神殿，将境内各民族神灵供奉其中，以作为帝国统一的精神象征，但均未从根本上解救帝国的思想危机。基督徒的日益增加恰好说明了这一现实。因此原始基督教向罗马国教演变，逐步成为帝国的思想支柱，是罗马帝国经济、政治的需要，是其发展之产物。

（二）原始基督教自身具有发展成为罗马国教的因素。原始基督教最初是犹太教的一个革新的教派。它继承了犹太教的唯一神、上帝耶和华，这是其区别于一切旧的民族宗教的一个基本特征。而这一点则构成了日后为皇权服务，成为国教的基础。其另一个根本观念是一切时代的、一切人的罪恶都通过耶稣的一次自愿的牺牲而赎罪，从而摆脱了一切旧有民族宗教仪式的繁文缛节和大量献祭，革除了犹太教妨碍与其他民族交往的礼仪（如割礼）和生活习惯（如不吃猪肉等禁忌），从而成为向一切民族开放的宗教。因此，它具有了成为帝国各民族共同的宗教的首要条件，这也是它在帝国境内得以迅速传播的基本因素之一。"旧世界解体过程所解放出来的，也就是所扔出来的各种分子，都一个接一个地掉进基督教引力圈子里。"① 所以，在其发展过程中，由于非犹太人的增加，阶级基础之演变，希腊罗马庸俗哲学之渗入，教义之变化，它已经不是纯粹的东方宗教，而是希腊罗马世界"最道地的产物"②。特别是奴隶主阶级的神学家、主教和教父控制了教会后，在政治思想上的演变，它已成为与帝国利益相一致，并为奴隶制经济、政治做公开辩护的宗教团体，已具备成为帝国思想支柱——国教的条件，一旦奴隶主阶级统治集团的政治家认识到此点时，二者的合流必将实现，所以君士坦丁承认基督教为合法宗教，以致后来成为国教是历史的必然。

（三）原始基督教产生之初即具有两重性，既有反抗罗马、建立现实的平等社会理想的革命性，又同时处于救世主迷雾之下具有虚幻性与空想性。这两重性决定它存在两种不同的命运与前途：继续披以宗教外衣，坚持反抗罗马的政治派别或成为神秘宗教。尽管最初其反抗罗马的革命性占据了优势，但当时罗马帝国内尚未产生新的生产关系，奴隶制经济尚有一定的活力。而奴隶由于其阶级与时代的局限性，不可能提出与实现明确的切实可行的政治纲领，他们也不是新生产力的代表，所以当时的一切奴隶起义均以失败而告终。犹太人的起义也不例外，在受到残酷镇压、国破家亡的现实面前，原始基督教不可避免地向两极分化。

坚持反抗、继续斗争的一派惨遭打击，被迫转入地下以异端的形式时隐时现，2 世纪后孟塔努教派（Montanists）、多那图斯教派（Donatistas）以及日后中世纪的诸异端教派均属此列；而在政治上提倡忍耐、服从、听命以谋取生存的一派则形成保罗派，逐

---

① ［德］恩格斯：《论早期基督教的历史》，《马克思恩格斯全集》第 22 卷，第 530 页。
② ［德］恩格斯：《论早期基督教的历史》，《马克思恩格斯全集》第 22 卷，第 532 页。

渐向神秘宗教发展。由于其成员的变化，不断吸收希腊罗马庸俗哲学，并在政治上积极向帝国靠拢，而且每次遭镇压后更加驯服一步，故以保罗派为代表的正统基督教会逐渐演变为奴隶主阶级的思想统治工具是不可避免的。

（原载《世界宗教研究》1986年第2期）

第二编

路德研究

20世纪西方史学界的"路德复兴"

20世纪以来,西方史学界掀起了研究马丁·路德的热潮,其重点是对马丁·路德的评价及其对德国文化以至世界文明的贡献和影响。在此期间,出版了大批专著、论文和原始材料。西方史学界把这一热潮称之为"路德复兴"①。

一 "路德复兴"的原因

20世纪的"路德复兴"大体上可划分为两个阶段:第一阶段约为第一次世界大战至希特勒政权的崩溃;第二阶段为第二次世界大战后迄今。其发源地及中心为德国,其他如英国、法国、荷兰、意大利、斯堪的纳维亚诸国,特别是美国,都先后被卷入了这一浪潮。其原因具有多方面的因素。

首先,有德国史学家恩斯特·特勒尔奇②与卡尔·霍尔③先后

---

① "Luther Renaissance",请参阅[美]哈罗德·格里姆《1920年以来的路德研究》,载于《近代史杂志》第32卷,第105页[Harold J. Grimm, "Luther Research since 1920", *The Journal of Modern History*, Vol. 32, No. 2 (Jun., 1960), p. 105]。
② Ernst Troeltsch(1865—1923)德国历史学家、社会学家和哲学家,柏林大学教授,其哲学思想属于新康德主义的巴登学派。代表作为《宗教改革对近代世界形成的意义》《基督教教会和团体的社会学说》(中译本书名为《基督教社会思想史》)。
③ Karl Holl(1886—1926)德国著名教会史学家,曾任杜宾根大学与柏林大学教授,柏林大学校长。代表作为《教会史论著汇编》《世界大战对基督教内部宗教和教会生活的意义》。

第二编 路德研究

发表专著，对路德及其时代作了不同的评价，从而引起了广泛的争论。特勒尔奇的代表作是《宗教改革对近代世界形成的意义》(Bedeutung der Reformation für die Entstehung der modernen Welt)［英译本书名为《基督新教与进步》(Protestantism and Progress)］和《基督教教会和团体的社会学说》(Die Soziallehren der Christlichen Kirchen und Gruppen)［英译本书名为《基督教的社会学说》(The Social Teachings of the Christian Church)］。书中提出路德及宗教改革在时代上仍属于中世纪的范畴，因为他提出的与试图解决的依然是中世纪的问题；他所建立的教会仍保留了中世纪的"基督的身体"(Corpus Christianum)的概念；近代史的开端应始于启蒙运动。

反对其观点的第一位主要学者是霍尔。他运用新发现的路德早期生活和工作的材料集中研究了青年时代的路德，发表了许多关于路德的讲演和论文，从而吸引了大批青年学者参加这一论战。其著作为《教会史论著汇编》，其中第一卷为《路德》，该卷中重要的论文是《宗教改革的文化意义》，此篇于1959年在英国出版了英译平装本。在上述著作中，他提出了与特勒尔奇不同的意见，系统阐述了因信称义的学说和关于教会和伦理的观点，认为青年路德在其研究中发现了上帝与人的新关系并提出了与过去不同的上帝观念，是一位有创造性的、系统的、自成体系的思想家和神学家，因而他所发动的宗教改革具有革命的性质，在思想上开辟了一个新的时代。但霍尔对传统教义对路德的影响考虑较少，有所忽视，特别是中世纪的基督学对路德的影响。霍尔的观点激发了许多学者的兴趣，推动了并且较长时间影响着西方的路德研究。

其次，民族感情与研究路德兴趣的恢复密切相关。从德意志帝国的建立到第一次世界大战期间，德国大多数史学家均把路德视为民族英雄，魏玛共和国时期的多数史学家亦坚持此观点，纳粹史学家更是把路德强调得过了头。第二次世界大战后，多数具有西方国家观念的德国史学家则认为路德是一个世界性的人物，并且把宗教改革视为一个历史时期，强调德意志民族对西方文明的巨大贡献。关于此可参阅格哈特·黑特的《宗教改革的世界作用》（*Die Weltwirkung der Reformation*）一书。其他国家的路德学者的民族感情也影响了他们的研究方向。

再者，20世纪以卡尔·巴特[①]为主的辩证神学的兴起对"路德复兴"的产生和发展也起了推动作用。辩证神学的路德观与其前人迥然不同。他们认为路德的神学思想在20世纪仍然适用；并进一步探讨了路德的有关基督教普世运动的论述、他对《圣经》的态度，以及路德应用《圣经》学说于当代实际事物的范例。巴特的观点在第二次世界大战后的神学界中仍有影响。

此外，关于路德的新史料的发现和整理也是推动路德研究发展的重要因素。

二　路德研究的原始资料

西方史学家对路德研究取得进展的基本条件之一是掌握了一大批原始资料，并由权威学者编辑整理，出版了大部头的全集，以及多种选集和著作集。

当代权威性的版本是魏玛版《马丁·路德博士全集》（*D. Martin Luthers Werke*）。此书卷册浩繁，达88卷之多，自1883年开始陆续出版，历时近百年，至今尚未全部出齐。全书共四大部分：有关神学、伦理学、教育、社会、政治、经济等方面的论文、注释、笔记共58卷，其中一卷是索引；路德通信共12卷，

[①] Karl Barth（1886—1968）瑞士神学家，当代神学界的泰斗，青年时代就学于德国，曾任牧师和明斯特大学和波恩大学教授。第一次世界大战后倡导"辩证神学"，其特点是强调上帝与人的根本区别，著有《辩证法神学艺术》，闻名于世。

其中一卷是无日期的信件和索引;"桌上谈"① 共6卷;德文《圣经》共12卷②。1740—1753年在哈雷出版的华尔克版《马丁·路德博士全集》(D. Martin Luthers samtliehe Sehriften),共24卷,虽然在许多方面已经过时,但它包括有路德手稿之外的一些原始资料,仍有存在的价值,因此,美国于1880—1910年重版了此书。此外,美国还组织力量英译了美国版《路德全集》,共55卷(1955—1965年出版),全书共分两个部分,第一部分共30卷,由芝加哥大学联合神学系派里根教授主编,包括路德的评论性文章、讲演词和布道词;第二部分共24卷,由莱曼博士编辑,内容包括路德的有关政治、经济、社会、宗教和文化的论著。末卷为索引。

路德选集的优秀版本有:克雷门版共8卷,1950—1956年于柏林再版,书中有深入浅出的著作介绍和注释;1948年后慕尼黑版以当代德语出版了第3版;此外,还有柏林版共8卷。英文本有1961年出版的迪勒·伯杰主编:《马丁·路德作品选》(Martin Luther: Selections from His Writings)。此外,20世纪70年代还出版了鲁普和德密维里合编的资料选集《马丁·路德》(Martin Luther)。

英译本的路德文集主要有:费城版《马丁·路德著作集》(Works of Martin Luther);伍尔夫编译《马丁·路德宗教改革文集》(Reformation Writings of Martin Luther);普里泽福德·史密斯编译《路德的通信和同时代信件》(Luther's Correspondence and Contemporary Letter)等。

三 西方史学家对于路德研究的兴趣和观点

西方主要国家的史学家由于民族和宗教信仰的不同,对路德

---

① "Table Talk",德文为"Tischreden"。路德生前宾客满堂,这些客人有如今日的自由记者,将路德在桌前的自由谈话记录下来集为"桌上谈",这些普通谈话是路德思想的一个重要部分。
② 2009年,魏玛版《路德全集》全部出齐,共123卷——编者注。

研究表现出不同的兴趣和观点。德国是路德的故乡和宗教改革的发源地，因而该国史学家的兴趣与研究重点是路德对德国文化和西方文明的贡献。这一倾向最早反映在利奥波德·冯·兰克①的名著《宗教改革时代的德意志史》（*Deutsehe Gesehiehte im Zitalter der Reformation*）一书中，继而为保罗·约阿希姆森所坚持，一直影响着德国宗教改革研究的方向。在"路德复兴"中发表的文章和专著多属于此类，始终强调路德发展的宗教改革对近代宗教、文化的影响。

在斯堪的纳维亚国家，史学家对路德的兴趣不如德国浓厚，因为这里的学者们并无强烈的愿望把他作为一个伟大的历史人物或教会之父去崇拜他的著作。然而由于这些国家的路德教占有显著地位，故而学者们，特别是瑞典的学者曾写出了大量有关路德的著作，其中在学术上最有影响力的是埃德加·卡尔森的《路德再探》（*Reinterpretation of Luther*）。但是这一地区的学者们的研究大多是属于专题性的，而未对路德做出全面的评价。

这一地区的天主教会出自宗教的偏见把路德说成是一个精神病患者。如丹麦天主教精神病学者保罗·赖尔特试图把路德说成是一个患有狂郁症的精神病人，提出对路德的研究应从心理学和精神病学的角度去探讨。

在法国，由于在20世纪前后多次遭到德军致命性的侵略，历史学家和神学家们对此记忆犹新，所以他们并不注意研究路德对西欧文明的贡献，而是着重研究路德的性格，并以其为代表说明整个德意志民族的性格。他们对基督教人文主义的兴趣比对路德的兴趣更大，在宗教改革家中更重视的是加尔文。这种倾向的代表作是吕西安·费弗尔的《马丁·路德的命运》一书，书中把路

---

① Leopold Von Tank（1795—1886），19世纪德国著名史学家和兰克学派的创始人。曾任哈雷大学和柏林大学教授。有关路德的名著除文中所引外还有《德国宗教改革史》（Leopold Von Rank, *History of the Reformation in Germany*, Philadephia: Lea and Blanchard, 1844）。

第二编　路德研究

德描绘为一个悲剧人物，认为他未能在教会内找到解决他提出的宗教问题的办法。

像在法国一样，意大利的学者对路德鲜有兴趣。由于天主教的影响和民族的利益，他们往往不能客观地探索路德的思想，多数著作都是批评他背离教义，破坏了教会的统一。近年来，那里的路德研究也有所进展，出版了一些大型著作和原始资料。

英国史学家们一般将路德视为西方文明和基督教文明的中枢人物之一，对他的研究的兴趣始终保持着活力，特别是第二次世界大战后，出版关于路德的专著和论文的数量超过了以前的任何一个世纪，他们的研究工作的重点是通过路德研究探索英国国教的渊源和基督教人文主义与英国宗教改革的关系。进一步激起英国学者研究路德兴趣的，是德国流亡者彼得·维纳的《马丁·路德：希特勒的精神祖先》(Martin Luther: Hitler's Spiritual Ancestor) 一书的出版，该书的主题是通过路德研究追溯希特勒的思想根源，这一课题吸引了一些英国学者，也有人提出了不同意见，出版了一些专著，如剑桥大学教授戈登·鲁普的《马丁·路德：希特勒的原因还是解药》(Martin Luther: Hitler's Cause or Cure)。

美国的大多数学者在20世纪初很少关心路德研究，当时主要是移居美国的德国神学家依照传统尊崇路德。他们的活动仅是忙于向美国介绍欧洲研究路德的作品，而无暇顾及研究工作。第二次世界大战后，美国的研究兴趣大增，特别是在路德的传记和专题研究方面。在教会史家出版的著作中最吸引人的是威廉·波克的《宗教改革的遗产》(The Heritage of the Reformation)。推动路德研究最重要的著作是欧内斯特·施维伯格的路德传记《路德及其时代》(Luther and His Times)。此书是根据丰富的史料写成的学术性著作，书中着重分析了路德所处的环境和维滕贝格大学对宗教改革的影响。第二次世界大战后，美国为了促进与协调路德研究，还成立了"美国宗教改革研究会"；后来此组织协同"德意志宗教改革史学会"恢复出版了《宗教改革史文库》。此外，于

1957年还成立了"宗教改革研究基金会",负责复制美国未出版的宗教改革的资料,以利于学者们充分掌握第一手的材料。

20世纪60年代前后,天主教界对路德研究的态度也开始发生了变化,尽管论战性的作品依然发表,但是大部分天主教学者开始了冷静的研究工作,探索路德与罗马决裂的根据与原因、新教教义等问题,出版了一些专著。重要的有约瑟夫·洛茨《从天主教观点看宗教改革和马丁·路德》(*Die Reformation und Luther in Katholischer Sieht*)。

四 研究的课题

西方学者研究路德的重点是神学,并兼及其他。研究路德神学主要关注:路德神学产生和发展与历史背景;路德的基本教义与其言论的一致性;路德神学与路德宗教的连续性;路德对西方文明的影响;路德思想的现实意义;路德的青年时代;"因信称义"的性质及其产生的背景;关于路德的"上帝的概念";路德的"主的晚餐"观;路德的"免罪"观;路德的圣礼观;路德的《圣经》翻译;路德的精神世界与世俗世界;路德的教会观。其他方面的题目有:路德的社会伦理学;路德的经济思想;路德的历史观;路德的布道;路德对音乐的贡献;路德的教育观等。

西方学者在"路德复兴"中,发掘与整理了大量史料,撰写了许多专著和论文,研究的课题几乎涉及路德思想的各个方面,作出了不少的贡献,但在已研究过的范围内,也还有许多问题尚待进一步的深入研究。美国著名路德学者哈罗德·格里姆教授谈道:关于路德神学的研究著作虽然出版了不少,但仍有大量的问题需要澄清,诸如路德"因信称义"教义的产生和发展;他的教会观;路德的时代对其神学的影响;他的神学与其追随者的关系以及把路德神学作为一个整体进行综合研究,都还有待进一步深入。在非神学的题目中,需要进一步探索的有:路德性格的特点,这一题目必须由造诣精湛的具有心理学、神学和历史学广泛知识的学者作出公正的评论；路德与当时重要人物的关系；各社会集团如市民、贵族和农民对路德改革的态度；路德的经济与社会观的重要性；路德对教育和文化的影响等，也都还需要深入地研究。

格里姆教授提出的这些方面均属重要的课题，应该深入研究。但西方学者所发表的专著和论文，一向极少涉及路德的政治思想，或者说是路德神学思想的政治意义，这是需要补足的一个重要方面。事实是路德的神学思想与其政治思想紧密相连，其政治思想寓于神学思想之中。因此，历史学家的首要任务在于拨开宗教和神学的迷雾，袒露其真实的政治思想内容，将其置于历史的长河中加以分析、观察，这样，可能有益于正确地评价其历史作用。

在路德研究中，多数的西方学者由于民族的、宗教的和历史的差别，而产生了不同的研究重点、兴趣和评价，从某一角度来观察与研究路德。这样，就难免出现某些偏误，从而影响了他们宏观的分析与认识问题。相信我国学术界诸公对路德的研究必将会结出硕果。

本文主要根据以下资料写成：

1. Harold J. Grimm, "Luther Research Since 1920", *The Journal of Modern History*, Vol. 32, No. 2（Jun. ,1960）.

2. *International Encyclopaedia of the Social Sciences*, 1972, 有关条目。

3. *The New Encyclodaepia Britannica*, 1980, 有关条目。

（原载《世界史研究动态》1982 年第 6 期）

马丁·路德早期政治思想初探

16世纪西欧宗教改革运动的发轫者和著名领袖马丁·路德是西方史学界长期争议的人物之一,不论是在其生前还是辞世之后,歌颂者有之,谴责者有之,褒贬抑扬,各执殊见。20世纪以来,西方学者又掀起了称为"路德复兴"的研究热潮,著书立说,提出许多相左的观点,迄今尚未取得较为一致的看法。[1]

根据马克思主义的观点,一定历史时期的神学斗争实质上是经济、政治和社会斗争的反映和表现形式。特别是在17世纪以前的欧洲,诸种斗争无不披上宗教的外衣,涂以神学的色彩。因此,我们在研究方法上宜剥开神学的外衣,清除宗教的迷雾,披露其真实的政治思想与观点,将其置于历史的长河中加以观察、推敲,这样做可能有助于问题的解决。

综观马丁·路德(1483—1546)的一生,其政治思想有一个形成、发展和变化的过程,大体上可以1522年为界,划分为两个阶段。第一阶段是青年路德政治思想形成和成熟的时期。在此期间,他以人文主义为基础,探索拯救德意志的道路,认识不断深化,沿着上升的路线向前发展。

自1517年始,他从攻击罗马教皇滥发赎罪券,发展到1520年与其公开决裂,在群众运动的推动下,从神学领域的斗争扩大

---

[1] 请参阅拙作《二十世纪西方史学界的"路德复兴"》一文中有关西方学者的主要观点和研究兴趣部分,载《世界史研究动态》1982年第6期。

到政治、经济领域的斗争,针对现实提出了改造德意志的政治纲领,与此同时,他从一个普通的神职人员和教授跃居为德意志民族的代言人,成为欧洲举世瞩目的人物。[1]

第二阶段是1522年以后,由于运动的深入和发展以及他个人地位的变化,路德的思想趋于保守。他反对骑士暴动与农民战争,反对以暴力攻击罗马教皇和国内的封建势力,在政治上投靠诸侯,其改革思想向单纯的神秘宗教方面发展,主要致力于《圣经》的翻译、注释以及路德宗的建设工作。

由此可知,路德的政治思想与神学思想主要产生于其青年时代,以致有的史学家认为在某种意义上说"宗教改革是青年的运动"[2]。有鉴于此,本文拟着重对路德第一阶段的,即早期的政治思想作一初步探讨。

一 马丁·路德早期政治思想的历史渊源

马丁·路德的青年时代正处于德意志的经济、政治、社会和意识形态由封建制度向资本主义的转折时期。

15世纪后半期,德意志的封建制度日趋瓦解,资本主义勃兴。它的工商业,特别是纺织、手工艺、采矿、冶金等行业有了较大的发展,"在经济方面,德国完全处于当时各国的水平上"[3],市民等级正向资产阶级转化。但是经济的发展具有较大的分散性,仅形成一些地区性中心,彼此之间缺乏联系,没有一个城市像英国的伦敦那样发展成为全国的工商业中心,国内交通也限于沿海、

---

[1] 参阅[德]希勒布兰德《宗教改革的世界》,伦敦1975年版,第1页(Hans T. Hillerbrand, *The World of the Reformation*, London, 1975, p. 1)。

[2] [德]希勒布兰德:《宗教改革的世界》,第41页。

[3] [德]恩格斯:《关于"农民战争"》,《马克思恩格斯全集》第21卷,人民出版社1965年版,第460页。

内河航运以及几条商道。这一特点决定了德意志不可能像英、法那样,"工商业的成长促使整个国家中各种利益联成一气,因而促成政治上的中央集权"①。与此相反,在德意志仅形成一些地方性的中心,造成政治上的分散,从而决定在阶级关系上地方诸侯的经济、政治势力强大,王权衰落,市民等级相对软弱,农民、平民遭受的剥削和压迫深重,形成许多不同利益的集团。"16 世纪初叶帝国各种不同的等级——诸侯,贵族,僧侣,城市贵族,市民,平民和农民形成一种极其复杂的人群,他们的要求极其悬殊而又错综复杂。"② 他们利益不同,诸种矛盾交织在一起,但当时矛盾的焦点和首先必须解决的是德意志民族与罗马教廷的矛盾。

以教皇为代表的罗马教廷在 13 世纪后成为西欧的封建霸国,它在经济上是最大的地主,在政治上竭力控制西欧各国,并主宰着整个西欧的精神生活。15 世纪后,英、法、西班牙诸国王权加强,统一的民族国家逐渐形成,逐渐摆脱了教皇的控制,在此情况下,教皇集中力量加紧对德意志的经济剥削与政治控制,使德意志民族处于屈辱与依附的地位。当时,天主教会控制着德意志的大片土地和许多重要城市,而教会的主教由罗马任命,德意志人民要向罗马教廷缴纳大量的苛捐杂税,整个德意志成了"教皇的奶牛";德意志皇帝也必须由教皇加冕,必须吻教皇的脚,并为教皇扶缰绳。正如马克思所指出:"宗教改革以前,官方德国是罗马最忠顺的奴隶。"③ 因而激起了各阶层的不满。由于其剥削与控制是以"基督在世上的最高代表""基督教会的最高权威"的面目出现,故必须首先剥下教皇的神圣外衣,推倒他的神学理论支柱,才能有效地打击这个德意志的"太上皇"。

---

① [德]恩格斯:《德国农民战争》,《马克思恩格斯全集》第 7 卷,人民出版社 1965 年版,第 387 页。
② [德]恩格斯:《德国农民战争》,《马克思恩格斯全集》第 7 卷,第 398 页。
③ [德]马克思:《黑格尔法哲学批判·导言》,《马克思恩格斯选集》第 1 卷,人民出版社 1965 年版,第 10 页。

早在路德之前，德意志的先进知识分子已经意识到此，反抗教皇的活动层出不绝，其中对路德直接或间接产生影响的主要是神秘主义、人文主义思潮与胡司的"异端"理论。

1517年以前，路德的经历大体上可分为三个阶段。第一阶段：1501年以前，是路德受家庭教育与基础教育的阶段。在此期间，他除受天主教的家庭教育外，先后在曼斯菲尔德的拉丁学校、马格德堡共生弟兄会主办的学校以及埃森那赫接受基础教育；第二阶段：1501—1505年在爱尔福特大学学习，获文学硕士学位；第三阶段：1505—1517年为其研究神学和担任圣职的时期。1505年路德进入爱尔福特奥古斯丁修院，1507年被授予神父职。翌年入维滕贝格大学习神学，获神学学士和神学博士学位，后任该大学教授，讲授《圣经》，1515年兼任奥古斯丁修院区牧，管理所属十一所修院，直至1517年。

路德受教育阶段和以后的神学研究中受神秘主义的影响是很明显的。14世纪和15世纪神秘主义思潮在德意志广为流传。神秘主义者不满意天主教会的腐败和传统的说教，广泛进行了宣教活动，最活跃的地区是莱茵河流域和尼德兰。其观点与活动具有三个特点：第一，认为宗教信仰不仅是接受教会的教条和履行圣事，而是要以基督的言行为准则，以《圣经》为权威的一种内心生活；第二，不重视教义和外在的权威，仅注重个人对圣灵启示的直接体验；第三，他们的活动不局限于修院或只让少数人理解，而是广泛活动于社会、家庭和学校，传播较为广泛。[1] 14世纪德意志神秘主义的创始人为多明我会的神学家埃克哈特大师［John

---

[1] 参阅［美］D. F. 穆尔《基督教简史》，郭舜平等译，商务印书馆1981年版，第193—195页；以及［美］哈罗德·格里姆《宗教改革时代（1500—1650）》，麦克米伦出版公司1973年版，第47—49页（H. J. Grim, *The Reformation Era, 1500-1650*, London: Macmillan Publishing Company, 1973, pp. 47-49）。

("Meister") Eckhart,约 1260—1327],"他相信直接来自上帝的灵感。他的布道直接产生于他的宗教生活,并乐意帮助别人分享"①。在莱茵河流域他拥有众多的信徒,传世的著作有拉丁文的神学和德文的讲道集,在其去世后,大部分著作被定为异端。② 其高足中最著名的是陶勒尔(John Tauler,?—1361),他把大师的玄妙理论具体化,以通俗的和形象的语言传播,在其宣传鼓动下,部分信徒参加了多明我会,部分信徒则组织了名为"上帝之友"的宗教团体在家修行,过简朴的虔敬生活,反对教会的腐败,有组织地进行内心的祈祷。

  14 世纪后半期,尼德兰的神秘主义者、吉尔特教团的修道士格鲁特(Gerard Groote,1340—1384)提出"新虔诚之道"(devotio moderna),主张《福音书》之真髓是提高道德修养,只有如此才能与上帝进行真正的精神交流。1369 年后,他在修院以此训练教士和教育青年。在他死后,"他的追随者们组成'共生弟兄会'(Brethren of the Common Life),这是由僧侣人士参加的半修院团体,他们发誓守愿,追求按照登山宝训的伦理道德过虔诚的生活。为了把理想付诸实现,他们陶冶精神生活,靠双手劳动度日、济贫和教育青年"③。其团体在 15 世纪后半期约有 82 个,所属的教堂遍布德意志和尼德兰的大小城市。共生弟兄会在教育事业方面尤为突出与成功。其原因是:组织精干;有实用的教学大纲;膳宿安排得当;使用新的教学法(指人文主义的教学法);讲授古典作品、希腊文化的价值和人文主义著作,

---

① [美]拉图雷特:《基督教史》,哈珀出版社 1953 年版,第 542 页(Kenneth Scott Latourette,*A History of Christianity*,New York:Harper Publisher,1953,p. 542)。
② 穆尔称,1329 年教皇将其 28 篇著作定为异端或异端嫌疑。拉图雷特称,有 11 种著作被定为异端。参阅[美]D. F. 穆尔《基督教简史》,第 193 页;[美]拉图雷特《基督教史》,第 542 页。
③ [美]哈罗德·格里姆:《宗教改革时代(1500—1650)》,第 48 页。登山宝训指《新约全书·马太福音》第 5、6、7 章记载的耶稣有关伦理道德的主张。

第二编　路德研究

敌视经院哲学。①

路德14岁时曾与神秘主义者有所接触。1497年他曾在马格德堡教堂学校学习，当时在该校授课者为共生弟兄会的成员。在此短期学习中，路德所受影响之程度如何，目前史料尚难以辨明。路德本人只是在1522年回忆说，他在马格德堡教堂学校的授课教师是由共生弟兄会选派的。② 美国著名的路德学者格里姆教授说：他对该城的一些情景长期保留在记忆中。③ 法国宗教改革史家莱奥纳对此只是说：马格德堡"是共生弟兄会活动的中心，并以该会管理的教堂学校而闻名"④。从以后路德的神学思想看来，这一年的基础教育与其后来思想的发展是不无关系的。路德在维滕贝格大学期间，又继续"阅读了日耳曼的神秘论著，尤其是陶勒尔的著作，使他对沟通带有原罪的人类与正义的万能的上帝之间有了希望"⑤。对路德影响最大的一本神秘主义著作是他在1516年发现的，14世纪"上帝之友"的成员撰写的佚名小册子，路德对此非常欣赏，亲自定名为《德意志神学》。关于此书，路德曾说，他"从那里学到许多关于人和上帝的道理，获益之多，除《圣经》与奥古斯丁的著作外，非其他书籍所能比拟"⑥。路德受神秘主义影响之深，由此可知。

---

① 参阅［英］G. R. 埃尔顿编《宗教改革（1520—1559）》，《新编剑桥世界近代史》第2卷，剑桥大学出版社1958年版，第112—113页（G. R. Elton, eds, "The Reformation, 1520—1559", in *The New Cambridge Modern History*, Vol. 2, New York: Cambridge University Press, 1958, pp. 112-113）。
② ［美］哈罗德·格里姆：《宗教改革时代（1500—1650）》，第77页注1。
③ ［美］哈罗德·格里姆：《宗教改革时代（1500—1650）》，第77页。
④ ［法］埃米尔·莱奥纳：《宗教改革》，《基督新教史》第1卷，梅里尔出版社1969年版，第33页（Émile G. Léonard, "Reformation", *A History of Protestantism*, Vol. 1, New York: Bobbs-Merrill, 1969, p. 33）。
⑤ ［美］威尔·杜兰：《宗教改革》，《世界文明史》第19卷，台湾幼狮文化事业公司翻译部编译，台湾幼狮文化事业公司1979年版，第10页。
⑥ 《不列颠百科全书》，"文艺复兴"条，大英百科全书公司1980年版，另可参阅［英］G. R. 埃尔顿编《新编剑桥世界近代史》第2卷，第75页，以及［美］D. F. 穆尔《基督教简史》，第194页，脚注③。

然而，对路德神学思想与政治思想的形成更为重要的是人文主义思潮的影响。由于德意志与意大利的政治、经济和文化的联系，15世纪德意志已有一大批受过教育的具有资产阶级世界观的世俗人士，他们中的许多人曾在意大利留学，接受了人文主义思想，在德意志掀起了一场资产阶级的文化运动。但它又具有自身的特点。

其一，德意志人文主义思想带有浓厚的宗教色彩，人文主义者中的许多人幼年均曾就学于共生弟兄会主办的学校，著名的人文主义者伊拉斯谟（1466—1536）曾在德文特共生会学校就学达九年之久。他们一般都精通希腊文、拉丁文和希伯来文，其中许多人"受莱茵地区和尼德兰神秘主义的影响，对《圣经》特别感兴趣，有志于重建原始基督教"[①]，并致力于"新学"福音的传播。[②] 因此史学家们把意大利以外的特别是德意志的人文主义称之为"基督教人文主义"。

其二，德意志的人文主义者具有较强烈的民族感情。他们反对罗马教皇的干涉与剥削，揭露教会的腐败与贪婪。伊拉斯谟的《愚人颂》对罗马教会和神职人员进行了无情的嘲笑与抨击，在德意志广为流传，沉重打击了教皇的威信。影响较大的还有克勒特（Conrad Celtis, 1459—1508），"他对其追随者所以具有吸引力，不仅是由于他的文学活动，还有他的强烈的爱国主义，他讲述德意志历史的书《日耳曼文物图录》（*Germanina Illustrata*）试图在其同胞中唤起民族意识"。另一宣传反对罗马、启迪民族意识的人文主义者是当时著名的历史学家温弗林（Jahob Wimpheling, 1450—1528）。他专长于《圣经》、原始基督教史，提醒德意志人民注意他们的过去，反对德意志的金钱流入罗马，并将其研究成

[①] ［美］哈罗德·格里姆：《宗教改革时代（1500—1650）》，第58页。
[②] "新学"（New Learning）指15世纪至16世纪对原文《圣经》和希腊古典作品的研究。

果印成小册子，流传极广。① 这些进步的思想唤起了德意志人民的爱国热情，为路德政治思想的形成和宗教改革奠定了基础。诚如伊拉斯谟所说："伊拉斯莫下了蛋，由路德来孵鸡。"②

其三，德意志人文主义者活动的中心主要在大学。"在德意志，人文主义基本上是一种大学的运动。"③ 德意志在宗教改革前共建大学十七所，其中15世纪中期以后新建大学七所。④ 新建的大学，由于经院哲学的影响较小，遂成为人文主义活动的中心，各校一般都建立了人文主义小组。德意志人文主义"最重要的中心之一是爱尔福特大学，路德曾作为一个青年在此学习"⑤。该校教师们对宗教改革始终保持着兴趣，像其他新建的大学一样，其课程中包括以亚里士多德学说为基础的"诗学"（Poetics），学生们对古代作家都很熟悉，在语法和伦理学的课程中也经常参考其著作。因此教师们支持在那儿讲学和研究的离经叛道的人文主义学者是毫不足怪的。⑥

15世纪德意志人文主义思潮的传播，特别是在知识界的流传，以及他们对宗教的兴趣和反对教皇的爱国主义精神，势必对青年路德的思想产生影响。路德青年时代发表的著作充满了人文主义气息。但他当时与人文主义者的关系以及他受人文主义思想影响的深度如何，目前的史料尚不能确切说明，史学家的意见也不一致。如德国史学家梅林认为"当他（路德）在爱尔福特大学读书时，参加了该大学的人文主义派，但他的人文主义造诣并不

---

① ［美］哈罗德·格里姆：《宗教改革时代（1500—1650）》，第59页。
② ［美］D. F. 穆尔：《基督教简史》，郭舜平等译，第244页。
③ ［法］埃米尔·莱奥纳：《基督新教史》第1卷，第27页。
④ 德意志的十七所大学为：布拉格大学（1348）、维也纳（1365）、海德堡（1386）、莱比锡（1409）、罗斯托克（1419）、克拉科夫（1364）、科隆（1388）、爱尔福特（1392）、维尔茨堡（1402）、勃兰登堡（1456）、弗赖堡和特里尔（1457）、巴赛尔（1460）、因戈尔施塔特（1472）、杜宾根（1477）、美因兹（1477）、维滕贝格（1506）。
⑤ ［美］哈罗德·格里姆：《宗教改革时代（1500—1650）》，第60页。
⑥ ［美］哈罗德·格里姆：《宗教改革时代（1500—1650）》，第59—60页。

高深，看起来还不如说他是被人文主义者的欢乐生活所吸引"①。美国史学家杜兰认为"在爱尔福特还有一些较不知名的人文主义学者，马丁·路德也稍微受到这些人的影响"②。格里姆教授认为："因为在路德离开该校前，人文主义者尚未牢固地掌控爱尔福特大学，也因为像他后来所说：他的课程表不允许他有更多的时间去听偶尔的关于'诗学'的讲座，因而不能假设他已成为'新学'的爱好者，或深受其影响。但可以肯定地说，他喜爱古典作者，特别是维吉尔、柏拉图、西塞罗和李维，不过，作为一个学生，他似乎没有察觉到人文主义和经院哲学的关系。"③ 各家所言虽不尽一致，但路德与人文主义者有所接触，自觉或不自觉地受到人文主义思想的影响，对此人们认识则是一致的。

在爱尔福特大学就学期间，对路德影响较大的是唯名论经院哲学，特别是奥卡姆的唯名论，"路德称奥卡姆是他的'导师'，无条件地接受了爱尔福特教授们关于经院哲学的教诲。因此，他接受了亚里士多德的逻辑学、形而上学、伦理学和当时的物理学"④。在学习过程中，他吸收了奥卡姆哲学的反教皇的内容。"马丁·路德很可能看到奥卡姆提到的教皇和（宗教）会议可能犯错误的理论，他发现经院哲学彼此互相矛盾，因此路德曾向他的一个朋友谈到自己的哲学'不必一定学习旧有的一些滥调'。"⑤

此后，路德在维滕贝格大学的教学和研究过程中又接触到一些异端的著作，对其思想也产生了影响。"约翰·胡司所写的一篇论文，落到他手里，对教条的怀疑增加了他精神上的困扰，他怀疑道：'一个能写出如此具有基督教精神且大有能力的人，为什么

---

① ［德］弗兰茨·梅林：《中世纪末期以来的德国史》，张才尧译，生活·读书·新知三联书店1980年版，第34页。
② ［美］威尔·杜兰：《宗教改革》，《世界文明史》第19卷，第8页。
③ ［美］哈罗德·格里姆：《宗教改革时代（1500—1650）》，第80页。
④ ［美］哈罗德·格里姆：《宗教改革时代（1500—1650）》，第78页。
⑤ ［美］奥格：《中世纪史资料》，纽约1972年版，第391页（Frederic Austin Ogg, *A Source Book of Medieval History*, New York, 1972, p. 391）。

会被处火刑……我将书合上,带着满腔的疑问走开。'"①

15世纪末和16世纪初,在神秘主义、人文主义、异端理论和唯名论哲学的影响下,青年路德面对德意志政治和经济现实,一直在探索如何在宗教和政治方面拯救德意志的道路。在教皇加紧搜刮、德意志民族对教皇不满情绪日益高涨的情况下,路德于1517年在维滕贝格发表了《九十五条论纲》,触发了德意志民族反对罗马教皇的熊熊烈火。在群众运动的推动与支持下,路德于1520年进而提出拯救德意志民族的政治思想。

二 "因信称义"② 是马丁·路德早期政治思想的理论基础

"封建制度的巨大的国际中心是罗马天主教会……它给封建制度绕上一圈神圣的灵光。"③ 因此,德意志的市民资产阶级要反对罗马教皇的控制,取得民族独立,实现自己的政治主张,就必须首先摧毁为罗马教皇服务的封建神学的理论支柱,建立新的、适应资产阶级政治、经济思想的神学理论,才能达到目的。这一任务历史地落在青年路德的肩上。

罗马教皇维护封建制度和他的太上皇地位的神学理论支柱有三。其一,教皇最高权威论,宣扬教皇是上帝的代表,是基督教会的最高权威和领袖,具有对世俗政权和万民的最高领导权、《圣经》解释权、教规立法权、赎罪赦免权、审判权和统治世界的最

---

① [德]帕斯特:《教皇史》第1卷,第241页(Ludwig Pastor, *History of Popes*, Vol. 1, p. 241),转引自[美]威尔·杜兰《宗教改革》,《世界文明史》第19卷,第10页。
② "Justification by faith alone"一词,基督教会出版单位传统译为"因信称义"。近年来,我国史学界一般译为"信仰得救论",或"唯信称义"。
③ [德]恩格斯:《〈社会主义从空想到科学的发展〉英文版导言》,《马克思恩格斯选集》第3卷,第390页。

高权力。其二,"圣礼"得救论与"善功"① 赎罪论,主张世人的祈福与赎罪只有通过七项"圣礼"② 才能与上帝取得联系,得到降福与宽容,个人在其他场合均不可能与上帝直接交流,因而离开圣礼不会得救。同时又规定世人犯了"罪",必须行善功,才能赎罪,减轻或免除炼狱之苦。其三,教士特权论,宣扬神职人员握有耶稣基督通过门徒彼得授予的神权,是上帝与人之间的中介,唯有他们主持的圣事,始能生效、与上帝取得联系,得到神恩。据此得出神职人员是受了神的"印记"的人,是"属灵的等级"的结论,不论其本人道德如何败坏,都是"特殊"的人,高于世俗人士的人。因此,世俗百姓只能听从他们的摆布,匍匐在神职人员的脚下,恳求哀告。

青年路德集中世纪市民宗教改革之大成,以长期研究《圣经》的成果为依据,针对罗马教皇的三大理论支柱,提出了划时代的神学理论"因信称义"。这一术语并非始于路德,在《新约全书》中早有记载,如《罗马人书》中记有"义人必因信得生","人心里相信,就可以称义","凡信他的都得到义"。③ 但是路德对此赋予新的解释和内容。他说:"灵魂称义不因任何行为,仅由于信仰","你可以通过这种信仰而成为新人,使你一切的罪都得到赦免"④,意即只是由于信仰而不是依靠其他,就可以成为义

---

① 即所谓做好事,包括:念经,祷告,望弥撒,禁食,斋戒,施舍,购买赎罪券,食奶油许可状,享受弥撒惠益状,建立或装饰教堂的圣台,献钟铃、宝石、礼服和财物,到罗马朝圣等。
② 天主教的七项圣礼是:圣洗、坚振、圣体、告解、婚配、神品、终傅。其具体解释请参阅拙作《基督新教与天主教的关系及其区别》,《历史教学》1982 年第 7 期。
③ 《新约·罗马书》1:17,10:10,10:4。
④ [德]马丁·路德:《论基督徒的自由》,载亨利·依斯特·雅各布斯、阿道夫·斯派思编《马丁·路德著作集》第 2 卷,A. J. 霍尔曼公司 1915 年版,第 314 页(Martin Luther, "Treatise on Christian Liberty", in Henry Eyster Jacobs, Adolph Spaeth, eds., *Works of Martin Luther*, Vol. 2, Philadelphia: A. J. Holman Company, 1915, p. 314)。

第二编　路德研究

人。"信"指信仰基督,"义"指称义或义人,即无罪的、得救的、自由的、高尚的、能得到永生的人。总之,人们不再需要念经、斋戒、施舍、朝圣、购赎罪券等,仅靠自己的信仰,就可以得到上帝的承认与恩典,得到上帝的"生命、真理、光明、和平、正义、救恩、快乐、自由、智慧、能力、恩典、光荣和我们所估计不到的各种幸福之道"①。继而,他提出信仰的唯一依据是《圣经》,个人在阅读、解释和理解《圣经》的基础上产生对基督的信仰就可以成为义人。路德的这一简明的教义使人与上帝建立了新型的关系,任何人都可以通过对《圣经》的理解信仰上帝,得到拯救,满足人们宗教上的需要,从而把以教皇为代表的天主教会及神职人员抛到一边,使他们成为多余的人。

在此基础上,路德进一步提出了新的教会观、圣礼观和"平信徒皆为祭司"的理论。他主张:按照《圣经》,教会的最初意义乃是世界上一切基督教徒的集合。因此,某人是基督徒还是异端分子并不视其是否在罗马教会之内,而是视其有无真正的信仰。他认为,哪里有圣洗、圣餐和福音,哪里便有教会。所以,"基督教在世界上,除基督为头外,没有别的头,因为基督教除了基督的名称以外,没有别的名称"②,"教会在世界上不能有一个头,世上也没有人能统治它,主教和教皇都不能统治它,只有天上的基督是头"③。这一新的教会观从根本上否定了教皇存在的合理性、合法性和必要性。路德的圣礼观认为圣礼是"神所立的记号和赦罪的应许"④。凡是《圣经》中无记载的天主教圣礼,一律无效。因此,"上帝的教会

---

① ［德］马丁·路德:《论基督徒的自由》,《马丁·路德著作集》第2卷,第314页。
② ［德］马丁·路德:《罗马教皇权》(The Papacyat Rome),《马丁·路德著作集》第1卷,第352页。
③ ［德］马丁·路德:《罗马教皇权》,《马丁·路德著作集》第1卷,第357页。
④ ［德］马丁·路德:《教会的巴比伦之囚》(The Babylonia Captivity of the Church),《马丁·路德著作集》第2卷,第292页。

只有两项圣礼,即洗礼和圣餐"①。值得注意的是他提出任何基督徒经过大家同意,都可以主持圣礼,均能生效。"让每一个知道自己是基督徒的人确知:我们都是祭司,我们彼此没有分别,即是说,我们对圣道和一切圣礼都有同等的权。"② 由此,剥下了教士神圣的外衣,否认了他们的特权,体现了人与人的平等。

综上所述,路德的"因信称义"理论的意义在于:它否定了教皇至高无上的地位,拆毁了罗马神权统治的理论基础和支柱,剥下了教皇最高统治权的神圣外衣,把基督徒从教皇的禁锢下解放出来,为路德的反对罗马、争取民族独立的政治纲领提供了神学的根据和武器。更为重要的是他的这一理论在一定程度上肯定了人的地位和作用、人的思考和人的意志,将人的个性体现于信仰之中。它是人文主义思想在宗教领域中的具体体现,为市民资产阶级提出与实现自身的政治纲领扫除了思想障碍。所以"因信称义"是路德政治思想的理论基础。

三 马丁·路德早期政治思想的内容

青年路德在粉碎教皇神学理论支柱的同时,提出三项政治主张。

(一)驱逐罗马教廷的政治特权、经济势力于德意志国土之外,实现民族独立

路德以极大的愤慨揭露了教皇控制德意志的政治野心。他认为教皇的奸计是"教皇把帝国委付给我们,无非是自己想做皇帝,而且要驾乎皇帝之上,仅以虚名愚弄我们"。他梦想统治世界。"教皇一面要统治一个帝国,一面还要继续做教皇!这是

---

① [德]马丁·路德:《教会的巴比伦之囚》,《马丁·路德著作集》第 2 卷,第 292 页。
② [德]马丁·路德:《教会的巴比伦之囚》,《马丁·路德著作集》第 2 卷,第 282—283 页。

第二编　路德研究

那些恶棍的阴谋,他们想以教皇的名义做世界的君主,而且想凭借教皇和基督的名义,恢复以前罗马帝国的地位。"① 并使德意志皇帝"时时依附于教皇和他的僚属的淫威之下,因此我们徒有虚名,他们倒有土地和城市……我们得到一个帝国的虚名,使教会得到我们的财富、荣誉、身体、生命、灵魂和我们所有的一切……教皇们所图谋的无非是要做皇帝,由于未能成功,就至少成功地做了太上皇"②,致使"我们自以为做了主人之时,我们竟成为最会欺骗人的暴君的奴隶,我们拥有帝国的名号、尊称和勋章,而教会拥有帝国的财富、权力、法律和自由"。他并诉说德意志皇帝的屈辱和依附状态,"过去贤明的腓特烈大帝和腓特烈二世以及其他许多德意志皇帝尽管为全世界所畏惧,但还是羞辱地被教皇压迫和蹂躏","皇帝被迫吻教皇的脚或坐在他的脚下,或如他们所要求的,当教皇骑驴时,替他拿镫铁或缰绳"。③

他进而认为德意志国弱民贫的原因在于教皇的压榨与剥削,德意志人民赖以生存的土地大量被侵占,"德意志一半或一半以上的地方属于罗马教会"④。"我相信德意志现在所付给教皇的比以前付给皇帝的还要多,有人估计每年从德意志流到罗马的现金达三十万金币以上。我们所得的除侮辱和轻视外,一无所有。"⑤ 罗马通过"赎罪券、教区、修道院、主教区、牧职、教士俸禄……

---

① ［德］马丁·路德:《致德意志基督教贵族的公开信》(*An Open Letter to the Christian Nobility*),《马丁·路德著作集》第 2 卷,第 156、110 页。
② ［德］马丁·路德:《致德意志基督教贵族的公开信》,《马丁·路德著作集》第 2 卷,第 154—156 页。
③ ［德］马丁·路德:《致德意志基督教贵族的公开信》,《马丁·路德著作集》第 2 卷,第 157、64、108 页。
④ ［德］马丁·路德:《罗马教皇权》,《马丁·路德著作集》第 1 卷,第 343 页。
⑤ ［德］马丁·路德:《致德意志基督教贵族的公开信》,《马丁·路德著作集》第 2 卷,第 84 页。

把世界所有的金钱和财富吸尽"①。

路德对此惊呼:"如果德意志君主和贵族不迅速大胆加以干涉,德意志将会变成废墟自趋毁灭。"他寄希望于德意志皇帝和诸侯,呼吁"国王、君主和一切贵族把这些罗马来的恶棍驱逐出境"②,"我们更应该把教皇的使节和他们的'特权'逐出德意志国土之外"。"基督教贵族应该起来反对教皇,如同反对基督教的公敌和毁灭者一样",把教皇在德意志窃取的权力夺回来,使德意志民族不再受外来势力的干涉与剥削。路德郑重宣布:"让教皇把罗马和他从帝国搞到的一切交还我们,把我们的土地从那难堪的租税和抢劫中解放出来,并将我们的自由、权力、财富、荣誉、身体和灵魂交还我们,让帝国成为名副其实的帝国……让德意志皇帝做一个真正的、有权的皇帝,不让他的权力或刀剑为教廷伪君子的胡乱托词所压服。"③

值得注意的一点是,青年路德强烈主张依靠世俗贵族的武装,以暴力驱逐罗马势力。他以《圣经》为根据论证说:"自有世界以来,所有的圣徒都这样使用过刀剑,亚当和他的子孙都是如此。""基督虽没有使用或派人使用刀剑,但他没有禁止或废除刀剑,倒是表示赞成。"④ 因此,他呼吁"我以为除了国王和诸侯采用暴力,武装自己,讨伐这些流毒于全世界的恶汉,并且不用语言而用武器去制止他们的罪行而外,没有更好的办法和药方对付

---

① [德] 马丁·路德:《论善功》(*Treatise on Good Works*),《马丁·路德著作集》第 1 卷,第 260 页。
② [德] 马丁·路德:《罗马教皇权》,《马丁·路德著作集》第 1 卷,第 343、392 页。
③ [德] 马丁·路德:《致德意志基督教贵族的公开信》,《马丁·路德著作集》第 2 卷,第 138、100—101、157—158 页。
④ [德] 马丁·路德:《论俗世的权力》(*Secular Authority: to What Extent it should be Obeyed*),《马丁·路德著作集》第 3 卷,第 242、246 页。路德此篇出版于 1523 年 3 月,但完稿时间为 1622 年 12 月,本篇内容的讲稿形成于 1522 年 10 月。

他们了"①。

以上材料说明路德早期政治思想首要的一点是依靠贵族的力量，使用暴力，驱逐罗马教皇的政治特权、经济势力于国土之外，实现民族独立。此乃路德的政治纲领与思想的核心。

(二) 政教分离，君权独立，建立民族的与廉俭的教会

路德设计了一张德意志民族完全独立后的政治蓝图，其中一条重要的原则是政教分离，各尽其责。他主张政府不干涉信仰，教会不干涉政治，二者分管世俗生活与精神生活，各得其所。路德极力反对当时罗马教会对政治的干涉和政教不分、滥施政治权力的做法。他说："教皇和主教应真正做主教，宣扬上帝之道，但他们却放弃了这个责任，变成了世俗的君主，用那专管生命财产的法律施行治理。他们是如此彻底地把事情颠倒了！"同样，政府也不要干涉信仰。"俗世的权力应以注意其自己的事务为满足，允许人们按照自己的能力和意志信这信那，决不要用暴力强迫人们，因为信仰是自由的工作，没有人因受逼迫而产生信仰。"其理想是"两种政府"互不干扰，相互配合。"上帝设立了两种政府，一种是属灵的政府，它借着圣灵在基督之下使人成为基督徒和虔敬的人，一种是世俗政府，它控制非基督徒和恶人，使他们虽不甘愿，也不得不保持治安。"但是，"这两种国度应该彼此划分清楚，而且并存；一个国度产生虔敬，另一个国度是维持治安和防止恶行，二者都不足以单独存在于世界"②。

君权独立是路德针对当时教皇干涉世俗政治而提出的一项进步主张。他特别强调政权直接来源于上帝，应独立行使政治、法律的权力。他说："刀剑和政府是对上帝的特别服务"，"乃是出

---

① [德] 恩格斯：《德国农民战争》，《马克思恩格斯全集》第7卷，第406页。
② [德] 马丁·路德：《论俗世的权力》，《马丁·路德著作集》第3卷，第254—255、251—252、236、237页。

于上帝的旨意和命令"①，因而它的权力应及于一切人和信仰以外的各种事，独立地行使职权。"俗世权力……应该无阻地自由推行到社会的各个成员，在罪有应得和必要之时，它应该施行惩罚，使用武力，不管什么教皇、主教和神父。""俗世的权力既然是惩治恶人，保护善人的，所以它应当在整个基督教徒中自由地行使它的职务……对任何人都不徇情面。"②他进一步指出法律非常重要，世俗当局应独立地行使司法权。"每一个王国必须有其自己的法律和规章，没有法律，任何国家和政府都不能存在。"③"凡属俗世的事，都不应该送到罗马去判决，只应由世俗当局处理。"④

建立民族教会是路德民族独立的思想在宗教上的必然反映。他认为："所有教士职位都应脱离那暴虐的教皇，并且要恢复地方主教的职权。""今后凡主教的礼衣和一切圣职的按立都不得从罗马接受。"主教的产生"应由最近的两个主教或大主教按立"。在经济上"从此不准任何俸禄再落入罗马手中"。教牧人员的生活费"由公款供给"。教会的任务是"帮助德意志民族再次成为自由的和基督教化的，不再受教皇异教化和反基督教的邪恶所统治"⑤。这说明其民族教会的特点是从经济上、政治上、组织上斩断与罗马的关系，实现教会的独立自主。

为了适应市民资产阶级的需要，路德提出宗教信仰应从时间上和金钱上厉行节约，亦即廉俭教会，他认为天主教会的节日繁多，危害极大。"一般人在节日除受精神上的损害之外，还要受两

---

① ［德］马丁·路德：《论俗世的权力》，《马丁·路德著作集》第3卷，第245、231页。
② ［德］马丁·路德：《致德意志基督教贵族的公开信》，《马丁·路德著作集》第2卷，第70—71页。
③ ［德］马丁·路德：《论俗世的权力》，《马丁·路德著作集》第3卷，第250页。
④ ［德］马丁·路德：《致德意志基督教贵族的公开信》，《马丁·路德著作集》第2卷，第103页。
⑤ ［德］马丁·路德：《致德意志基督教贵族的公开信》，《马丁·路德著作集》第2卷，第101、119、104页。

种物质上的损害,既荒废了自己的工作,而且花钱比平常更多,甚至损害身体,使之不宜于工作。"因此,他宣布"所有节日都应废除,唯有礼拜日可以保留。然而,假若有意保留圣母和较伟大的圣徒的节日,就应把他们归并到礼拜日,或在节日仅举行一个早弥撒,把该日的其余时间仍作为工作时间。理由在于:节日现在被误用为喝酒、赌博、闲懒"①。为了缩短圣礼所占用的时间,增加工作时间,他主张减少与简化圣礼,仅保留洗礼和圣餐,并赋予新的解释。他还主张废除一切罗马教廷敛财的旧规,如禁止朝圣、做超度弥撒、贩卖赎罪券等。此外,他建议德意志民族通过法律和命令,反对奢侈、贪食、醉酒、铺张浪费,禁止奇装异服。

路德的这一设想旨在加强、支持与依靠王权,排除罗马的干扰,改革教会,为发展资本主义创造有利条件。

(三)批判等级制度,为市民资产阶级争取自由、平等

中世纪西欧的等级制度是封建制的重要组成部分。第一等级为教会贵族,教皇尊之为"属灵的等级",享有政治和经济特权。神职以外的世俗人称为"属世的等级",包括第二等级世俗贵族和第三等级。在"属灵的等级"中,实行教阶制,分为教皇、主教和神父三级,以做到尊卑有序,贵贱有别,等级森严,层层控制,维护人与人的不平等的制度。

路德代表新兴的市民等级对此极为不满,进行了猛烈的抨击。他以"平信徒皆为祭司"的理论反对"属灵""属世"的划分。他说:"这真是一种巧妙的谎言和虚伪……因为所有的基督徒都是属灵的等级,在他们中间,除了职务的不同而外,没有其他差别。"② 神职"乃是一种服务与职分,因为他们并不比别的基督

---

① [德]马丁·路德:《致德意志基督教贵族的公开信》,《马丁·路德著作集》第2卷,第127页。
② [德]马丁·路德:《致德意志基督教贵族的公开信》,《马丁·路德著作集》第2卷,第66页。

徒高贵或优越"①。"那些现在称为属灵的人——神父、主教、教皇——和其他基督徒并无差别,也并不更为优越,他们不过是受了委托,以传道并举行圣礼为务。"教俗之间"实在没有什么差别,他们的所谓差别,只是职务和工作上的差别,而不是等级上的差别"。路德认为凡是受洗的人,都可以担任神职,但由于社会的需要,不可能每人皆任神父,故只能由众人委托少量人担任,所以,神职仅是由信徒选举并给以信任和委托的一种职务,并无高低贵贱之分。反之,"若不得大家的吩咐和同意谁也不得擅取,而被推选的人若一旦因行为不端而被革职,他就和以前没有任职一样。所以基督教界的神父,无非是执行公务的职员,当他在职时,他有优先权,一旦被革职,他就和其他人一样,仍是农民和市民"②。

在此基础上,他进而提出世俗的平等,贵族与市民、农民一样亦无贵贱之分。"不管他是男是女,是王侯、农民,是修道士和平信徒","在基督徒中间,除基督以外,没有尊长,大家都是平等的,有同样的权利、权力、禀赋与荣誉"。人与人之间的关系是相互服务的关系,"世俗掌权者也是一样,他们不过是受委托,拿刀和杖,惩罚恶人,保护善人,一个皮匠、农民各有各的工作和职务,他们也都是受圣职的神父和主教"③,由此说明,路德不仅主张教俗的平等,而且也坚持在世俗之间,各行各业之间,贵族与平民之间的平等。各种职业均为社会之必需,皆为上帝所承认,从而为资产阶级的平等观奠定了思想基础。

路德为了反对罗马教廷的思想禁锢和精神专制,提出信仰自由的主张,他认为人们的信仰完全应由个人决定。"每个人应对自

---

① [德]马丁·路德:《论俗世的权力》,《马丁·路德著作集》第3卷,第262页。
② [德]马丁·路德:《致德意志基督教贵族的公开信》,《马丁·路德著作集》第2卷,第68—69页。
③ [德]马丁·路德:《致德意志基督教贵族的公开信》,《马丁·路德著作集》第2卷,第362、62页。

己的信仰负责，使他所信的正确，别人不能代替我相信或不相信，正如他不能代替我下地狱或升天堂一样。""因为有一句俗话说'思想是自由的'，这是至理名言。"因此，他反对任何以暴力干涉、强迫命令、压制信仰自由的行动。"要用暴力命令或强迫任何人信这信那，不但无益，而且是不可能的，这必须用别的方法达到，不能用暴力去完成。"① "不能用暴力强迫任何人，因为信仰必须自发的产生，不能强迫。"② 他并以此提醒掌权者不要以法律强制人们的信仰，谁"若想用法律和命令强迫人民信这信那，他们将是何等的蠢人"。这些人"看不见他们企图达到的事业是怎样毫无希望和绝对的不可能，他们无论怎样发怒，除使人们在言行上服从他们以外，他们不可能另做什么……他们这样做，只是强迫良心软弱的人撒谎，说些言不由衷的话"③。

根据信仰自由的原则，路德认为一切不承认罗马教皇，而被列为异端的各基督教派都应该合法的存在。"这些人就是莫斯科人、希腊人、波希米亚人以及世界上其他许多大民族……我曾主张过，现在还是主张，他们不是异端分子和背教者，也许他们这些基督徒比我们还好，不过正如我们自己不见得都是好基督徒，自然他们也不都是好的。"④

四　马丁·路德早期政治思想的影响

青年路德于1517年提出的《九十五条论纲》在极大程度上动

---

① ［德］马丁·路德：《论俗世的权力》，《马丁·路德著作集》第3卷，第353、254、235页。
② ［德］马丁·路德：《马丁·路德博士第二篇布道词》（*The Second Sermon*），《马丁·路德著作集》第3卷，第399页。
③ ［德］马丁·路德：《论俗世的权力》，《马丁·路德著作集》第3卷，第251、254页。
④ ［德］马丁·路德：《罗马教皇权》，《马丁·路德著作集》第1卷，第340—341页。

员了德意志民族各阶级、阶层的人们,反罗马教皇的宗教改革运动勃然兴起。他在群众运动的支持和推动下,向不可一世的庞然大物、德意志的"太上皇"发起了全面的攻势,于 1520 年前后提出了系统的革命性的神学思想和政治纲领,把宗教改革运动推向新的高潮。如何评价路德的早期思想?其影响如何?这里提出几点粗浅的看法。

(一)青年路德提出的神学思想"因信称义"及其教会观、圣礼观、上帝观等在基督教思想的发展上开辟了一个新的时代——资产阶级的时代。它有别于中世纪市民宗教改革家神学思想的根本点在于:路德神学思想的核心是信仰,即个人通过阅读、理解与解释《圣经》所做出的判断。而中世纪市民宗教改革家如威克里夫、胡司等著名领袖,尽管他们猛烈地抨击了教皇的各种弊端,提出了以《圣经》为最高权威,以基督为教会的最高元首,信徒与教士平等理论,但其基点皆把《圣经》视为律法,只是消极的照办,而非积极的信仰。他们虽然提出人人可阅读《圣经》,而且将其译为民族语言,但并未能提出可自由地理解与解释《圣经》。所以他们的神学思想仍属于中世纪的范畴。而路德所强调的不仅是阅读,而且要思考、理解、解释,并作出判断,由此而产生的信仰的基础则是人的理性、① 人的意志和人的自由,在宗教领域中强调了人的因素,从而在理论上解除了教皇的武装,摧毁了他赖以统治西欧的神学支柱,为资产阶级的政治思想提供了理论基础。德国著名诗人和政论家海涅对此评论说:"自从路德说出了人们必须用《圣经》本身或用理性的论据来反驳他的教义这

---

① 路德对"理性"的论述有三点值得注意。第一,他早期论及世俗事务时,明确地强调"人的自由理性",如他强调法律要"受理性的控制,一切成文法律从理性出发有如从正义的源泉出发一样"。第二,他早期论及信仰和神学时,对理性的论述不尽一致,在《九十五条论纲》第十八条和 1521 年在帝国会议受审问时的声明中将《圣经》与理性相提并论,放在同等重要的地位,但在《罗马教皇权》中则认为理性应以《圣经》为根据。第三,路德晚年对"理性"的认识有所变化,转而反对理性,宣称"理性是魔鬼的情妇"。

句话以后,人类的理性才被授予解释《圣经》的权利,而且它,这理性,在一切宗教领域中才被认为是最高裁判者。这样一来,德国产生了所谓精神自由或如人们所说的思想自由,思想变成了一种权利,而理性的权能变得合法化了。"① 这说明路德的这一思想反映了历史的转折和资产阶级的兴起,在基督教思想领域中开辟了一个新的、资产阶级的时代。路德也就理所当然地成为这一领域中的资产阶级代表人物和先驱者。正是在此意义上,恩格斯把他列为"巨人时代"的"巨人"之一,把他和达·芬奇、马基雅维利并列为在各自的领域中划时代的巨人。②

(二)青年路德继承德意志人文主义者的爱国主义和民族主义的传统,提出了以反抗罗马教皇、维护民族尊严和独立为核心的政治纲领。它是德意志历史的产物。反对罗马教廷的控制与剥削是德意志人民长期以来的要求,16世纪初,它仍是德意志的首要任务和矛盾的焦点。但当时德意志皇权衰落、诸侯强大,使之不可能走英、法、西诸国的道路:加强中央王权,逐步摆脱教皇的控制,发展成为独立的民族国家。而16世纪初年的德意志市民资产阶级亦未强大到足以担任领导角色,组织团结农民,发动一次全面的、反对国内外封建制度的、胜利的资产阶级革命。当时的形势所具备和允许的、能够取得成功和完成的,只是反对罗马教廷的民族压迫和封建压迫的、具有资产阶级民族主义革命色彩的任务。青年路德提出的纲领,即由市民资产阶级发动、依靠皇帝和诸侯自上而下地驱逐罗马势力于国土之外,取得彻底的民族独立,然后通过加强皇权,创造有利于资本主义发展的环境,提高市民资产阶级的地位,这是与当时的形势颇为吻合的。

---

① [德]亨利希·海涅:《论德国宗教和哲学的历史》,海安译,商务印书馆1974年版,第42页。
② 参阅[德]恩格斯《自然辩证法·导言》,《马克思恩格斯选集》第3卷,第445—446页。

正是由于他的纲领在一定程度上反映了德意志各阶级、阶层（天主教贵族除外）人们的呼声，启迪了德意志人民的民族觉醒和民族意识，因而迅速地掀起了全民性的反对罗马教廷民族压迫和封建压迫的爱国革命运动。但形势的发展并不以路德的框框为转移，运动继续向纵深发展。1522年的骑士暴动，特别是1524—1525年的农民战争采取了自下而上的、以暴力形式进行反对一切封建势力的斗争，给德意志的宗教改革运动增加了反对国内世俗封建势力的内容。革命形势的发展是路德完全未曾预料到的。由于历史的和阶级的局限性，他从未设想过，也未成熟到以自下而上的暴力形式发动一场在国内改变生产关系的夺取政权的资产阶级革命。因此，1522年后他反对骑士暴动和农民战争，进一步投靠诸侯是历史的必然。

（三）德意志宗教改革运动的结果表明：路德反抗罗马教廷维护民族尊严与独立的爱国政治纲领基本上取得了胜利。在运动中，特别是经过伟大的农民战争，罗马教会遭受了严重的冲击，教皇在西欧神权大一统的局面被打开了缺口。在德意志的大部分地区废除了天主教的教阶制，在政治上摆脱了教皇的控制，在部分仍信仰天主教的地区，罗马教皇也被迫承认了世俗诸侯的较大的权力。在经济上，大量教产被没收，杜绝了罗马教廷的搜刮与剥削，制止了财富的外流。在部分仍信仰天主教的地区，教皇亦迫于教产被没收的既成事实而予以承认。在思想上，罗马"教会的精神独裁被摧毁，德意志诸民族大部分直截了当地抛弃了它，接受了新教"[①]。此后德意志民族的独立基本上得到了维护。这些成果的取得是多种因素造成的，绝非路德一人之功，但与他对罗马教会的批判，与其早期政治思想的号召、动员作用是密不可分的。

---

① ［德］恩格斯：《自然辩证法·导言》，《马克思恩格斯选集》第3卷，第445页。

（四）路德神学思想的产物"路德宗"，作为基督新教主要宗派之一，具有一定的局限性，它仅适应于封建势力较强、市民资产阶级较为软弱的地区，传播受到了局限。在 16 世纪，它仅流传于德意志的大部地区和斯堪的那维亚诸国。但他的革命性的神学思想和早期的政治思想对西欧和后世均产生了深远的影响。他的"因信称义"和"平信徒皆为祭司"的理论至今为绝大多数基督新教派别所承认，被称为新教理论的两大柱石。特别重要的一点是：加尔文在路德的神学和早期政治思想的基础上创立了加尔文宗的理论，使之适应于资产阶级夺取政权、创立共和国的需要，为尼德兰和英国资产阶级革命提供了理论武器，从而对西欧和后世产生了深远的影响。

路德早期政治思想中的政教分离的原则，教会不干涉政治，政府不干涉信仰，信仰自由以及强调与重视法律等诸项内容，对近、现代资产阶级政治制度和社会思想的影响至今犹存。

（五）马丁·路德的早期政治思想是 16 世纪德意志历史的产物，反映了当时正在成长的、不成熟的市民资产阶级的政治要求。其本身具有两面性，既有革命性的一面，又有明显的软弱性、不彻底性与对国内封建势力的依赖性，因而在革命的关键时刻，他必然投效诸侯，反对农民战争，这是那个时代德意志市民资产阶级两面摇摆的政治态度的具体反映与表现。

（原载《世界宗教研究》1983 年第 2 期）

关于马丁·路德评价的几个问题
——纪念马丁·路德诞辰五百周年

马丁·路德（1483—1546）是西欧宗教改革史上的一个重要而又有争议的历史人物。20世纪西方学者对路德作了大量的深入研究，作者众多，论著迭出，被称为"路德复兴"。但是在研究中，由于他们的宗教派别、历史与民族的差异而影响了各自的研究兴趣与评价，在认识上的分歧颇大，从褒之为民族英雄、世界性历史人物、教会之父到贬之为狂郁性精神病人，从誉之为基督教三大伟人之一，到毁之为叛教者、魔鬼蛇蝎……不一而足。[①] 近年来，我国学术界亦发表了一些评价路德的论文和著作，在认识上也不尽一致。综合国内外的讨论情况，其中争议较大而又较为重要的问题有三：第一，路德宗教改革思想的时代性及评价。这一争论最初是由德国史学家恩斯特·特勒尔奇和卡尔·霍尔先后发表专著，对路德的思想评价及其时代性的不同意见引起的。特勒尔奇认为路德的思想和改革仍属中世纪的范畴，因为他提出的与试图解决的依然是中世纪的问题。"路德不过是以新的宗教观点作为中世纪的基础和调整力量而已。"近代史的开端应始于启蒙运动。他还认为路德的改革思想与经济变动无关，只不过是"利用

---

① 参见［美］哈罗德·格里姆《1920年以来的路德研究》，《近代史杂志》第32卷，第105页［Harold J. Grimm, "Luther Research since 1920", *The Journal of Modern History*, Vol. 32, No. 2 (Jun., 1960), p. 105］或拙作《二十世纪西方史学界的"路德复兴"》，《世界史研究动态》1982年第6期。

第二编 路德研究

宗教改革前的反对派、神秘主义以及后期经院派的唯名主义等所主张的学说,把中世纪的教条、教会观和伦理等,转移到保罗那以信仰和精神、恩典和基督为中心的宗教上"[①]。第一个著文反对其观点者为霍尔。他运用20世纪初新发现的路德早期思想的材料集中研究了青年时代的路德,出版了《教会史论著汇编》,其中第1卷为《路德》,此卷中的重要论文是《宗教改革的文化意义》。文章认为路德的唯信得救论与教会观、伦理观具有革命的性质,在思想史上开辟了一个新的时代,因为他发现了上帝与人的新关系,提出了与过去不同的新观念,因而他是一位有创造性的系统的神学家。[②] 霍尔的观点激发了许多学者的兴趣,引起了争论,推动了并且较长时间影响着德国和其他西方国家的路德研究。这一争论在我国学术界亦有所反映。我国史学工作者对路德所处的时代,意见是一致的,但是对路德改革思想的评价存在着分歧:它仅仅是重弹过去市民改革的旧调,还是具有时代的特点并有所创新;是仅仅接受前人的观点,还是划时代的宗教改革家。第二,对路德的政治评价。西方学者对路德的政治思想与纲领,以及在宗教改革中的政治态度讨论较少,而我国史学界对此相当重视。因为它是对路德全面评价的一项基本内容。目前存在的主要分歧是:从政治角度观察,如何估计他在宗教改革中的功过与作用,以及如何认识他依靠诸侯和反对农民战争的政治态度。第三,路德的神学政治思想对当时和后世的影响的程度和范围。这一问题在德国史学家中存在不同看法。从德意志帝国的建立到第一次世界大战期间,德国大部分史学家着重强调路德对德意志民族的贡献,将其视为民族英雄,对他的世界影响涉及较少。特勒尔奇甚

---

① [德] 特勒尔奇:《基督教社会思想史》,戴盛虞、赵振嵩译,香港基督教文艺出版社1976年版,第270、280、281页。
② 参见 [美] 哈罗德·格里姆《1920年以来的路德研究》,《近代史杂志》第32卷,第105页。

至认为路德的神学政治思想"不能超出他的发源地"①。但第二次世界大战后,多数德国史学家认为路德是一个世界性人物。格哈特·黑特出版《宗教改革的世界作用》一书,强调宗教改革应视为欧洲史的一个历史时期,突出德意志民族对西方文明的贡献,认为路德是一位世界性的历史人物。我国史学界对此问题涉及不多。

这三个主要问题涉及路德的改革思想和实践、政治态度、功过、作用与影响,对此作进一步的探讨,将有助于全面了解、评价路德这个历史人物,也有利于宗教改革史研究的深入。为此,本文欲就这三个问题作一初步分析,发表一孔之见,就教于史学界诸学者。

一 马丁·路德是划时代的宗教改革思想家和实践家

15世纪末和16世纪初年是德意志封建制度日趋瓦解、资本主义勃兴的时代,也是罗马教廷加紧对德意志的政治控制和经济剥削,促使德意志民族与教皇的矛盾日益加深,反抗罗马的民族矛盾日益成为主要矛盾的时代。马丁·路德正是在这一历史环境中度过了他的幼年和青年时代。

他于1483年11月10日②出生在图林根的艾斯勒本城的一个矿工家庭。1484年初夏,全家迁至曼斯菲尔德。此后其父上升为冶铁炉承租人,步入市民等级,并当选为市议员。1497年路德就读于马格德堡共生兄弟会主办的学校和埃森那赫学校,受到流传

---

① [德]特勒尔奇:《基督教社会思想史》,第343页。
② 关于路德生平的年代,本文均根据[美]罗兰·班顿《马丁·路德生平——我屹立于此》(Roland H. Bainton, *A Life of Martin Luther, Here I Stand*, London, 1950)的年表。

于德意志的神秘主义的影响①，为其后来的宗教改革思想起到了启蒙作用。1501年他考入爱尔福特大学文科，1505年获文学硕士学位。该校是德意志人文主义"最重要的中心之一"②，他曾与该校的人文主义者有所接触，受到一定的影响，③从而打下了宗教改革的思想基础。1505年7月，入爱尔福特奥古斯丁修院。1507年5月被授予神父职，后入维滕贝格大学修神学；1512年获神学博士学位，任该校教授，曾主讲《诗篇》《罗马书》《加拉太书》等课程。1515年他兼任奥古斯丁修院区牧，管理所属11所修院，直至宗教改革运动爆发。

据西方路德学者研究，路德的革命性神学思想"唯信得救论"早在1510年已开始产生。该年11月路德曾前往罗马，目睹罗马教会的腐败黑暗，"据传说，他在罗马产生了唯信得救的萌芽"④。后来，他深入研究了《新约全书》，特别是《罗马书》，经过苦思冥想，终于悟出了人与上帝的新关系："凭借信仰，仁慈的上帝使我们称义（即得救）。""最近的研究表明，这一概念出现于路德的早期演讲录中。"⑤

1517年后，路德在德意志民族各爱国阶级与阶层的支持与群众运动的推动下，经过坎坷的道路，顶住了教皇施加的种种威胁利诱。随着运动沿上升的路线发展，他对改革的认识不断提高，并有一个发展过程。本来，路德张贴《九十五条论纲》无意与罗

---

① 参阅［美］哈罗德·格里姆《宗教改革时代（1500—1650）》，第47—49页。
② ［美］哈罗德·格里姆：《宗教改革时代（1500—1650）》，第60页。
③ 关于路德受人文主义影响的程度，史家其说不一。请参阅［德］弗兰茨·梅林《中世纪末期以来的德国史》，张才尧译，生活·读书·新知三联书店1980年版。
④ ［英］G. R. 埃尔顿编：《宗教改革（1520—1559）》，《新编剑桥世界近代史》第2卷，剑桥大学出版社1958年版，第72页（G. R. Eltoneds., "The Reformation, 1520—1559", in *The New Cambridge Modern History*, Vol. 2, New York: Cambridge University Press, 1958, p.72）。
⑤ ［英］G. R. 埃尔顿编：《宗教改革（1520—1559）》，《新编剑桥世界近代史》第2卷，第73—74页。

马教皇分道扬镳,更无意建立新教,但教皇及其部下对他的迫害,使他逐步认识到:欲使罗马教皇自行改革,无异缘木求鱼,遂于1520年12月10日,采取断然的"革命行动",当众焚毁了教皇开除其教籍的训令,以示与其彻底决裂、破釜沉舟之决心。并于同年连续出版了《论善功》《罗马教皇权》《致德意志基督教贵族的公开信》《教会的巴比伦之囚》和《论基督教徒的自由》五篇重要著作。他在继承前人成果的基础上,根据多年研究《圣经》的心得与宗教经验,系统地提出了革新的教义。其要点是:唯信得救,《圣经》是最高权威,平信徒皆为祭司,基督是教会的最高元首。他的这些思想具有新的内容与特点。

第一,其宗教思想的核心——唯信得救论,不同于保罗和勒费弗尔(1455—1536)的因信得救论,而具有新时代的特点。"因信得救"(Justification by faith)这一概念出自《新约·罗马书》。[①]保罗强调信仰的目的在于反对当时流行的犹太教律法"割礼",主张应打破民族界限,不分割礼与非割礼,凭借信仰基督即可得救。[②] 16世纪法国人文主义者雅克·勒费弗尔在其所著《保罗书信注释》一书中强调"因信得救",否认"善功"与得救有任何关系。他在《哥林多前书》第八章注释中说:"对上帝谈论善功几乎是渎神……我们能借善功得救的见解是谬误。这连犹太人都特别谴责过。我们仅寄希望于神的恩典。"[③]他虽然强调了"因信得救",反对善功得救,抨击了天主教会的神学思想,但他并未进一步提出新的解释,也未付诸实践。而且他"至死没有离开旧教会的怀抱"[④]。路德在此基础上提出"唯信得救"(Jus-

---

① 《新约·罗马书》3:28。官话和合本《新旧约全书》译为"因信称义",1949年后,我国史学界一般译为"因信得救"。
② 《新约·罗马书》第3章。
③ [英] P. 史密斯:《宗教改革时代》,纽约1955年版,第53页(Preserved Smith, *The Age of the Reformation*, New York, 1955, p. 53)。
④ [美] G. F. 穆尔:《基督教简史》,第226页。

109

tification by faith alone），① 他说："灵魂得救不因任何行为，仅由于信仰"，"你可以通过这信仰而成为新人，使你一切的罪都得到赦免"。② 意即仅依靠信仰而不是依靠其他任何行为，或天主教神职人员主持的圣礼，就可以得救，使精神得到最大的愉快和满足，成为无罪的、自由的人。他还提出产生信仰的唯一依据是《圣经》，每个人都可在阅读、理解和解释《圣经》的基础上，产生对基督的信仰，从而得到解脱与上帝的恩宠。他的这一崭新的简明教义，提出了新的"上帝观"。它使人与上帝之间建立了一种新的直接的关系与联系。任何个别的人均可通过自己对《圣经》的理解、解释，产生信仰，而得到精神上的慰藉。因此，这种新的上帝观彻底推倒了压在信徒身上的、横在信徒与上帝之间不可逾越的大山——罗马教会及其神职人员；并且从根本上批判了罗马教皇赖以维护封建制度及其特权地位的三大理论武器：教皇最高权威论、圣礼得救论、教士特权论；③ 打碎了罗马教会强加在人们身上的枷锁，把信徒从封建宗教的桎梏下解放出来，使以教皇为代表的教会及其神职人员成为赘疣。更为重要的是，它在一定程度上肯定了人的地位与作用以及人的思考和意志，将人的个性体现于信仰之中，因而是人文主义思想在宗教领域中的具体反映。

第二，路德的宗教改革思想有别于中世纪改革家的主张。被称为宗教改革的晨星与先锋的威克里夫与胡司早在14、15世纪就已进行过宗教改革。他们把矛头指向罗马教皇，主张以《圣经》

---

① ［美］哈罗德·格里姆：《宗教改革时代（1500—1650）》，第112页。
② ［德］马丁·路德：《论基督徒的自由》，载亨利·依斯特·雅各布斯、阿道夫·斯派思编《马丁·路德著作集》第2卷，A.J.霍尔曼公司1915年版，第314页（Martin Luther, "Treatise on Christian Liberty", in Henry Eyster Jacobs, Adolph Spaeth, eds., *Works of Martin Luther*, Vol. 2, Philadelphia: A. J. Holman Company, 1915, p. 314）。
③ 其主要论点是天主教会和神职人员是人与上帝之间的中介，只有通过他们主持的圣礼才能与上帝交通，得到神恩。因此，神职人员是"属灵"的等级，高于世俗人士，而教皇则是上帝在人间的代表，是教会和万民的最高领袖。

为本；基督是教会的元首，信众是教会的中心；世俗与属灵的职位均为上帝派遣，教会无权向国家征税；使用民族语言传教；反对教会拥有财产；脱离罗马教皇，建立民族教会等。路德对此倍加推崇，并受到深刻影响。但是中世纪神学与近代资产阶级神学的根本不同点在于：是把《圣经》作为教会的法律，消极照办；还是把《圣经》作为个人产生信仰的唯一依据。威克里夫与胡司虽然反对当时教会的腐化，尊崇《圣经》，但他们的神学思想"仍属于中世纪时代"。因为他们把"《圣经》视为教会的法律"。"信仰在其思想上的地位并不比罗马教会高。"① 他们只主张人人可以阅读《圣经》，而不主张人人可以解释《圣经》，因而不能从根本上解除罗马教皇的武装。路德的改革思想则不同，它是以信仰为中心，集中世纪宗教改革之大成，以"唯信得救"为基础，系统地提出了全面改革的主张。具体包括逐罗马教皇的政治、经济势力于国土之外；建立德意志民族教会；取消教廷最高司法权，实现司法独立；取消教皇授予神职的权力，实现教会组织独立；废除教皇施特恩的权力，他除负责传教外，其他应服从皇帝；禁止到罗马朝圣；减少教堂、修道院；简化与减少圣礼与节日；② 以《圣经》取代经院哲学；神职人员可以结婚；废除罗马教会旧法规等，③ 因此，他的改革思想不仅仅是接受前人的观点加以发挥，或者只是集中了市民阶级长期以来对廉俭教会的要求，而是具有新时代的内容与特点，成为近代宗教改革的鼻祖。

第三，路德还提出了"平信徒皆为祭司"的平等思想，以反

---

① [美] 威利斯顿·华尔克：《基督教会史》，西蒙舒斯特公司1970年版，第269、274页（Williston Walker, *A History of the Christian Church*, New York: Simon & Schuster Inc, 1970, pp. 269, 274）。
② 仅保留洗礼与圣餐两项圣礼，并加以简化；废除次要节日，或与礼拜日合并。
③ 参阅 [德] 马丁·路德《致德意志基督教贵族的公开信》，第二部分"提交会议讨论的弊病"和第三部分"改革的建议"第27条，载汤清等编译《路德选集》上册，基督教文艺出版社、金陵神学院托事部联合出版1968年版，第174—238页。

对罗马教会的"属灵""属世"的划分和封建教阶制。他说:"基督徒都是属灵的等级,在他们中间,除职务不同外,没有其他差别。"神职"乃是一种服务与职分……并不比别的基督徒高贵或优越"①。推选出的神职人员若"因行为不端而被革职,他就和以前没有任职一样。所以基督教会的神父,无非是执行公务的职员,当他在职时,他有优先权,一旦被革职,他就和其他人一样,仍是农民和市民"②。他进而由此推论出世俗的平等,认为不论贵族、市民、农民均无高低贵贱之分,地位均属平等,具有同样的权力。"世俗掌权者也是一样,他们不过是受了委托,拿刀和杖,惩罚罪人,保护善人,一个皮匠、铁匠、农民各有各的工作和职务,他们也都是受圣职的神父和主教。"③ 从中反映了资产阶级的平等要求和新时代的宗教特色。

综上所述,路德适应时代的需要,代表新兴的市民资产阶级,系统地提出了以"唯信得救"为基础的全面改革思想。他强调人人均可阅读、思考、理解与解释《圣经》,突出了宗教信仰中的个人作用,在宗教领域中强调了人的因素,将人文主义寓于神学思想之中,因之在理论上彻底解除了教皇的武装。摧毁了他维护封建制度的理论支柱,使罗马教会及其神职人员成为"失去了咸味的盐"④。加之他将其改革思想付诸实践,在农民战争失败后,全力投入《圣经》的译注工作,以及制定路德宗的教规与信条,使德意志大部分地区摆脱了教皇的控制,确立了新教信仰,第一

---

① [德]马丁·路德:《论俗世的权力》,《马丁·路德著作集》第3卷,第26页。
② [德]马丁·路德:《致德意志基督教贵族的公开信》,《马丁·路德著作集》第2卷,第69页。
③ [德]马丁·路德:《致德意志基督教贵族的公开信》,《马丁·路德著作集》第2卷,第62、262页。
④ [英]A. W. 沃德编:《剑桥世界近代史》第3卷,剑桥大学出版社1957年版,第45页(A. W. Ward, eds., The Cambridge Modern History, Vol.3, Cambridge: Cambridge University Press, 1957, p.45)。

个成功地建立了改革派教会。路德宗的新教会虽然一度被封建诸侯控制,但他的改革思想和实践毕竟反映了历史的转折与资产阶级的兴起,在基督教发展史上开辟了一个新的资产阶级的时代。因此,他的改革思想并非属于中世纪的范畴,也不是没有什么新的东西或仅仅是接受前人的观点,而是划时代的、系统的宗教改革思想和实践。

二 马丁·路德是早期资产阶级民族主义的政治思想家和爱国者

德意志宗教改革运动始于1517年路德贴出《九十五条论纲》,止于1555年《奥格斯堡和约》的缔结,共历时38年。[①] 基本上可划分为两个阶段:第一阶段(1517—1525)为运动的兴起和发展阶段。1517年,路德点燃了德意志民族反对罗马教皇的怒火,在群众的支持下,迅速从宗教神学领域扩大到政治经济领域。路德也从与教皇藕断丝连发展到1520年与教皇公开决裂,提出以唯信得救为核心的宗教纲领和以反对罗马教皇、争取民族独立为核心的政治纲领,将德意志各爱国阶层充分发动起来。第二阶段(1525—1555)为运动的高潮与分裂并演化为宗教战争的时期。1525年的农民战争,把运动从反对国外的封建势力,扩大到反对国内的封建制度。由于运动的深入和路德本人地位的变化,他反对与攻击农民战争,在政治上进一步投靠诸侯,改革思想趋于保守,向单纯的神秘宗教方向发展。1526年以后,他主要致力于《圣经》的译注和借助诸侯,自上而下地进行路德宗的建立和建设工作,直至1546年去世为止。

根据宗教改革的全过程,我们如何从政治上评价路德的功过是非?在过去的评价中,有一种意见认为:他对运动的贡献仅仅

---

① 参阅 [英] A. W. 沃德编《剑桥世界近代史》第3卷,第2—3页。

是起了引发、点火的作用，对于他后来的活动，则是侧重于他反对农民战争的政治态度，而认为只是起到了"叛徒"的作用。根据目前所见到的史料，我认为他除点燃了宗教改革运动之外，尚需进一步评价其贡献，对于其反对农民战争的态度，也还需作具体的分析。

第一，他提出了切合社会历史实际的政治纲领。1520年，路德在五篇重要著作中，不仅提出了划时代的新教神学思想，而且把对罗马教会的批判与政治、社会和经济的要求联系起来，提出了反对罗马教皇，实现民族独立为核心的爱国政治纲领。其要点有三：一是，依靠德意志帝国的皇帝、诸侯与贵族，使用暴力，将罗马教廷的政治、经济势力拒于国土之外，实现真正的民族独立。这是他纲领的核心。二是，驱逐教皇势力后，实现三项独立，即君权独立，政教分离；司法独立；教会独立，与罗马断绝一切关系，包括政治、经济、组织诸方面，建立民族教会与廉俭教会，以达民族独立之目的。三是，实现三大平等，即取消教阶制，实现教俗平等；世俗平等，包括贵族与市民、农民的政治平等；信仰平等。[1] 路德这一纲领的提出，极大地鼓舞了德意志各爱国阶级与阶层，把运动大步推向前进。与此同时，路德也从普通的神职人员和教授跃居为德意志民族的代言人，成为欧洲举世瞩目的人物。[2] 他所以得到众多的拥护，关键在于其纲领抓住了德意志民族当时面临的主要矛盾，切合历史实际。

16世纪初，德意志的工商业，特别是采矿、冶金、纺织、手工艺等行业有了较大的发展，但较分散，仅形成一些地区性的中心，彼此缺乏联系，国内交通也只限于沿海、内河航运和几条商道。这一经济状况造成政治上的分散，并且决定了在阶级关系上地方诸侯

---

[1] 详细材料与内容请参阅拙作《马丁·路德早期政治思想初探》第三部分，载《世界宗教研究》1983年第2期。

[2] ［德］希勒布兰德：《宗教改革的世界》，伦敦1975年版，第1页（Hans T. Hillerbrand, *The World of the Reformation*, London, 1975, p. 1）。

的经济、政治势力强大，王权衰落，市民阶级相对软弱。因此，当时的德意志虽然具有爆发"欧洲第一号资产阶级革命"的形势，却未具备取得资产阶级革命胜利的条件。尽管社会下层群众已经行动起来，迫切要求反对国内封建制度，但资产阶级革命胜利的关键在于资产阶级成熟的程度。当时的客观条件比较成熟的只是德意志民族摆脱罗马教皇的压迫，维护民族独立的革命运动。

罗马教廷在15世纪后，由于英、法、西班牙诸国王权加强，逐步摆脱了教皇的控制与干涉，因而集中力量加紧对分裂割据的德意志进行经济剥削与政治控制，使德意志民族处于屈辱和依附的地位。罗马教会不仅控制着德意志二分之一的土地和许多重要城市，而且教会的主教由罗马教皇任命，德意志人民被迫向罗马缴纳大批苛捐杂税，整个德意志成了"教皇的奶牛"。德意志皇帝也须由教皇加冕，必须吻教皇的脚，并为教皇扶缰绳。因而激起了德意志各爱国阶级和阶层的普遍不满，反抗活动屡兴不绝。德意志民族同以罗马教皇为代表的封建教会的矛盾一度成了德意志社会面临的主要矛盾。但是教皇的统治不同于一般世俗的统治者，他是以"基督在世的最高代表""教会的最高权威"的面目出现，如不首先剥掉其神圣外衣，摧毁其理论支柱，就不能有效地战胜它，达到民族独立的目的。所以这次运动既有精神的内容，又有物质的内容；既需要宗教神学的革新，又有具体的政治、经济方面的要求。对于披着神学外衣的敌人，只有从神学开刀，才能有效地战胜它。而路德抓住了主要矛盾，巧妙地把宗教的与民族的内容有机地结合在一起，将各种反对罗马的社会运动联系起来，从改革宗教入手，实现以反对罗马教皇、维护德意志民族独立为核心的政治纲领，因此，他反映了社会各阶层的心声，得到拥护，把运动迅猛地推向前进。

第二，路德坚持了爱国的政治纲领。在同罗马教皇决裂以后的改革进程中，路德表现出坚韧不拔的革命精神与不屈的性格，尽管在1526年以后，由于对诸侯的依赖，他在国内问题上有所让

第二编　路德研究

步和妥协，但在反对罗马教廷，争取民族完全独立方面始终不渝，坚持到底，至死不变。在16世纪初年，他以大无畏的精神敢于向通天贯地的庞然大物、西欧的太上皇提出挑战，向罗马教皇投出了革命的第一枪，如无革命的英勇气魄和胆量是不可能做到的。在革命的过程中，他逐渐提高了认识，于1520年毅然与教皇决裂，公开焚毁教皇开除其教籍的教谕。同年他发表了革命性的宗教思想和爱国的政治纲领，并坚持到底。1521年在沃姆斯帝国会议上，查理五世和天主教诸侯要求路德放弃他的主张，遭到路德的坚决拒绝，并且强硬声明说："我坚持这一学说，绝无改变！"①此后，在1530年《奥格斯堡信条》和1538年出版的《施马加登信条》中，继续坚持了其宗教的和民族的观点，后者是他亲自起草和制定的信条，是路德脱离罗马教会的正式宣言。信条中全面坚持了他以唯信得救为基础的教义、组织、仪式。他说：我们"不能依靠任何行为、法律或功德称义，那么显然惟有这信才能使我们称义"②。并认为"教皇无非是魔鬼本身，因为他违反上帝，推行他的弥撒、炼狱、修道生活、善功和崇拜各种虚假（教皇制度便正是建立在这些虚假上面）。""教皇"便是"敌基督者"③。在路德去世前的十个月，1545年3月25日，他还发表了《反对魔鬼所建立的罗马教皇统治》一文，坚持其宗教的和民族的主张。他临终时最后的一句话是："我至死信仰耶稣基督，并坚守我的教义。"④

第三，路德的爱国政治纲领，尽管由于其对诸侯的依赖性而

---

① 苏联科学院主编：《世界通史》第4卷，上册，吉林人民出版社1978年版，第228页。
② ［德］马丁·路德：《施马加登信条》，《路德选集》下册，汤清等编译，基督教文艺出版社、金陵神学院托事部联合出版1968年版，第114页。
③ ［德］马丁·路德：《路德选集》下册，汤清等编译，第123页。
④ ［法］埃米尔·莱奥纳：《基督新教史》第1卷，梅里尔出版社1969年版，第257页（Émile G. Léonard, *A History of Protestantism*, Vol. 1, New York: Bobbs-Merrill, 1969, p. 257）。

受到阻碍，但其核心部分，即摆脱罗马控制与剥削，争取民族独立，基本上得以实现。在运动中，特别是经过农民战争，罗马教会遭到沉重打击，教皇在西欧的神权大一统局面由此打开了缺口，在德意志大部分地区，驱逐了外来势力，废除了教阶制，在政治上取得了独立。在部分仍信仰天主教的地区，教皇也被迫承认了世俗诸侯的较大的政治权力。在经济上，大批教产被没收还俗，杜绝了罗马的搜刮与剥削，制止了财富外流。在部分仍信仰天主教的地区，教皇亦被迫承认教产被没收的事实。在思想上，罗马"教会的精神独裁被摧毁了，德意志诸民族大部分都直截了当地抛弃了它，接受了新教"①。这些成果的取得是与路德的爱国纲领密不可分的。

由于他把对罗马教会的批判与民族独立有机地结合在一起，提出了民族的、爱国的政治纲领，并一贯坚持，为纲领的核心部分的实现做出了应有的努力，从而取得了一定的成果，因此，他不仅是一位划时代的宗教改革家，也是一位早期资产阶级民族主义的政治思想家和爱国者。

但是，我们并不能因此忽略他反对农民战争的政治态度及其弱点和局限性，更不能无视其叛徒问题。路德政治纲领的根本特点是只反对外部的封建势力，并不反对国内的封建土地制度和政治制度。相反，他的主张是依靠国内封建主的暴力驱逐罗马教皇的势力于国土之外。他从来无视社会下层的力量，也从未主张过依靠下层发动自下而上的革命运动。这一特点在其著作中非常明显。他说：对于教皇的控制与剥削，"如果德意志君主和贵族不迅速大胆加以干涉，德意志将会变成废墟，自趋毁灭"②。"国王、君主和一切贵族（应）把这些罗马来的恶棍驱逐出境。""我以为

---

① ［德］恩格斯：《自然辩证法·导言》，《马克思恩格斯选集》第 3 卷，第 445 页。

② ［德］马丁·路德：《罗马教皇权》，《马丁·路德著作集》第 1 卷，第 343 页。

除了国王和诸侯采用暴力，武装自己，讨伐这些流毒于全世界的恶汉，并且不用语言而用武器去制止他们的罪行而外，没有更好的办法和药方去对付他们了。"①"让教皇把罗马和他从帝国搞到的一切交还我们……让帝国成为名副其实的帝国……让德意志皇帝做一个真实的、有权的皇帝。"② 这些均说明他最初欲以皇帝为旗帜，以诸侯为依靠力量，实现其纲领。但查理五世对他不仅不予支持，反而与教皇勾结，签发逮捕令，通缉路德，致使他放弃了对皇帝的幻想，全力依靠诸侯，推行其宗教的与民族的纲领。对此，我们只能从16世纪德意志市民资产阶级的不成熟性和软弱性加以解释。"市民"的代表人物路德不可能认识到"资产阶级"的历史使命，亦无反对国内封建制度的要求，甚至还把贵族视为依靠力量。

然而，运动的发展并不以路德的意志为转移。1524—1525年伟大的农民战争把反对封建的革命运动推向高潮。农民的革命目标远远超出了路德的纲领，他们不仅反对外部的封建势力，而且把路德视为依靠力量的国内封建主也作为革命的对象，并以暴力攻击。这就迫使路德必须在农民与封建诸侯这两支不可调合的敌对势力之间作出明确的抉择。由于市民的不成熟性，路德从无思想准备，也从未设想过在国内以自下而上的暴力形式发动一场全面的资产阶级革命。这就决定了他在敌对的两端中必然站在诸侯的一端，从同情农民转向反对、咒骂与攻击农民战争。农民战争由于得不到，也不可能得到市民资产阶级的支持而失败；平民也由于"他们的运动何以在其时带有幻想的色彩"而只是"昙花一现"③，但是他们在革命中沉重地打击了国内外的封建势力，均作

---

① ［德］恩格斯：《德国农民战争》，《马克思恩格斯全集》第7卷，第406页。
② ［德］马丁·路德：《致德意志基督教贵族的公开信》，《马丁·路德著作集》第2卷，第157—158页。
③ ［德］恩格斯：《德国农民战争》，《马克思恩格斯全集》第7卷，第396、397页。

出了各自的贡献。路德由于抛弃了下层人民，反对农民战争，"这就使它永远成为路德这个名字的一个污点"①。也正是由于他无视和否定社会下层的力量，致使他的爱国主义与民族主义的纲领未能彻底实现。路德宗也逐渐沦为诸侯加强封建势力的工具，并且导致他的晚年未能全部坚持其宗教和政治的、社会的观点。例如，他对政教分离、世俗平等以及对理性的认识，均有所变化。② 这些都是他所代表的阶级的不可克服的弱点所造成，事业未尽，半途而废。从这一方面观察，他原是在德意志人民的全力支持下才成为宗教改革运动的领袖人物，并曾对农民的处境表示过同情，在一定程度上一度也反映过社会下层的要求，而当人民运动发展到反对国内封建势力，迫使他必须作出明确的抉择时，他却顽固地站在诸侯一方，反对人民运动，这可以说是一种背弃人民的行径，具有叛卖的性质。

但是，我们也不能不注意到路德在宗教改革进程中，反对以罗马教皇为首的外部封建势力，争取德意志民族的完全独立是他坚决的和一贯的主张。他的局限性决定了他把诸侯作为依靠力量，并依靠他们的暴力实现其纲领，这也是他始终如一的主张，在农民战争的前后，在依靠诸侯和不主张农民以暴力形式反对国内的封建势力这一点上，他仅有量的变化，而无质的区别。而且在改革运动的进程中，他始终坚持他的维护民族独立的爱国政治纲领和原则，从未背叛，并且取得了成果。因此，在这一方面，他的

---

① ［德］恩格斯：《大陆上社会改革运动的进展》，《马克思恩格斯全集》第1卷，人民出版社1965年版，第585页。
② 路德对"理性"的论述有三点值得注意。第一，他早期论及世俗事务时，明确地强调"人的自由理性"，如他强调法律要"受理性的控制，一切成文法律从理性出发有如从正义的源泉出发一样"。第二，他早期论及信仰和神学时，对理性的论述不尽一致。在《九十五条论纲》第十八条和1521年在帝国会议受审问时的声明中将《圣经》与理性相提并论，放在同等重要的地位；但在《罗马教皇权》中则认为理性应以《圣经》为根据。第三，路德晚年对"理性"的认识有所变化，转而反对理性，宣称"理性是魔鬼的情妇"。

表现是值得肯定的。所以，尽管他在国内反封建斗争中具有叛卖的污点，但从这一革命运动的全部内容和总体来看，路德仍不失为对德意志民族作出了贡献的早期资产阶级民族主义的政治思想家和爱国者；笼统地把他说成在农民战争中间和以后只起到叛徒的作用，似乎是不够全面的。

三 马丁·路德神学政治思想对后世的深远影响

路德的神学政治思想是16世纪德意志的产物，它不可避免地带有依赖诸侯的痕迹，致使以此思想为基础建立的路德宗仅适应于封建势力强大、资产阶级软弱的地区。因此，它的传播受到局限，在当时仅流传于德意志的大部地区和北欧诸国。但是路德的革命性的神学政治思想并不受国界和地区限制，它在新的更肥沃的土壤上不断结出新的果实，从而对当时和后世产生了广泛的深远的影响。

1517年德意志宗教改革运动兴起后，路德的改革思想不胫而走，传播到广大的西欧地区，对法国、尼德兰、瑞士、英国具有较大的影响。在英国出现了亨利八世的宗教改革，1534年完全摆脱了罗马教皇的控制，建立了新教的重要派别安立甘宗。它对法国的影响更为显著。西方史学家一般认为加尔文的影响要比路德更为普遍和深远。[1] 这无疑是正确的。但是，我们不能忽略路德对加尔文的影响以及他的大部分观点为加尔文所继承这一事实。16世纪30年代初，路德的著作已在法国广为流传。加尔文在人文主义及路德的影响下于1534年前后转到新教立场，接受了路德的革

---

[1] [美] 约翰·麦克尼尔:《加尔文研究三十年》,《教会史》第17卷，第208页 [Jonh T. McNeill, "Thirty Years of Calvin Study", *Church History*, Vol. 17, No. 3 (Sep., 1948), p. 208].

新的神学政治思想，并且把它加以改造和发展，使之适应于更成熟的资产阶级的需要。加尔文于1536年发表了代表作《基督教原理》一书，其"第一版事实上是深刻的路德主义"①。后来虽然屡次修订，但在一些主要观点上均同意路德的观点。例如，他完全拥护《圣经》最高权威论与基督最高元首论。② 加尔文也接受了路德的"唯信得救"论，他说："我们得救的基本原因是……圣灵的光照——就是信。"③ 他在此基础上吸收了奥古斯丁预定论的内容，把"得救"与"选民"的内容结合在一起，整合为新的预定论，使之"适合当时资产阶级中最勇敢的人的要求"④。加尔文还吸收了路德的"平信徒皆为祭司"的理论，将它发展、改造为应重视普通信徒的责任，使之明确自己的责任感，在政治生活中发挥他们的作用，创造了长老制议会主义的先例，从而为尼德兰、苏格兰、英格兰革命提供了现成的理论，以适应于资产阶级夺取政权，创立共和国的需要，对革命形势的发展起到了推动作用。

这些事实说明路德的新教神学政治思想对加尔文影响之大之深，尽管加尔文有许多独创之处，但是"原始的加尔文主义乃脱胎于路德主义"，"路德的基本教义就是加尔文的基本教义"。⑤ 加尔文本人也毕生将路德视为先辈，备加赞许，1544年他在《教会改革之必要》一文中说："我们都还在追求能与路德同一的目标。"说明萌芽、产生于德意志的路德的先进思想，虽由于当地封

---

① [法] 埃米尔·莱奥纳：《基督新教史》第1卷，第295页。
② 参阅 [法] 加尔文《基督教原理》第4卷，第5、6章，载《基督教经典系列》第20卷，费城1921年版，第1084—1102页（Jean Calvin, "Institutes of the Christian Religion", *The Library of Christian Classic*, Philadelphia: Presbyterian Board of Publication and Sabbath, 1921, Vol. 20, pp. 1084–1102）。
③ [法] 加尔文：《基督教原理》第3卷，第14章，第21节，载《基督教经典系列》第20卷，第930页。
④ [德] 恩格斯：《〈社会主义从空想到科学的发展〉英文版导言》，《马克思恩格斯选集》第3卷，第391页。
⑤ [德] 特勒尔奇：《基督教社会思想史》，第356—357页。

建势力的强大而夭折,但在新的肥沃的土壤上,经过改造,结出了新的果实。追根溯源,加尔文及新教各派的基本的主要的思想均来源于路德。

基督新教与西方大多数资本主义国家的历史文化关系密切。对今日的国际政治、国际关系与社会生活亦具有一定的影响。在20世纪80年代,新教徒约占基督徒的三分之一,分布于世界上150余个地区和国家,已分化为近600个教派。但作为新教共同信仰的五大信条,多数为路德所提出,① 足见其影响之深。

他主张的政教分离的原则,教会不干涉政治,政府不干涉信仰,信仰自由,以及强调重视法律等项,对近现代资产阶级政治制度和社会思想的影响至今尚存。

所以,路德的新教神学政治思想的影响绝不仅限于德意志和局部地区,而是对西欧各国均产生了深远的影响,他的革新思想促进了欧洲封建社会的解体,加速了西欧从封建社会向资本主义社会的过渡,并随着新教的发展而传播到全世界。

(原载《世界历史》1983年第6期)

---

① 新教绝大多数派别的共同信条是:(一)上帝的恩宠与主权;(二)唯信得救;(三)《圣经》是信仰的准则;(四)教会是基督徒的团契和平信徒皆为祭司;(五)人与人类一切制度的易错性(fallibity)。参见[美]乔治·福雷《新教信仰》,费城1979年版,第16—17页(George W. Forell, *The Protestant Faith*, Philadelphia, 1979, pp.16-17)。

马丁·路德生平

马丁·路德（1483年11月10日—1546年2月18日）是德意志著名的宗教改革家、神学家、思想家。16世纪初，他发动了具有国际影响的基督教改革运动。在改革中他成为这一运动的思想领袖，并建立了路德宗和基督新教。

一　路德的家庭与获得硕士学位

马丁·路德1483年生于德国（当时称为德意志民族的神圣罗马帝国）的艾斯莱本城。其父汉斯，母玛格丽特本为农民。在路德出生后不久，因生活困难，全家迁至工矿区曼斯菲尔德，依靠其父在铜矿做工度日，但仍入不敷出，其母还要上山砍柴，以补家用。后来汉斯租了几个小熔炉，雇了工匠，成为一个小业主，跻身市民阶层，生活始有改善。由于他为人诚恳，讲究信用，于1491年被选为这个小镇议会的议员，但其家庭生活仍很艰苦，这固然与他子女多达7人有关，但更重要的是与当时德国的国弱民贫有关。

16世纪的德意志正值中世纪末期，四分五裂，皇权衰落，诸侯称霸，各据一方。广大农民、市民和手工业者，不仅要受本国、本地封建主的盘剥，而且还要受罗马天主教教廷的控制与剥削。其时的罗马教皇不仅是天主教会的宗教领袖，而且在西欧各国占有广大的领地，其土地总量大约占有西欧土地的三分之一，是西欧最大的封建主,并且在各国征收"什一税"。此外,教皇还通过多种手段敛财,如放高利贷,拍卖圣职,贩卖"圣物",特别是发售"赎罪券",更成为教皇独有的发财手段。由于教皇的富有,在经济上占有优势,所以在西欧政治上独有特权,地位高于各国的皇帝、国王。他能操纵各国的政治,成为西欧各国、各地区的"太上皇"。德国的分裂割据,无统一政权的抵制,从而助长了教皇的贪欲,使得其为所欲为地加强了在德国的搜刮,致使德意志国弱民贫,广大的农民、平民、手工业者深受其害,也影响了市民的发展。路德的童年就是在这种大环境下度过的。

路德的父母都是虔诚的天主教徒,对子女的教育非常严格,他们相信棒打出孝子,特别是对长子路德,在宗教上的要求更为严厉,稍有过失,即被责打。因为当时天主教的教规繁多,一个孩子很难全部遵守。所以,路德经常受到惩罚。他的父亲曾有一天打了他15次。路德后来回忆家庭教育时说:"有一次,因为偷吃了一个果子,母亲把我打得头破血流,这也是我后来出家修道的原因之一。"路德的父母是很爱其子女的,他们之所以动辄打骂,是因为当时天主教在西欧各国具有国教地位,而教规多如牛毛,可以说贯穿人的一生,从生到死,时时刻刻,一举一动,均需按教规办理,否则就要受到处罚。如星期五是斋戒日,不许吃奶油,若吃了一点,即违犯了教规,就要惩罚。所以,路德的父母对长子的要求特别严格。

1490年,路德7岁时,就近上了教会小学,教师都是天主教的神职人员。因为当时教会掌握着各级学校,以便用天主教的教义灌输人们的思想。在小学,路德主要学习拉丁文和天主经、圣母经、信经等经文,以及赞美诗,他感到非常乏味。因此,他经常遭到鞭打,在挨打时其他学生均要围观,并为他念悔罪经。有一天,路德因为误用一个名词,被老师打了好几次。这些体罚,在路德幼小的心灵上刻上了深深的烙印。他认为天主教的上帝是严厉的,信仰是恐怖的,在这个环境里他感觉不到一点慈爱。

1497年5月，路德14岁，挥泪告别了父母与乡亲，只身赴马格德堡中学就读。这是一所著名的学校，教育水平较高。但是，在外地读书花销颇大，父母的供应有限，他甚至每天食不果腹。路德无奈，只得和一些贫寒的学生每天上街讨一顿饭。当时德国中小学生乞讨的方法是，个人或几个人到富豪的大门口去唱圣歌，一直唱到施主给予食品为止。但也有为富不仁者，不仅不给任何东西，还大声责骂把他们轰走。路德在马格德堡中学读书一年，其父母觉得他讨饭的生活太苦了，遂于1498年送他到爱森纳赫城的圣乔治中学就读。其父原指望当地的亲戚们多少能给他点帮助，却丝毫未得到照顾，依然经常挨饿。有一次，他竟然饿晕在地。因此，路德只能随同贫苦同学上街唱圣歌讨饭，生活依然相当艰苦。我们可以设想，一个孩子如果经常为生活去乞讨，才能坚持学习，这需要多么大的毅力！但路德后来回忆说，这一段贫困的生活并没有什么不好，反而磨炼了他的意志和克服困难的勇气与决心。看来，路德少年时代的艰苦生活对他后来事业的发展和成就不无关系，增强了他对罗马教皇斗争的信心和勇气。

路德在家庭和中、小学所受的教育是正统的天主教神学教育。当时他也是一个虔诚的天主教徒。天主教信仰的内容很多，但其基本点认为：人是有罪的，所以必须拯救自己的灵魂。而教皇是基督在现实世界的代表，所以人们只有参加神职人员主持的圣礼，才能受到上帝的恩宠，得到拯救。此外，还要"行善功"，指做好事，主要包括捐献财物、施舍、帮助他人、购买赎罪券等。这就是说，一个人只要表示悔罪，并有一定的行动，经神职人员的赦免，便可得救，死后即可升天堂。这是对一般信徒的要求。天主教会还认为，更积极、更有效的得救途径是修道与苦行，成为神职人员，则可优先升入天堂。

路德自幼所受的都是天主教的宗教教育，而且当时从家庭、学校到社会都被宗教氛围所笼罩。所以，路德在中学毕业以前对罗马教皇的神圣性、天主教信条的可信性，甚至对修道与苦行均深信不疑。这是当时路德的思想和信仰的主流。但是他也受到了一些流行的新思想的影响。

当时在社会上流行的新思想主要有神秘主义和人文主义。这两种思潮都是针对罗马教皇的唯我独尊、天主教的等级制、神权至上、重视死后生活、轻视现实社会，以及教会的腐败而提出的新思想。神秘主义者主张人可与上帝直接交往，只有品德高尚的人，才能与上帝在精神上交流。这就直接否定了腐败的神职人员的神圣性。15 世纪最著名的神秘主义团体是"共同生活弟兄会"。他们创办了许多学校，培养青少年。人文主义是欧洲文艺复兴运动的核心思想。人文主义者通过文学艺术作品提倡人的伟大与价值、现实生活的美好与重要，对教皇与教会的腐败作了辛辣的讽刺与揭露。这两种新思潮都自觉或不自觉地动摇了罗马天主教的理论根基，也对路德产生了影响。路德在马格德堡就读的中学就是"共同生活弟兄会"主办的，是一所颇有名气的学校。该校使用人文主义的教学法，讲授古希腊文化的价值和人文主义著作。虽然路德当时仍是一个虔诚的天主教徒，后来他也从未直接谈及该校对他的影响，但从他以后的思想发展和表现来看，人文主义和神秘主义思潮已在路德的思想中深深地埋下了一颗种子。

1501 年路德 18 岁时，家境渐佳，其父已担任了市议员，路德考入了爱尔福特大学文科，攻读法律与哲学。这所大学是德意志历史最悠久的名牌大学之一，课程多而且要求严。路德主要修习了逻辑学、修辞学、雄辩术、法理学、天文学、物理学、音乐等。在学习中，他非常勤奋，独立思考，又善于辩论。因此他得了一个"哲学家"的绰号。在此期间，他还学会了弹琴。爱尔福特大学经常开设人文主义学者的讲座，路德因为功课负担重，时间不允许他经常去听讲。但他或多或少地再次接触到人文主义思想。不过，这并未动摇他的天主教的思想基础，他仍是一个天主教的忠实信徒，是教皇及其理论的崇拜者。

1502 年他学完基础课后，获得文学学士学位，1505 年路德 22

岁时，又获硕士学位，而且是仅有的 17 名硕士的第二名。路德获得名牌大学的硕士，给其家庭带来了欢乐。他的父亲为此感到了满足，希望路德成为一名律师，从此步入上层社会。路德的朋友和同学还为他举行了一次火炬游行，以示庆贺。然而，就在此时，他的人生道路发生了重大的、突然的变化。路德没有到社会上就职，而是步入了奥古斯丁修道院，以求得到上帝的恩宠和积极的拯救。

二　获博士学位与新宗教思想的形成

路德进入奥古斯丁修道院做修士，从表面上看，似乎是偶然的决定。其实不然，这只不过是他长期接受天主教教育和一些偶然性事件相联系的结果。在他行将毕业之时，他的两个弟弟相继不幸病故，紧接着其好友亚历克西斯被人杀害，使他悲痛万分，深感人生之短促，生离死别之痛苦，遂产生了出家修道的想法。1505 年 7 月 2 日他在返校途中，于荒郊野外突遇强雷暴雨，顿时，霹雳从天而降，击于其身旁，旁边的大树被劈裂，震耳欲聋的雷声夹着闪电，使路德大惊失色，恐惧万分，以为死亡就要降临。对上帝的恐惧感，使他立即双膝跪倒许愿说："圣安娜（又译：圣亚拿，路德的保护天使）！救救我，我愿意做修士。"后来路德回忆此情此景时说，当时突然死亡的恐惧和极度的痛苦包围着他，使他发了不得已但又很必要的誓言。

他回校后，立即把自己的大部分书卖掉，在自己的房间里举行便宴款待同学。他们弹唱高歌，尽情欢乐。最后，路德宣布了他的决定，致使大家目瞪口呆。一位硕士为何要当修道士呢？同学们对此疑惑不解，纷纷劝阻，但路德无动于衷，坚决前往。1505 年 7 月 17 日，他在爱尔福特进入以严守旧规闻名的奥古斯丁修道院，成为见习修士，过着与父母隔绝的生活，开始探求人如何才能得救的问题。

奥古斯丁修道院是天主教的一个重要的托钵修会（"钵"是盛食物的盘子，托钵即以讨饭为生）。早年该院修士均沿街乞讨，后来，由于捐献增多，大部分修士均有供应，只需部分新来的修士外出讨饭，作为苦修的一部分。

路德进入该院的第一年受尽了嘲笑与折磨。众修士以贬损一位硕士为乐。他们安排路德看门、扫地、打扫卫生和各种苦工。有一次，他抽暇回屋看书，有个修士说："你只想耗时间，你还没有提水、砍柴呢，我们这不养闲人。"中世纪《圣经》稀少，奥古斯丁修院也只有一部供修士们阅读，但置于院内用铁链锁住，以免丢失。有一次，路德也去翻阅《圣经》，修士们逐之，甚至有一修士还轻蔑地说："你不需要读《圣经》，只要能念经就行了，你只配出去要钱、米、鸡蛋、鱼，干这些活。"果然，不久他就被分配到城里去托钵要饭。路德只得背着口袋，上街乞讨。但该城的市民一般都认识他，对他很尊重，在大家的帮助下，路德很快盛满口袋，返回修道院。路德认为这是他苦修的一部分，并不在意。

他沿街乞讨的情形，很快被其母校的教授们所知晓，纷纷要求修院当局免除其苦役，安排他在修院读书和担任修士。他因此才如愿以偿，开始修习神学。他为了能研读《圣经》的原文，又继续苦学希伯来文和古希腊文，因为《圣经》中的《旧约全书》的原文是古希伯来文，《新约全书》是用古希腊文写的。

与此同时，他一面苦读《圣经》，研究教义，一面想以自我折磨的苦行，甚至鞭打自己，来体会与探讨教皇提出的"积极"得救之效果。这说明他当时对教皇极为忠实，对其理论深信不疑。他以为这样做便可得到上帝的恩宠、喜爱和启示。于是他开始不吃不喝，闭门思过，盼望上帝给予启示。但经数日，他不仅没有得到任何启示和安慰，相反人已昏厥过去。其同班的修士们因几天未见到路德，非常奇怪，便到房间去找他。他们见屋门紧闭，敲门无人答应，便破门而入，见路德已昏倒在地上了，遂唤来众修士连拍带打，大声呼唤，还唱圣诗，路德始渐渐苏醒。路德通过个人的亲身经历证明，仅因个人的行为、善举，包括苦行，并不能得到上帝的恩宠、启示和拯救，也没有找到得救的证据。于是苦行宣告失败。那么如何才能得救呢？这是路德开始重新认真探索的一个根本问题。

路德放弃苦行后，继续研究《圣经》，得到了新任院长施托皮茨的赞许和喜爱。他特别赠送给路德一部《圣经》，这在当时确属珍贵的财产。路德的健康也逐渐恢复了，准备接受圣职。1507年4月，他24岁时被晋升为司铎（神父的尊称）。

1508年路德经院长推荐，前往新建的维滕贝格大学从事高级神学研究。这所大学地处萨克森地区，是由萨克森选侯智者腓特烈（1465—1525）于1502年资助建立的新大学。路德研究神学的特点完全是根据《圣经》的原文，并作出自己的解释，而非依据其他。在潜心研究《圣经》的过程中，当他读到《罗马书》第一章第17节时，对"义人必因信得生"这句话深受感动，由此他开始了新的神学思考。1509年3月路德在维滕贝格大学获得"圣经学"学士学位，并开始承担部分教学工作。路德的老师、朋友和赞助人施托皮茨对他影响很大。施托皮茨是一位带有神秘主义色彩的神学家，不满意当时天主教会神职人员的纪律松弛与腐败，主张严守教规，并引起了与罗马的一些修会的争论。他派路德和另一修士去罗马参加有关这一问题的讨论会。

1510年底，路德怀着喜悦与朝圣的心情去访问罗马。因为罗马是教皇的驻地，而教皇又自称是上帝在人间的代表，所以他认为罗马一定是一座圣洁、庄严、美好的城市。在他到达罗马郊外时，不禁高声欢呼："我向你致敬，神圣的罗马城！"

然而他在访问罗马期间，所目睹与所想象的全然不同，罗马不是圣洁，而是腐败。他亲眼看到罗马教皇和红衣主教们的骄奢淫逸。他们出入乘高车驷马，住豪华府院，奴仆成群，赌博、酗酒、嫖妓，无所不为。这一切使路德大失所望，他心目中神圣高

第二编　路德研究

洁的教皇形象破灭了，罗马城的庄严也一扫而光。他后来回忆说："罗马的局面已不堪述说，那里有撒谎欺骗、偷窃、奢侈、奸诈和其他亵渎上帝之事。在罗马，凡事都是遵照魔鬼的意思行事。"他还说："罗马所有的罪恶，都令人梦想不到，不是亲临其境，决不会信以为真，罗马实在是万恶丛生之地。"教皇的皇宫是"有12个裸女，陪伴在吃晚餐的地方"。"很难描述，而且不可能相信，那里的龌龊究竟达到了什么地步。如果说有地狱的话，那么罗马便是地狱……基督徒愈接近罗马，就愈变坏。谁第一次去罗马，就是去找骗子；第二次，他就染上了骗子的习气；第三次，他自己就成为骗子了。"路德此次去罗马的所见所闻，对他后来否定罗马教皇权起了很大作用。

路德从罗马回到维滕贝格后，成为施托皮茨的拥护者。施托皮茨也逐渐发现了路德的才华。1511年他派路德回到爱尔福特大学攻读博士学位的课程。1512年路德重返维滕贝格大学，被该校授予博士学位，并很快晋升为圣经学教授。这是他终身的职业，讲授《圣经》，一直坚持到他的晚年。不久，他被选为大学评议会的评议员。1515年，他又兼任了奥古斯丁八所修道院的监督。这是他担任的最高职务。此时他32岁。

在维滕贝格大学，路德除了讲授《罗马书》《加拉太书》《诗篇》等经典外，还经常去教堂布道、讲经。此外，他继续研读希伯来文和古希腊文，吸收人文主义者对古代语言的研究成果，做了大量的《圣经》注释工作。与此同时，他还研究了人文主义、神秘主义和早期宗教改革家英国的约翰·威克利夫（约1320—1384）和捷克的约翰·胡司（约1369—1415）的改革学说。他们均反对罗马教皇的贪婪与腐败，主张一般信徒与神职人员平等，一般信徒也可以同领圣体（面饼）和圣血（葡萄酒，天主教会不准一般信徒领葡萄酒），并反对教皇兜售赎罪券。胡司因反对教皇，主张改革，被教皇勾结皇帝将他诱杀，处以火刑。路德早在修道院时，就阅读过胡司的著作。在其《自传》中他说："我在图书馆看到胡司演说的抄本,在这些演说里,真的找到了许多东西,我大为吃惊。这个人为什么被烧死?他所引证的《圣经》符合基督教的道理,很有说服力。"

路德在研究《圣经》中,特别是研究《罗马书》和《加拉太书》时,产生了一个疑团:《圣经》中明文记载,"义人必因信得生",所突出的是信仰,而天主教会强调的是教规和善行,为什么与《圣经》记载不同呢?他考虑:如果没有信仰,只是表面上遵守律法、教规,施善行,做补赎,靠修道,难道就能够得救吗?他经过多年的沉思冥想,反复对照《圣经》,推敲各句之间的联系,终于大彻大悟。他认为,宗教上得救最关键的是"信仰",按照《圣经》的说法,耶稣被钉死在十字架上,已为人类在上帝面前偿还了人的罪债。因此,只要真正有了信仰,便可得救。这真是"长期思考,偶然得之"。

路德认为,"因信称义"是基督教神学最根本的信条,也是神学思想的核心。后来,路德在翻译德语《圣经》时,在"因信称义"后面,加了一个"唯"字,故现在我国史学界将其译为"唯信称义"[①]。其意是唯有信仰,才能成为"义人"。"义人"是基督教的专有名词,其意是无罪的、得救的、自由的、高尚的、能得到永生的人,亦即在宗教上得到解脱的人,心理上平衡的人。这一新的宗教思想为路德创立基督新教打下了理论基础。同时,路德以《圣经》为依据,反复观察天主教会的神学理论,他发现在中世纪天主教的教义、教规和礼仪中,有许多在《圣经》中根本找不到依据,而教会的弊端均是背离《圣经》的结果。

路德根据"唯信称义"的宗教思想讲课和讲道,令人耳目一新,影响很大,深受听众的欢迎,他的名声也随之愈高。维滕贝格附近的教堂也纷纷按照路德的方法,依据《圣经》和唯信称义

---

① "Justification by faith alone",港台地区学者将其译为"仅因信称义""唯独因信称义"或"借信称义"等。

的教义布道。

与此同时，路德还经常到所属修院的城市访问，与各界人士交往，进一步了解天主教会的弊端，决心进行改革工作。

1516年，路德以其研读《圣经》的新观点，写了一份改革天主教会的理论和问题的论纲，作为澄清是非、公开辩论的材料。其中谈到了信仰与得救的关系问题。他提出，人不能先"行义"而后"成义"，而是先"成义"后才能"行义"。其意为，人不能只因为表面上做了一些好事，就能成为义人，而是先有了信仰，成为义人，才会做出真正的善举。这说明，路德的"唯信称义"的新宗教思想此时已经定型。

1517年2月，他又准备了一份反对天主教传统神学的论纲，欲作为在其他大学辩论时使用的参考和依据。连路德自己也没有想到，这份论纲竟成了点燃西欧宗教改革运动的导火线。

三 罗马教皇的腐败与赎罪券

罗马教皇是天主教会的最高领袖。他自认为是耶稣基督在现实世界的代表，应该拥有比世俗君主更高的权力。当时，各国君主的权力所及，只限本国，而教皇的权力则遍及整个天主教世界。按常理说，作为天主教会的最高宗教领袖与教皇国的最高元首，教皇应该是一位道德高尚，廉洁自律，严守教规的人。但是，中世纪的罗马教皇已腐败透顶，他们本身就是最大的封建领主，教皇们爱财如命，生活腐化堕落，不择手段地搜刮金钱。天主教会规定神职人员不许结婚，但教皇带头娶"妻"生子，妻妾成群，私生子众多。教皇既然如此，红衣主教、主教和神父们当然也就上行下效了。这种情况发展到15世纪，可以说其腐败已达到了登峰造极的地步。马丁·路德开始宗教改革之时的教皇利奥十世（1513—1521年在位）有一句名言：既然上帝安排我们享受，就让我们尽情地享受一下吧！他三日一小宴，五日一大宴，到处寻欢作乐。其宫廷内有 683 个仆人，为了应付日益增多的开销，他拍卖了 39 个红衣主教的职位，所得款项超过了教廷的年收入。他下定决心在他去世以前，要把全部钱财挥霍得一干二净。为了搜刮钱财，教皇们达到了不择手段的地步。其中，民愤最大的是发售赎罪券。

赎罪券，顾名思义，即花一定的钱，买一张教皇出售的有赎罪功效的证明书。教皇发售赎罪券，名义上是为了上帝的某种事业，实际上是为了敛财致富。在神学理论上，教皇宣称，他是基督在世的代表，掌握着最高神权，所以他有权赦免人们的罪责。信徒购买赎罪券是一种补赎和善行，亦即花钱可以免罪。

古代的基督教本无此物，《圣经》上亦无此一说。赎罪券的起源最早可追溯至十字军东征时期（1096—1291）。这是教皇纠集西欧封建主对地中海东部发动的侵略战争，先后共七次。当时教皇为了号召与哄骗西欧的基督徒参加十字军，宣布凡参加十字军圣战者，均可免除其一切罪责，死后可直升天堂，并发赎罪证明一张，即最初的赎罪券。后来，教皇为了敛财又进一步宣布，凡因种种原因不能参军，但能捐款捐物、资助十字军者，亦可发赎罪证明，具有同样的功效。

此后，罗马教廷为了自圆其说，制造了一个教皇掌握"善功宝库"的理论。其内容是，圣母玛利亚和众多圣徒，积累了大量"善功"，他们为升天堂所需的"善功"早已绰绰有余，余下者存于"宝库"之中。而一般信徒中有许多人的"善功"不足以升天堂，尚需入炼狱。教廷神学家提出，教皇掌握着"善功宝库"的钥匙，谁购买赎罪券后，教皇便可从宝库中，拨一定的"善功"给你，足以使你升天堂。这便成为赎罪券功效的神学理论依据，使教皇发售赎罪券合理化、合法化。到 14 世纪后，这种交钱免罪的办法逐渐以公开出售赎罪券的形式进行。教皇大量印制面值不等的赎罪券，如同其他有价证券一样，投入市场，派人沿街叫卖。教皇本尼狄克十二世（1334—1342 年在位）曾制定了一个公开的

第二编　路德研究

价目表，犯不同的罪行，价格各异，具体价目是：

罪名	赦免价
杀人罪	8个金币
谋杀双亲或兄弟姊妹	6个金币
在教堂犯奸污罪	6个金币
伪造文书	7个金币

……

1476年，教皇西克斯图斯四世（1471—1484年在位）又把赎罪券扩大到在"炼狱"中的亡灵。天主教的教义规定，除地狱外，还有"炼狱"。地狱是永久性的，永无翻身之日；炼狱则是基督徒生前的罪虽已赦免，但有些尚未作完补赎的灵魂，将要进炼狱，待修正炼净罪责后，才能进天堂。如果一个人生前犯有小罪，也要进炼狱。教皇把赎罪券的功效扩大到已死去的人，是他扩大财源的新手法。因为这就要求人们不仅要为自己买赎罪券，还要为已死去的亲属和祖先们购买赎罪券。

教皇发售赎罪券不仅在数量上不断增加，而且发售次数也日益频繁，1500年、1501年、1504年和1509年均发售了赎罪券。这种变本加厉的搜刮，早已引起各国、各界的不满。16世纪初年，英国、法国、西班牙等民族国家已经兴起，经常抵制教皇在其领土上发售赎罪券。而此时四分五裂的德意志，则成为教皇宰割的重点。赎罪券集中在德国发售，必然引起了德意志各阶层的不满。不仅农民、手工业者、市民深受其害，即使是地方上的诸侯、贵族看到本地的滚滚财源流入罗马，也怨声载道。路德任职的维滕贝格大学所在地，萨克森的选侯腓特烈就曾限制过教皇在其领地发售赎罪券。一些中、小贵族也表现出了强烈的反感和不满。有关这类的故事很多，仅举一例说明。

据说当时萨克森有一个男爵，当他听到教皇的特使吹嘘赎罪券的功效时，按捺住心中的怒火，表面谦恭地问特使说："你说赎罪券什么罪都能赦免,我现有一种罪不知能否赦免?"特使问:"你是什么罪?"男爵说:"我的罪还没有犯,只是想先买一张,以便将来犯,不知赎罪券是否有效?"特使答道:"当然有效,但是你这张赎罪券特殊,价格当然要贵一些,那么你计划犯什么罪呢?"男爵说:"我有一个仇人,想痛打他一顿,但决不伤害他的筋骨,也不让他流血,不要他的东西。不知能不能赦免?"特使听后,认为这是发财的好机会,便说:"我是教皇的全权代表,你这点事不算什么,我有权预先赦免你的罪,但要收15个金币。"男爵说:"这太贵了,能不能少一点?"双方一再讨价还价,最后议定了双方都满意的价格,达成了交易。特使专门为他写了一张赎罪券,不仅写明了罪的具体内容,而且写上已预先赦免他的罪。男爵满意而去。过了几天,特使在该城卖完赎罪券后,收拾行装与随从们出北门,计划到下一个城市去兜售。当他们出了北门行走数里后,忽然从路旁小树林里窜出一伙强人,猛地一把抓住了特使的衣领,几个小伙子上来七手八脚狠捶猛打,特使痛得哇哇直叫。众人一呼而去。特使大怒,宣布立即回城,令官府缉拿凶手。官府亦很震惊,教皇的特使被打不是小事,丝毫不敢怠慢;连夜缉拿男爵归案,并在公堂上审问。男爵坦白地承认了痛打特使的事实后说,上帝已经赦免了我的罪,并呈上了特使给他写的赎罪券。法官看后问特使:"他抢劫了你的财物吗?"特使说:"没有。"又问他"打得你伤筋动骨了吗?"特使回答说:"没有。""你流血了吗?"回答说没有。法官旋即对特使说:"你是教皇的全权代表,有权赦免众人的各种罪,这张赎罪券已写得很清楚,你已经预先赦免了男爵的罪,上面有你的签名,现在宣布退堂。"特使哑口无言,只得灰溜溜地走了。类似的故事不胜枚举,说明了当时德意志各阶层,包括中、小贵族,对教皇出售赎罪券搜刮钱财的不满程度。当时甚至天主教教士对此举也很不满意。有的说:这简直是不可思议的事。一个人故意犯罪,竟然能得到教皇的赦免,难道教皇的权力竟高于使徒、天使、圣母玛利亚,而与基督处于同等的地位吗？

　　1517年，教皇利奥十世为修缮罗马城的圣彼得大教堂再次发售赎罪券。他没有想到，由此导致了马丁·路德发动的宗教改革运动。

四　路德发表《九十五条论纲》，点燃了宗教改革运动的烈火

　　路德发动宗教改革运动的直接原因，是教皇于1517年再次发售赎罪券。这次赎罪券的收入名义上是修教堂，而实际上是教皇与德意志勃兰登堡大主教相勾结的产物。当时勃兰登堡的大主教、多明我会会士阿尔布雷希特曾数次险些被教皇免职，为了保住这一职位，他必须贷款贿赂教皇，为此，他欠下了一大笔债。教皇为了使阿尔布雷希特能偿还债务，便允许他在德国发售赎罪券，所得金额的一半归教皇，作为修缮圣彼得大教堂之用，另一半则归阿尔布雷希特还债。此次的赎罪券并没有在路德所属的教区内发售，只是在其边境地区推销，因为萨克森选侯智者腓特烈抵制在其领地内兜售赎罪券，以便可以顺利地征收他自己规定的税收。

　　承包这次赎罪券的推销人是多明我会的修士台彻尔（Johann Tetzel，1465—1519），此人能言善辩，口若悬河，自1500年开始，他的主要工作便是贩卖赎罪券，具有多次的推销经验。他每到一个城市的郊外，便要求该城的地方官、修士、修女和学校师生以及各界的显要人士出城迎接他。然后，与大家一起排成庄严的行列进城。队伍的最前面是教皇钦赐的红十字架，象征教皇的权力，后面是教皇颁发赎罪券的教谕，用金线绣在天鹅绒上，以示隆重，众人手持蜡烛，并有乐队伴奏，吹吹打打，簇拥着台彻尔进城，到教堂前的广场上。此后，即由台彻尔在围观的群众面前，宣读教皇的教谕，吹嘘赎罪券的功效。然后即行兜售，依据罪责卖不同价格的赎罪券。他在宣传赎罪券功效时，可谓费尽心

机，信口开河，吹得天花乱坠。他说：

> 现在请留心听，上帝和圣彼得正呼唤你要考虑你的灵魂和你那些去世亲人的灵魂的救恩……现在你留心，听你去世的亲友的声音，他们恳求你说："可怜我们，可怜我们。我们正在悲惨的痛苦中，你用少量金钱便能救赎我出来。"你不希望吗？要张开你的耳朵，听做父亲的对儿子说，做母亲的对做女儿的说："我们生你，养育你，使你长大，把财产遗留给你，而你这样残忍，心这么硬，现在不愿意花这样少的钱使我们脱离痛苦。"要记住，你能解救他们，因为钱币叮当一声落入银库，灵魂立即出炼狱。

当路德获悉台彻尔关于赎罪券功效的无耻吹嘘，并有一些信徒向他请教是否可信时，他愤怒地拍案而起，表示一定要戳穿其骗局。他连夜奋战，用拉丁文写出了《关于赎罪券效能的辩论》一文，又称《九十五条论纲》（以下简称《论纲》），于1517年10月31日中午，钉在万圣堂的大门上，他时年34岁。此门是专用于公布学术活动的公告栏。路德此前已贴文宣告：由于对真理的热爱，以及希望将真理明朗化，下列诸问题，将在维滕贝格讨论。由马丁·路德担任主席。他要求无法参加口头辩论的人，可以通信的方法，提出问题辩论。这个教堂是萨克森选侯腓特烈在维滕贝格新建的教堂，这一天恰是开幕之日，《论纲》刚刚贴出，便有许多人来观看。

在《论纲》中，路德否认教皇有权赦免任何人的全部罪责，他认为最多只能赦免违反教皇规定的教规的罪责（第3条），所以那些推销赎罪券的人说可挽救人的一切惩罚是错误的（第21条）。他要求对那些听任这些谬论在信徒中流传的神职人员加以问罪（第80条）。他提出：每个真正悔改的基督徒，即使没有赎罪券，也可以脱离惩罚和罪责（第36条）。他还指出，那些说教皇的赎罪券乃是上帝使人与自己和好的无价恩赐的人,是我们应当特别警惕的(第33条)。这些内容实际上否定了教皇的神圣性,并向教皇的权威发出了挑战。但路德写《论纲》时的初衷,并无意发动宗教改革运动,也无意全面批判和否定罗马教皇,更无意脱离天主教,另建新教。其本意只不过是揭露与斥责台彻尔对赎罪券功效的无耻吹嘘。所以,《论纲》的公布只能说是他反对罗马教皇的第一步,仅仅是开始。

但即使路德最初并没有想到《论纲》发表的广泛影响。当拉丁文的《论纲》张贴后,立即被维滕贝格大学的学生译为德文,并印刷传送,在两周内传遍了德意志,不到四周,传遍了整个西欧地区。特别是在德国,《论纲》像一个火花落入火药桶一样,顿时骤起星火燎原之势,得到了各阶层的回应。他们从各自的不同角度加以理解和解释。市民认为,这是反对罗马教皇的腐败与专制、进行宗教改革运动的开始。封建诸侯与贵族把它看成是摆脱罗马教皇的政治控制和经济盘剥、夺取教会财产的大好时机。农民和平民则认为这不仅是反对外来封建势力罗马教皇的开始,而且也是反对国内封建压迫的信号;要和一切封建统治者算总账。由此,路德的《论纲》顿时成为德意志各阶层均接受的共同纲领。路德也顿时成为德意志民族的精神领袖。《论纲》也成为德意志知识分子谈论的中心。他们认为,《论纲》是成千上万人期待已久的抗议,表达了几代人的呼声,并得到了当时最著名的人文主义者伊拉斯谟[①]的赞扬。他说:"每一个善良的人都同意路德,我想除了少数靠炼狱生活的人而外,没有一个人不赞成路德的论文。"

而路德本人则静观事态的发展,他把若干册《论纲》送给主持此次赎罪券发行的、多明我会的大主教及其主教们。同时,他

---

① 又译伊拉斯姆(Erasmus von Rotterdam,1466—1536),尼德兰著名的人文主义思想家和神学家,著有《愚人颂》等。

计划开始翻译《新约全书》。恰在此时,维滕贝格大学来了一位年轻有为的、21 岁的希腊文教授菲利普·梅兰希顿(Philipp Melanchthon,1497—1560)。他性格温和,态度和蔼,且学识渊博,口才出众,交往甚广。他的古希腊文水平优于路德。他们很快就成为挚友,以至终生。路德把梅兰希顿视为他的得力助手,并共同准备着手翻译《新约全书》。

五 奥格斯堡会谈与莱比锡辩论

大主教阿尔布雷希特收到路德的《论纲》后,又看到德意志各阶层群情激昂的形势,因而惊恐不安。他于 1517 年 12 月将此事件呈报给罗马教皇,要求教皇禁止路德的言论和行动。台彻尔一伙也于 12 月,针对路德的《论纲》,写了《106 条驳论》,批判路德。他们把"驳论"印刷成小册子到处兜售。当小册子在维滕贝格被沿街叫卖时,一些大学生包围了贩卖者,将 800 份小册子当场焚毁。

但当时教皇尚未认识到路德的《论纲》后果的严重性,竟狂妄地认为,这只不过是一个喝醉了酒的德国奥古斯丁会士的呓语,等他酒醒之后,便不会瞎嘟囔了。罗马的多数高级神职人员也认为这不过是多明我会与奥古斯丁修会之间的一场争论,没有什么值得大惊小怪的。

后来,教皇逐渐察觉到了事态的严重性,因为《论纲》的传播不仅阻碍了赎罪券的发售,更重要的是反教皇的声浪日益高涨。教皇欲先给路德一点颜色看看,来个下马威。遂于 1518 年 4 月授意德意志奥古斯丁修会罢免了路德担任的最高职位——修会监督之职。在当时情况下,这是一项重要的免职,但路德对此毫不在乎,反而感到快慰,认为卸下了此包袱,可全力投入神学研究,定会作出更大的贡献。

教皇见此举无效,便于 1518 年颁布敕令,命路德去罗马受审,在众大主教面前说明他反对赎罪券的观点和根据。但由于德意志各界的支持以及萨克森选侯腓特烈的庇护,教皇的这一阴谋未能得逞。

此时,德国因戈尔斯塔特大学的神学家约翰·埃克（Johann Eck，1486—1543）深深感到路德倡导的思想对天主教传统神学的危害性。他说:路德的思想完全是异端邪说,是欲震撼教廷的宝座,天主教的大厦已岌岌可危,只要从基础上拆下几块基石,墙身就保不住了。他撰文反对路德的思想,批判《论纲》,并上诉罗马教廷,控告路德为异端。还有一些地区的主教也给教皇写信,要求教皇按异端罪行烧死路德。

教皇利奥十世见路德拒不听命,于是决心除掉这个异端。他采取了两个措施。第一,他派人把传路德到罗马的传票送给奥格斯堡的教皇亲信、著名的红衣主教卡耶坦（Thomas Cajetan，1469—1534）,让他交给路德,并告知如不听命,将开除其教籍,以此威胁路德从命。第二,他派出使节会见腓特烈选侯,说服他不要支持路德,并宣布将要送给腓特烈金玫瑰勋章,这是教皇赠与世俗诸侯的最高荣誉,以收买选侯腓特烈。使节见到选侯后,费尽心机,多方劝说,但腓特烈坚决庇护路德,教皇对此亦无可奈何。因为德意志皇帝的选举迫在眉睫,腓特烈在选举中很有影响,所以教皇不敢得罪他。经多次会谈,双方妥协的结果是令路德在奥格斯堡与教廷驻德意志圣使、红衣主教卡耶坦会谈并受审。

1518年10月7日,路德被传至奥格斯堡与红衣主教卡耶坦会谈。路德临行前,腓特烈选侯赠送20个金币作为路费,并派一位法学家担任他的顾问。会谈中,他们讨论了赎罪券以及信仰与圣礼的关系等问题,卡耶坦欲迫使路德承认错误,而路德拒不承认。当讨论到教皇所坚持的"善功宝库"时,双方发生了激烈的辩论。由于路德坚持己见,红衣主教大怒,高喊:"滚出去!"并说:"你如果不撤回自己的观点,就不再会谈。"双方不欢而散后,红衣主教秘密策划,欲把路德绑架到罗马。但路德很快得到了消息,在友人的帮助下,星夜从暗道逃离奥格斯堡,返回了维滕贝格。

1519年3月,教皇见以威胁手段未能使路德屈服,便改用利诱。他传信给路德说:"只要路德收回自己的观点,将授予主教甚至红衣主教的职位。"教皇的这一许愿可以说是破天荒的。因为中世纪的天主教会规定,主教和主教以上的职位只允许贵族担任,而路德虽然是教授,却只是一介平民,所以没有担任主教的资格。但路德对教皇的这一利诱毫无兴趣,无动于衷。

教皇进一步开展攻势,派教廷司库米尔蒂茨赴德国维滕贝格,力劝路德,以求和解。米尔蒂茨到德国后,唯恐贸然面见路德碰一鼻子灰,所以他首先托路德的朋友、萨克森选侯的秘书从中疏通。经路德同意后,二人会晤,米尔蒂茨对路德好言相劝,请求路德照顾大局,二人一度达成协定(其内容是,为共同防止教会分裂,教皇将不再坚持要求路德去罗马受审,争论可以在德国主教主持下通过谈判解决;路德同意不再发表新的煽动性言论,并写信给教皇表示效忠)。1519年3月,路德按此协议写信给教皇,表示自己从未有意损害罗马教皇的威信,并承认教皇的权力在世俗世界高于一切。但他并未表示从此收回自己的观点。

路德本以为此协议可平息事端,彼此相安无事。但事态的发展并不以路德的意志为转移。教廷中以埃克为代表一批神学家,并未善罢甘休。埃克认为,《论纲》激起的反教皇浪潮已冲击到整个罗马教会,要求继续论战,严惩路德。他对路德重新发起了挑战,路德被迫还击,从而导致了1519年夏天的莱比锡公开辩论。

这场公开辩论是埃克的一个阴谋。他以为在此以前,路德只是公开否认赎罪券的部分功效,并未直接否认与攻击罗马教皇的言论。埃克欲在此次辩论中诱使路德发表直接攻击教皇的言论,以便置路德于死地。而路德在《论纲》公布后的两年时间里,针对社会上各种强烈的反响,也进一步思考并引申到罗马教皇权的问题,但他并未公开发表过这方面的有关言论。所以他认为,这次公开辩论是他把宗教改革运动引向深入的大好时机,因此他决定应战,出席辩论。他的决定得到了维滕贝格大学师生及其支持者的赞同。维滕贝格大学校长亲自护送路德去莱比锡,同时还有梅兰希顿陪同,教师、学生 200 余人执戟戴盔武装护送路德前往,一路上浩浩荡荡,气势壮观。

在 1519 年 6 月 27 日至 7 月 8 日的莱比锡辩论会上,路德与埃克首先就赎罪券的功效问题展开辩论,继而深入到出售赎罪券的教皇与教会。在辩论中,埃克气势汹汹,强调教皇是基督在世的代表,因而具有最高的权威,所以教皇永无谬误。路德以《圣经》为依据,否认教皇是基督的代表,提出《圣经》上根本没有关于"教皇"一词的记述。他说,没有教皇,教会依然会存在。此语一出,是路德公开否认罗马教皇权力的开始,也是宗教改革运动的重要转折。对此,与会者为之震惊,并迅速地传到了西欧各地。路德的发言始终是依据《圣经》,持之有故,有理有据,埃克则理屈词穷,无言以对。但在此劣势下,他不仅保持了头脑的冷静,而且还进一步施展诡计,诱使路德自己承认支持异端,以便按此定罪。于是埃克把话锋一转,他说:"多才的博士,如果您当真反对胡司派,为什么不公开驳斥他们呢?"路德此时此刻明确果断地表态说:"胡司提出的理论,有许多出自基督与《圣经》的真理,判处胡司为异端是错误的。"路德支持胡司的这一言论,使埃克欣喜若狂,以为抓住了路德的把柄,说明路德公开地为胡司翻案,为异端张目,凭此,就完全可以判定路德为异端分子,于是便草草结束了这次辩论。

会后,埃克到罗马向教皇利奥十世亲自报告了路德的"反动言论",要求教皇判处路德以重罪。教皇听到后,异常愤怒,但他对路德的理论在德国到底有多大的影响,尚有怀疑,遂派了一个特使前往德国进行调查。特使回来报告说:德国的形势非常严峻,十分之九的德国人高喊支持路德,剩下十分之一的人高喊罗马教皇该死。教皇大怒,下定决心严厉制裁路德。

1520年6月15日，教皇发布诏书，斥责路德是闯进葡萄园的狐狸和野猪；指出路德的41种著作中的宗教思想为异端邪说或纯属恶意诽谤；各地应将路德的著作全部焚毁；路德在60天内，如不放弃自己的观点，将被开除教籍。教皇还下令要求德国各地诸侯按诏书行事，并派埃克与教宗特使赴德国监督诏书的贯彻执行。

教宗皇利奥十世自以为是基督教世界的最高领袖和西欧的太上皇，颁发这一诏书定能镇压与震慑路德及其支持者，但教皇在德国的权势已今非昔比，不可能完全行之有效了。而路德在莱比锡辩论后，德国各阶层，包括平民与许多诸侯，均支持路德对罗马教皇的抨击，而且呼声日高。所以诏书在德国并未真正落实，许多诸侯、城市和大学都加以抵制，拒不执行。埃克的日子也很不好过，他到处遭到唾骂，甚至被殴打。因此，他在莱比锡只得找一个避难所隐藏。而路德经莱比锡辩论，公开了个人的观点后，进行宗教改革的信心更加坚定。他早已预料到了教皇必会加以报复，所以面对教皇的诏书毫无畏惧。他以敢为天下先的大无畏的革命精神，于1520年12月10日在维滕贝格公开烧毁了教皇的诏书，从此走上了与罗马教皇彻底决裂的道路。

早在《论纲》发表前后，路德就已经思考到了"罗马教皇权"的问题。他经过多年的《圣经》和教会史的研究，以及对早期基督教的了解，对否定"罗马教皇权"及其理论支柱，早已成竹在胸。但由于教皇的权势之大，地位之高，使他不敢过早坦率地发表自己的观点。经过莱比锡公开辩论，亮明了自己的看法后，他已无所顾忌，在各界人士的支持下，他公开著书立说，破釜沉舟，发表了三大名著，将他的神学思想与政治思想，具体地、明确地公之于世。

六 摧毁教皇至上的三大理论支柱

路德在莱比锡公开辩论后，对教皇的斗争有了新的认识，他认为，要拯救教会，只有斗争到底，软弱、后退均无出路。他感到背后有诸侯、市民、农民的支持，不必惧怕教皇的恐吓，同时，也为此而受到鼓舞。当时有的朋友劝他，不要走得太远了，言辞应缓和一些。路德回答说："我过去攻击教皇的虚伪和罪行的用语太温和了。"他还说："要用剑，别用笔，上帝的语言便是剑，就是战争、改革。现在，要运用百般武器，讨伐教皇、红衣主教。"在莱比锡辩论后不久，于1520年夏，他以一泻千里之势，发表了他的三大名著——《致德意志基督教贵族的公开信》《教会的巴比伦之囚》和《论基督徒的自由》。在书中，他全面地阐述了其神学思想与政治思想。

罗马教皇在西欧居于太上皇的地位，不仅仅因为他是西欧最大的封建领主，敛财手段多样，经济上富有，更重要的是因为他是西欧的宗教与精神领袖，掌握着遍及各国的天主教会。为了维护教皇至高无上的地位，天主教有一整套神学理论及其支柱，以论证教皇至上、神职人员至高说教的正确性。其神学理论支柱主要有三：

第一，教皇是上帝在现实世界的代表，这是教皇的一大法宝。因为基督教信仰的神是上帝，教皇宣称自己是上帝的代表，当然就成为世界上独一无二的最高统治者，凌驾于一切人之上，包括皇帝、国王、贵族，都要听从他的调遣。所以，他在西欧享有最高的权威，具有对世俗政权和万民的领导权、《圣经》解释权、教规立法权、赎罪赦免权、终审判决权，并且言出法随，他的决定就是教规，任何基督徒均不得违反。这种专制君主式的宗教领袖在人类历史上是罕见的。

第二，"圣礼"得救论和"善功"赎罪论。天主教会认为，世人的祈福与赎罪只有通过神职人员主持的七项圣礼，才能与上帝取得联系，始能得到降福与宽容。个人在其他场合均不可能与上帝直接交往，因而离开圣礼便不能得救。同时信徒必须行善功，做好事，包括购买赎罪券，才能赎罪，减轻或免除"炼狱"之苦。

第三，教士特权论。罗马教廷认为，教皇握有耶稣基督通过门徒彼得授予的神权，亦称"钥匙权"，即打开天堂大门的权力。这种权力由教皇授予主教，主教授予神父，因此各级神职人员掌握着神权，是上帝与人之间的中介，唯有他们主持的圣事，始能生效，得到神恩。他们的理论是，神职人员是受了神的"印记"的人，是"属灵的等级"，所以高人一等。一般基督徒，包括皇帝、贵族在内，均为"属世的等级"。当时的西欧社会也据此划分为三个等级：教会贵族为第一等级（包括主教以上的教职和修院院长等）；第二等级是世俗贵族（皇帝、国王、公爵、伯爵、侯爵以及子爵、男爵等）；第三等级为市民、农民、平民、手工业者。天主教会认为，第一等级和属灵的等级，不论其本人道德品质如何，都是"特殊"的人，高于世俗人士的人，所行的圣事均有效。因此世俗百姓只能听从他们的摆布，匍匐在他们的脚下，像对上帝一样，恳求哀告。

路德集中世纪宗教改革之大成，以《圣经》为依据，在三大名著中，抓住了罗马教皇主张的神职人员是"神人中介"这一理论要害，提出了划时代的"唯信称义"理论，一举摧毁了教皇的三大理论支柱。这一理论在《圣经》中已有记载，如《罗马书》中即有"义人必因信得生"，"凡信他的都得到义"。这一思想过去都译为"因信称义"，路德认为在德语中，只有译为"唯信称义"才符合《圣经》的原义。他说："灵魂称义不因任何行为，仅由于信仰"，"你可以通过这种信仰而成为新人，使你一切的罪都得到赦免"。意即唯因信仰，而不是由于其他，亦不需要神人中介，都可以得救。人有了信仰，根本就不需要神职人员的圣礼，也不需要念经、斋戒、施舍、朝圣、购买"圣物"和赎罪券等，就可以得到上帝的承认与恩典，得到上帝的"生命、真理、光明、和平、正义、救恩、快乐、自由、智慧、能力和光荣，以及我们所估计不到的各种幸福之道"。路德的这一简明的教义，打破了神职人员垄断人与上帝联系的特权，建立了人与上帝的新型关系，满足了人们宗教上的需要。人人都可在阅读《圣经》的基础上，产生信仰，从而得到宗教上的解脱。这就把以罗马教皇为代表的天主教会和神职人员抛到一边，成了多余的人，无用的人。当时，法国有一位主教对这一点认识非常深刻，他一针见血地说：路德的"唯信称义"使他们成为失去了咸味的盐。

在三大名著中，路德进一步提出了新的教会观、圣礼观，和一般信徒都是神职的平等理论。他认为，按照《圣经》，教会是一切基督徒的集合，哪里有基督徒哪里便有教会。基督教除了基督是领袖外，没有别的领袖。教会在现实世界上没有"头"，主教和教皇都不能统治它，只有天上的基督是"头"。这一理论就从根基上否定了教皇存在的合理性与合法性，彻底否认了神职人员的特权。

路德的圣礼观认为，凡《圣经》中无记载的圣礼，一律无效，只保留洗礼与圣餐。他还说："每个基督徒，经大家同意，都可以主持圣礼，均能生效。我们都是神职，彼此没有区别。"由此就彻底地剥下了教士的神圣外衣，否定了他们的特权，体现了人人平等。

路德的这些新理论，公开而有力地否定了教皇至高无上的地位，摧毁了罗马教皇权的神学理论支柱，剥下了教皇最高统治权的神圣外衣，把基督徒从教皇的禁锢下解放出来，为路德反对罗马教皇、争取民族自主的政治思想提供了神学依据和武器。所以，"唯信称义"是路德政治思想的神学理论基础。

七　路德的爱国政治纲领

路德自幼年时代起，就深受德意志国弱民贫之苦，长大成人后逐渐认识到其原因在于罗马教皇的外来干涉与搜刮。所以他在三大名著中，提出新的神学思想的同时，也提出了他的爱国政治主张，使德意志走上富强之路。其政治思想主要有三点：

第一，驱逐罗马教廷的政治特权、经济势力于国土之外，实现民族自主。

他首先揭露了教皇的野心与阴谋。他说："教皇的野心是想统治世界。他既想当教皇，又想统治德意志帝国。他给我们一个帝国的虚名，而他和教会占有我们的城市和土地，窃取我们的财富、权力和法律。他没能当上皇帝，至少成功地做了太上皇。他羞辱我们的皇帝，让皇帝吻他的脚，当他骑驴时，还让皇帝给他执缰扶镫。这哪像一个独立的帝国和掌权的皇帝呢？"所以，必须驱逐罗马教皇的势力于国土之外，废除他的特权，实现民族自主，德意志才有出路。

路德继而分析德意志国弱民贫的原因。他说，德国人赖以生存的土地大量被教皇侵占，德意志一半或一半以上的土地属于罗马教会。每年从德意志流向罗马的现金达 30 万金币以上。它通过赎罪券、教区、修道院、主教区、牧职把德国的金钱和财富吸尽。因此，必须号召、吁请与依靠德国的君主和贵族，以武力驱逐教宗的势力于国土之外。他说，如果诸侯和贵族不迅速地对此加以武力干涉，德意志就快要灭亡了。君主、国王、贵族应把罗马来的这些恶棍驱逐出境，把教皇窃取的权力夺回来，使德意志民族不再受外来势力的干涉和剥削，让教皇把他从帝国搞到的一切交回来，让帝国成为名副其实的帝国。路德的这一主张对诸侯、贵族具有很大的号召力，促使他们有理、有据地夺回教产，同时，对农民运动也起到了推动作用。按路德的想法，在驱除外来势力，实现民族自主后，建立一个完全独立自主的国家。

第二，政教分离，君权独立，建立民族的与廉俭的教会。

路德认为，政教不分是教皇窃取与滥用政治权力的借口和漏洞，危害极大。他主张建国的一条重要原则是"政教分离"，政府不干涉信仰，教会不干涉政治，二者各司其职，分管世俗生活和精神生活。他说，教皇和主教只应宣扬上帝之道，但他们现在却放弃了这个责任，变成了世俗君主，干涉政治和法律，这完全是本末倒置。同样，政府也不要干涉信仰，应注意完成自己的事务，允许人们按照自己的能力和意志信这信那，决不要用暴力强迫人们，因为信仰是自由的，没有人因受逼迫而产生信仰。

君权独立是路德针对教皇干涉政府行使职权而提出的一项进步主张。因为当时神职人员实际享有"治外法权"，即使犯了罪，也只能受宗教法庭的审判，世俗政权不得过问。路德提出，政府的权力应及于一切人，不管是教皇、主教还是神父，均不能例外。他特别强调独立的司法权，各国应按自己的法律行事，具有终审判决权。凡属世俗的事，任何案件都不应送到罗马审理。

建立民族教会是路德民族独立的思想在宗教上的必然反映。他提出一切教会的职位都应该脱离罗马教会，今后，主教的任命由德国主教会之义自己决定。在经济上，德国教会的钱财和任何俸禄都不准流入罗马。这说明路德的民族教会的特点是在组织上、经济上、政治上斩断与罗马教皇的关系，实现教会的独立自主。

为了适应市民的需要，路德提出宗教信仰要在时间和金钱上厉行节约，亦称廉俭教会。他认为天主教的节日繁多，危害极大，既荒废了工作，又浪费了钱财。还有的人借节日之机喝酒、赌博。所以他主张只保留圣诞节和复活节，其他重要节日合并到礼拜天。同时他还提出减少圣礼，简化圣礼，天主教原有的七项圣礼减少为两项，仅保留洗礼和圣餐，时间也缩短一些。此外，他主张废除罗马教皇的一切敛财手段如朝圣、作超度弥撒、贩卖赎罪券等。他还建议德意志民族通过法律和命令，禁止奢侈、贪食、醉酒、铺张浪费、大吃大喝、奇装异服。

第三，批判等级制度，为市民争取自由、平等。

中世纪西欧的等级制是封建制度的重要组成部分。它分为属灵的等级和属世的等级，在属灵的等级中又实行三级圣品制，即主教、神父、辅祭三级。属世的等级又分为世俗贵族和第三等级，以做到尊卑有序，贵贱有别，等级森严，层层控制，公开地维护人与人的不平等的制度。

路德代表新兴的市民对此极为不满，进行了猛烈的抨击。他以一般信徒均属神职的理论反对"属灵""属世"的划分。他说，这种划分完全是一种谎言和虚伪，"神职"乃是一种服务和职分，他们并不比其他基督徒高贵或优越。教俗之间实际上没有差别，即使有所差别，也只是工作和职务上的不同，而不是等级上的差异，亦无高低贵贱之分。基督教世界的神职无非是执行公务的职员，他在职时做这个工作，一旦去职后，就和其他人一样，仍是农民和市民。

在此基础上，路德进而提出世俗间的平等。他认为，贵族与市民、农民一样，亦无贵贱之分，不管是男是女，是王侯贵族还是农民，大家都一样。在基督徒之间除基督外，没有尊长，大家都是平等的，有同样的权力、权利、禀赋和荣誉。他说，人与人之间的关系是相互服务的关系，掌权的人只不过是受委托，以武器惩罚恶人，保护善人。他们和工匠、农民一样，各有各的职务。由此说明，路德不仅主张教俗之间的平等，而且也提出了世俗人之间的平等。当然，在那个时代，路德要求的只是教俗之间思想上的平等，宗教上的平等，所争取的是世俗之间政治上的平等，特别是第三等级与贵族的平等。但这确是一个进步的主张，为资产阶级参与政治进行呐喊。

路德为了反对罗马教皇的思想禁锢和精神独裁，提出了信仰自由的主张。他认为，人们的信仰完全应由个人决定。每个人应对个人的信仰负责，他人不必干涉。他说不能强迫命令，压制信仰自由，如果用暴力强迫人信这信那，不但无益，而且也不可能，这必须用别的方法达到，而不能用暴力去完成。他提醒当权者说：不要以法律强制人们的信仰，谁"若想用法律和命令强迫人们的信仰，他们就是蠢人……他们的目的达不到而且也不可能，他们无论如何发怒，除了使一些人在言行上服从他们以外，什么也达不到……他们这样做，只能强迫良心软弱的人撒谎，说一些言不由衷的话"。

经过宗教改革运动和农民战争，路德的政治思想和纲领基本上得以实现。由于德意志诸侯势力强大，皇权衰落的原因，最后并未实现皇帝统一领导下的德意志帝国，而且，一部分地区仍然保留了天主教的信仰和等级制。这是德意志具体的历史条件造成的。路德本人只是一位思想家和教授，把德意志未实现统一的责任归咎于路德，有失公允。他能提出国家统一的思想和纲领已属难能可贵了。

八 "这是我的立场"

1520年路德出版了他的三大名著，彻底揭露与批判罗马教皇制度，从而更加激怒了教皇，决心置路德于死地而后快。但是，路德背后有萨克森选侯腓特烈作为靠山，致使教皇鞭长莫及，无可奈何。教皇曾费尽心思讨好与收买选侯腓特烈，曾许诺颁赠给他金玫瑰花勋章，允许维滕贝格教堂发售赎罪券，并恩赐其私生子以圣俸，用这些诱人的条件换取他放弃对路德的支持。但选侯腓特烈早已洞悉教皇的手法、花招及其实用主义的态度，并不为之所动。当然，他也没有公开发表赞同路德的言论，只是暗中支持路德。所以，教皇只得把希望寄托在德意志皇帝身上。

当时德意志的老皇帝已于1519年去世，应由其孙查理五世（1519—1556年在位）继任皇帝，但在德意志，皇帝需由有选举权的诸侯选举产生。当时德意志诸侯的势力强大，查理五世为了顺利当选，不惜重金收买，花了85万金币贿赂诸侯，始当选为皇帝。由于西班牙的事务，他迟至1520年11月才回到德国行加冕礼。查理是一个虔诚的天主教徒，他的加冕礼亦需教皇主持，而教皇的条件是皇帝必须制裁路德，二人一拍即合，很快达成了协议，查理五世遂加冕即位。

教皇于1521年1月正式发布了开除路德教籍的教谕，并派圣使亚良德前往德意志，监督与协助查理五世制裁路德。年轻的皇帝查理五世对路德的案件感到非常棘手，因为众诸侯实力强大，而且意见分歧严重，大致上分为三派。按照圣使亚良德和一些反对路德的诸侯的意见，此问题很简单，教皇已有旨意，应由皇帝独裁决定，亦不需经过审判和听取其他人的意见，即行宣判。

而另一批以选侯腓特烈为代表的诸侯，他们反对不经审判、不听路德本人的申辩，就加以判刑。他们要求必须澄清是非，允许路德申诉，然后再决定是否判刑。亚良德又亲自会见腓特烈，请求他逮捕路德。腓特烈征求伊拉斯谟的意见，伊拉斯谟说：路德捍卫教会的主张不应该被制止。腓特烈选侯又问他，马丁·路德有什么错误？他回答说：有两条，他攻击戴着皇冠的教皇和鼓着肚子的教士。于是，腓特烈婉言拒绝了亚良德的要求。

还有一些中间派，主张由皇帝、英王和匈牙利国王指定一个公正的、不偏不倚的法庭负责审理此案。查理五世因此感到审判路德困难重重。由于他惧怕以选侯腓特烈为代表的实力派诸侯，所以，经多次交锋，最后他被迫作了让步，决定召开沃尔姆斯（又译：沃姆斯）国会，听取路德的申辩后，再行定罪，并保证路德在路途上的安全。

查理五世本欲让选侯腓特烈负责把路德带至沃尔姆斯，遭到拒绝。皇帝只好发出公文，内称："我们高贵的、亲爱的、尊敬的马丁·路德惠鉴：我们和国会已决定给你安全证，前来国会答复关于你的著作和教谕之事。准你于21日之内报到。"教宗特使亚良德看后，大为不满，叫道：绝不能这样称呼异端分子，但也无可奈何。为及时送达，这一重要公文未经邮差传递，而是由皇帝的传令官亲自送交路德。

路德是否去呢？帝国会议将于1521年4月17日召开，路德如果去就必须在16日以前到达。他的一些朋友为此忧心忡忡，深恐百余年前胡司的悲剧重演（胡司在百余年前被皇帝以开会的名义诱捕，处以火刑），极力劝说路德不要去。但路德决心已定，准时赴会。他说，他一定要在老虎嘴里、在他们的牙齿中坚持基督的真理。又说，他一定要到沃尔姆斯去，胡司虽然被烧死，但他传播的真理并没有一起被烧掉。他还写信给朋友说："现在我认为，教皇是基督的仇敌，是魔鬼的使者。"许多朋友以忧虑的心情为路德送行，还有朋友护送，因为要走十几天才能到达。路德临行前，与其好友梅兰希顿告别说："如果我回不来，如果他们把我置于死地，你应宣讲和捍卫真理。"然后，他信心十足地高唱着赞美诗，与朋友们一起出发。其中有一段诗文是：

> 亲戚财货可舍，渺小浮生可丧，他虽残杀我身，主道依然兴旺，上主国度久长。

他唱的这首赞美诗实际上是一首战歌，被后人誉为16世纪的《马赛曲》。他们一路平安无事，于4月16日清晨，到达沃尔姆斯城郊，由身着鹰徽大衣的皇帝的传令官作前导，接路德进城。当地市民们虽然正在吃午饭，仍有2000余人夹道欢迎，并护送他前往住所。

1521年4月17日下午4时，路德由皇帝的传令官和司礼官带领，护送前往帝国会议大厅。路德进去后，见到金碧辉煌的大厅的正位，坐着身着紫袍、气宇轩昂的年轻皇帝查理五世，教俗贵族分坐两旁，一边是6个选侯、24个公爵、1位公主、8个侯爵和一些世俗贵族；另一边是教皇特使、红衣主教、大主教、修院院长等教会贵族，共200余人。主审官由特里尔总主教的助理埃克担任。路德被带到大厅中央的一张桌子前站定，桌上放着一堆路德的著作。路德是第一次见到这样的排场，也许有点紧张，教会特使亚良德与其同伙相互递了个眼色，嘲讽地说："这位维滕贝格大学的教授大概是吓得魂不附体了。"

主审官埃克指着桌上的书发问："马丁·路德，这些书是你的著作吗？"路德回答说："请举书名。"主审官逐一宣读了书名。路德说："是！"主审官又问："你是为你所有的书辩护，还是打算抛弃一部分？"路德经短暂考虑后，回答说："这些著作是有关上帝的理论和信仰、得救的大问题，如不经深思熟虑是很危险的，因此，我请求给我时间仔细考虑。"这也许是他麻痹敌人的策略，也可能是腓特烈选侯事先安排好的拖延战术。皇帝与众公侯磋商后，决定让路德次日同一时间前来答复。

路德回来后，经全面考虑，并与朋友们反复商讨，认为必须迎战到底，才有出路，不然将会前功尽弃。在朋友们和群众的鼓励下，路德勇气十足，积极准备了次日的论战。第二天下午，路德按时赴会。但由于街上早已挤满了人，都想看看路德的风采，为了看清楚，不少人竟上了房顶，会场门口的道路早已挤得水泄不通。传令官只好领他从小路绕行，直到6点钟才到达会场。

当日换了一个更大的会场，人数也更多，挤满了会场，除皇帝外，其他人甚至无法坐下来。由于天色已晚，大厅四壁燃起了火炬，灯火通明，大厅中央仍是放着路德著作的那张桌子。路德站定后，主审官埃克冷冰冰地指着桌上的书说："你已经仔细考虑过了，你是否愿意放弃你的观点？"路德沉着地回答说："现在我回答你们昨天提出的问题。这些书都是我的著作，至于是否放弃，则要加以区分。"这是路德的机警之处，如果不加区分，则只能回答"是"或"否"。如加以区分，则有更多的发言时间，既抨击了教皇，又可宣传自己的新宗教思想，还能借此机会扩大影响。

路德铿锵有力、有条不紊地足足答辩了两个小时。他说："我关于信仰的著作，非常简明，连我的仇敌也不得不认可它是基督徒的读物，甚至教皇在教谕中也没有说我的全部著作都应抛弃。我的另一类著作，是猛烈抨击教皇邪恶生活的作品，世人都因此感到悲痛，谁能否定这一点呢？至于说有的著作攻击个人有过火之处，我可以道歉。"接着，他对他的各类著作具体加以分析说明。

查理五世因不太能听懂路德带有方言的德语，命他用拉丁语复述。路德又用拉丁语说明，以致时间拖得较长。这时，皇帝听得不耐烦了，命主审官埃克传其旨意，叫路德简明扼要、直接干脆地回答，坚持的就说坚持，放弃的就说放弃，无须多言。路德回答说，"既然陛下叫我做简明的回答，那我可以说：除非用《圣经》的文字和明白的理性，证明我是错的，否则我决不放弃自己的观点，因为我不能昧着良心。"稍后，又斩钉截铁地说："这是我的立场，决不反悔。"这句话路德是用德语说的，有人要求他用拉丁语再说一遍，路德又用拉丁语肯定了他的结论，并高举双臂，作骑士胜利的姿势。接着会场里出现片刻路德与埃克大声争辩的混杂声。此时查理五世令路德退出，宣布闭会。会场内外顿时骚动起来，群众以为要把路德投入监狱，议论纷纷，有的落泪，有的喊叫，乱作一团。路德则大步穿过众人，走向他的朋友们。

路德说的"这是我的立场，决不反悔"这句话，成为路德具有历史意义的反对罗马教皇的传世名言。后来路德宗信徒在沃尔姆斯竖立的马丁·路德纪念像的下方即镌刻有这句名言。许多纪念马丁·路德的书在封面上也印上了这句话。近人考据了这句话的可靠性，发现在帝国议会的手写记录里，并没有这句话。它首次出现于《马丁·路德语录》第一版。多数史学家认为，手写记录里之所以没有这句话，是因为当时会场已经混乱而没有记上，但路德的朋友们记得很清楚，所以收录在路德的语录中，因此这句话是可信的。

路德回到住所时已精疲力竭，但仍流露出战斗胜利的喜悦。他坚定地对朋友们说："即使我的多少颗头颅被斩掉，也决不收回前言。"一些支持他的诸侯也派人前来慰问。有的送来名牌啤酒。选侯腓特烈也说，路德在皇帝和众公侯面前，德语和拉丁语讲得妙极了，而且很有胆量和气势。

会后，皇帝召集选侯和公侯们讨论如何惩治路德，但意见不一，有的要求严惩，有的主张先礼后兵，先进行规劝，无效后再惩办。加之，当晚在沃尔姆斯的大会堂门口和街头有人张贴了许多带有农民标记的招贴画，旨在暗示，如果惩办路德，农民将进行起义。查理五世无奈，被迫拖了几天。

路德虽然取得了精神上的胜利，但皇帝在教皇和特使的督促下，待支持路德的腓特烈等选侯离去后，匆忙召集国会，通过了帝国的《沃尔姆斯法令》。法令判决路德为魔鬼缠身的"传异端者"，是一个无法无天、怙恶不悛、比胡司更坏十倍的人，限定他在 21 天内投案自首，期限满后，任何人不得庇护他，追随他的人也要定罪，其著作应被查禁。此法令决定了路德终生都是通缉犯，影响了其一生的自由活动，也意味着支持他的腓特烈选侯必须谨慎从事，至少不能公开地支持路德了。《沃尔姆斯法令》公布后，路德的朋友们均为他担惊受怕。

九　瓦尔特堡避难与翻译《圣经》

路德深知帝国会议闭会后，教皇和皇帝决不会善罢甘休，所以，他在结束申辩的 18 日深夜，便在朋友们的护送下悄然离开了沃尔姆斯，向维滕贝格方向归去。在前十几天的归途中，他的晓行夜宿，平安无事。有一天，他突然收到了友人送来的一张纸条，上面写着：为避免危险须走小路，避开大道。

当路德的车骑离开大道不久，行至爱森纳赫村外的小树林中时，突然从树林中冲出几个全副武装的骑士来，他们包围了车骑，大嚷大叫，把路德从车上拉下来，让他上了一匹马，并给他披上一件骑士的罩袍，呼啸而去。骑士们带着路德在树林中来回转，直到晚上十一时，方到达瓦尔特堡。

这是怎么一回事呢？原来这是腓特烈选侯的一个精心安排。他事先已知道了《沃尔姆斯法令》的内容，感到路德目前的处境很危险，为避免皇帝缉拿路德，故布置亲信要绝对保证路德的安全。其亲信即安排了"劫持"的一幕，事先，甚至腓特烈本人亦不知这一具体安排。

第二编　路德研究

路德失踪后，他的朋友们非常惊恐，不知出了什么事。路德的敌人则欣喜一时。但不久民众就怨声载道，认为是教皇和皇帝的一伙人谋害了路德。连坚持惩办路德的一些教会贵族也不知如何是好，因为他们背上了谋害路德的黑锅。其中一个人说：为澄清事实，目前唯一的办法是到各地把路德找回来，然后再正大光明地惩办他。

路德住进瓦尔特堡的第二天清晨，就脱下了修士的道袍，并说："再见吧！你这可怜的道袍！"由于伙食供应非常丰富，他日益发胖，并且留了胡须，还有两个仆人服侍他，过着安定的生活。他在这里住了将近一年，一直到1522年2月29日。外人都不知路德在此处，通信处只能使用代号，来往信件也只能托朋友代交。

瓦尔特堡风光幽丽，古树参天，古朴秀美，但路德无暇欣赏大自然的美景。他认为，这里虽然没有战斗生活，却是集中精力写作的大好时光，绝不能浪费时间。与此同时，他也不断地了解外界改革的情况。

在避难期间，他写了《论修道誓愿》一书，提出：修士的"誓愿"（包括终生禁婚）在《圣经》中并无根据，而且婚姻是善，童贞更善，自由则最善。罗马教会说，修道是"圣召"，亦无根据，因为圣召对每个人都一样。路德的这本书出版后，许多修士、修女读毕，深为赞同，纷纷离去。维滕贝格的奥古斯丁修道院明确规定，此后，任何成员均可自由去留。然而，他在此最重要的工作是开始了德语《圣经》的翻译。

罗马教会的《新约全书》是拉丁文本，而一般老百姓根本不懂拉丁语，不利于《圣经》的传播和阅读。路德早就计划根据《新约全书》的原文（古希腊文）直接翻译成德语的《新约全书》，却一直没有时间。他认为此次避难是天赐良机，但此任务绝非一个人所能完成。因此他特请他的好友梅兰希顿教授前来参加。

路德和梅兰希顿合作完成了《新约全书》的翻译，于1522年9月出版，受到了德国广大群众的欢迎。一个多月就全部售出，到 1533 年已再版了 50 次。后来，他又从《旧约全书》的原文（希伯来文），直接译成德文的《旧约全书》，于 1534 年出版。《圣经》的翻译和修订占去了路德的大量时间，《新约全书》出版后，他曾进行了多次修订，一直到 1546 年去世前不久，仍反复修改。

　　为了使译文通俗易懂、准确无误、优美生动，他吸收了人文主义者研究古希腊文、古希伯来文的成果，又汲取德国民间语言的精华，竭尽全力地完成了这一历史性的巨作。他使用的德语方言是以萨克森法庭用语为基础，并结合了他在旅行中所熟悉的多种方言，使得词汇更加丰富。后来，他谈到《圣经》翻译时说，为了搞清楚《圣经》中的钱币，他曾专门去请教过维滕贝格的钱币收藏家；为了弄清《利未记》（祭司法典）中提到的公牛、山羊的内脏名称，他曾去屠宰场请教过屠夫；为了语言通俗易懂、形象化，他曾和妇女、儿童交谈，听听他们是怎么说的，亲眼看着他们在谈论时是如何开口的。所以，路德的德语《圣经》译文，无论是词汇的丰富，还是在语言的规范方面，都是德语的范本。后来，德国著名诗人海涅，对路德的《圣经》译本的评价非常高。他说：“马丁·路德创造了德语，是因为他翻译了《圣经》而完成的……这部古老的书是使德国语言不断更新的源泉。路德所译《圣经》中的所有成语和句型都是德语的典范，作家可以一直使用。”

　　路德的德语《圣经》也给宗教改革运动的深入和农民运动的发展提供了有力的武器。因为路德的译本通俗易懂，粗通文字的人均能阅读。人们从《圣经》中了解到早期基督教的平等思想，与天主教的教阶制形成了鲜明的对比。后来，在德国农民战争中，农民提出了许多条款，最后写上一句话：“以上所举各条，都是依据《圣经》的教导。”

　　正值路德在幽静的瓦尔特堡翻译《圣经》之时，德意志的改革运动也自发进行。运动中出现了激进派。最活跃的是"重洗

第二编 路德研究

派", 他们认为天主教实行"婴儿受洗", 而婴儿根本不懂事, 所以主张成年时再举行一次洗礼, 故名。最初, 他们主要活动于茨维考城, 以平民和矿工为主, 主张暴力斗争。1521 年暴力行动也波及维滕贝格城。激进派欲加速改革的步伐, 工匠们持长戟, 学生们身怀利刃, 他们冲击修道院, 捣毁祭坛和偶像, 甚至把教士从圣坛上赶走, 往圣母马利亚的雕像扔石头。40 多名学生捣毁了修道院的祭坛。有的神职人员在街上行走, 身上被撒了大粪。维滕贝格的激进改革者们也发表了一些加速改革的言论, 其改革的速度与方法均与路德不同。

这些激进行为很快传到了瓦尔特堡, 路德深为不安。他不得不暂时放下译经工作, 于 1521 年 12 月初, 着骑士服装, 秘密地回到维滕贝格, 力图以他的威望, 劝告人们停止过激的行动。他回到瓦尔特堡后, 迅速写了一篇《谨告全体基督徒严防暴乱和煽动书》, 到处散发。他在书中说, 过激是无理性的暴动, 叛乱所引起的伤害, 总是超过革命的成就。并说, 在世俗政府尚未命令时决不要轻举妄动, 应约束自己, 切勿乱说、乱想和乱动。路德还特将此文转送给萨克森选侯, 请求他严防暴动。

但是到了 1521 年年底, 茨维考城的"先知"们来到了维滕贝格, 使骚乱更加升级, 他们宣传世界末日即将来临, 所有的神职人员都要被处死。1522 年, 维滕贝格市议会通过法令, 拆除市内所有教堂的偶像, 解散奥古斯丁修道院。梅兰希顿急忙通知路德, 让他拿出稳定局势的办法。腓特烈选侯也要求路德赶快回来平息事端。因此, 路德于 1522 年 3 月结束避难生活, 返回了维滕贝格。

路德回到维滕贝格后, 连续作了 8 天讲演。在讲演中, 他反对以暴力的方式进行改革, 说明他的温和方式改革与激进的不同。他说,《圣经》是改革的动力, 如果斗人的信仰发生了真正的变化, 教堂的偶像不必以暴力的方式去捣毁, 也将必然被废弃。谁如果认为只有捣毁偶像, 才能得到拯救的话, 那是极端错误的。

如果是这样的话，那么连猪都可以成为基督徒了。路德的温和性还表现在改革的速度方面，他反对激进派操之过急，主张人们的信仰的改变有一个过程，应允许一些人慢慢思考，宜耐心等待。此后，路德又增加了一条战线，既要反对罗马教皇，又要反对狂热的激进派。

由于路德的讲演得到了维滕贝格市民的赞同，事端得以平息。茨维考的"先知"们被驱逐出了维滕贝格。此后路德又到萨克森选侯地区的一些城市去作巡回讲演，宣传他的温和的改革主张，并强调要服从世俗政权的法律和安排。他的这些思想经过加工整理，成为《论俗世的权力》一书，于1523年3月出版。由此，改革的速度放慢了。直到1526年，路德才制定出统一的新教教会的礼拜仪式。与此同时，新教教会也得到了发展，遍布全国大部分地区。但是，由于《沃尔姆斯法令》依然有效，路德的活动范围只能限于萨克森选侯和其他支持宗教改革的诸侯管辖区。

路德稳健的改革路线的特点是，积极反对罗马教皇外来封建势力的控制和搜刮，而并不反对德意志内部的封建诸侯。与此相反，它是依靠国内的封建势力反对外来的封建势力。在国内，它最多只是反对封建主的贪婪与暴行，主张减轻农民的一些负担，谴责放高利贷的行为。所以，路德的改革，满足不了广大农民和平民的反对国内封建主的要求。农民的要求是反对一切封建剥削和压迫，推翻封建制度，因此，农民以暴力方式进行改革，把宗教改革与反对一切封建势力结合起来，从小到大，由零散到集体，逐步汇为1524—1525年的德国农民战争。

十　反对农民战争

中世纪的德意志社会像一座金字塔，平民和农民处在最底层。平民的成员较为复杂，包括破产的手工业者、帮工、奴仆和流浪者。他们没有任何权利，甚至连第三等级也不够。当时，他们还没有也不可能成为独立的政治力量。农民战争前，他们追随市民，农民战争爆发后，他们积极参加了农民战争。

德国农民是人数最多、受苦最深的群众。他们不仅受教皇、皇帝、诸侯和官吏的剥削和压榨，而且直接受领主的统治和盘剥。中世纪西欧的领主和中国的地主不同。领主不仅要求农民交租交税，还具有直接的政治统治权。他们不仅规定名目众多的苛捐杂税，还可任意霸占农民的妻女，摊派徭役，否则将处以酷刑，如割耳、挖眼、火焚等。甚至夏季池塘里的青蛙叫声，扰乱了领主的睡眠，也规定农民有义务去赶走青蛙，轮流值班。可以说，当时的德国农民处于水深火热之中。因此，自15世纪以来，德国农民的反抗与斗争此起彼伏。后来，产生了农民的秘密组织"鞋会"。在15世纪"鞋会"已经组织过多次小规模的起义。

马丁·路德发动宗教改革运动后，农民积极支持路德，认为这是和教俗封建主算总账的时候到了。因而他们全力参加反对罗马教皇的斗争。但随着运动的发展，农民已不满于路德的只反对教会封建主，而不反对国内封建主的路线和目标。他们的要求比路德的目标更高，走得更远，欲消灭一切封建势力，彻底翻身。他们的改革方式是以暴力达到目的。农民先以零星的暴力行动袭击教堂、主教区、修道院和世俗封建主，至1524年汇合为席卷全国许多地区、有三分之二的农民参加的农民战争。1524—1525年的这次大起义是德国乃至西欧历史上规模最大的农民战争。其中心有：士瓦本、法兰克尼亚、萨克森和图林根，并涌现出领袖人物闵采尔。

托马斯·闵采尔是16世纪德意志的另一位重要的改革家。幼年时代曾受到"鞋会"、胡司宗教改革和人文主义的影响，在中学时期曾组织反对马格德堡大主教的秘密团体，后考入莱比锡和美因茨大学修哲学、神学，获硕士学位。在担任神职人员期间，他广交矿工、农民和平民，了解社会下层人民的生活。1517年路德发表《九十五条论纲》时，他积极支持路德，并参加了宗教改革运动。

1520年4月,他经路德介绍去茨维考担任神父,该地是萨克森选侯管辖下的一个工矿区,纺织业很发达。闵采尔在此城推行路德的改革运动,并把路德称为"尊崇的朋友中的榜样和灯塔"。他在该城工作期间,改革思想得到了急剧的发展。此城有一个称为"重洗派"的民间秘密教派。这是一个无统一教义、组织松散的教派。他们反对封建压迫,崇信原始基督教的"千年王国"(未来的理想社会)即将来临,现在的任务是通过暴力斗争,在现实世界建立"千年王国"。闵采尔赞同他们的理想,并帮助他们,于1521年在该城举行起义。失败后,闵采尔被迫逃亡到布拉格。

1522年,闵采尔到阿尔斯泰特当神父,在此进行激进的改革。此时,他在改革路线和神学思想、观点上,与路德发生了严重分歧。他提出信仰就是理性,是神性在人身上的表现;基督是人,是先知和师表,否认基督的神性;天国不在死后,而在人间;信徒的使命就是通过暴力在人间建立天国。闵采尔在这个小城动员基督徒捣毁祭坛,火焚偶像,并建立了秘密组织"上帝的选民同盟"(又名基督教同盟)。他把他的激进观点写成小册子,散发流传,在平民和农民中广泛地受到欢迎与拥护。路德不同意这一激进路线,因此两人公开决裂。

1524年他到农民中去宣传他的教义,发动武装斗争,其学生和信徒中的许多人,都成为农民战争的领袖。1524年夏,农民战争首先爆发于士瓦本,其纲领为《十二条款》。闵采尔亲自领导了1525年图林根和萨克森地区的起义。由于诸侯的镇压和农民军缺乏训练,起义失败,5000余人被杀害。闵采尔受伤被捕,经严刑拷打,壮烈牺牲,年仅36岁。闵采尔为解救农民的痛苦,推翻封建制度,为追求人与人在思想、政治、经济上的全面平等的理想而战斗,这种精神是可贵的,但脱离现实。他的思想显然超越了人类历史的发展阶段,带有幻想与空想的色彩,因而最终失败。

第二编　路德研究

路德与闵采尔的改革路线不同，他不赞成以暴力进行改革，更不同意反对当时国内的封建主，只是要求他们善待农民。农民运动兴起后，他同情农民的不幸境遇。1525年5月，他发表《对自由的劝告：答士瓦本农民十二条款》一文，对士瓦本农民的《十二条款》作了分析。文章同情农民的抱怨，批评了诸侯的过分勒索，但说明农民的要求不能过高。1525年图林根农民起义，来势凶猛，最初颇有获胜之势。路德对此极为不满，写了一篇措辞激烈的文章《反对农民杀人抢掠》，号召诸侯、贵族镇压农民起义。

1524—1525年德国伟大的农民战争虽然失败，但是它沉重地打击了德国天主教会的势力，在战争中，许多修道院、教堂被焚毁，财产被瓜分，在德国大势已去，有力地推动了德意志的改革运动。农民战争也打击了封建贵族，特别是小贵族骑士，从此日趋没落。

十一　基督新教的建立与路德宗的传播

1525年农民战争失败后，路德集中力量从事路德宗的建设工作。但就在此年，智者腓特烈选侯去世了。新任的萨克森选侯约翰（1468—1532）和以后的继任者约翰·腓特烈选侯（1503—1554）仍然支持路德的宗教改革。当时，由于信仰路德宗的各地区的教务发展极不统一，在教义、教士任免、礼拜仪式和内容、财物管理、教士薪俸等方面存在差异，而路德本人又无法统一管理，他依然只是一位教授，最多只能提出一些具体办法和建议。因此，他致函萨克森选侯，建议派"监督"到各地视察教会的情况，统一上述存在的差异，并建议没收教产用以支付牧师的薪俸和开办学校。选侯采纳了路德的建议，派"监督"到各地视察，统一管理。最初巡察仅属权宜之计，每年一次。后来，逐渐形成为一种"监督制"，每个教区的管理人为常设的"监督"，由诸侯派遣。这就为诸侯控制教会，奠定了组织基础。当然，基督新教路德宗的"监督"与天主教的主教不同，它没有"神权"，只负责教会的行政管理。

在农民战争中，天主教会遭到了沉重的打击，路德派教会得到了发展。皇帝查理五世虽然仍敌视宗教改革运动和忠于罗马教，但他作为皇帝，不得不从政治出发，求得路德派诸侯的支持。为协调国内各方势力，他于1526年召开施派尔国会。由于当时社会上普遍认为农民战争的爆发是天主教会过分搜刮所致，国内反罗马教会的呼声很高，所以一些天主教诸侯未敢出席此次会议。路德派诸侯在会议上遂占了上风，大会做出了许多有利于路德派的决议，并否定了继续贯彻沃尔姆斯会议的法令和禁止宗教改革运动的决议。施派尔会议还决定：宽赦反对《沃尔姆斯法令》的人；在下次国会召开前，各地区有权按其对上帝和皇帝的保证行事，实际上就是各地诸侯可自行其是：教士可以结婚；一般信徒可饼酒同领；可以使用拉丁语或德语做礼拜等。这个决议当然有利于路德派教会的发展，路德也甚为兴奋。他说："此后将不再有恐惧和戒律了，每个人都可随心所欲。"他利用在下次会议召开前的间隙，做了一些路德派教会的巩固和整顿工作。

但是好景不长，1529年2月帝国召开了第二次施派尔国会。此次，天主教诸侯全部出席了会议，他们在会上占了多数。因而，决定废除1526年施派尔国会通过的、有利于路德派的决议，并决定继续贯彻《沃尔姆斯法令》。因此，路德派诸侯联名提出抗议，并把抗议书提交皇帝，要求下次会议再议。时人把路德派信徒称为"抗议者"，把路德派称为"抗议宗"。

最初，"抗议宗"这一名称仅指路德派，但后来在西欧又陆续产生了一些脱离罗马教廷的派别，也都被称为"抗议宗"，所以这一词汇逐渐成为脱离罗马教廷、以路德的"唯信称义"思想为基础的新派别的总称。"抗议宗"这一名称在我国有多种译名，最初译为"抗罗宗"（意为反抗罗马天主教教皇的宗派），后又有人译为"耶稣教""新教""基督教"等名称。因此"基督教"这一名称在我国就有了广义与狭义之分。广义的基督教是指基督教三大支派的总称。狭义的基督教则仅指"抗议宗"。为避免混淆，目前我国学术界多将此词译为"基督新教"，但中国的新教教会仍称为基督教会。

由于路德派诸侯的抗议，查理五世不得不在1530年再次召开奥格斯堡国会，继续讨论宗教问题。路德因为仍是通缉犯，所以不能参加会议。提交会议的文件由梅兰希顿起草，称为《奥格斯堡信条》。信条共28条，包括阐述路德派宗教信仰的主张和反对天主教会的弊端两个部分，由诸侯上交皇帝，供会议讨论。天主教诸侯对此不予承认，并单方面宣布，《沃尔姆斯法令》继续有效，恢复教会的财产和审判权，并将使用武力镇压路德派。会议虽未达成协议，但路德派在此次会议上提出了系统的纲领性文件《奥格斯堡信条》，所以学术界一般把1530年作为路德宗和基督新教诞生之年。从此，基督教产生了它的第三个支派，即与天主教、东正教并列的基督新教。

1530年底，路德派诸侯为对付皇帝和天主教诸侯的威胁，在施马加登召开会议，商讨对策，并于1531年组成施马加登同盟，以抵抗皇帝和天主教诸侯的武力镇压。同盟的领袖是萨克森选侯和黑森伯爵，先后有14个地区的诸侯和21个城市参加，几乎包括了整个德意志北部和中、南部的大部分地区。同盟决议：实行武装自卫反击，对象包括皇帝在内。查理五世见难以压服路德派诸侯，不久，遂宣布在下次会议召开前，暂不执行《沃尔姆斯法令》和迫害路德派信徒。

1535年施马加登同盟为准备参加行将召开的会议，委托路德起草关于宗教信仰的文件。路德甚为兴奋，亲自撰写了全面阐述其神学思想的信条，即《施马加登信条》，弥补了《奥格斯堡信条》之不足，文中称教宗为敌基督者。这两个信条至今为基督新教各宗派所公认，成为它们共同信仰的基本信条。

马丁·路德首创的基督新教既然是基督教的三大支派之一，其信仰的主要部分与天主教当然有共同之处，但在神学、圣礼和组织制度方面又有许多不同。其基本经典都是《圣经》，包括《旧约全书》和《新约全书》。但天主教的《旧约全书》篇幅较多，共 46 卷；基督新教的《旧约全书》仅 39 卷。此外，天主教的经典还包括"圣传"（神圣的传统）和教皇的决定等，新教则不予承认。

路德创立的基督新教在教义方面与天主教不同之处主要有三点：新教否认教皇是基督在世的代表、教会的最高权威与首脑。主张最高的权威是《圣经》，最高的首脑是基督，教皇是人，也可能犯错误，甚至不能升天堂。在得救的问题上，路德坚持"唯信称义"的教义，人人都可通过自由阅读与理解《圣经》，产生信仰，从而得到拯救。无须天主教神职人员主持的圣礼，仅靠信仰，就可以得到上帝的启示，这就否定了天主教提出的"炼狱"说，解除了教会对信徒的威胁与恐吓。总之，新教教义的基本点是，强调信徒的地位，相信人的理性，突出个人在信仰中的作用。每个人都可以直接与上帝相联系。这对于人们宗教思想的解放，具有划时代的意义。

在教会组织制度方面，路德宗教会反对罗马教皇的集权制、教阶制和神职人员的任命制。在组织上与罗马教皇断绝联系，建立民族的、独立的、自主的教会。多数宗派实行选举制，聘任牧师。牧师可以结婚成家。这体现了信徒是教会的主人，神职人员与信徒完全平等的原则，清除了封建制度在宗教上的烙印。

在礼仪方面，天主教礼仪较多，铺张烦琐。路德宗简化礼仪，仅保留洗礼和圣餐。每个信徒均可饼酒同领，以示平等。基督新教削减了大量天主教的节日，仅保留了圣诞节和复活节，一些重要的节日则合并到礼拜天，在礼拜中纪念之。另外，新教教堂简洁，不似天主教教堂那样讲求奢华。

从其教义、组织制度和礼仪的革新，可以看出基督新教是市民在反封建斗争中，从天主教分化出来的一个新的支派。其教义打破了封建神学的枷锁，提倡个性解放和理性思考。在教会制度方面它贯彻了平等和民主的精神，并简化礼仪和节日，在时间和金钱方面厉行节约。这些主张都体现了近代社会的要求。由于路德创立的基督新教适应了社会发展的潮流，所以，它一旦产生，便得到迅速地传播和发展，影响深远。

路德反对罗马教皇和宗教改革的神学思想，不仅在德国产生了划时代的重大影响，而且波及的范围达到了整个欧洲，在全欧激起了一道反对罗马教皇的强烈的冲击波。1517年路德发表《九十五条论纲》后，在一个月内就传遍了欧洲。此后路德发表的文章、著作以及德文《圣经》又不断地迅速销往各国，特别是英国、法国、瑞士、尼德兰（现在的荷兰、比利时、卢森堡）和北欧诸国。在这些国家中都出现了路德的拥护者和回应者，进而出现了宗教改革家。

在这些国家中，由于各国的具体历史情况不同，有的全盘接受了路德的宗教改革思想，并加以移植，如北欧地区；有的则吸收其精华，结合本国实际，进一步发展了路德的改革思想，建立了新的宗派。其中影响最大的是法国的宗教改革家约翰·加尔文（1509—1564）。

加尔文的青年时代深受人文主义和路德宗教改革的影响与感染。路德的著作自1518年开始运往法国。当时的人们评论说：没有一本书比路德的著作销售得更快了。加尔文经过长期的思考，于1533年改宗为新教信徒，他后来回忆说，他之改宗曾受到了许多影响，但真正重要的影响应归之于路德。1534年，加尔文由于从事宗教改革的宣传工作而被政府通缉，被迫逃亡。在两年的流亡生活中，他不仅没有虚度年华，反而更加珍惜时间，集中力量，将其宗教改革思想加以系统化和理论化，于1536年发表其代表作《基督教原理》，年仅26岁。

加尔文的著作发表后，名声大振，他的朋友介绍他去瑞士的日内瓦主持宗教改革。当时，日内瓦的资产阶级已初步掌握了政权，但苦于没有内行专家主持宗教改革。加尔文到日内瓦后，依照他的理论，协助议会，成功地进行了宗教改革，在日内瓦建立了世界上第一个资产阶级神权共和国，成为新教的又一个中心。他在日内瓦的实践又丰富了他的理论，并建立了基督新教的另一个宗派——长老宗。

他以路德的"唯信称义"为基础，创造性地提出了"呼召论"。其内容是：人之得救与否，上帝早已决定，得救者为"选民"，不能得救者为"弃民"，而且"选民"少，"弃民"多。加尔文提出了三项选民的标准：有坚定的信心，相信自己是选民；学习与事业上的成功；品德高尚，特别是勤俭与节约，走正道。这样，每个基督徒都会坚信自己是上帝的选民，在事业上奋勇拼搏，百折不回，全力以赴，以便取得成功，而且不敢走歪门邪道，投机取巧。加尔文在路德的一般信徒皆可为祭司理论的基础上，还提出了民主共和的"长老制"教会思想，即由信徒选出长老，组成"长老会"，与牧师共同管理教会。因此他建立的宗派成为"长老宗"。

路德的宗教改革思想也迅速传到了英国。英国于1529年开始了自上而下的改革，断断续续进行了数十年，直到1571年始完成。其特点是英国的改革并无新的改革思想，在教义方面，主要是吸收了路德和加尔文的思想；与罗马教皇脱离关系，以英王为教会首领；在组织制度方面仍保留了天主教的主教制。其教派称为"圣公会"，音译为"安立甘宗"，又称"英国国教"，因为它是英国全民的信仰。

北欧地区由于与德意志的关系密切，所以很快接受了"路德宗"。1519年，丹麦国王（萨克森选侯之侄）请萨克森选侯派人来丹麦协助进行宗教改革，后又派人到维滕贝格考察学习。由此，路德宗在丹麦取代了天主教。瑞典国王于1527年颁布敕令，宣布没收天主教会的财产归国王所有，建立路德宗教会。挪威也于

1539年皈依了路德宗。不久，芬兰也皈依了路德宗。路德宗在北欧这四个国家均属国教。

路德不仅是路德宗的建立者，也是基督新教的宗师。16世纪基督新教只有三个来源，即路德宗、长老宗、圣公会。至17、18世纪，它又在路德和加尔文神学思想的基础上，产生了公理宗（由信徒直接管理教会）、浸礼宗（行洗礼时全身浸入水中）和卫斯理宗。这六大宗派被称为基督新教的主流宗派。2004年，基督新教在全世界已有99个宗派，19524个教会团体，信徒7亿余人，占基督徒总数的35%。

十二　婚姻与家庭

罗马教皇规定天主教会的神职人员，包括主教、司铎、修士、修女，均实行禁婚制，并成为一条严格的教规。德国宗教改革运动开始后，许多修士、修女冲破了教皇的禁制，还俗结婚。有的主教和司铎也娶了妻子。

路德的许多朋友，包括梅兰希顿都就这个问题请教路德，认为路德派对此应有一个明确的态度。路德认为，《圣经》中并没规定神职人员不准结婚，而且《希伯来书》13章4节明文规定"婚姻人人都当尊重"。《提摩太前书》3章2节更明确地说："作监督（指神职人员）的，只作一个妇人的丈夫……好好管理自己的家……人若不知道管理自己的家，焉能照管上帝的教会呢？"路德对这些经文早已通晓，也了解罗马教皇禁婚的弊端。所以，他写了一篇《论修道誓愿》的专论，明确地表示，"婚姻是善……但自由最善"。他说根本没有什么所谓特别的"召命"。当时有人评价他的这篇文章说，这是导致修院的修士和修女都还俗的文章。但他本人此时尚没有结婚的念头。

1523年，维滕贝格附近有一所宁普奇修道院。其中有一些修女深悟路德改革的必要，认为修道院只会使人懒惰，欲还俗回家。

但其家长们反对，如果贸然还俗，将无家可归。无奈之下，修女们便派代表去请教路德。路德对她们深表同情，并答应帮助她们离开修道院。路德负责地委托了一个朋友帮助她们在复活节的夜晚离开修道院，其中九人到达维滕贝格。路德的朋友还帮助她们寻找了职业或结婚成家。其中一个修女卡塔琳妮·冯·博拉既未结婚也没有找到正式的工作，只得做了两年家庭保姆。在这期间，有人给她介绍了两个对象，但她都不满意。她欣赏路德的人品与学识，并大胆地向路德求婚。路德对此非常高兴。但这一年路德已42岁，博拉26岁，年龄差距较大，他对此曾犹豫不决，但最终还是决心与博拉成婚。

路德表示，博拉为人善良可亲，就是拿法国或威尼斯来换博拉，他也不同意。同时他还概括地说明了他结婚的理由：因为他的父亲希望他成家立业，娶妻生子应该取悦于其父；同时也是为了羞辱教皇和魔鬼。

1525年6月13日，路德与博拉公开举行了订婚仪式。这在当时是结婚前一个必需的仪式。结婚典礼定于6月27日举行。路德发出了许多请帖，广泛地邀请了众亲友前来参加。上午10时，路德偕博拉，穿过维滕贝格的大街来到响着钟声的教堂前的广场，在群众的祝福声中，举行了结婚的宗教仪式。接着，在奥古斯丁修道院举行了午餐会。晚上，在市政厅举行舞会，一直跳舞到晚上11时，宾客们始依依不舍地踏上归途。

路德结婚后的家庭生活改变了他的生活方式。他曾回忆说：未婚时，床铺整年都没有收拾过，而且因汗水而发臭。那时只知辛勤工作，疲劳至极，倒在床上便睡了。而且路德也不会理财，他生性慷慨，出手大方，对钱满不在乎。结婚以后，博拉负责家庭事务，把家务料理得井井有条，生活有序，也提高了路德的工作效率。路德对此非常满意，亲切地称她为"我的肋骨"。（《创世记》记载，上帝先创造了亚当，然后取下他的肋骨，创造了夏娃。故路德把博拉比作肋骨。）

婚后的生活虽然幸福，但增加了开支，入不敷出。因为路德已没有修道院的收入，他的著作也从未得到过稿费，仅靠大学教授的薪金不足以维持全家的生活。1526年他不得不买了一部木工车床，欲做细木工维持生活。后来，萨克森选侯闻此情况后，特将奥古斯丁修道院赠送给路德，房子可住也可出租，并将其教授的年薪提高了一倍，达300个金币，后来又提高到500金币。这些收入才使他们能够过上衣食无忧的安定生活，路德从此可以集中精力从事他的工作了。

博拉的确是一位贤内助，她不仅管理家务，还参加一些农业劳动。她在菜园里种了黄瓜、豌豆、卷心菜等，在果园照料苹果、桃、葡萄、梨等果树。此外他们还有一个鱼塘，并且在谷仓旁的院子里，养着母牛、母鸡、鸭和猪。这些活是一个典型的农妇所做的工作，但博拉干得很出色。

此外，照顾路德的生活也是非常繁重的事情。路德中年时，身体已多病。在瓦尔特堡避难时，他的身体已开始发胖，并患失眠、便秘症。后来，他又患痔疮、结石、眩晕和耳鸣等症。博拉为他搜集草药、膏药，并为他按摩，可称得上是半个医生。路德喜欢喝酒，还常以酒量大自豪。他经常喝烈性酒和啤酒。路德有一个筒状大杯，是专门喝啤酒用的。此杯自下而上有三个圈。他说最下面的圈代表"十诫"，中间的圈代表"使徒信经"，最上面的圈代表"主祷文"。路德以他能喝至主祷文而自豪。但因为他有病，所以博拉不许他喝烈性酒，并亲自酿造啤酒给他喝。因为据说啤酒可溶化结石，还可医治失眠。她对路德的照顾可以说做到了无微不至。

他们共有六个子女，除一个女儿早夭外，皆长大成人，路德对其子女都满怀爱心。闲暇时，路德用笛子吹奏自己创作的赞美诗曲，全家合唱赞美诗。有时，全家到花园中散步，欣赏大自然的微风、泉流、鸟语、花香，共享天伦之乐。他曾说，世界上没有一件事能够比得上有一个美满家庭的快乐。同时，路德对子女的要求也非常严格。有一次，他的儿子约翰犯了错误，他不准儿子来见他达三天之久。博拉为儿子说情也无济于事。路德说，我宁愿他死了，也不愿他变坏，他如果不认真写一份检讨书认错，我绝不饶恕他。由于严格的家庭教育，几个孩子均顺利成长，事业有成。

路德的家庭除了六个子女外，还收留了 11 个无依无靠的侄子和侄女，还有一些寄宿的学生，共同生活者达 25 人。每天临时来的朋友也不少。吃饭时，路德总要发议论，谈天论地，即兴发言，无所不谈。寄宿学生和朋友们将此看成受教育的好机会。他们都带着笔和笔记本来吃饭，逢言必记。后来，学生们把笔记加以分类、整理、归纳，这就是路德的名著《桌上谈》。经过整理的《桌上谈》共 6596 条语录，内容包罗万象，从上帝的威严到易北河的青蛙，从教皇、政治到猪、妊娠，无所不包，还有一些格言。下面列举几句：

"修道士是全能上帝皮袭上的跳蚤。"

"人身体的构造教皇无法控制的唯一部分是大小便。"

"狗是最忠心的动物，愈是平凡，愈加珍贵。"

"德意志是教皇的猪，这就是为什么我们要给他偌多的熏肉和腊肠。"

"挪亚方舟长 300 肘（古希伯来长度单位，约等于手至肘骨的长度），宽 50 肘。"

"它若不是记录在《圣经》中，我便不会相信。我若曾在方舟中，我便会死了。它里面漆黑一团，它比我的房子大三倍，而且装满了动物。"

"人问路德为什么这样激烈，他回答说，一根树枝用切面包的刀就可割断，一棵橡树就得用一把斧头了。"

"莱茵河可惜不够大，不足以溺死所有这帮可恶的罗马横征暴敛者……红衣主教、大主教、主教、修道院院长。"

"我的敌人调查我的一举一动……我在维滕贝格放个屁，他们在罗马立刻就会闻到。"

"妇女之所以要戴面纱，是为了天使；我之所以穿裤子，是为了女士。"

"舞蹈是一种集体礼节训练，少男少女，经由舞蹈可以彼此结识和建立友谊。"

"他们的舞会，有时我也想去参加，不过我怕这些年轻人会因我的加入而少转几圈。"

《桌上谈》是路德的杂论，闪烁着其智慧的火花，内容丰富，在百余卷的《路德全集》中多达六卷。

路德的婚姻家庭观明显地带有中世纪的色彩，男性家长制的烙印很突出。他认为男人是妻子的头，她不但要爱他，还要尊重和顺从他。他主张妻子应留在家中，活动范围是儿女、教会和厨房。儿女需顺从父母，特别要顺从父亲。

十三　路德晚年的生活和贡献

1533 年，路德年已半百，在 400 多年前的欧洲已属高寿，50 岁已进入了他的晚年时期。在 1546 年他去世前的这 13 年，他的身体每况愈下，患有多种慢性病，逐渐成了一个性急、暴躁的老人。他除了以前的病症外，又增加疝气、膀胱结石、耳溃疡、风湿性关节炎、坐骨神经痛和心肌亢进等症。1535 年，维滕贝格城流行瘟疫（当时对流行性传染病的总称），他当时虽没有被感染，挺过来了，但到了 1537 年，他已是百病缠身，四肢发抖，疼痛不已，且经常失眠，并常大量喝酒以减轻病痛，因此，被迫结束了教学生涯。但此后，他仍然带病工作，从事《圣经》译注，书写反罗马教皇的文章和普及性读物，以及传教、布道的工作。

1534年路德译完并出版了《旧约全书》，此后，不断地修订和大量地加以注释，以求准确和通俗易懂。这一修订工作一直持续到他去世前不久。有时为了修改一个词语，使之德国化，会苦思冥想好几天。有的言辞不易表达时，则附有木刻插图，全书约500幅。这些木刻插图虽非精美的艺术作品，但它们确实使人一看就懂。《启示录》是《圣经》最难懂的一篇。其插图在象征与基督为敌的"穿朱红衣服的女人"的头上，戴上了教皇的三重冠冕，使人一看便知，这是一个敌基督者。他还对从龙口出来的青蛙加注说，这青蛙是他的敌人埃克等人。

路德还出版了一本《赞美诗集》，其中有23首的歌词是他创作的，6首是他改编的，并为部分歌词谱了曲，至少有10首被公认是他所创作。路德一生非常热爱音乐，富有极大的热忱。他曾说："我绝不因任何事情而放弃我那卑微的音乐天赋，无论多伟大的事……音乐驱逐魔鬼，并使众人快乐；使众人忘却一切愤怒、鄙夷、傲慢，等等。我给音乐以仅次于神学的地位和荣誉……我的心对音乐所激起的反映是沸腾的和满溢的，音乐时常都令我焕发活力，并使我脱离可怕的烦恼。"他对音乐的酷爱达到了不可或缺的地步，甚至于认为，人生有不可缺少的三大乐趣是爱情、音乐与美酒。

路德很重视儿童教育，曾就开办学校的问题给德意志国会议员写过信，提出若干建议，并发表了"论孩子们的继续求学"的讲演录，说明他对教育的关心和远见。为了让少年儿童了解宗教改革和基督新教的思想，他专门写了通俗易懂的《小问答》，作为他们的教材。

晚年，他虽然工作忙碌，疾病缠身，也没有忘记反罗马教皇的斗争。1539年他写了论战性文章《论大公会议和教会》，批判了天主教教皇的专制主义。在他去世前不久的1545年，还写了一篇火药味最浓文章《反对魔鬼建立的罗马教廷》，这是他写的最后一篇论战性的论文。此文的用词连路德的朋友都惊呆了，文中把教皇称为"魔鬼""老魔头""老屁精",把红衣主教称为"魔鬼的遗孽""无知的笨驴"等。路德还担心一般老百姓看不懂,在文中特意附上插图,其中三张画讽刺性极强。一张画着教皇骑在猪身上,对着一堆大粪作饭前祈祷;一张画着教皇和三个红衣主教,戴着手铐脚镣走向断头台;还有一张画着教皇头上顶着垃圾桶,大摇大摆地被一群魔鬼拥向宝座。

1546 年初,曼斯菲尔德伯爵与当地贵族因矿产资源发生纠纷,争得不可开交,双方都认为路德是可信任的人,要求路德去艾斯莱本为他们调解。路德无法推辞,只得答应前往。其妻预感到这很可能是生离死别,痛苦万分,与路德含泪告别。路德对她百般安慰说:我能成功地平安归来,我相信这一点。

隆冬季节,路德艰难地启程,路上受了风寒,于 1546 年 2 月 17 日总算回到故乡艾斯莱本。他的病势加重了,但还能在屋里走几步。忽然他头脑里闪现出一个念头。他说,"我生在艾斯莱本,受洗于艾斯莱本,恐怕我也要死在艾斯莱本吧!"晚饭后,他很早便睡觉。子夜后,他突然醒来,自知生命将要结束。同来的朋友来看他,问:是否始终坚持他的改革理论。他用劲地说"是"。随即便与世长辞了。时间是 1546 年 2 月 18 日,享年 63 岁。

路德去世后,被安葬在维滕贝格的万圣堂,墓碑上写着"这是马丁·路德安息的地方"。追悼会上梅兰希顿致悼词,概括了他一生的贡献。

路德的一生给人类留下了丰富的遗产。他的著作等身,经后人整理,卷帙浩繁。当代最权威的版本是德文魏玛版《路德全集》,自 1883 年开始陆续出版,历时百余年,至 2009 年才出齐,共 123 卷。全书共分四大部分:有关神学、伦理学、教育、社会、政治、经济等方面的论著、注释和笔记共 84 卷;路德通信共 18 卷,其中一卷是无日期的信件;《桌上谈》共 6 卷;德文《圣经》共 15 卷;另有索引 8 卷。美国版《路德全集》共 55 卷,于 1965

年出齐。全书分两个部分：第一部分 30 卷，为圣经讲章；第二部分共 24 卷，包括路德关于政治、经济、社会、宗教改革方面的作品以及文化方面的论著、书信及谈话等，末卷为索引。

十四　世界历史文化上的伟人

在叙述了路德一生诸方面的情况后，脑海里总会浮现出点点滴滴的印象。这就需要我们加以概括，综合出几个方面，来认识路德在世界历史上的地位。

（一）马丁·路德是一位划时代的宗教改革思想家

16 世纪是西欧从封建社会向近代资本主义社会过渡的时代。社会经济已经发生了变化，但在思想领域居统治地位的仍是罗马天主教会。它是封建主义统治的国际中心和思想支柱。而当时的罗马教皇既专制又腐败。西欧的有识之士早已有人对此加以攻击和批判。这就是人文主义者和早期的宗教改革家。

人文主义者对天主教会和罗马教皇的攻击与揭露，不可谓不深刻、辛辣。人文主义者发起了文艺复兴运动，他们通过文艺作品歌颂人的伟大、智能、能力和良知，以及现实世界的美好和重要。所以说，文艺复兴运动是"世界的发现和人的发现"。但它只是从教会外部揭露和讽刺教皇与神职人员的腐败、黑暗，而根本未涉及神学的理论和体系等关键性的问题。因而文艺复兴运动不可能动摇罗马教廷的理论大厦。

早期的宗教改革家，如威克利夫和胡司，他们直接把矛头指向罗马教皇，主张以《圣经》为本；基督是教会的元首，信徒是教会的中心；教俗人士平等；教皇无权向国家征税；使用民族语言做礼拜；反对教会拥有财产；建立民族教会等。但是他们没有抓住"罗马教皇权"这一理论核心，所以未能摧毁其根基，教皇的统治并未被动摇。

而路德则集早期宗教改革运动之大成，针对罗马教皇权赖以存在的三个理论支柱，提出了"唯信称义"的理论，从根本上否定了罗马教皇及其神职人员的中介作用。人们只要根据《圣经》，产生信仰，便可以达到基督教的"得救"之目的。从而使教士成为多余的人，无用的人，被缴械的人，因而摧毁了罗马教皇至高无上的理论支柱。并且，他肯定了人和人的理性在宗教信仰中的地位与作用，将人的个性与思考体现于信仰之中。这是其跨出中世纪思想领域，进入近代思想大门的具体体现。

路德不同于中世纪宗教改革家的一个基本点是，早期宗教改革家虽把《圣经》视为最高权威，但只是把《圣经》作为律法，消极照办，而路德则是把《圣经》作为产生信仰的依据。人们均可根据《圣经》去理解、思考、解释并作出判断，由此而产生的信仰的基础则是人的理性，人的意志和人的自由，在宗教领域突出了人的因素。德国著名诗人和政论家海涅曾评论说："自从路德说出了人们必须用《圣经》本身或用理性的论据来反驳他的教义这句话以后，人类的理性才被授予解释《圣经》的权利，而且它，这理性，在一切宗教领域中才被认为是最高裁判者。这样一来，德国产生了所谓精神自由，或如人们所说的思想自由。"这说明了路德的改革思想反映了历史的转折和新时代的兴起。路德也就理所当然地成为新时代的先驱和划时代的宗教改革家。因此，恩格斯把他列为"巨人时代"的"巨人"之一，把他和达·芬奇等并列为在各自领域中的划时代的巨人。

（二）路德是德意志伟大的爱国者

任何人都有自己的祖国，都是本民族的一员。爱国主义是自古以来的一个永恒的美德。路德自青年时代就亲身体会到德意志的国弱民贫、罗马教皇的专横与剥削。驱逐外来的封建势力，拯救德意志民族，实现民族自主与独立是许多爱国的志士仁人的梦想。而16世纪初年，德意志的市民尚未强大到能够担任领导角色，组织团结农民，发动一次全面的、反对国内外封建制度的、能够胜利的资产阶级革命。当时的形势所具备和允许的、能够取得成功和完成的，只是反对罗马教廷的民族压迫和封建压迫的、具有资产阶级民族主义革命色彩的任务。路德提出的爱国纲领是由市民发动，依靠国内封建主自上而下地驱逐罗马势力于国土之外，取得民族自主与真正的独立。然后创造有利于资本主义发展的环境，实现其政教分离、世俗平等的理想。

事实证明，路德的这一爱国纲领得到了德意志各阶层的支持和拥护，经过宗教改革运动，特别是经过伟大的农民战争，罗马教会遭到了沉重的打击，教皇在西欧大一统的局面被打开了缺口。德国大部分地区废除了天主教的教阶制，在政治上取得了真正的独立。在经济上大量教产被没收，杜绝了财富的外流。在思想上，罗马教会的精神独裁被摧毁，大部分地区接受了基督新教。此后德意志民族的独立基本上得到了维护。这些成果的取得是多种因素造成的，绝非路德一人之功，但与他的号召、动员，爱国政治纲领的提出密不可分。路德不仅提出反罗马的爱国纲领，而且坚持到底，奋斗终身，至死不变，故不愧为德意志的爱国者。他只是一位教授和思想家，能够作出如此大的贡献，实在可贵。正因为他是一位爱国主义者，所以，至今德意志民族把他奉为民族英雄。

（三）路德是德意志民族文化的奠基人

在路德以前，德意志方言、土语众多，词汇、文体不一。路德翻译的德文《圣经》，书写的赞美诗、布道词、教义问答对于德语的规范化、词汇的丰富具有重要的历史意义。他的《圣经》语言成为后世德国通用的语言，相当于普通话。因为，每个人在家庭中所接受的都是《圣经》语言，在学校听到的是教义问答，在教会宣读的是路德的布道词，唱的是路德的赞美诗和音乐。所以，路德的《圣经》翻译等作品对德意志语言的统一和规范起到了空前的作用。他使用的丰富词汇和优美文体，对后世德意志文学的发展起到了重要的示范和推动作用。有人评论说，路德所用词汇的丰富繁多与文体的优美，只有英国的莎士比亚才可与之相比，在德国没有人可与之相提并论。

第二编　路德研究

在音乐方面,他除了亲自作曲外,还创办了唱诗班,有主唱与合唱。他的最大改革是打破了天主教会只有唱诗班的旧规,提倡全体基督徒的合唱。这对音乐的普及和提高发挥了重要作用。

（四）路德是基督新教的一代宗师

路德是基督新教的第一个宗派路德宗的创始人。他的"唯信称义"和"信徒皆为祭司"的神学理论,至今为绝大多数基督新教的宗派所承认,被称为新教理论的两大柱石。特别重要的一点是,加尔文在路德神学和政治思想的基础上创立了加尔文主义,使之适应资产阶级夺取政权、创立与巩固共和国的需要,为尼德兰和英国资产阶级革命提供了理论武器,从而对西欧和后世产生了深远的影响。这一点为基督教史学界和国际学术界所公认,他们评论说:原始的加尔文主义乃脱胎于路德主义,路德的基本教义就是加尔文的基本教义。1544年加尔文在《教会改革之必要》一文中说,我们还都在追求与路德同一的目标。追根溯源,加尔文及新教各宗派的基本的、主要的思想均来源于路德。

自路德创立基督新教至今,该派从无到有,从小到大,已成为基督教的三大支派之一,也是西欧、北美、大洋洲众多国家精神文明的支柱和基本特征,至今,其信徒已分布于世界上150余个国家和地区。

近500年来,德意志人民一直把路德奉为民族英雄、文化的奠基人和民族团结的象征。第二次世界大战后,德国曾分裂为两部分,但他们都把马丁·路德视为其共同的精神领袖和统一的思想基础。国际学术界也公认马丁·路德是世界历史文化上的伟人,不断地深入研究路德对欧洲和近代历史与文化的影响和作用。1983年,为纪念路德诞辰500周年,国际学术界曾专门举行了路德研究的国际学术会议。同年,我国史学界也召集了路德研究学术讨论会,标志了我国路德研究的新起点。

（原载《路德文集》,上海三联书店2005年版）

第三编

加尔文研究

20世纪西方史学界关于加尔文的研究

让·加尔文（1509—1564）是法国著名的神学家、教会政治家、16世纪西欧宗教改革运动最重要的领导人之一。西方各国史学家对加尔文的研究历时400余年而不衰，20世纪又有新的进展。

一　加尔文研究的新发展及其原因

20世纪加尔文研究的新发展表现在三个方面：一是研究领域的扩大。除传统的神学、史学研究外，又开辟了社会、政治、文学、艺术等领域的研究，经济史与社会思想史家的兴趣尤为浓厚。二是研究地区的增多。过去多为法、瑞士、德、英、美等国的新教学者从事加尔文研究，20世纪一些天主教国家如西班牙、意大利等国的学者也加入了研究的行列。三是原始材料与专著等出版物增多。20世纪西方学者整理出版了未发表的加尔文手稿多种，其作品译为多种文字，出版了分类书目提要。并且出现了两次加尔文研究的高潮，第一次为20—30年代；第二次为50—60年代。

究其原因有三：第一，由于新教神学的不同派别对加尔文思想理解的差异，引起了较大的争论，从而刺激了历史研究的发展，甚至一些史学家的"研究兴趣倾向于从路德转向加尔文"[①],认为加尔文对 20 世纪的影响比路德更大。

第二,马克斯·韦伯(1864—1920)[②]发表专著断言:"加尔文的学说即使不是产生了,也是抚育了近代资本主义。"[③] 接着,恩斯特·特勒尔奇(1865—1923)[④]赞同并发展了这一观点,从而向宗教改革史、经济史与加尔文研究学界提出了有力的挑战,导致西方学术界长时间地讨论加尔文的学说与近代资本主义的关系。

第三,1959 年为加尔文诞生 450 周年,也是其代表作《基督教原理》最后修订本出版、日内瓦书院(现日内瓦大学)创办、第一个全国性的法国改革派教会建立的 400 周年。西方许多国家的学术界举行了多种纪念活动,从而促进了加尔文研究。

二 加尔文研究的原始材料

20 世纪加尔文研究新发展的表现之一是编写了多种书目指导、书目提要与书目分类。在这些书目中参考价值较高的有两部。一部是卡尔·朔特洛尔的《1517—1585 年宗教分裂时期德国史书目》,此书的第 1、2、5 卷提供了 1940 年以前发表的加尔文原始资料的综合书目。另一部是 A. 迪富尔为纪念加尔文诞生 450 周年

---

① 本文主要参考 [美] 约翰·麦克尼尔《加尔文研究三十年》,载《教会史》第 17 卷,第 207—240 页 [Jonh T. McNeill, "Thirty Years of Calvin Study", *Church History*, Vol. 17, No. 3 (Sep., 1948) pp.207-240] 此处引文见第 208 页。
② 德国著名的社会学家、政治经济学家与历史学家,曾任柏林大学、慕尼黑大学等校教授。他的名著有《新教伦理与资本主义精神》《宗教社会学论文集》《科学论文集》《经济通史》等。
③ [美] 约翰·麦克尼尔:《加尔文研究三十年》,载《教会史》第 17 卷,第 232 页。
④ 德国历史学家、社会学家和哲学家,柏林大学教授。其代表作为《基督教社会思想史》。

编写的书目提要《加尔文研究书目》。

最大部头的《加尔文全集》是1964年再版的拉丁文版本,由鲍姆、库尼茨、罗伊斯主编的《让·加尔文著作全编》,共59卷。20世纪新整理出版的多卷本的加尔文手稿是罗伯特·M. 金登等主编的《加尔文研究补编》,自1961年开始出版,至今各卷尚未出齐,其中包括了迄今未刊的加尔文的布道词。

加尔文的代表作《基督教原理》在20世纪以法、英、德、西班牙等多种文字出版了许多版本。其中具有特色的有以下几种:最佳版本是 J. D. 伯努瓦主编的法文版两卷集(巴黎,1957),它增加了内容与历史的注释,因此将取代《宗教改革文献》中《基督教原理》的旧本。J. 卡迪埃主编的现代法文版四卷集(瑞士,1955—1959),注释更为详尽。最好的英译本是约翰·T. 麦克尼尔与福特·刘易斯·巴特斯编译的版本,1960年出版。此外,德、英、意等国均出版了节译本。

其他原始资料还有 A. M. 施米特主编的《加尔文英文书信集(1548—1561)》(巴黎,1959),以及 J. 哈柔吐尼主编的《加尔文:评注》(基督教古典丛书,第22卷,费城,1958)。

三 关于加尔文生平的研究

20世纪西方史学界出版了多种加尔文传记,其中论述较多的问题是:加尔文对后世的影响、从天主教到基督新教的转变、与路德的关系等。

迄今为止,20世纪权威性的加尔文传是埃米尔·杜梅尔格的《让·加尔文及其时代》(洛桑,1899—1927),共7卷。该书材料翔实,不仅能使读者了解加尔文,而且会对其人其事产生兴趣。但有的史学家认为作者的调子太高,有将加尔文偶像化的倾向。该书第7卷引用较丰富的材料着重说明了加尔文对欧洲的影响。让·穆拉与保尔·卢韦合著的《加尔文》(1931)一书,着重论述了日内瓦法规的细节,他们认为加尔文的学说,通过傅立叶,对共产主义的发展具有影响。

较有特色的英文著作有三部,比较早的是罗伯特·奈杰尔·亨特的《加尔文》(1933)一书。作者以高超的鉴别力,揭示了事件的意义与加尔文的性格。此书的特点是未参与神学的争论与派别斗争,论述较为客观。最实用的传记是约翰·T. 麦克尼尔的《加尔文宗的历史与性质》(1954)。权威性的加尔文思想介绍是弗朗索瓦·温德尔的《加尔文宗教思想的起源和发展》(1963)。

此外,雅各·帕尼埃在《献给阿贝尔·勒弗朗先生的杂文》(1936)中,着重研究了加尔文早期致勒内夫人的信件,并确定了它们的日期。他的《加尔文故居》(巴黎与努瓦营,1939)叙述了努瓦营加尔文博物馆收藏的加尔文的117件遗物和早期法国北部新教的400多件文物目录,对加尔文研究具有参考价值。

四 加尔文的经济、政治思想研究

20世纪西方学术界的加尔文经济思想研究,集中讨论了加尔文的学说与近代资本主义的关系。这是由于20世纪初德国两部著作的发表而引起的。马克斯·韦伯在《新教伦理与资本主义精神》(1904—1905)一书中提出了加尔文的学说抚育了近代资本主义的论断,其理由是英国的清教运动从加尔文学说中汲取了大量元素。在该书未译成英文本前,肯特·富勒顿写了一篇英文缩写,名为《加尔文主义与资本主义》(载《哈佛神学评论》第21卷),由此广为传播。接着,恩斯特·特勒尔奇出版了他对这一命题的著作《基督教各派教会和团体的社会学说》(1912),赞同韦伯的观点并做了补充,强调加尔文鼓励勤劳,"反对懒惰",促进了资本主义的发展。他们的观点在西方学术界反响较大,赞同与反对者均有,但反对者居多。

乔治·奥布莱恩发表《试论宗教改革的经济效果》(1944),

不同意韦伯的观点,他认为宗教改革总的来说是破坏的概念,加尔文学说的主要特点是个人判断。阿米托雷·范范尼出版了《天主教、新教与资本主义》(1934)一书,分析了16世纪及以后,加尔文派与非加尔文派欧洲地区的经济状况,并做了比较,认为韦伯的观点说服力不强。

法国著名历史学家亨利·奥塞在其《资本主义的开端》(1927)及与奥古斯坦·勒诺代合著的《近代的开端》(1938)两书中,提供了加尔文及其有关经济生活的足够材料,认为加尔文关于社会与经济生活的两条基本原理是神圣的世俗化与社会相对主义,基本上不同意韦伯的看法,即加尔文对资本主义精神特性的描述是精确的。安德烈·沙尤研究了日内瓦城的资本主义问题后认为,加尔文的日内瓦法规限制了资本主义的发展,仅使之保持在原始状态。美国学者乔治亚·哈克尼斯的《加尔文其人及其伦理学》(1931)是一部系统的学术著作,详细而又客观地论述了加尔文的社会学说,批评了韦伯的某些观点。英国历史学家赫克托·穆·罗宾逊也是反对韦伯的主要人物。他于1933年发表的《经济个人主义兴起的诸方面》一书,广泛引用历史材料,在有限的篇幅中,有说服力地论述了加尔文的业绩及其反高利贷的态度,批评了韦伯的观点。[①]

20世纪30年代末,由于第二次世界大战爆发,讨论中断。在50年代开始的加尔文研究第二次高潮中,西方学术界除讨论神学、教义外,又继续讨论了经济思想问题。美国将过去不同观点的主要著作译为英文出版或再版,主要有:恩斯特·特勒尔奇的《基督新教与进步》(1958);马克斯·韦伯的《新教伦理与资本主义精神》(1958);范范尼的《天主教、新教与资本主义》(1955)。美国还出版了格林编写的《基督新教与资本主义》

---

① H. M. Robertson, *Aspects of the Rise of Economic Individualism*, Cambridge University Press, 1933.

(1959),此书辑录了《韦伯的论点及其批评者的意见摘录》,是一部较好的教学与研究的参考读物。讨论在继续,但无定论。西方史学界出版的加尔文政治思想研究方面的著作比经济方面的要少,主要有以下几种较为重要的著作。德国在汉诺威重印了《赫伯特·达林·福斯特论文集》,该书着重讨论了加尔文的教会法规、政治思想及其影响,并论述了加尔文政治思想与清教国家的关系。研究加尔文当时政治态度的专著是克劳斯·鲁道夫的《从通信中看加尔文对德国新教徒政治行动的评判》(1930),作者详细叙述了加尔文在法兰克福、沃姆斯和雷根斯堡议会的政治活动。汉斯·豪斯霍耳在题为《加尔文思想中的国家》(载《宗教改革联合会会刊》第 41 届年会会刊,第 136 号,1923 年)一文中,认为加尔文不似路德,在其政治思想中没有皇帝的地位,并认为加尔文的政治思想与马基雅维利有雷同之处。罗伯特·H. 默里在其《宗教改革的政治后果:十六世纪政治思想研究》第八章中指出,加尔文提倡代议制政府,并支持消极地反对暴政。集中讨论这一问题的著作还有莫斯的《加尔文主义是极权主义还是民主主义?》(1951)。

加尔文是西方颇为重视的一个历史人物。他的学说与实践对西方的历史、社会、政治、文化诸方面都产生了较大的影响。因此,加尔文是我们今天了解西方和世界必须认真研究的一个历史人物,热切地盼望我国学术界,特别是史学界能尽速填补这一空白。

(原载《世界史研究动态》1984 年第 2 期)

加尔文的"预定论"与资产阶级

——兼与马丁·路德"唯信称义"说比较

让·加尔文（Jean Calvin，1509—1564）是16世纪法国著名的神学家、宗教改革家和教会政治家。其以"预定论"为核心的宗教学说和政治思想，对西欧、北美多数资本主义国家的社会、历史、政治、文化诸方面均有较大的影响。

西方史学界对加尔文的研究颇为重视，"加尔文学"（Calvin Study）的著述历四百余年而不衰，20世纪又出现了两次加尔文研究的热潮。① 在讨论中，西方学者均认为加尔文是一位值得肯定的历史人物，但对其作用与影响的评价却存在着较大的分歧。争论的焦点之一是加尔文的学说与近代资本主义的关系。20世纪初，西方著名学者马克斯·韦伯出版《新教伦理与资本主义精神》一书，他根据英国清教运动与加尔文学说的关系提出："加尔文的学说，即使不是产生了，也是抚育了近代资本主义。"② 继而，恩斯特·特勒尔奇出版《基督教各派教会和团体的社会学说》一书，支持并补充了韦伯的观点，强调加尔文"鼓励勤劳"，"反对懒惰"，促进了资本主义的发展。③ 此后，西方史学家就此发表了不

---

① 参阅拙作《二十世纪西方史学界关于加尔文的研究》，见《世界史研究动态》1984年第2期。
② 转引自［美］约翰·麦克尼尔《加尔文研究三十年》，载《教会史》第17卷，第208页［*Church History*，Vol. 17, No. 3（Sep.，1948），p. 208］。
③ 该书香港版书名译为《基督教社会思想史》。

少专著与论文，赞同者与持异议者相持不下，至今尚无定论。但双方所持论据多以加尔文的经济思想与社会、政治思想为主，就其宗教思想的核心"预定论"论述与资产阶级的关系则略嫌不足。

我国史学界对加尔文学说的研究刚刚起步，已出版的专著限于篇幅尚未能对"预定论"作较深入的阐述与探讨。故本文欲着重剖析加尔文的这一学说，对其与资产阶级的关系作尝试性的探讨，并兼与路德的"唯信称义"说相比较。

综观加尔文的一生，可明显地划分三个阶段。第一阶段（1509—1523）是他在故乡、巴黎东北 93 公里之努瓦营镇度过童年并接受初等教育的时期；第二阶段（1523—1536）为其在巴黎和布鲁日等地接受高等教育，修神学、哲学、法律和探索宗教改革的时期，1536 年出版《基督教原理》一书，概述了其宗教理论和社会经济思想，提出了"预定论"学说；第三阶段（1536—1564）是他在瑞士日内瓦进行宗教改革的实践时期，此 28 年间，他丰富了神学思想，创立了民主共和的教会观[①]和长老制教会，并成功地主持了西欧第一个资产阶级神权共和国。

1536 年初版的《基督教原理》篇幅不大，仅八开本 532 页，内容尚待充实；在其后的实践中曾不断修改补充，1559 年的最后修订版的内容比初版增加了 5 倍之多，但初版已奠定了"预定论"的基础。西方基督教史学者公认作者的基本主张在初版后并无改变，其高足与继承人伯撒（Theodore Beza, 1519—1605）亦认为加尔文的"预定论"思想自始至终是明确的和一贯的。由此可见，其"预定论"学说是他 1536 年离开法国以前就形成了的，是同 16 世纪早期法国社会历史背景分不开的。它是当时法国经济和政治的产物。

[①] 1536 年初版的《基督教原理》中尚无共和制的教会观。这一思想首次出现于 1543 年的修订版本中，说明它是 1536 年后在日内瓦实践中的产物。参阅〔德〕特勒尔奇《基督教社会思想史》，戴盛虞、赵振嵩译，香港基督教文艺出版社 1976 年版，第 406 页。

加尔文的"预定论"与资产阶级

一

16世纪初期的法国是拥有1500万人口的西欧封建大国，农业居统治地位，但资本主义的生产关系已经产生，新兴资产阶级已开始从市民等级中分化出来。法国资本主义的发展与英国和尼德兰比较，相对缓慢，但已进入欧洲的先进行列。当时，在制革、麻毛丝纺织、玻璃、制陶、酿酒、采矿、印刷等行业中已出现了分散或集中的资本主义性质的手工工场，对外贸易的发展和美洲殖民地的开拓进一步扩大了商品市场。巴黎已成为全国的工商业中心，拥有30万人口，是欧洲最大的城市。资产阶级通过国债制与包税制进行资本的原始积累。1522年法国开始发行有息债券，资产阶级和商人、高利贷者通过购买国债和承包间接税敛财，并通过购买官职进入政府。因为他们还相对软弱，在政治上还不成熟，尚未成为能够推翻封建统治的政治力量，仅希望能进入政府支持王权，力争实行有利于发展资本主义工商业的政策。但随着资本主义工商业的发展，新兴的资产阶级日益不满现状。他们在经济上受到封建制度的束缚，"货物在陆路运输，沿路的封建领主征数不清的关税"[①]；在政治上位居平民，不能享有僧俗贵族的特权；特别在宗教方面，严重地受到中世纪天主教会戒律的束缚。天主教会宣扬的轻视今生、禁欲主义、视财富为罪恶等封建神学思想犹如紧箍咒束缚着资本主义的发展。这种情况在法兰西斯一世（1515—1547）统治时期尤为突出。当时法兰西统一的民族国家已初告形成，王权日益增强，国王与教皇展开了激烈的斗争，斗争结果以王权的胜利告终。1516年法兰西斯一世与教皇签订了《博洛尼亚宗教条约》，法王从教皇手中取得"任命该国约620个

[①] ［美］威尔·杜兰：《宗教改革》，《世界文明史》第19卷，台湾幼狮文化事业公司翻译部编译，台湾幼狮文化事业公司1979年版，第240页。

第三编　加尔文研究

主教、大主教、修道院院长的肥缺的授权职"①,从而实际上控制了法国天主教会的组织和财权,使之成为封建专制王权的有力支柱。因此,宗教改革时期法国资产阶级面临的中心任务与德意志资产阶级有所不同,德意志资产阶级当时受西欧的太上皇罗马教廷的经济剥削与政治控制,首要任务是驱逐教皇的势力于国土之外,解决民族矛盾。而法国此时统一的民族国家已初步形成,天主教会成为王权的有力支柱,法国资产阶级所面临的中心任务是继续批判天主教的封建神学,建立适合法国国情的资产阶级神学理论,为资本主义的合理性提供理论基础和宗教依据。这一重任历史地落在加尔文的肩上。

加尔文比路德小26岁,是"第二代的宗教改革家"②。他的青年时代深受人文主义与路德宗教改革的感染与熏陶。16世纪初,人文主义思潮从意大利和德意志南北两个方向传至法国。意大利的文艺复兴作品和伊拉斯谟的著作在法国广泛流传。20年代巴塞尔出版商傅洛本(Froben,约1460—1527)曾致函路德说:已有人文主义和宗教改革的作品"600种运至法国销售,甚至在索邦神学院(Sorbonne,今为巴黎大学重要组成部分)亦争相传阅"③。人文主义思潮在法国的传播从根本上动摇了传统的观念和思想方法。法国人文主义的基本特点是把人文主义的研究方法应用于神学研究,因而导致对希伯来文和希腊文古本《圣经》的翻译和注释。可以说法国的宗教改革与人文主义思潮的联系比德、

---

① [英]G. R. 埃尔顿编:《宗教改革(1520—1559)》,《新编剑桥世界近代史》第2卷,剑桥大学出版社1958年版,第211页(G. R. Elton, eds, "The Reformation, 1520—1559", in *The New Cambridge Modern History*, Vol. 2, New York: Cambridge University Press, 1958, p. 211)。

② [法]埃米尔·莱奥纳:《基督新教史》第1卷,梅里尔出版社1969年版,第292页(Émile G. Léonard, *A History of Protestantism*, Vol. 1, New York: Bobbs-Merrill, 1969, p. 292)。他认为第一代的宗教改革家为马丁·路德、慈温利与闵采尔。

③ [英]G. R. 埃尔顿编:《新编剑桥世界近代史》第2卷,第213—214页。

英等国更为密切。法国著名的人文主义者、宗教改革的先驱雅各·勒菲弗尔·戴塔普尔（Jacques Lefèvre D'étaples，1455—1537）于1507年开始研究原文《圣经》，1512年出版新译《保罗书信注解》一书，在《罗马书》的注释中提出了净化教会，否认善功得救，强调信仰得救的主张。他在巴黎讲学期间，门徒众多，其中有加尔文挚友、瑞士的宗教改革家法雷尔。勒菲弗尔于1521年开始将《圣经》译为法文，1523年出版了法文版《福音书》。

稍后，宗教改革的浪潮又涌入法国，特别是马丁·路德的宗教改革对法国的影响较大。"路德在法国的第一个使者是他的著作，1518年开始运至法国，大量运至巴黎。1520年一个大学生写道：'没有一本书比路德的著作销售得更快了'。"① "路德的宗教改革思想越过莱茵河，学生和商人把来自德意志的路德的著作当作每日之新闻，自巴塞尔运来的路德著作在法国到处可以买到，不满现状的人拿着新约当作革命经典。"② 在德意志和瑞士的宗教改革影响下，法国于16世纪20年代出现了第一批新教徒和秘密的新教团体。他们主要活动于知识界、市民和工人群众之中。

加尔文的青年时代正是在这样的历史环境中度过的。他于1523年赴巴黎，先后在巴黎大学、马奇学院和蒙太古学院学习。在此期间，他与人文主义的领袖、路德的拥护者尼克拉·柯普（Nicholas Cop）交往甚密，并深受其表兄、新教徒皮埃尔·罗伯特（Pierre Robert）的影响。1528年加尔文获文学硕士学位后，本欲深入研究神学，探索宗教改革，但恰在此时其父与当地天主教会因财产纠葛关系破裂，遂命其子改学法律。加尔文本人感到"父亲也许认为学法律足以致富"③，他自己也认为"这是一条通

---

① ［英］普里泽夫德·史密斯：《宗教改革时代》，第190页。
② ［美］威尔·杜兰：《宗教改革》，《世界文明史》第19卷，第254页。
③ ［美］威尔·杜兰：《宗教改革》，《世界文明史》第19卷，第188页。

第三编　加尔文研究

向财富和荣誉更有把握的道路"①。同年，他考入伊拉斯谟和罗伊希林②曾执教的奥尔良法学院修法律，在此"深受人文主义的影响和该校师生中流行的探索精神所熏陶"③。他精心研究罗马法，取其精确性和严密性，尽力应用于其神学与伦理学的研究。1529年又赴布鲁日学院，受教于人文主义者阿尔西亚提（Andrea Alciata, 1493—1550）和路德派的梧勒马尔（Melchior Wolmar, 1496—1561），获益匪浅。1531年其父去世后，为了集中精力以人文主义的方法研究《圣经》原文，探索适应法国社会的宗教改革，他回到巴黎入法兰西人文主义学院，专攻希腊文和希伯来文。此学院是以传播人文主义为使命而新建的大学，集中了当代法国著名的古典文学家、东方语文学家和哲学家，在学术观点上与经院哲学的中心巴黎大学的神学家们针锋相对。在此期间，他完成了从经院哲学家到人文主义者的转变，"开始献身于人文主义事业"④，于1532年发表其处女作《塞涅卡〈论仁慈〉评注》，书中把专制的定义解释为"违反人民的意志"。史学家们认为"这是他彻底的人文主义的证据"⑤，并认为"这篇论文是伊拉斯谟式的人文主义的典型作品"⑥。1531年，他开始参与新教徒的活动，"1533年完成了从天主教徒到新教徒的转变"⑦。"加尔文之改信主要是受了路德的影响……他一生中虽亦受了别的影响……但他自己却把真正重要的影响归之于路德。"⑧ 同年，加尔文曾为其表兄皮埃尔·罗伯特的法文《圣经》译本校订并写序言，十一月又为

---

① ［法］埃米尔·莱奥纳：《基督新教史》第1卷，第293页。
② 约翰·罗伊希林（Johann Reuchlin, 1455—1522），德意志人文主义者，长于希腊文与希伯来文。
③ ［美］哈罗德·格里姆：《宗教改革时代（1500—1650）》，麦克米伦出版公司1973年版，第206页。
④ ［美］史密斯：《宗教改革时代》，第162页。
⑤ ［英］G. R. 埃尔顿编：《新编剑桥世界近代史》第2卷，第114页。
⑥ ［法］埃米尔·莱奥纳：《基督新教史》第1卷，第257页。
⑦ ［美］哈罗德·格里姆：《宗教改革时代（1500—1650）》，第257页。
⑧ ［德］特勒尔奇：《基督教社会思想史》，第357页。

其友人、巴黎大学哲学教授和名誉校长柯普代拟就职演说,因演说词中"采用了伊拉斯谟和路德的语句,鼓吹教会革命"[①]和"唯信称义"说,被天主教会视为异端,柯普被悬赏通缉,加尔文则被列入黑名单,于 1534 年被迫逃亡至安古拉姆(Angouleme),后来定居巴塞尔。在流亡期间,他获得一段集中的时间,探索适应法国的宗教改革的学说,并使其改革思想系统化、理论化。他精心研究《圣经》,"读遍教父、奥古斯丁、经院哲学家以及路德和马丁·布塞尔的著作"[②],潜心著述,于 1536 年发表代表作《基督教原理》,系统地提出了其预定论学说,年仅 26 岁。

二

预定论(Predestination,又译作前定论)是加尔文的救赎理论,即尘世间的人如何才能得到拯救的学说。这是他继承保罗、奥古斯丁的救赎理论和马丁·路德"唯信称义"说的思想,结合法国资产阶级的需要提出的新的救赎观。其内容包括三个部分,即"天命说""拣选说"和"呼召说"。

加尔文的"天命说"是把上帝的意志视为绝对、永恒的天命,强调上帝是宇宙的最高主宰,其意志体现于全部空间与时间之中。他提出:"万事均出上帝的密旨所统括……无一不在上帝的掌握之中",并举例说,"没有上帝的命令,任何风都不会刮起来","除了上帝确切的指令外,一滴雨也不会降落",在人类历史上"每一年,每一月,每一日都在上帝的新的特殊的旨意管理

[①] [美]威利斯顿·华尔克:《基督教会史》,西蒙舒斯特公司 1970 年版,第 610 页(Williston Walker, *A History of the Christian Church*, New York: Simon & SchusterInc, 1970, p. 610)。

[②] [美]哈罗德·格里姆:《宗教改革时代(1500—1650)》,第 259 页。马丁·布塞尔(Martin Bucer, 1491—1551)出生于法国,莱茵河神秘主义者,斯特拉斯堡的宗教改革家,被誉为"加尔文主义之父"。

下"。加尔文在此强调"上帝的新的特殊的旨意"的目的在于说明当时法国社会的新变化,即封建贵族的没落与资产阶级的兴起系上帝的合理安排,是天命。他说:"世上的秩序、理性、目的和必然性多隐于上帝的旨意之中。"加尔文所以突出天命,说明16世纪法国资产阶级不成熟,需借助神力肯定人类社会的变化和发展,为资本主义的兴起寻求神学上的肯定和批准。他为了说明上帝的绝对权威,还提出了与封建教会神学表面上似乎相似,而实际上有所不同的上帝观,他说:上帝并非"高踞天上,清闲自在地观察人世间所发生的事件,而是亲自掌握宇宙的枢纽,不仅用眼观察,还亲自动手,统治一切"。上帝非"好逸恶劳","空虚懒惰,昏昏欲睡,而是机智、有效、运用自如,和从事行动"。[1]形象地勾画出了原始积累时期资产阶级的面貌。

"拣选说"是加尔文根据《旧约全书》中犹太民族是上帝选民的说教,并吸收保罗与奥古斯丁的"选民说",将其纳入他的预定论之中,用以解释人世间人们的差别的神学理论。他提出:为什么有些人一生默默无闻,而有的人却飞黄腾达,有的人身居高位,而有的人却抑居卑下?他解释说:根本的原因是上帝的拣选。被上帝拣选者,称为"选民"。对于选民,上帝时时决定赐予恩典,给以支持和保护;而未被拣选者则是弃民,将受到永罚。选民居少数,多数被上帝抛弃,成为弃人。某人一旦"被上帝拣选,其子孙亦必被拣选"[2]。加尔文认为选民资格的获得并非由于个人的意志,也不在于个人的虔诚、善行和功罪,而是上帝的绝对意志。……参照《圣经》经义,我们可以这样说,上帝经过深沉之考虑,才决定谁该获救,谁该毁灭。而且是早在我们出生以前就决定了的,对于上帝的选择和考虑,我

---

① [法]加尔文:《基督教原理》第1卷,第16章,第2节;载《基督教法典系列》第20卷,第199—207页。
② [美]威尔·杜兰:《宗教改革》,《世界文明史》第19卷,第197页。

加尔文的"预定论"与资产阶级

们相信除基于他的恩惠外,完全是无理由的,那获救的,其获救完全与善行无关。"他并且给预定论的"拣选说"下了一个定义:"我们所谓预定,是指上帝以其永恒旨意,也就是上帝自己决定了世界上每个人的成就。因为人类被创造的命运不同,永恒的生命是为某些人预定了的,对于另一些人,则是永罚。"[①]加尔文的"拣选说"把人之得救与否完全归之于上帝的绝对意志,与个人的善行无关,因为早在"上帝创世以前,他已藉着基督挑选了我们"[②]。其积极意义在于他以上帝的绝对权威否认了教皇的权威和天主教会的救赎理论——圣礼得救论与善功赎罪论。[③]路德曾以"唯信称义",即人们仅依信仰便可得救,否认了教皇的救赎理论。[④] 加尔文则从预定论的"拣选说"出发,认为人们得救与否上帝早已预定拣选,非人力所能左右,包括教皇在内的神职人员亦无济于事,从而彻底否定了教皇的特权及其救赎论。与此同时,我们也必须注意到他把阶级社会人世之沧桑,命运之各异归之于上帝的意志和命中注定,必然掩盖了阶级的剥削与压迫,其实质仍然是剥削阶级的宿命论。

加尔文强调天命和拣选,是否意味着仅仅要求人们消极地服从上帝的安排呢?绝非如此。他的预定论至此仅表达了一半,还有更重要的一半,也是我们过去所忽视的新的内容。他明确提出:

---

① [法]加尔文:《基督教原理》第3卷,第21章,第7节;载《基督教经典系列》第20卷,第930、926页。
② 《新约·以弗所书》1:4。
③ 天主教会主张罗马教皇是基督在世的代表,掌握神权。信徒只有参与他授予神权的神职人员所主持的"圣事"才能与上帝取得联系,获得神恩,得救赎罪。圣礼共七项,包括圣洗、坚振、圣体、告解、婚配、神品、终傅。其具体说明请参见拙作《基督新教与天主教的关系及其区别》,载《历史教学》1982年第7期。
④ 关于路德"唯信称义"论的具体内容与意义,请阅拙作《马丁·路德早期政治思想初探》,载《世界宗教研究》1983年第2期,以及《关于马丁·路德评价的几个问题》,载《世界历史》1983年第6期。

"拣选仅表明了一半"①，更重要的一半则是其"呼召说"（Calling）。②

根据加尔文的"拣选说"，在人们未出生前上帝就已预定了谁是选民，谁是弃民，而且选民少，弃民多。在此情况下，人们必然会考虑到自己的命运，均愿能探知上帝对自己的神秘决定，且每个人均欲成为选民。对于基督教占据着精神领域绝对统治地位的16世纪欧洲的人们来说，这种愿望是自然的，也是可以理解的。但是加尔文宣布，上帝的神圣决定秘而不宣，人们更无从探知其对自己的决定，他说：关于预定论的拣选说"是极其复杂的，由于人们的好奇心就更使其令人困惑难解"③。但加尔文在此给人们留下一线生机，宣称人虽不能探知上帝的明确决定，但上帝在对人们的呼召中有所透露，使人们能看到一些迹象，找到一些证据，从而感觉和体会到自己是上帝的选民。他说：

"我们在追求拣选的证据时，最好将注意力集中在那些可作为拣选的明证表记上面。""探讨的方法最好是始终以上帝的呼召为依归"，"上帝的特别拣选本来是隐藏着的，却由呼召而表明出来，因而呼召可称之为拣选的证据"，一蒙呼召"便可使拣选的效果显得十分确切，毫不含糊"，"立刻享有选民的福气"。④ 由此可知，呼召是被拣选的外在标志和选民身份的体现，根据加尔文的著作，蒙呼召的征兆具体有以下三个方面。

其一，具有对基督的真诚信仰并参加教会。加尔文继承了路

---

① ［法］加尔文：《基督教原理》第3卷，第21章，第7节；载《基督教经典系列》第20卷，第930页。
② 加尔文认为上帝对人们有两种呼召，一种称为"普遍呼召"，系指对全人类（包括选民和弃民）发出的一般号召；另一种是"特别呼召"，系指对选民的呼召。本文提到的"呼召说"是转指"特殊呼召"。
③ ［法］加尔文：《基督教原理》第3卷，第21章，第1节；载《基督教经典系列》第20卷，第921页。
④ ［法］加尔文：《基督教原理》第3卷，第24章，第4节、第1节；第21章，第7节；载《基督教经典系列》第20卷，第968、969、964、930页。

德的"唯信称义"说,提出真诚的信仰是蒙获呼召的标志。他说:称义就是蒙获呼召而"被拣选的印证",因为真诚的信仰可以"使我们与基督契合","我们就得到一个明显的证据,证明我们的名字在生命册上"。人之所以产生真诚的信仰是因为"上帝亲自有效地教导他所拣选的人,引导他们进入信","呼召所包含的不只是道的宣讲,也是圣灵的启迪"。① 他对是否必须参加教会的看法,与路德的观点不同。路德早年主张信仰自由,唯信称义,不一定参加某一派教会;而加尔文认为新教教会是选民的集团,进入教会是蒙获呼召的标记。他说:"为了树立我们的信念,另一个证实拣选之道,我们曾经提到过是和我们呼召相关联的,那就是认识基督的名,为基督所光照,进入教会的怀抱","藉着呼召,上帝容纳他们进入于他的家庭,叫他们和自己连结起来,成为一体"。② 按此理论,进入教会者皆为选民,只有选民才能入教,对于无圣德而已进入教会者还要逐出教会。这就使加尔文的信徒树立了信心,坚信自己是蒙呼召的选民,在事业上得到上帝的支持与保护,启示与帮助。

其二,能够勇于斗争,百折不挠,去争得事业的成功。加尔文反对天主教会轻视今生今世,把一切希望寄托于死后和来世的观念,也不赞成路德把现实世界视为"涕泪之谷"的看法,他认为现实生活非常重要,因为人们正是在现实生活中蒙呼召,获神恩,故应该重视今生和世俗生活的价值。他把今生事业的成功与死后永生紧密地联系在一起,认为:"凡欲求来世在天国得到光荣的,在今世必须斗争,而斗争之胜利必须经历无数困难及克敌制胜始能获得。"经斗争获得事业上成功者,不仅死后升天堂,而且在现世又可理所当然地获得财富,过优裕的生活,因为"一个人

---

① [法]加尔文:《基督教原理》第3卷,第21章,第7节、第1节;第24章,第5节;载《基督教经典系列》第20卷,第930、970页。
② [法]加尔文:《基督教原理》第3卷,第24章,第6节、第1节;载《基督教经典系列》第20卷,第972、965页。

所享有的财富非出于偶然，而是上帝的分配"，所以是合理的。而对于未积极斗争、缺乏勇气或在竞争中失败者，不仅死后被定罪，而且要体现于现实的苦难生活中。上帝对"被抛弃的人所应受的痛苦与刑罚，都藉着世俗的事物表达出来"，这是因为，按照他的神学逻辑，人们获得成功与否，最终决定于上帝意志和是否得到呼召，因为，"上帝对他们所拣选的人时时随意赐予恩惠"，选民"在一切事务上均有上帝的指引"①，使之充满基督的灵，成为基督的战士，获得活动的方法、力量与能力，并且得到"可能的机会，意志的动力和行动的后果"②。在肯定上帝的呼召是个人成功与否的决定因素之后，加尔文认为那也与个人的努力有关。他说："有了神的援助，人的愿望和努力对于救恩的获得也是有利的。"因此，他鼓励人们说："我们个人依自己微薄的力量奋斗，都会有所前进……不要因成功之渺小而失望……只要我们忠实于自己的方向，奋力上进，不骄傲，不走邪道，永远努力向前，终必成为至善之人。这是我们一生的目的。"③ 依此说教，今生事业之成功，财富之获得，既是上帝之呼召，又是获得上帝拣选之明证，既可在现世过优裕的生活，又获天国之入门券。因此，依此思想武装起来的加尔文信徒无一自暴自弃而甘当弃民，均坚信自己是上帝的选民，在事业上得到上帝的帮助与肯定，在激烈竞争的社会海洋里奋起拼搏，百折不回，全力以赴，在挫折中增强信心，在失败中鼓起勇气，力求最终获得成功，以最后证明自己是上帝的选民。

其三，具有高尚的道德品格。加尔文提出选民的道德标准是

---

① ［法］加尔文：《基督教原理》，第714、408、1007、724页。
② 这是加尔文引用奥古斯丁的话。见［法］加尔文《基督教原理》，载《基督教经典系列》第20卷，第688页。
③ ［法］加尔文：《基督教原理》，载《基督教经典系列》第20卷，第944、688页。

"节约、俭朴、谦逊",不应"骄傲、粉饰与虚荣"。①"行为不端的人,不能作选民"②,因为具有高尚的品德是上帝呼召之结果。上帝对选民的恩典不仅足以阻止一个基督徒有不良行为,而且有助于养成高尚之品德。在诸种道德标准中,加尔文特别强调"节制"与"忍耐"两项。

他认为真正的基督徒对情欲应加以节制,使之适当。既反对不加限制的放纵主义,又反对中世纪天主教会将人的欲望视为罪恶的禁欲主义和苦行。他认为不应把财富视为罪恶,主张人们顺从上帝的呼召,在各自的职业中追求与获取财富,此为上帝所允许并加以支持的。因为"象牙与黄金以及各种豪富,均神恩所赐福,不但许可,而且显然是为人所用的"③。并承认"贷款可以取息,不要超过5%（后改为10%）"。但对财富的使用,应加以节制,不应有"过分的贪欲和无度的浪费……奢侈和享乐"④。这里需顺便说明的是,有的西方史学家认为加尔文的"节制"与天主教的禁欲主义有相同的一面,而称之为"现世的禁欲主义"(asceticism within the world)。法国史学家瑟诺博斯认为"加尔文的道德观和禁欲的修道士的道德观是一样的"⑤。德国史学家韦伯和特勒尔奇也认为加尔文虽不赞同天主教主张的为死后永生而禁欲,但他"仍然主张一种禁欲（苦行）主义,只不过是现世中的禁欲（苦行）罢了"⑥。实际上,加尔文主张的节制并不同于天主教的禁欲。他说：在生活上不仅满足最低的生活需要,而要生活得好、愉快。"比如在衣着方面,不仅是为了需要,也是为了维持礼节和仪表。"他还说："有人主张物质生活享受不应超过生活之

---

① [法]加尔文：《基督教原理》,载《基督教经典系列》第20卷,第728页。
② [法]瑟诺博斯：《法国史》,沈炼之译,商务印书馆1964年版,第170页。
③ [法]加尔文：《基督教原理》,载《基督教经典系列》第20卷,第840页。
④ [美]维兰·杜兰：《宗教改革》,《世界文明史》第19卷,第210页。
⑤ [法]瑟诺博斯：《法国史》,第170页。
⑥ [德]特勒尔奇：《基督教社会思想史》,第283页。

必需",这"过于苛刻"。如果这样"则除了面包和凉水之外,其他食物都将是非法了"。不应"剥夺我们的享受"①。但他反对"过分享受佳肴美酒,以致脑满肠肥",并且反对生活放荡、奇装异服、化装舞会、赌博嫖妓等不良习俗。因此我认为加尔文的节制思想不宜视为"禁欲主义"。

加尔文提倡的另一重要道德标准是忍耐。这是他对广大劳动人民和竞争失败者提出的主要道德规范。他说:"人们的贫富荣辱均上帝一手安排。""假如他人之事业硕果累累,而自己进步甚微,甚至退步,他当比一般俗人更能安贫乐道,在贫困中寻求安慰。"要求他们应具有"坚忍之心",并要"时时想到天堂是我的故乡,那么尘世便不是我的乐土了"②。这一说教的目的是很明显的,正如美国史学家威尔·杜兰所说:"加尔文认为虔诚的信徒,上帝的选民,应忍受世间的一切痛苦……对世界上所有贫困无靠的人,加尔文所描绘的天国的确充满了诱惑。"③

加尔文的"呼召说"有两个突出特点:第一,他把选民的外在标志即坚定的信心、事业的成功和高尚的道德,说成是蒙呼召之果,而非呼召之因,从而把是否蒙呼召归之于天命,以此为原始积累时期少数资产阶级发财致富蒙上一层神圣的外衣,说成是顺乎天理,合乎人情,为资产阶级的兴起提供了宗教理论。第二,加尔文的拣选说是神秘的与无形的,但他通过呼召说提出了蒙拣选的具体标志,使无形变为有形,使人看得见,抓得着,从而激励人们为求得证实是否蒙上帝的呼召而终生不渝地努力,为现世的事业而奋斗。这样一来,增加了呼召说的预定论就同封建神学宣扬的命定论有了本质区别:前者激励人们终生奋斗,以最终证

---

① [法]加尔文:《基督教原理》,载《基督教经典系列》第 20 卷,第 724、690、716 页。
② [法]加尔文:《基督教原理》,载《基督教经典系列》第 20 卷,第 724、690、716 页。
③ [美]威尔·杜兰:《宗教改革》,《世界文明史》第 19 卷,第 198 页。

实自己是否为上帝的选民；后者则要求人们完全消极地服从上帝对自己命运的安排。前者鼓舞人们为今生今世的个人功业成就而不懈奋斗；后者则要求人们逆来顺受，为死后进入天堂而苦修苦行。虽然二者都同样穿着一件基督的神圣外衣，但资产阶级和封建主阶级不同的人生信念和社会追求在神学语言的表达上的区别，却是如此的鲜明。

三

加尔文是继路德之后西欧宗教改革运动的最重要的宗教改革家。他的历史任务不是从无到有地创立新教，而是把已有的改革理论加以改造、创新，使之适应16世纪资本主义较发达地区的需要。其"预定论"的三项内容是一个整体。"天命说"和"拣选说"是其神学推导的前提，而"呼召说"则是其实质内容。"预定论"把信仰与现实生活紧密联系在一起，为资本主义的发展和原始积累提供了理论依据。较之路德的"唯信称义"说，它有以下新的特点：

第一，加尔文的"预定论"是16世纪初法国社会的产物。当时法国的资本主义经济已进入欧洲的先进行列，手工工场门类较齐全，分布较平衡，商业活跃，出现了全国性的经济中心。资产阶级已开始登上政治舞台，在其成长和资本的原始积累过程中，他们日益不满封建势力的种种束缚，特别是天主教会被法王控制，成为封建王权的思想支柱后，资产阶级与以封建神学为理论基础的世俗封建势力的矛盾日益显露。他们为了自身发展的需要，必须进一步打破封建神学的禁锢，扫清前进道路上的思想障碍，创立资产阶级的世界观，为资本主义的合理性作辩护。

但是，以"唯信称义"为基础的路德的宗教政治思想已不能满足16世纪30年代法国和资本主义较发达地区较激进的资产阶级的需要。因为它是16世纪初年德意志的产物，与"预定论"产生的历史背景和任务有所不同。16世纪20年代的德意志,由于资本主义经济发展的不平衡性和分散性,国内尚无统一的市场和经济中心,政治上四分五裂,诸侯强大,王权衰落,市民阶级软弱。特别是罗马教皇借机加强了对德意志的政治控制、经济剥削和思想统治,致使各爱国阶层与罗马教廷的矛盾,一度成为德意志社会的主要矛盾。路德的"唯信称义"说的主要任务是从理论上解除教皇的武装,摧毁支撑其至高无上地位的三大神学支柱,[①] 并依靠世俗封建诸侯的武装,驱逐罗马教廷的政治经济势力于国土之外,获取真正的民族独立,促进资本主义的发展。路德的宗教学说在德意志取得了成果,但由于它对世俗诸侯的依赖性,至30年代路德宗已蜕化为诸侯加强封建统治的工具。而法国资产阶级当时的主要任务则是批判世俗的封建制度及为它服务的天主教理论,从而为资产阶级的成长开辟道路,故"唯信称义"说不可能满足把矛头指向世俗封建势力的法国资产阶级的需要,必须在路德的基础上提出更为激进的资产阶级世界观。正是在此形势下,加尔文的预定论应运而生。

"预定论"是法国和西欧其他较先进地区的资产阶级反封建的思想武器,它所以以神学的形式出现于世,是由于16世纪初法国资产阶级尚未成熟为启蒙运动时代的资产阶级思想家,不能公开而直接地提出自己的哲学思想和政治理论,尚需借助神力的权威来肯定现实世界的发展和变化,所以他必须强调天命论,突出上帝的绝对意志。既然人的得救与否完全是上帝的拣选预定,而非包括教皇在内的人力所能左右,这就从新的角度解除了人们对天主教会的依赖,否定了教皇及其神职人员的特权,同时又借助上帝的意志肯定了封建制度的没落和资本主义兴起的合理性与合

---

① 罗马教皇的三大神学支柱是:教皇最高权威论,圣礼得救与善功救赎论,教士特权论。详见拙作《马丁·路德早期政治思想初探》第2部分,载《世界宗教研究》1983年第2期。

加尔文的"预定论"与资产阶级

法性,从而把社会发展的客观必然性蒙上了一层神圣的外衣,为反对封建制度提供了理论依据。因此,恩格斯说:"他以真正法国式的尖锐性突出了宗教改革的资产阶级性质。"①

第二,"预定论"把神学应用和服务于现实世界,重点在于改造社会,这是它不同于路德的"唯信称义"说的一个根本特点。"唯信称义"说的重点是突出信仰,强调人与神的精神合一,中心是解决人们如何从罪的折磨和罗马教廷的束缚中解脱出来。路德"对如何将启示实际应用于世俗世界几乎毫无兴趣"②,正如马克思所说:"路德战胜了信神的奴役制,只是因为他用信仰的奴役制代替了它。他破除了对权威的信仰,却恢复了信仰的权威……他把人从外在宗教解放出来,但又把宗教变成了人的内心世界。他把肉体从锁链中解放出来,但又给人的心灵套上了锁链。"③而预定论的重点则是解决现实中的社会关系问题,要"创造一个新人和新世界",它鼓励人们应积极进取,建设新生活,追求被拣选的确实感,完成自己神圣的历史使命。加尔文曾说:"上帝的话不是教导我们去说,使我们雄辩和难以捉摸,而是改革我们的生活。"④他还认为:"靠遗产收入为生的懒惰习惯,似乎完全是罪恶的,从事于一种没有确定的目的,又不能获得物质利润的职业,似乎是对时间和精力的愚蠢浪费,不充分利用获取物质利益的机会似乎是不关心上帝的事,懒惰是最可怕的罪行。"⑤它鼓励信徒鄙视清闲与浪费,强调应珍惜时间,节约钱财,充分利用与掌握时机发财致富。其"预定论"的"呼召说"把现世的奋斗和事业的成功与得救联系起来,把宗教与现实生活结合在一起,

---

① [德]恩格斯:《路德维希·费尔巴哈和德国古典哲学的终结》,《马克思恩格斯选集》第4卷,人民出版社1965年版,第252页。
② [法]埃米尔·莱奥纳:《基督新教史》第1卷,第292页。
③ [德]马克思:《〈黑格尔法哲学批判〉导言》,《马克思恩格斯选集》第1卷,第9页。
④ [法]埃米尔·莱奥纳:《基督新教史》第1卷,第294页。
⑤ [德]特勒尔奇:《基督教社会思想史》,第289页。

强调现世生活的积极意义,"使人产生一种严肃的功利主义,精力充沛的、有条理的、有目的的人文主义。这种精神是在地上努力,是为了得到天上的报偿"①。从而为资产阶级的发财致富、资本主义的发展和日后的夺权与掌握政权镀上了一层圣光。因此恩格斯说:"加尔文教是当时资产阶级利益的真正的宗教外衣。"②

加尔文的"预定论"与路德的"唯信称义"说不同的另一个特点是,它鼓励与依靠"选民"们自己去奋斗以实现其政治、经济主张;而路德的"唯信称义"说的宗教思想则是依靠封建诸侯的力量实现各项改革。因此,"预定论"思想的传播,给资产阶级以力量,促进了资本主义的发展,加速了封建制的崩溃,在西欧历史上起到了一定的积极作用。"它与十六世纪后半叶生气勃勃的经济、政治和社会的资本主义因素相结合,与旧秩序展开了斗争,的确对资本主义产生了强有力的影响,成为一支强大的国际力量。"③ 总之,它是资本主义的产物,又是资产阶级的思想武器。

第三,加尔文的"预定论"不仅反映了一般资产阶级的要求,而且更集中地代表了资产阶级中最富雄心、锐意进取、在经济和政治方面获得成就的一批资产阶级的愿望。在经济领域,资产阶级不可能驾驭客观的经济必然性。在激烈的竞争中,只有少数善于观察、勇于创新、随机应变、能适应形势者,才能得到成功。而且就资产者个人而论,成功与否最终多取决于竞争场上的许多偶然因素。但"预定论"给他们以信心和勇气,使之坚定相信自己是上帝的选民,在诸方面得到上帝的帮助和保护,因此,他们能够在失败中吸取教训,在挫折中鼓起勇气,坚持不懈,奋勇进击,直至获得最后的成功。预定论有力地促进了竞争,推动

---

① [德] 特勒尔奇:《基督教社会思想史》,第 386 页。
② [德] 恩格斯:《路德维希·费尔巴哈和德国古典哲学的终结》,《马克思恩格斯选集》第 4 卷,第 252 页。
③ [美] 哈罗德·格里姆:《宗教改革时代 (1500—1650)》,第 256 页。

了资本主义的发展。

在政治领域,以"预定论"为核心,以民主共和为旗帜的宗教政治思想与西欧资产阶级革命运动相结合,对西方历史的直接影响长达 200 年之久,成为资产阶级中最激进的先进部分的锐利武器。20 世纪英国著名经济史家托尼曾评论说:"自宗教改革以来的两个世纪,基督新教中最有特色和最具有影响的派别是以加尔文教义为基础的诸流派。加尔文宗与路德宗不同,它在不同的国家以不同的形式出现,成为一种国际运动,它带来的不是和平,而是刀剑,在加尔文主义的道路上传播了革命。"①

1536 年后是加尔文在瑞士日内瓦城推行其宗教改革的时期。在此期间,他在"预定论"的基础上丰富了他的上帝观、圣礼观和伦理观,特别是创立了以民主共和为特征的长老制教会,有力地维护与巩固了日内瓦的资产阶级政权,成功地主持了西欧第一个资产阶级神圣共和国。并以此为基地,多方派员宣传其教义,使加尔文宗迅速传播于瑞士、尼德兰、法国、苏格兰、英格兰等资本主义较发达的地区。16 世纪后半期和 17 世纪,"预定论"成为资产阶级与封建势力抗争的精神支柱,特别是在尼德兰和英国资产阶级革命中发挥了重大作用。

这两次资产阶级革命虽各有特点,但共同的特征之一是都披着宗教外衣,以宗教改革和清教革命的形式出现于世,都是以"预定论"为思想基础,以民主共和制为旗帜的资产阶级革命运动。加尔文教会在动员与组织群众方面均起到了早期资产阶级政党的革命作用,其信徒成为革命中的领导和骨干力量。

16 世纪 50 年代,"加尔文教的团体在尼德兰像雨后春笋般到处出现,它们处在秘密状态中……起领导作用的照例是富裕的城

---

① [英] 理查德·H. 托尼:《宗教与资本主义的兴起》,彼得·史密斯出版社 1963 年版,第 91 页(R. H. Tawney, *Religion and the Rise of Capitalism*, Gloucester: Peter Smith Publisher, 1963, p. 91)。

市资产阶级"。到60年代，尼德兰城乡普遍建立了基层教会和长老会（宗教法庭），公开和秘密地进行布道活动，宣传反抗西班牙和天主教会的统治是上帝选民的神圣使命，教徒大增，仅安特卫普一地信徒即达"13000—14000人"[①]。70年代后，各地先后以暴力推翻了西班牙的统治，在北方以长老制教会为榜样，建立了联邦共和国。

英国资产阶级革命"在加尔文教中给自己找到了现成的理论"[②]。加尔文的"预定论"与共和主义思想为清教徒所继承，尽管代表大资产阶级的长老派和代表中、小资产阶级的独立派在某些政见上有所差异，但在反对英国国教与专制制度方面，他们的利益是一致的，资产阶级以清教革命的形式于1646年废除了日暮途穷的封建所有制。在"预定论"思想的鼓励下，克伦威尔的铁骑军唱着圣诗，坚信自己是上帝的选民和革命的正义性，向封建王朝开火，于1649年将英王处死，宣告资产阶级共和国的建立，在世界范围内开辟了一个新的时代——资本主义时代。

由于加尔文的"预定论"与共和主义思想为最激进的资产阶级提供了理论、纲领与旗帜，从而取得了早期资产阶级革命的胜利，加速了资本主义的发展，所以恩格斯对"预定论"评论说："加尔文的信条适合当时资产阶级中最勇敢的人的要求。"[③] 而路德的"唯信称义"说则几乎完全不具有这方面的内容。

托尼曾评价说：用加尔文思想武装起来的资产阶级，"虽然他们的胜利尚待赢取，但他们到处都是革命的先锋。如果说，加尔文在较狭窄的范围内，但以同样有力的武器为16世纪的资产阶级

---

① ［苏］阿·齐斯托兹诺夫：《十六世纪尼德兰资产阶级革命》，刘立勋译，生活·读书·新知三联书店1962年版，第45、67页。
② ［德］恩格斯：《〈社会主义从空想到科学的发展〉英文版导言》，《马克思恩格斯选集》第3卷，人民出版社1965年版，第391页。
③ ［德］恩格斯：《〈社会主义从空想到科学的发展〉英文版导言》，《马克思恩格斯选集》第3卷，第391页。

作出了贡献,正如马克思为19世纪的无产阶级所作的贡献一样。或者说,"预定论"学说满足了对关于上帝与选民同在的保证的渴望,正如历史唯物主义在不同的时代满足了相同的渴望一样,这绝非奇谈怪论"[①]。这一比喻并不很确切,因为他把加尔文的学说对资产阶级的贡献笼统地对应于历史唯物主义对工人阶级的贡献。实际上,加尔文学说对资产阶级的突出意义主要限于16、17、18世纪以后的资产阶级纵然还继续运用预定论为自己服务,但更为激进更为成熟的资产阶级已创立了直接而公开地表达自己阶级意志的更为系统的意识形态体系。而历史唯物主义从其正式诞生之日起,就是成熟而完整的无产阶级的意识形态体系,不仅对于19世纪的无产阶级,而且对于当代的无产阶级,都是最基本的指导思想。尽管它也在各国无产阶级的革命实践中不断发展,但绝不是主要适应于早期资产阶级需要的加尔文学说,可以比拟的。

不过,上述论断尚有可取之处。

首先,他肯定了加尔文的"预定论"是满足了资产阶级的需要,这就肯定了不是加尔文主义"产生"了资本主义,而是资本主义和资产阶级发展的客观需要产生了加尔文主义;而加尔文主义又反过来满足了资产阶级的需要,从而促进了资本主义的发展。这就否定了把资本主义产生、发展的原因归之于精神因素的唯心史观。

其次,正是从上述比喻中,我们可以从意识形态上十分鲜明地看到无产阶级与资产阶级的本质区别。资产阶级,尤其是从事原始积累并为建立自己的统治而做准备的资产阶级,由于自身是居于剥削地位的少数,就必须借助上帝的权威来为自己的存在和发展的权利辩护,还要借助上帝的权威来吓唬和否定封建统治阶级,更须借助上帝的权威来控制和统治无产阶级和劳动人民。

加尔文的"预定论"尽管在西方历史上起过某些进步作用,

[①] [英]理查德·H.托尼:《宗教与资本主义的兴起》,第99页。

但是我们必须看到它的阶级性,它把原始积累时期的社会分化和阶级压迫均归之于天命,并要求劳动人民安于贫困和忍耐,寄希望于来世,都暴露了它为资产阶级服务的宗教本质。加尔文曾直言不讳地说:"阶级的划分是自然的"①,"穷人和富人虽在世上共处,然而各人的境遇均神所指定"②,以此掩盖了阶级剥削和压迫。这一点西方学者述说得颇为明晰:"支配加尔文整个社会理想的观念乃是人类的不平等是神意所规定。而唯一可言的平等,是人类一律不可能靠自己的力量做任何善事,和必须无条件地一律服从上帝的意志。"③加尔文的预定论表明了人与人之间不仅在经济和政治方面的不平等,而且在宗教上也区分为选民和弃民,同样也不能平等。这恰恰反映了原始积累时期资产阶级的阶级性。

总之,资产阶级必须以某种方式或形式求助于上帝。甚至启蒙时代的资产阶级无神论者也公开声言:即使并没有上帝,也需要创造一个上帝,来促使人民大众服从资本主义的"新秩序"。甚至在今天早已实现政教分离的资本主义国家,例如美国,也还要在其各种数额的硬币和纸币上印上"我们信仰上帝"(In God we trust)的口号,并以之作为自己的立国信条。而无产阶级则完全依靠历史唯物主义所揭示的社会历史发展的客观规律和直接体现这一客观规律发展要求的本阶级群众和全体进步人类的实践活动,而无须求助于任何超人间的神秘力量。上帝毕竟是不存在的。正如维护封建统治的上帝已经被送进宗教博物馆一样,资产阶级的上帝也迟早必然要随同资产阶级的历史命运一起结束其历史命运。

(原载《历史研究》1985年第1期)

---

① [美]威尔·杜兰:《宗教改革》,《世界文明史》第19卷,第210页。
② [法]加尔文:《基督教原理》,载《基督教经典系列》第20卷,第124页。
③ [德]特勒尔奇:《基督教社会思想史》,第398页。

第四编

新教宗派研究

基督新教的七大宗派及其历史渊源

基督新教（Protestantism）是与天主教、东正教并列的基督教三大支派之一，产生于16世纪20年代，至今已有近500年的历史。它是伴随着资本主义的兴起和发展而产生的新教派，因而与西方大多数资本主义国家的历史与文化关系密切，同时也是我们研究近代历史、哲学、文学艺术、民族等问题不可忽略的一个重要方面。它自产生后，随着资本主义的侵略扩张传播到全世界，在今天的国际政治、国际关系与社会生活中亦具有一定的影响。20世纪80年代初，其教徒总数有3.2亿人，约占基督徒总数的三分之一，分布于世界上150个国家和地区，其中大部分居住于北美和欧洲，其余分散于亚洲、非洲、大洋洲和南美洲。新教于1807年传入我国，[①] 其名称在学术界和宗教界曾先后译为"抗议宗""抗罗宗""更正教""复原教""改正教""耶稣教""新教"等。

新教并非一个统一的整体，它是经过16世纪宗教改革运动开始陆续产生的脱离罗马教廷的各新教教派的总称。"Protestantism"这一名称的使用有一个历史过程，最早产生于1529年。当时，神圣罗马帝国皇帝在施派尔召开帝国会议，会上信仰天主教的诸侯占优势，重申反对异端（包括新教各派）的禁令，并禁止夺取教

---

① 1807年（嘉庆十二年）英国国教联合组织伦敦会传教士马礼逊（Robert Morrison，1772—1834）来华，故作为新教传入我国之年。

会财产。信仰路德宗的诸侯对此联会提出抗议，因而被称为抗议者（Protestant），至17世纪，此名称曾用来专指路德宗与英国圣公会教徒，直至1789年美国圣公会在其名称之前也冠以"Protestant"一词作为其正式名称后，"Protestantism"始成为新教的正式名称，逐渐被各国学术界和宗教界所使用。目前，新教约有600个教派，仅美国就多达200余个，[①]但这些繁多的派别大多是新教七大宗派演化或者联合的产物，纯属新建立者居少数，这七大宗派产生的先后顺序是：①路德宗（Lutherans），亦称信义宗；②加尔文宗（Calvinists），亦称改革宗或归正宗（Reformed Protestantism），又称长老宗（Presbyterians）；③安立甘宗（Anglicans），又称圣公会（Episcopalian Churches）或英国国教（Church of England）；④公理宗（Congregationists）；⑤浸礼宗（Baptists）；⑥公谊会，又称贵格会（Quakers）或教友会（Society of Friends）；⑦卫斯理宗（Wesleyans），又称循道宗（Methodists）。上述七大宗派构成了新教的基础，所以，只有了解这七大宗派的具体情况，才能深入地了解基督新教。

一 宗教改革运动与路德宗、加尔文宗、安立甘宗的建立

16世纪初，西欧的经济、政治、社会和意识形态处于由封建制向资本主义制度的转变时期，封建制度日趋没落，资本主义勃兴。随着阶级关系的变化，民族国家的逐渐形成，新兴的资产阶级在反封建的斗争中登上了政治舞台。当时，西欧各国的反封建斗争矛头均首先指向罗马教皇，因为罗马天主教会在经济上是西

[①] ［英］多蒂、罗斯：《美国宗教》，载《美国的语言和生活》，哈珀罗出版社1968年版，第399页（Glady Doty, Janet Ross, "Religion in U. S. A", *Language and Life in the U. S. A.*, New York: Harper & Row, 1968, p.399）

欧最大的地主，掌握西欧约三分之一的土地；在政治上竭尽全力妄图控制西欧各国，并主宰着整个西欧的精神生活，它是"封建制度的巨大的国际中心"①。因此，资产阶级反对封建制度首先必须在经济、政治方面，特别是在神学理论方面摧毁罗马教皇的统治。西欧的这一革命运动是以"宗教改革"的形式出现的，它开始于1517年马丁·路德公开贴出抨击罗马教皇滥发"赎罪券"的《九十五条论纲》，结束于16世纪50年代，其中德意志结束于1555年《奥格斯堡和约》的签订，英国结束于1559年伊丽莎白女王恢复英国国教的信仰；丹麦、瑞典、法国分别结束于1559年克里斯坦三世（Christian Ⅲ）、1560年古斯塔维斯一世（Gustavus I）和1559年亨利二世之死②。宗教改革运动及其思潮席卷了西欧，并波及东欧部分国家，产生了一批宗教改革家，他们是德意志路德宗的创立者马丁·路德，重洗派和农民战争的领导人闵采尔以及在瑞士苏黎世从事改革的茨温利（Ulrich Zwingli, 1484—1531），其中影响深远并得到发展和流传的是路德的宗教思想。

马丁·路德（Martin Luther, 1483—1546）是德意志市民资产阶级宗教改革的代表、教士和维滕贝格大学神学教授，早年受正规的神学教育，获神学博士学位。他在反封建、反教皇的爱国民族运动高涨的形势下，于1517年点燃了德意志的宗教改革运动，继而在1520年前后针对罗马教皇的封建神学，提出了新的适应资产阶级需要的神学思想。要点有三：

第一，针对天主教会的"教皇最高权威论"提出"圣经最高权威论"，强调它是上帝的启示，是人们信仰的最高准绳和最高权威，并说"基督教在世界上除基督为头外，没有别的头，因为基

---

① ［德］恩格斯：《〈社会主义从空想到科学的发展〉英文版导言》，《马克思恩格斯选集》第3卷，人民出版社1965年版，第390页。
② 关于西欧宗教改革运动的结束的年代，西方学术界主张不一，本文采用《剑桥近代史》的说法。参阅［英］G. R. 埃尔顿编《新编剑桥世界近代史》第2卷，剑桥大学出版社1958年版，第2—3页。

督教除基督的名称外没有别的头"。从而解除了教皇对世俗政权和万民的最高领导权。

第二，针对天主教会的"圣礼得救论"和"善功赎罪论"提出"唯信称义"的基本教义，主张人们唯有根据《圣经》的启示产生对基督的信仰，才能成为义人，即无罪的、得救的、自由的、高尚的、得永生的人。据此，每个人均可在阅读、解释和理解《圣经》的基础上产生信仰，得到精神上的解脱和安慰，满足人们宗教上的需要，从而彻底否定了天主教会对信徒的精神禁锢与高压手段。人们不再需要由神职人员主持的七项圣礼，也不再需要念经、斋戒、施舍、朝圣、购买赎罪券等"善功"，更不必匍匐在教士的脚下恳求哀告，使天主教会及教皇、主教、神父成为多余的人。

第三，针对天主教会的"教士特权论"提出"平信徒皆为祭司"的思想。教皇宣扬教士握有耶稣基督通过第一宗徒彼得授予的神权，他们是人和上帝之间的中介，唯有通过教士主持的圣礼，才能与上帝交通，得到神恩。因此教士是受了神的"印记"的人，是"属灵的阶级"，而一般信徒是"属世的阶级"或称"平信徒"。这一差别实际上是封建等级制度在宗教上的反映和批准。路德主张任何基督徒经过众信徒的推举均可主持圣礼并产生效力。他说："让每个了解自己是基督徒的人确信，我们都是祭司，彼此没有分别，即是说：我们对圣道和一切圣礼有同等的权力"，从而打击了封建等级制度和教士的特权，体现了资产阶级的平等观念。

此外，他还主张建立民族的、廉俭的教会，在组织、经济和信仰等方面均与罗马断绝关系。为了适应原始积累时期资产阶级的需要，他还提出宗教活动应从时间和金钱上厉行节约，删除并合并一些次要节日，减少与简化圣礼，仅保留洗礼与圣餐两项。

路德的神学思想得到受人文主义思想影响的市民资产阶级和反对天主教会的封建诸侯的支持，经过群众运动和农民战争，沉重地打击了罗马天主教会在德意志的势力，经历了40年曲折反复的斗争，德意志的大部分地区确立了路德宗的信仰。

路德以他的革新教义奠定了新教神学的理论基础，成为新教的奠基人和开山祖，因而被奉为基督教的三大伟人之一①。他的基本观点"唯信称义""圣经最高权威论"以及"平信徒皆为祭司"为绝大多数新教派别所承认与接受，特别是为第二代的宗教改革家加尔文所继承，产生了深远的影响，然而路德思想本身对世俗封建主具有依赖性与妥协性，不适应资本主义较发达的地区，传播受到了局限。16世纪仅流行于德意志的大部分地区和王权较强大的斯堪的纳维亚诸国，其后，随移民传入美国。1847年由德国传教士传入我国。

加尔文宗的创立人为让·加尔文（Jean Calvin，1509—1564），1509年出身于法国巴黎附近之努瓦营的一个资产阶级家庭。1523—1532年是他求学和思想成型的时期，先后就读于巴黎大学和奥尔良学院，主修神学与法律。这一时期人文主义思潮在法国已广为流传，路德的思想和著作亦已传至法国，在知识界和宗教界出现了拥护路德等人的新教派。加尔文在新思潮的熏陶下，特别是在人文主义者伊拉斯谟（Erasmus，1466—1536）和勒费弗尔（Lefevre，1455—1537）和激进的新教活动家的影响下，逐步转向新教。1531年加尔文开始参加巴黎新教徒的活动，发表了拉丁文论集《塞涅卡〈论仁慈〉评注》，书中表达了支持路德派的观点和反对专制主义的倾向，他把"专制"的定义解释为"违反人民意志的统治"。此后，他多方面地宣传路德派的"因信称义"和改革教会的思想，1533年被罗马教会控为异端，被迫出走，先后流亡于昂古莱姆、巴塞尔、斯特拉斯堡和日内瓦。因此，西方学术界一般认为1533年为加尔文完全转为新教之年。他在两年多的流亡生活中，用一段集中的时间归纳、分析、整理个人的宗教

---

① 新教奉为伟人的其他二人是保罗与奥古斯丁。天主教与东正教所奉伟人前两位与新教同，仅第三位有异，分别为阿奎那和尼康。

改革思想，写出了他的代表作《基督教原理》，1536年7月初出版于巴塞尔。

加尔文所处的环境与时代决定了他的历史任务不是创立新教，而是组织和巩固新教；不是创立新的神学思想，而是对它整理、改造和系统化，特别是将新教的思想应用于现实社会，使之适应于更加成长的资产阶级反封建的革命要求。所以，他在《基督教原理》中继承与发扬了路德神学思想中的革新部分，摒除了他的依附于封建主的软弱和不坚决的妥协部分，系统地阐述了他的宗教思想。这一思想是对意欲与封建制度彻底决裂的法国、瑞士较成熟的资产阶级的要求在宗教上的肯定和批准，并且在瑞士的法语区日内瓦付诸实践，创立了神权共和国和加尔文宗。加尔文的宗教思想主要有三：

第一，预定论（Predestinarianism），或译为前定论。他以奥古斯丁的预定论为基础，吸收了路德"因信称义"的理论，加以新的解释，提出上帝以其绝对的最高意志对世人进行拣选，被选中者是上帝的选民，即"义人"或"称义"，其他则为弃民，要受上帝的永罚。这一不可改变的命运在该人未出生时早已由上帝决定，个人的一切祈祷、虔诚、善行均无济于事。他还认为上帝的决定秘而不宣，但可通过上帝的呼召（Calling）体现出来，人们可以根据个人在世上的具体情况加以揣摩。如果某人在对社会有益的各种职业中百事如意，获得成功，并且有道德，参加教会且信仰坚定，就是他蒙呼召成为选民的外在标志。这一思想显然是把资本主义原始积累时期的社会分化、商业竞争的成功与失败的社会现实加以神化，鼓励资产阶级追求财源，发家致富，同时又要求失败破产的人和社会下层服从命运的安排，甘心接受上帝的决定。他的这一思想后来又为其门徒发展为"世间使命说"，主张真正的加尔文宗信徒应鄙视轻闲与浪费，珍惜时间，节约钱财，全力献身于自己的事业，并且要充分利用机会，依靠个人的职业活动发财致富，因此更加符合新兴资产阶级的要求，受到他们的广泛拥护。

第二，民主共和的教会制度，他认为一切组织原则和仪式均应按照《新约全书》的规定办理，"平信徒皆为祭司"应理解为由平信徒管理教会。他根据新约《使徒行传》第 14 章第 23 节的规定，确定基层教堂由信徒选举出的长老（多为富有资财的市民）管理，由长老聘请牧师负责宣教工作。教区议会由各教堂的长老和牧师各一人组成。教会的最高领导机构为全国宗教议会，由各教区推选牧师 1 人，长老 1—2 人组成，负责审理信徒违犯教规和道德的案件，并讨论决定教义和仪式。这一组织原则和制度发挥了一般信徒的作用，是资产阶级反对封建专制、要求民主共和的政治主张在宗教上的反映。恩格斯说：加尔文的组织原则"以真正法国式的尖锐性突出了宗教改革的资产阶级性质，使教会共和化和民主化"[①]。其圣礼观主张，凡《圣经》中无记载者一律取消，仅保留洗礼与圣餐两项，并加以简化。

第三，关心政治、改造社会是每个信徒的责任。加尔文强调培养一般信徒的政治意识，明确他们的政治责任。信徒中有条件者应在政府中担任官职，做官是各种职业中最尊贵的职业。不担任官职者亦不可逃避现实，而应积极监督政府的政策是否符合基督教的原则。加尔文说，正如阳光、空气和水一样，国家和法律完全必要。主张人们应服从政府的权力，但如统治者违反上帝的意志，基督徒则不应服从，可以武力反抗，以刀剑对付暴君。他在日内瓦期间，还努力改造社会风气，清除弊端，通过政府禁止赌博、跳舞、酗酒、贪吃、穿奇装异服、卖淫等，违者要判刑或驱逐出境，并宣布基督徒若容忍此等行为，无异于背叛上帝。

总之，加尔文的宗教思想是适应资产阶级在经济上发家致富、积累资本，在政治上推翻封建专制、夺取与掌握政权的资产阶级

[①] ［德］恩格斯：《路德维希·费尔巴哈和德国古典哲学的终结》，《马克思恩格斯选集》第 4 卷，人民出版社 1972 年版，第 252 页。

第四编 新教宗派研究

革命的要求而产生的革新思想。尽管他吸收了路德的基本教义，但由于他摒弃与改造了其与封建主妥协的部分，因而在资本主义较发达的法国、瑞士、芬兰、苏格兰、英格兰等地得到广泛传播。16世纪苏格兰的长老宗发展为国教；法国的加尔文宗获得与天主教同等的合法地位；英格兰亦建立了加尔文宗的教会，特别是它为尼德兰的资产阶级革命提供了样板和旗帜。恩格斯说："加尔文的教会的组织是完全民主的和共和的；而在上帝的王国已经共和化了的地方，人间的王国还能够仍然从属于君主、主教和领主吗？……加尔文教在荷兰创立了共和国，并且在英国，特别是在苏格兰，创立了有力的共和主义的政党。"① "为英国发生的资产阶级革命的第二幕提供了意识形态的外衣。"② 17世纪，该宗在英国革命和资本主义国家的侵略扩张中，传播至美洲、大洋洲和世界各地。许多新教派都程度不同地吸收了加尔文宗的教义，在新教中影响较大。该宗于1843年由美国传教士传入我国。

16世纪20年代欧洲大陆的宗教改革思潮和路德的著作已传入英国。此时，英格兰民族国家已经形成，王权有所加强，在市民资产阶级的支持下，英王早已不满罗马教皇对英国的政治干涉与经济剥削，资产阶级和新贵族亦欲分享教会的特权，夺取教会的财产。因此，自1529年开始，英王亨利八世（1509—1547年在位）开展了自上而下的宗教改革运动。30年代初，英国陆续排除了罗马天主教会在英格兰的政治、经济势力与特权。1534年，国会通过了《至尊法案》，宣布英王亨利八世及其王位继承人为英格兰教会属世的唯一最高元首，与罗马教皇断绝全部关系，安立甘宗③

---

① ［德］恩格斯：《〈社会主义从空想到科学的发展〉英文版导言》，《马克思恩格斯选集》第3卷，第391页。
② ［德］恩格斯：《路德维希·费尔巴哈和德国古典哲学的终结》，《马克思恩格斯选集》第4卷，第252页。
③ 关于安立甘宗（圣公会），可参看《世界宗教资料》1981年第4期。——编者注

宣告诞生。该宗的特点有三：第一，否认罗马教皇，以英国国王为教会的最高元首；第二，保留天主教的教阶制，神职人员分为首席大主教、主教、会长（相当于牧师）、会吏（相当于实习牧师）；第三，以圣公会颁发的《三十九信条》和《公祷书》为基本信仰和仪式的准则，其中吸收了路德宗的部分教义，但保留了大量的天主教的教义。

17世纪后，它在清教运动的冲击下，被迫吸收了大量的加尔文宗的教义和仪式，以适应变革了的英国经济和政治，但迄今仍是新教各派中保有天主教残余较多的一个宗派，其信徒主要分布于英国、北美，1844年传入我国。

二 清教运动与英国新教派的建立

公理宗、浸礼宗、贵格宗均为17世纪英国资产阶级革命中由于政见和宗教观点的差异而产生的新宗派。英国革命的特点之一是披以宗教外衣，它是以清教运动的形式发动和推行的一次革命运动。

清教徒（Puritans）产生于17世纪60年代，但其思想渊源可追溯至16世纪30年代的威廉·廷代尔（William Tyndole，1494—1536），他曾提出英国人如同以色列人，可以成为上帝的选民，但必须进行宗教改革，清除天主教的影响。16世纪50年代，血腥的玛丽女王恢复天主教的信仰，镇压新教徒，迫使他们流亡于欧洲大陆，其中一部分栖身于日内瓦，接受了加尔文的思想，主张应以加尔文的教义改造英国国教，清除国教中的天主教的残余后，英国人始能成为"圣书的子民"。当时的代表人物为约翰·福克斯（John Fox），他的主张为清教的产生奠定了思想基础。

16世纪60年代，由于国教教士的服装五花八门，伊丽莎白女王主张应规定统一的祭服，并命令大主教马太·帕克发表公告，整饬服装。这一措施遭到持加尔文宗教观点的人反对，认为统一祭服是天主教的制度，应予清除（purify）。因此，赞同此观点者被称为清教徒。

1572年，大资产阶级和新贵族的代表人物、牛津大学神学教授托马斯·卡特赖特（Thomas Cartwright）反对国教实行主教制，提出应改行长老制，得到许多清教徒的赞同，进而又有人提出应废除教阶制，实行自下而上的选举，由长老和牧师共同主持教会工作。他们因突出地坚持长老的领导权和选举制故被人们称为清教徒中的长老派。长老派的这一主张受到国教理论家的抨击，被判为异端，遭到镇压，长老派活动中断。而代表中、小资产阶级的一派则认为改革不应停顿，应与国教脱离关系，重建独立的、改革的教会，由信徒选举长老，任期一年，在教义上主张信徒可以自由解释《圣经》，从而形成了清教徒中的分离派或称独立派。长老派不同意此观点，两派分裂，独立派遭到镇压。

17世纪前期，英国的城乡资本主义进一步发展，阶级力量的对比发生了变化，清教徒数量大增，他们已意识到对政权的要求，因而与封建专制王权的矛盾进一步尖锐化。1629年国王下令限制清教徒的活动；1633年则完全禁止，并进行镇压，矛盾日益激化，终于在1640年爆发了英国资产阶级革命。在革命过程中，资产阶级和新贵族内部由于阶层和地位的不同，政治主张和对革命深度的要求亦不同，因而出现了许多政治派别。但它们均披以宗教外衣，并且各有自己的宗教观点，所以伴随着政治派别的出现，也产生了不同的宗教派别。清教徒中的长老派建立了长老会，即英国的加尔文宗。独立派中的阶层较多，情况较为复杂，革命初期在反封建和反长老派的斗争中尚能团结一致，但随着革命的深化，独立派的核心力量中等资产阶级掌握政权后，不再能继续团结小资产阶级和社会下层，因而独立派分裂为一些独立的教派，其中重要的有以下宗派。

公理宗是独立派的核心，以坚持公众治理教会而得名。该宗思想的奠基人为罗伯特·勃朗（Robert Browne，1550—1633），主张政教分离，教会不受国王干涉，打破国定教区，由信徒自愿联合组成教会，教徒自理。1640年革命开始后，始公开活动，各独立堂会，通过自愿联合、选举，成为独立的宗派。信徒主要分布于英国、北美、荷兰等地，1807年传入我国。

浸礼宗亦属独立派中的一支，它以加尔文宗的教义为基础，吸收了重洗派的部分主张，坚持施洗时行浸水礼①，因而有别于其他宗教团体，逐渐形成了独立的宗派。该宗的思想于1530年由荷兰移民传入英格兰，并与威克里夫（John Wicliffe，1330—1384）的一部分信徒结合在一起形成浸礼宗，但16世纪尚未构成单一的派别，仅属公理会的一个分支，两派经常联合组成教会。后来，由于该宗下层群众较多，1602年约翰·斯密（John Symth）在盖恩斯巴勒建立了浸礼宗的独立会堂，1611年重返英格兰在伦敦建立教堂。由于该宗并无新的理论，18世纪卫斯理宗兴起后，大量信徒转入卫斯理宗，至19世纪末20世纪初，在英国已绝迹。但该宗于17世纪传入美洲殖民地，主要活动于黑人群众中，后来得到美国洛克菲勒基金会的资助，信徒大增，得到发展。目前90%以上的信徒居于美国，其余分布于巴西、加拿大等国，1836年美国浸礼会派员来华，传入我国。

公谊会于1647年由乔治·福克斯（George Fox，1624—1691）创立，又名贵格宗，"贵格"为英语"Quakers"的音译，意为颤抖者，此名的来源，说法不一。其中之一说，1650年，当法官传讯福克斯时，他警告法官说："你在上帝面前应该颤抖"，法官说："那你们就是颤抖者了。"同时，该会认为信徒在圣灵感召下激动颤抖是光荣，故而同意接受该绰号，沿用至今。其阶级基础为小资产阶级和城乡劳动者。17世纪40年代末，英国资产阶级革

---

① 新教各宗派的洗礼方式分点水礼与浸水礼两种。点水礼由牧师点圣水在受洗人的前额上；浸水礼多在教堂修建的"浸礼池"中举行，受洗者快速将全身浸入水中。

命给社会下层带来的不是福音,而是一度经济混乱、税收提高和平民的破产。一些不满现状的激进派起来斗争,但遭到迫害和镇压,他们在政治、经济方面感到前途渺茫,因而在宗教上表示抗议,另寻出路。他们的宗教代表人物福克斯也不满意安立甘宗、长老宗、公理宗、浸礼宗等派的宗教观点,另创贵格宗,该宗主要教义是:第一,主张直接启示说,认为《圣经》仅是"流"而非"源",仅是宗教的记录。最新、最高的启示是圣灵对信徒的直接启示,此乃真正基督教的标志;第二,否认一切外在的宗教形式,包括教会、组织、圣礼、节日、祷告。福克斯把其他宗派的教堂称为"尖头房子",称牧师为"衣架饭桶",贵格宗的教会仅称"聚会处";第三,强调"登山宝训"①中基督的博爱,宣扬和平主义,反对一切战争,拒绝服兵役,仅从事正常的工商业;第四,强调平等,不讲礼节,对任何人包括权贵均不脱帽,不问好,并且反对一切娱乐活动。

在英国革命进程中,许多激进派别遭到镇压后,诸如平等灵修派、掘地灵修派、第五帝国派②、浮嚣派(Ranters)、寻求派(Seekers)等部分信众均加入了贵格宗,因而 16 世纪 50—70 年代信徒大增。该宗于 1656 年随移民传入美洲殖民地。18 世纪美国贵格宗出现了新的领袖约翰·沃尔曼(John Wollman,1720—1772),他号召解放黑奴,得到奴隶们的拥护,一度发展很快。但因该宗思想之消沉、悲观与孤独,19 世纪后逐渐衰落。目前信徒集中于美、英两国,人数不多。该宗于 1887 年由美国贵格宗传入我国。

18 世纪英国开始了工业革命,工业区扩大并兴建了许多新工

---

① 指《马太福音》第五章、第六章耶稣在"登山训众"中有关伦理道德等方面的论述,有些教派尊之为"登山宝训"。
② 该派宣称世界上已出现过四个帝国,即巴比伦、波斯、希腊、罗马。第五帝国为基督为王的千年王国,即将降临人间,人压迫人的现象将永远消失,后遭镇压。

业区，无产阶级的人数增加，工人生活日益恶化。然而旧有的新教各派已不能适应新的形势，卫斯理宗应运而生。其创立人为约翰·卫斯理（John Wesley，1703—1791）及其弟查理·卫斯理（Charles Westey，1707—1778），他们在英国国教内部发起了奋兴运动，1738 年独立传道，1795 年与国教分裂，成为独立的宗派。

卫斯理宗并无系统的本宗神学著作或新的学说，其特色是强调某些被忽视的教义，主要包括：第一，信徒虔诚认真地读《圣经》，依上帝的启示行事；第二，强调灵修自省，依个人的直接感受成为义人；第三，反对预定论，强调基督普遍之爱，每人皆不直接通过圣灵蒙救。

该宗的组织与活动特点是：精选会员严密组织；简化仪式；在工矿区露天、巡回布道；强调社会服务。18 世纪末和 19 世纪初卫斯理宗在英国普遍建立了教会，英国早期工会领袖多属此宗。1771 年传入美洲，得到发展，于 1847 年传入我国。

三　基督新教的共同特征、信条与发展趋势

基督新教虽然宗派林立，在教义、组织、仪式等方面千差万别，但具有共同的特征。它们均是伴随着资本主义的产生和发展、适应资本主义社会意识的需要而产生的形态：不承认罗马教皇，与之断绝关系；各宗派独立，无统一的组织与领导；廉俭教会，简化圣礼和节日，一般仅保留洗礼与圣餐；认为本宗派是按照《新约全书》和使徒的榜样组织教会；宗教活动使用民族语言。

新教作为基督教的一个主要支派，与天主教、东正教在教义方面有共同的一面，这些共同信条是：信三位一体；信原祖原罪；信基督救赎；信灵魂不灭与世界末日。但新教除信奉这些信条外，还有其特别强调的教义，即上帝的恩宠与主权；因信称义；《圣经》是信仰的准则；教会是基督徒的团契和平信徒皆为祭司；人

与人类的一切制度的易错性（Falliblity）。①

新教各宗派虽然各自独立，互不相属，但自 19 世纪以来，出现了联合与接近的趋势。首先出现了一些跨宗派的组织，如 19 世纪英国产生了跨宗派的青年会、女青年会、救世军和一些跨宗派的传教组织，如伦敦会。到 20 世纪一些较大的宗派如路德宗、长老宗、圣公会、浸礼宗都建立了国际性的联合组织，此外，新教还发动了基督教普世教会运动，由美国新教国际组织领导人之一穆德（John R. Mott，1865—1950）倡导，于 1948 年成立了世界基督教协进会。该会倡议新教各派之间，以及新教与天主教、东正教之间终止对立，联合行动，参加该组织者以北美、西欧的新教组织为主体，亦得到了东正教和天主教的响应。

基督新教的一些教派在其产生初期，确曾在西欧历史上起过某些程度不同的积极作用，对西欧各民族国家近代文化与语言的形成和资产阶级革命的进程，具有重要的影响。但在英国革命后，特别从 18 世纪法国资产阶级革命开始，资产阶级已经强大到公开提出自己的政治主张与口号，不再需要打上帝的旗号，披以宗教外衣，在革命胜利后，实行政治分离的原则，自此，基督新教就完全成为资本主义国家对外侵略、对内实行精神统治的一种工具了。

（原载《世界宗教资料》1983 年第 2 期）

---

① ［美］乔治·福雷：《新教信仰》，第 16—17 页。

路德宗

路德宗（Lutheranism）是以马丁·路德的宗教思想为依据的各派教会的统称，为基督新教主要宗派之一，因其强调"因信称义"的教义，故又称"信义宗"。它是1517年开始的德意志宗教改革运动的产物。1529年拥护路德宗教思想的德意志诸侯和宗教改革家们形成抗议派（Protestants），次年发表《奥格斯堡信条》（*The Augsburg Confession*），公开宣布了该宗不同于罗马天主教的信仰与系统教义的21个条款，标志了路德宗的产生。最初，抗议派仅指路德宗，因为它是最早脱离罗马教廷的独立派别。其后，由于在路德宗教改革基础上出现了其他抗议派教会，遂以路德宗作为专指以路德理论为依据的宗教派别名称。该宗对西欧的历史、社会、政治思想，特别是新教的发展具有深远的影响。

20世纪80年代初，路德宗信徒总数近8000万人，约占新教徒总数的四分之一，是新教诸派中人数最多的宗派。路德宗信徒主要集中在德国和北欧诸国，人数约6040万人。此外，北美洲920万人，南美洲180万人，亚洲220万人，非洲180万人，澳洲50万人。信众逾百万的国家有7个：德国（3760万人）、美国（890万人）、瑞典（700万人）、芬兰（460万人）、丹麦（450万人）、挪威（350万人）、印度尼西亚（126万人）。其他还有100余个国家均有该宗信徒。

一　路德宗的建立

15世纪末16世纪初，欧洲正处于"中世纪市民社会瓦解为现代社会诸要素的时代"[1]，封建制度衰落，资本主义兴起，民族国家日渐形成。德意志市民资产阶级要求国家统一、民族独立。然而，以罗马教廷为首的天主教会却阻碍这一要求的实现。罗马教廷是德意志最大的经济剥削者、政治压迫者和精神统治者，成为社会发展的主要障碍。因之，反封建斗争的矛头首先指向罗马天主教会。

马丁·路德出身于市民家庭，受过良好教育，深受早期宗教改革和人文主义的思想影响。后成为教士，获神学博士学位，受聘为神学教授。他对腐败的罗马教廷的黑暗统治早已心存不满，并深切了解德意志社会各阶层对教廷的怨恨和改革的要求。他于1517年10月底，在维滕贝格的教堂大门上张贴了《九十五条论纲》，公开攻击罗马教廷滥售赎罪券的卑劣行径。论纲公布之后，立即得到广泛支持，迅即被译为德文传遍全国，掀起了遍及西欧的宗教改革运动。

进而，路德于1520年8—10月发表《致德意志基督教贵族的公开信》《教会的巴比伦之囚》《论基督徒的自由》三大名著和其他作品。其中提出与罗马教廷相对立的、适应新兴资产阶级需要的新教义，以及与此相应的组织原则和仪式规定，从而建立了路德宗的宗教思想体系。路德的宗教改革思想得到市民资产阶级和反对罗马教廷政治控制、经济剥削的许多诸侯的支持，要求改革的群众运动勃然兴起，天主教会在许多地区受到沉重打击。

1529年，在施派尔召开的帝国议会上，拥护路德宗教改革主张的诸侯和城市代表抗议皇帝重开反对异端的禁令，因而被称为"抗议派"，路德宗之雏形由此产生。1530年，在新教诸侯的压力下，帝国议会通过《奥格斯堡信条》。该文件由路德的助手和密友梅兰希顿起草，经路德同意，初步阐明了路德的神学主张，提

---

[1] ［德］马克思：《剩余价值理论》，《马克思恩格斯全集》第26卷第三册，人民出版社1974年版，第586页。

出新教派的组织原则和礼仪。从而以法定形式确认了路德宗的产生,时人称该宗为"奥格斯堡信条教会"。

此后,德意志的宗教改革运动演化为新旧教诸侯的争夺。1531年,新教诸侯结为"施马加登同盟",反对皇帝和天主教诸侯的"士瓦本联盟"。但皇权的增长,又引起所有诸侯的不安。新旧教诸侯结成反对皇帝的同盟,并于1552年发动反对皇帝查理五世的战争。查理五世战败,终于在1555年缔结《奥格斯堡和约》,规定了"教随国定"的原则,路德宗在新教诸侯的支持下得以确立。此后,路德宗在德意志西北部和斯堪的纳维亚诸国广泛传播,逐渐占据优势。

二 路德宗的教义、组织和礼仪

路德宗的主要信条集中了1520年前后路德撰写的论著;路德著的《大、小教义问答》;梅兰希顿起草的《奥格斯堡信条》;路德拟定的《施马加登信条》等材料。

该宗除信仰"三位一体""原祖原罪""基督救赎""灵魂不灭"等基督教的基本教义外,特别强调以下信条:

第一,"唯信称义"(Justification by Faith Alone)。这一概念原出自《新约·罗马书》[①],当时,旨在强调信徒不分民族,无论犹太人抑或非犹太人,只要信仰基督就可得救。路德对此作了新的解释,赋予新的内容,认为"灵魂称义不因任何行为,仅由于信仰"[②]。此信条是针对天主教一贯主张的"圣礼得救"和

[①] 参阅《新约·罗马书》1:17—18。
[②] [德]马丁·路德:《论基督徒的自由》,载亨利·依斯特·雅各布斯、阿道夫·斯派思编《马丁·路德著作集》第2卷,A. J. 霍尔曼公司1915年版,第314页(Martin Luther, "Treatise on Christian Liberty", in Henry Eyster Jacobs, Adolph Spaeth, eds., *Works of Martin Luther*, Vol. 2, Philadelphia: A. J. Holman Company, 1915, p. 314)。

"善功赎罪"的教义提出的,认为人们不必通过天主教会及神职人员,仅凭信仰即可与上帝直接交通,从而建立了人与上帝的新型关系,彻底否定了罗马天主教会的神圣性,使之成为多余之物。"因信称义"不仅是路德宗的基本信条,也是新教各宗派的理论基础。

第二,《圣经》是信仰的最高准则。这是针对天主教会几百年中一直鼓吹的"教皇无谬""教皇至高无上"的说教而强调的理论。路德主张"基督教在世界上除基督为头外,没有别的头","教皇和主教都不是基督的代表,也永远不能代表基督"①,"大家都生活在唯一的头基督之下"②。《圣经》是上帝的启示,因而是信仰的最高准则,"凡不以《圣经》为可靠启示、为根据的说法都只能算为意见,而没有相信的必要"③。这是对教皇作为教会最高权威、世界最高领袖、基督在人世的代表的公开否定。

第三,基督徒一律平等。路德针对中世纪教会教阶制,主张"我们凡为基督徒的就都是祭司,都是君王"④,"在平信徒和神父,贵族和主教以及属灵的和属世的之间,实在没有什么差别"⑤。此种"平信徒皆为祭司"的思想,与罗马天主教的"教士特权论"相对立,否定了神职人员(属灵的等级)和一般信徒(属世的等级)之间的传统划分,反映了市民资产阶级的平等要求。

路德宗教会的民族性表现在他们坚决与罗马天主教断绝经

---

① [德]马丁·路德:《罗马教皇权》,《马丁·路德著作集》第1卷,第352、357页。
② [德]马丁·路德:《施马加登信条》,第四条《论主教制度》。
③ [德]马丁·路德:《教会的巴比伦之囚》,《马丁·路德著作集》第2卷,第292页。
④ [德]马丁·路德:《论基督徒的自由》,《马丁·路德著作集》第2卷,第324页。
⑤ [德]马丁·路德:《致德意志基督教贵族的公开信》,《马丁·路德著作集》第2卷,第156页。

济、组织和政治的一切联系，建立本民族的独立教会，并使用民族语言传教和进行宗教活动，为此，路德尽全力将《圣经》译为德语。

路德宗根据资产阶级在时间与金钱上厉行节约，廉俭教会的要求，对礼仪和节日作了重大改革。路德曾以《圣经》为根据，著文反对罗马社会制定的繁复奢华的礼仪，认为告解、坚振、婚配、神品和终傅诸项仪式并无《圣经》的依据，应该取消，故仅保留两项圣礼，即洗礼和圣餐。同时简化仪式，废除弥撒及其繁琐程序和教堂的豪华陈设。对有关圣餐礼的解释，路德宗反对天主教的"化体说"，主张"临在说"，即认为只要诚心领受圣餐（饼、酒），基督便降临其中，赐恩于受领人。路德宗中除个别派别实行三项圣礼（外加告解礼）外，多数派别仅保留两项。该宗对次要的节日一律废除，除圣诞节、复活节等重大节日外，对一些必不可少的节日均并入礼拜日，不再单独进行话动。

此外，路德宗较重视现世生活。路德对天主教长期奉行的"禁欲主义""蒙昧主义"深恶痛绝，严加斥责，实行教士自由结婚，禁止修道和乞食，减轻和取消教会律法的处罚条令，改良婚姻法，取消强制性禁食和一切违反人性的教规，提倡改良教育和法律，提高社会道德水平，这些规定反映了新兴资产阶级个性解放的要求。

路德宗是16世纪德意志宗教改革运动的产物，它具有时代的特点，反映了早期资产阶级的软弱性与对封建势力的依赖性。这些特点使它的传播受到局限。但是，路德宗的教义及其建立打破了西欧封建制度的国际中心、罗马教廷的大一统局面，在宗教思想上开辟了一个新的时代，并为新教其他宗派奠定了神学理论基础。因此，该宗的建立对西欧的历史确实起到了一定的促进作用。然而，由其自身的特点所决定，在发展过程中，它日益成为诸侯加强统治的工具，革命的锋芒逐渐泯灭，宗教的虚幻性日益突出和显露。正如马克思所指出的，"路德战胜了信神的奴役制，只是因为他用信仰的奴役制代替了它。他破除了对权威的信仰，却恢复了信仰的权威。他把僧侣变成了俗人，但又把俗人变成了僧侣。他把人从外在宗教解放出来，但又把宗教变成了人的内在世界。他把肉体从锁链中解放出来，但又给人的心灵套上了锁链"①。

三 路德宗的派别和传播

德意志宗教改革运动之后，在发展过程中，路德宗分裂为数派。到19世纪初以前，主要有纯正路德派、腓力派、虔诚派和忏悔派。

纯正路德派（The Gnesio Lutherans）严格遵守路德宗教改革的各项主张，严格奉行路德的神学原则，主张遵守路德思想体系的每一点，乃至个别条目、个别字句，自称为真正的路德派，或路德正宗（Orthodox）。该派自16世纪下半叶到18世纪初在路德宗内占优势。代表人物为约翰·哥尔哈特（Johann Gerhard, 1582—1637），他的《教纲神学》（*Loci theologici*）为该派代表作品。

腓力派（Philippists）因尊奉梅兰希顿的温和宗教改革主张而得名。此派力图调和路德宗、加尔文宗与罗马教廷的神学对立，融三派于一体。16世纪后半期与纯正路德派发生分歧，争论不休，直至1577年双方和解。此派影响不大，存在时间较短。

虔诚派（Pietists）是继纯正路德派之后于17世纪在德国兴起的又一个主要派别，因此派初期自称"虔诚团契"而得名。该派主张不必死守信条，应看重内心的虔诚，强调"灵性"的宗教活动中心作用，反映当时德国资产阶级对诸侯统治的不满情绪。他

---

① ［德］马克思:《〈黑格尔法哲学批判〉导言》，《马克思恩格斯选集》第1卷，第9页。

们强调精读《圣经》，注重教育，赈济贫穷和传道工作，具有较大影响。17世纪70年代后在德国盛行一时，18世纪30年代后渐成为少数狂热者的社团。其代表人物斯彭内尔（Philipp Jacob Spener，1635—1705）和弗兰克（August Hermann Francke，1663—1727）。

忏悔派（Confessionalists）是18世纪启蒙运动在德国的产物。启蒙运动使德国古典哲学长足发展，各种当代哲学派别均汇集于此，展开激烈论战。忏悔派试图将路德宗传统神学与唯心主义哲学相结合，认为人类理性是神性的反映和再现，主张自我反省，故称忏悔派。主要代表人物有埃尔兰根的神学家哈利斯（Adolf von Harless，1806—1879）、霍夫曼（J. C. K. von Hofmann，1810—1877）、弗兰克（Reinhold von Frank，1827—1894）等人。

1817年，在纪念德国宗教改革300周年时，路德宗重归统一，这是德国资产阶级要求国家统一在宗教上的反映，暂时结束了路德宗内部长达200多年的派别纠纷。但不久，皇帝弗里德利克·威廉三世（Friderick William Ⅲ）实行宗教仪式改革，命令地方统治者担任各地教会首脑，激起路德宗多数信徒的反对，其中一部分结成"传统路德宗"（The Old Lutheran Church），部分信徒移居美洲和澳大利亚。德国政教分离是在第一次世界大战之后完成的，1922年成立了"全德福音教会联盟"（The German Evangelical Church Federation）；1948年成立了"德国统一福音路德宗教会"（The United Evangelical Lutheran Church of Germany）。第二次世界大战后，德国路德宗忏悔派占优势。20世纪80年代初，东德主要信仰路德宗，西德将近50%的居民为路德宗信徒。

路德宗在北欧各国的发展大体与德国相似。在丹麦、挪威等斯堪的纳维亚国家中，纯正派和虔诚派较为流行。其总的特点是各国路德宗被置于君主控制之下，很少受到欧洲大陆新教派发展的影响。20世纪80年代初，路德宗在丹麦占居民的91%，瑞典占95%，挪威占91%，芬兰占93%。

路德宗于1625年由荷兰移民传入美国，接着大批路德宗信徒因三十年战争的动乱移居美国。最初集中在纽约、宾夕法尼亚、卡罗来纳等殖民地，后来随着西部扩张运动而遍及各地。当时，地区性组织达150个之多。19世纪，因德国内部动乱，约有500万德意志人、200万斯堪的纳维亚人迁居美国，使路德宗在美国的势力大增。美国南北战争前后，各派在《奥格斯堡信条》基础上谋求统一。1872年组成"各派代表大会"（The Synodical Conference）。此后，各国移民中的路德宗信徒克服语言差别，加强各派间联系，于1918年组成"美国统一路德宗"（The United Lutheran Church in America）。1930年成立"美国路德会"（The American Lutheran Church）。1966年，三个主要派别"全美路德会"（The Lutheran Church in America）、"美国路德会"和"路德宗密苏里大会"（The Lutheran Church-Missouri Synod）联合组成"全美路德宗"（The Lutheran Church in U.S.A.），但并不巩固。1982年4月8日，"全美路德会""美国路德会"和"美国福音路德会"（The Association of Evangelical Lutheran Churches）通过决议，三派于1987年5月合并为"全美福音路德宗"（The Evangelicae Lutheran Church in America）。

20世纪中期以来，随着各国路德宗的发展，出现了建立世界性统一组织的趋势，1947年，正式成立"路德宗世界联盟"（The Lutheran World Federation）。到1970年已先后举行过五届代表大会，该组织属于合作性机构。

路德宗于1847年由德国礼贤会教士传入我国，此后，美国、丹麦、瑞典、挪威、芬兰等国共18个路德宗教派组织来华传教，它们分布的地区是德国在广东，美国在河南、湖北，挪威在陕西、湖南，瑞典在湖南，丹麦在吉林、辽宁。20世纪20年代，路德宗各派成立了联合组织"中华信义会"。

路德宗的发展和传播已有近500年的历史，在基督新教各派中，它是最早建立和存在时间最长的宗派，在神学理论上对新教的大多数教派均有较大影响。目前，各国路德宗教会开展多种形式的宗教活动，出版刊物，每逢重大纪念日举行旨在扩大影响的庆典；积极发展教徒，吸收新成员；进行国际交往，加强联系，不定期地召开世界性路德宗会议，讨论各国路德宗活动事务和教义方面的争论问题；积极发展宗教教育，培养路德宗神职人员。

（本文与陈志强合写，原载《世界宗教资料》1983年第4期）

加尔文宗

加尔文宗（Calvinists）是以加尔文宗教思想为依据的新教各派的统称。该宗是16世纪瑞士宗教改革的产物，由法国人让·加尔文（Jean Calvin，1509—1564）1541年创立于日内瓦城。该宗实行长老制，主张由信徒推选长老与牧师共同治理教会，故又称为长老宗（Presbyterian），或称改革宗、归正宗（Reformed Protestantism）。

加尔文宗的教义、组织和礼仪是适应西欧日益成熟的资产阶级夺取政权与掌握政权的需要而产生的，并且在日内瓦城取得了胜利，特别是它为尼德兰和英国的"资产阶级革命的第二幕提供了意识形态的外衣"①。对资产阶级革命形势的发展起到了推动作用，因此，它是新教以至于整个基督教各派中影响较大的派别之一。17世纪以后，该宗随着欧洲移民和殖民扩张传播到美、亚、非洲，20世纪80年代初，有信徒4000余万人。该宗于1843年由美国北长老会传入我国。

一　日内瓦的宗教改革与加尔文宗的建立

日内瓦位于瑞士西南部，与法国接壤，地处罗讷河上游的莱

---

① ［德］恩格斯：《路德维希·费尔巴哈和德国古典哲学的终结》，《马克思恩格斯选集》第4卷，人民出版社1972年版，第252页。

芒湖（Leman Lake，现称日内瓦湖）畔，罗讷河由此流经法国入地中海。因此，该城自古以来与法国的经济、文化关系密切，居民说法语，是瑞士法语区的首府。15世纪日内瓦的首饰、皮毛、纺织、制鞋等手工业以及信贷业和过境商业已具有相当规模，出现了资本主义的萌芽。16世纪初，市民资产阶级在政治上开始强大，不满意封建领主和天主教会的控制，开展了争取独立与自由的反封建斗争，并开始意识到对政权的要求。

日内瓦自13世纪以来被位于阿尔卑斯山南麓的萨伏依公国所控制。1290年它开始委派行政长官统治该城，1444年又掌握了日内瓦主教的授任权。因此，驱逐与摆脱萨伏依公国的政治统治和宗教控制成为该城反封建的直接目标。16世纪初，日内瓦市民大会选出由60名议员（多为富商和市民上层）组成的六十人会议，开始参与掌管宗教、民政和法律事务，1527年又增设了200名议员的大议会和25人的小议会。它们在德意志宗教改革和瑞士德语区苏黎士城茨文利宗教改革的影响下，与邻近的新教城市伯尔尼（Bern）和弗莱堡（Freiburg）结为同盟，掀起反对萨伏依公国统治的斗争，于1530年推翻了行政长官的统治，迫使天主教主教出走，取得了反封建斗争的初步胜利。

日内瓦市民资产阶级取得政权以后，于1532年开始了宗教改革运动，6月9日，激进的新教徒在全城遍贴批判罗马教皇、反对出售赎罪券、要求宗教改革的标语。此时法国新教改革家、加尔文之密友法雷尔（Guillaume Farel，1489—1565）来到日内瓦，他自1526年开始曾在瑞士法语区埃格勒（Aigle）、伯尔尼等城市从事宣教工作，已取得了很大的进展。法雷尔到日内瓦后，多次举行宗教改革辩论会，得到市民群众的拥护，新教徒大增。他们占领教堂，捣毁偶像，废除弥撒，将修士驱逐出境，并于1536年初，在反抗萨伏依公国武装干涉取得胜利的基础上，于同年5月21日经市民大会投票决定，皈依新教，规定凡公民均应宣誓信奉福音，不参加新教者驱逐出境。宗教改革取得了初步胜利，但对教会组织的改革与教义、仪式的革新，尚待深入进行。在此情况下，1536年加尔文应法雷尔邀请在日内瓦从事宗教改革工作。

加尔文1509年7月10日生于巴黎东北约93公里之努瓦营（Noyon）的一个资产阶级家庭，曾求学于巴黎大学，修哲学、神学，1528年获文学硕士学位，继而从父命入奥尔良大学修法学，1531年获法学硕士学位。同年入法兰西人文主义学院学习希腊文与希伯来文，研讨《七十士译本圣经》，专攻神学及改革宗教。16世纪20年代，人文主义思想在法国早已广为流传，路德的思想和著作也已在法国传播，并且产生了拥护路德等改革家的新教派。加尔文在求学期间受到德意志人文主义者伊拉斯谟和法国人文主义者勒费弗尔以及激进的新教活动家的影响，逐渐转向人文主义和新教的立场。1531年他开始参加巴黎新教徒活动，发表了《塞涅加〈仁慈论〉评注》，表达了支持路德宗教改革和反对专制主义的倾向，这一作品被公认为是"典型的人文主义作品"①。1533年，由于他多方宣传路德的"因信称义"等宗教改革思想，被控为异端，被迫逃亡，先后流亡于昂古莱姆、巴塞尔、斯特拉斯堡和日内瓦。在流亡生活中，他接触到许多新教领袖，思想更为开阔，决心将新教的理论系统化、条理化。1534年在巴塞尔等地写出其代表作《基督教原理》一书，时年仅27岁。此书于1536年7月初出版于巴塞尔。初版的《基督教原理》篇幅不大，仅532页，八开本。此后，在其一生中陆续修改、补充，至1559年最后的修订版比初版的篇幅增加了5倍之多。《基督教原理》全书共4卷，各卷题目按照《使徒信经》的次序即父、子、灵、教会等排序，每卷约20章。此书的初版提出了长老宗神学思想的轮廓及"预定论"学说，并且将迄今的宗教改革思想系统化、理论化，使之成为长老宗的重要经典和权威著作。加尔文也因此成为第一

----

① 参阅［美］哈罗德·格里姆《宗教改革时代（1500—1650）》，麦克米伦出版公司1973年版，第257页。

个阐述系统神学纲领的新教理论家,并一度成为"法国抗议宗的领袖人物"①。1536年7月,他在赴斯特拉斯堡途中经过日内瓦,经法雷尔劝说留在日内瓦从事教会改革。

1536年7月至1538年4月期间,法雷尔与加尔文积极宣讲长老宗教义并说服小议会接受了他们提出的两项建议,即整顿道德风尚,严肃纪律,对违犯者轻则不许领圣餐,重则开除教籍;按照加尔文所著《教义问答》和法雷尔所著《信经》改革教会。1537年7月,大议会决定,所有市民均需宣誓接受新教理论,任何人有信奉天主教之表现者,如持念珠,保存圣物等,需议处;妇女着奇装异服者禁锢,赌博者戴镣,通奸者游街后流放。② 不久,加尔文的这些建议和措施遭到部分对宗教改革不满的市民和秘密天主教徒的反对,他们结成号称信仰自由的团体,抵制改革。此派在1538年2月的大选中取得胜利,获得议会的多数,通过决议,将加尔文及法雷尔以异端名义驱逐出境。法雷尔前往纳沙泰尔(Neuchatel)城任牧师,在此终其余生;加尔文则去斯特拉斯堡出任该城法国移民的牧师,此后3年中,他充实了《原理》的内容,并设计了长老宗的教会组织,使之适应于市民资产阶级掌权的需要。1541年,日内瓦支持宗教改革的一派再度掌握政权,重邀加尔文回城主持改革大计。

1541年开始,加尔文在日内瓦进行了全面的宗教改革。该年9—10月间,在他主持下拟定了《教会宪章》(Ecclesiastical ordinances)③,确定了教会以长老为中心的组织领导体制;明申了各类神职人员的任务、职责、礼仪的具体规定与内容以及政教之间

---

① [英]基德:《欧洲大陆宗教改革运动文献精选》,第532—533页,转引自[美]威利斯顿·华尔克《基督教会史》,西蒙舒斯特公司1970年版,第350页(Williston Walker, *A History of the Christian Church*, New York: Simon & Schuster Inc, 1970, p. 350)。
② [美]威尔·杜兰:《宗教改革》,《世界文明史》第19卷,第202页。
③ 新教教会译为《圣会律例》《教会法规》《宗教法典》。

的关系等,并开始付诸实践,故一般认为1541年为加尔文宗诞生之年。该宗的权威机构为长老会(Presbytery)或称宗教法庭(Consistory),由小议会和大议会推举出长老12人和牧师5人组成,加尔文任长老会主席。长老会负责监督信徒的宗教生活和审理宗教案件,每星期四开庭,最高处分可开除教籍,超过此限度者则由政府机关审理。此后23年,加尔文全力投入长老会的建设和帮助巩固日内瓦的神权共和国的工作。在此期间他的重要著作还有《教义问答》(修订版)、《论教会改革之必要》《清算特伦特会议教会》和《圣经》释义多种。1564年,加尔文病逝于日内瓦。

二 加尔文宗的教义、组织和礼仪

加尔文宗是基督新教的主要宗派之一,它除信奉新教的主要信条外,根据加尔文的《基督教原理》《教会宪章》《教义问答》,该宗在教义、组织、礼仪方面具有以下独特的内容。

(一)预定论(predestination)。或译为前定论,这是加尔文学说的中心与主要特征,它是以路德的"唯信称义"为基础,结合保罗与奥古斯丁的预定论的内容演变而来。他给预定论所下的定义是"我们所谓的预定是指上帝以其永恒的旨意决定世界上每一个人所要成就的,因为人类被创造的命运不同,永恒的生命为某些人所前定,对于另一些人,则是永罚。既然每一个人都是为着或此或彼的一个结局而创造,所以我们说,他是被预定了或生或死的"[①]。即上帝以其绝对的、不可改变的最高意志对世人进行拣选,被选中者是上帝的选民,即"义人"或"称义";否则为

[①] [法]加尔文:《基督教原理》第3卷,第21章,第2卷,第926页(Jean Calvin, "Institutes of the Christian Religion", *The Library of Christian Classic*, Vol. 20, Philadelphia: Presbyterian Board of Publication and Sabbath, 1921, p.926)。

"弃民",要受永罚。"选民"或"称义"与个人的祈祷、善行无关,完全在于上帝的恩惠。他理解的"称义"与路德不同,路德认为"称义"是人与上帝的神秘结合,可以得到人世间所得不到的宁静与快乐;而加尔文认为"称义"或"选民"则是上帝使之充满基督的灵,成为基督的战士,获得活动的方法、激励与能力,使之在事业上获得成功。至于谁是选民、谁是弃民并非神秘莫测,尽管上帝的决定秘而不宣,但可通过上帝的呼召体现出来,对每个人来说,皆应坚信自己是选民并应百折不挠地努力苦干,若某人在对社会有益的各种职业中百事如意、硕果累累,并且道德高尚,参加教会且信仰坚定,就是他蒙呼召成为选民的外在标志。否则,便是弃民。他的这一学说"适合当时资产阶级中最勇敢的人的要求"[①]。把资本主义原始积累时期的社会分化、商业竞争的成功与失败的社会现实加以神化,鼓励资产阶级追求财源,发家致富,同时又使失败的破产者、社会下层和没落的贵族服从命运的安排,接受上帝的决定。他的这一思想后来由其门徒发展为"世间使命说",认为"靠遗产收入为生的懒惰习性,似乎完全是罪恶的,从事于一种没有确定的目的,又不能获得物质利益的职业,似乎是对时间和精力的愚蠢浪费,不充分利用获取物质利益的机会似乎是不关心上帝之事,懒惰是最可怕的恶行"[②]。它鼓励信徒鄙视轻闲与浪费,应珍惜时间节约钱财,充分利用与掌握时机发财致富,选民不仅在现实世界中获得财富,而且死后可以升天堂,得到上帝的承认,因而,更加符合新兴资产阶级的要求,得到他们的广泛拥护。

(二)共和制的教会组织。加尔文继承了路德的"平信徒皆为祭司"的理论,认为应理解为由平信徒管理教会。根据其《教

[①] [德]恩格斯:《〈社会主义从空想到科学的发展〉英文版导言》,《马克思恩格斯选集》第3卷,人民出版社1972年版,第390页。
[②] [德]特勒尔奇:《基督教社会思想史》,第389页。

会宪章》的规定,教会中设立四种职务:长老、牧师、教师、执事。长老为世俗信徒的领袖,由议会选举产生,每年改选一次,可连选连任,负责维持秩序、道德和纪律以及教会的管理;牧师为神职人员,在长老们的委托下管理教务工作,负责施行圣礼,解释《圣经》,训练与审查预备牧师,与组成牧师团(Vencrable Company),"无牧师团的许可任何人不得在日内瓦传教"[①];教师负责日内瓦学校的领导工作和宣传事业;执事是由信徒选举出来的不脱产的协助长老和牧师的教会管理人员,掌管慈善机构,负责救济和医疗工作。教会的权威机构是由议会选出的长老12人,牧师5人组成的长老会。此后,各国的加尔文宗坚持了这一制度,基层教堂由信徒选出长老管理,由长老聘请牧师,各教堂的长老、牧师各1人组成教区长老会,再由各教区推选出长老1—2人,牧师1人,组成全国性的长老会。长老制发挥了一般信徒的管理作用,这是资产阶级反对封建专制,要求共和政治在宗教上的反映。恩格斯说:加尔文的组织原则"以真正法国式的尖锐性突出了宗教改革的资产阶级性质,使教会共和化和民主化"[②]。

(三)圣礼观。加尔文认为凡无《圣经》根据的圣礼应一律废除,仅保留洗礼与圣餐两项。他的圣餐观介于路德的"临在论"与茨文利的"纪念论"之间,主张"参与论"。他认为领受圣餐的饼与酒既非真实的耶稣的肉与血,也非仅有纪念的性质,而是在圣餐中,人可凭借信仰领受属灵的基督,实质上是"参与"了基督的肉和血。此外,该宗对饼酒的要求较为灵活,发酵饼与无酵饼,红葡萄与白葡萄酒均可。

(四)教会观。加尔文的教会观与路德有所不同。路德认为教会是提供恩典的拯救灵魂的机构。加尔文则认为除此以外,教

[①] [美]威尔·杜兰:《宗教改革》,《世界文明史》第19卷,第207页。
[②] [德]恩格斯:《路德维希·费尔巴哈和德国古典哲学的终结》,《马克思恩格斯选集》第4卷,第252页。

会还应监督国家、家庭和社会发扬上帝之道,应把全部社会生活置于基督教的典章和目的支配之下,使社会基督教化,以新教的思想改造社会。因此,他特别强调关心政治,认为改造社会是每个信徒的责任,应培养信徒的政治意识,有条件者应在政府中担任官职,做官是各种职业中最高贵的职业,不担任官职者亦不应逃避责任,而应积极地监督政府的政策是否符合基督教的原则。在日内瓦,他以牧师的身份参加议会,借以对政府的政策施加影响;又由议会选出长老领导教会,实际上将政权与教权合为一体,实行共和制的神权政治。与此同时,他还强调基督徒应服从政府的权力,即使是不良的统治者,亦应服从。但若统治者违反上帝的意志,则不应服从,可以武力反抗,以刀剑对付暴君,长老会议应加以指导。加尔文在各国的后继者发展了他的这一思想,强烈攻击专制主义、暴虐政治,主张主权在民。加尔文在日内瓦期间还努力改造社会风气,提高道德水平。他制定了《日内瓦法规》(*Geneva Discipline*),强调日常生活的宗教意义,谴责散漫轻浮,并通过政府强制取缔赌博、跳舞、酗酒、贪吃、穿奇装异服、卖淫等,违者要判刑或驱逐出境。未成年的女孩如穿艳丽衣裙,其母要被拘留两天。

综上所述,加尔文继承并且改造了路德的基本教义,使之更加适应资产阶级在经济上发家致富、积累资本的要求和政治上夺取与掌握政权的需要。由于他摒弃了路德宗依赖封建主的软弱、妥协部分,在加尔文宗中没有君王、诸侯的地位,并且主张民主共和制,因而在资本主义较发达的西欧得到广泛传播。

17 世纪后,长老宗在流传的过程中,在教义等方面发生了一些变化。例如,在 17 世纪,它吸收了较多的人文主义思想,强调人在拯救中的主动性;18 世纪,受启蒙运动的影响,突出了人与神的契约关系;19 世纪,在近代自然科学发展的影响下,强调理性和经验的作用。但"预定论"和共和主义始终是该宗教义的基本点。17 世纪以后,该宗在教会观方面亦有所变化,随着历史的发展和在各国的流传，他们抛弃了早期加尔文宗在日内瓦所主张的国家与教会结合为一体的神权政治观念和排斥其他教派的思想，改变为容许在一个国家中几个不同的教派并存和实行政教分离。

三　加尔文宗的发展和传播

由于加尔文在日内瓦成功地建立了共和制的长老派教会，并且实际上控制了世俗政权，又于1559年创建了日内瓦学院（即后来的日内瓦大学），它成为加尔文宗神学的最大的中心学府，训练出来的传教士被派往西欧各国，前往参观学习者络绎不绝，因此日内瓦在16世纪50年代后一度成为改革宗的基地，曾被称为"新教的罗马"。加尔文宗的影响远远超出日内瓦之外，不仅渗入波兰和匈牙利，而且也在德意志西部得到发展，其影响比较大的国家是法国、荷兰、苏格兰和英格兰。16世纪30年代中期，该宗的思想已在法国流传，特别是在法国南部的社会下层、部分资产阶级和欲夺取教产的中、小贵族中广为流传，并得到知识分子和下层神父的支持，形成了与专制国王和天主教会敌对的势力，遭到镇压。1569年，各地新教教会组成全国性的教会，称为胡格诺派（Huguenots）[①]，势力大增，导致新旧教之间30余年（1562—1598）的武装冲突，史称"胡格诺战争"。1598年双方妥协，亨利四世颁布《南特敕令》，承认胡格诺教徒的信仰和宗教活动的自由，其神职人员与旧教职人员同样享有免服兵役的特权，新教教会得到迅速发展。

16世纪后半期，日益成熟的荷兰资产阶级以加尔文宗为旗号发动反对西班牙统治的革命斗争。1566年爆发了大规模群众性的破坏圣像运动，参加者捣毁教堂、修道院，焚烧教会的债

[①] 或译为雨格诺派。此名的来源其说不一，一般认为得名于德文"结盟者"（Eidgenossen）。

券、地契，没收教产，成为武装起义的开端。经过长期武装斗争，迫使西班牙承认尼德兰北部的独立，在荷兰建立了第一个资产阶级共和国。恩格斯指出："当路德的宗教改革在德国已经蜕化并把德国引向灭亡的时候，加尔文的宗教改革却成了日内瓦、荷兰、苏格兰共和党人的旗帜，使荷兰摆脱了西班牙和德意志帝国的统治。"①

苏格兰长老宗的奠基人和理论家是约翰·诺克斯（John Knox，1514—1572），16世纪50年代初曾被迫害逃亡日内瓦，受到加尔文的重视。1559年他回到苏格兰，领导长老派贵族和新兴资产阶级发动反对法国统治的民族战争，在英军的支持下，迫使法国撤军，推翻了天主教会的统治，加强了国会对王权的约束。胜利后，苏格兰召开了长老会第一次全国会议；1567年经国会通过决议宣布长老宗为国教。他的著作有《诺克斯全集》。

16世纪50年代，英格兰在玛丽女王（1553—1558年在位）统治时期，许多新教徒遭到迫害，逃亡到日内瓦，接受了加尔文宗的思想，主张以加尔文的教义改造英国国教。在60—70年代他们要求清除国教内部的天主教残余，实行长老制，被称为清教徒。17世纪40年代，代表大资产阶级和上层新贵族的清教徒长老派和代表中、小资产阶级的清教徒独立派以清教运动的形式发动了英国资产阶级革命。在革命进程中长老派一度控制了英国长期国会。1643—1648年，长期国会在威斯敏斯特（Westminster）举行会议，根据加尔文的教义制定了《威斯敏斯特信纲》《教义问答》和《礼拜规定》，决定废除主教制，实行长老制，在英格兰、苏格兰和爱尔兰全力推行长老宗信仰。该信纲后来成为英国及各英语国家长老宗的基本信条。克伦威尔控制国会，建立军事独裁后，对长老宗未进行迫害。此后长老

---

① ［德］恩格斯：《路德维希·费尔巴哈和德国古典哲学的终结》，《马克思恩格斯选集》第4卷，第252页。

宗在英国不断发展，并分化为若干派别。目前该宗在英国为仅次于安立甘宗的新教第二大宗派。

17世纪，该宗随流亡海外的清教徒与荷兰移民传至北美，各长老派移民团体建立了独立教会，信徒众多。美国南北战争时期，该宗各派因对奴隶制的态度不同，逐渐形成两大阵营，即谴责奴隶制的传统长老会（The Old School Presbyterians）和赞成奴隶制的美国南部联邦各州长老会（The Presbyterian Church in the Confederate States of America），内战后各派重新分散活动，目前美国有长老宗信徒350余万。

该宗于1843年由美国北长老会牧师哈巴和高利传入我国广州。此后又有苏格兰福音会、英格兰长老会、加拿大长老会、爱尔兰长老会、新西兰长老会、美国南长老会、归正教会、复初会、约老会、基督同文会和苏格兰长老会11个团体派员来华传教，遍及广东、福建、浙江、江苏、山东、河北、河南、安徽、湖南、湖北、辽宁、吉林等地。在广东的各会联合创办了协合神学校、岭南大学，北长老会建立了夏葛医科大学。1901年在我国的8个较大的长老会发起合一运动，于1916年成立了中国联合长老会。

20世纪70年代以来，世界各地长老会出现联合趋势。1970年在肯尼亚首都内罗毕成立"改革宗（长老会与公理会）世界联盟"［The World Alliance of Reformed Church（Presbyterian and Congregational）］。该组织为协作组织，内部无严格隶属关系，由1891年在伦敦成立的"国际公理会会议"（The International Congregational Council）和1875年在伦敦成立的"世界长老制改革宗联盟"（The Alliance of the Reformed Church Throughout the World Holding the Presbyterian Order）联合而成。据1981年《世界年鉴》等工具书的资料，该宗有147个独立的教会，分布在80个国家和地区，信徒4000余万人，其中，影响较大，人数较多的团体有18个，它们是：

加尔文宗

表1　　　　　　　长老宗人数较多的团体　　　　　　（单位：人）

名称	建立时期	人数
荷兰的改革教会（Reformed Church of the Netherland）	16 世纪	3233073
荷兰改革教会（Reformed Church in the Netherland））	1892 年	808000
加拿大统一教会（United Church of Canada）	1925 年	3768800
南非改革教会（Reformed Churchin South Africa）	1652 年	1933233
匈牙利改革教会（Reformed Church of Hungary）	16 世纪	1954000
合众国长老会（Presbyterian Church in the U. S.）	1865 年后	957560
美国改革教会（Reformed Church in the America）	17 世纪	380133
美国基督教改革教会（Christian Reformed Church）	1857 年	286094
美国坎伯兰长老会（Cumberland Presbyterian Church）	1810 年	92368
英国威尔士长老会（Presbyterian Church of Wales）	18 世纪	187651
英格兰长老会（Presbyterian Church of England）	1876 年	11000
英国苏格兰统一自由教会（United Free Church of Scotland）	1900 年	27844
苏格兰自由教会（Free Church of Scotland）	1843 年	24000
英国苏格兰教会（Church of Scotland）	16 世纪	1150000
爱尔兰长老会（Presbyterian Church in Ireland）	1840 年	397410（含加尔文宗）
德国福音教会（Evangelical Church in Germany）	1948 年	7000000
法国改革教会（Reformed Church of France）	1938 年	49609
捷克改主教会（Reformed Church, Czechoslovakia）	1918 年	290000

据《世界基督教百科全书》（David B. Barretted., *World Christian Encyclopaedia*, Oxford University Press, 1982）相关数字编制。

（本文与陈志强合写，原载《世界宗教资料》1984年第1期）

245

近年来西方史学界的闵采尔研究热潮

托马斯·闵采尔（Thomas Müntzer，1489—1525）是中世纪德国农民战争的领袖，同时也是16世纪三大宗教改革家之一，在德国历史上占有较重要的一席之地。长期以来受到西方史学界的重视，尤其是20世纪90年代前后，西方出现了闵采尔研究的热潮，发表了一批新成果。为开拓我们的视野，把我国的闵采尔研究引向深入，本文欲对西方史学界出现闵采尔研究热潮的原因、发表的主要著作及其主要观点作一概括介绍。

就其原因而言，大致有三个方面。第一，第二次世界大战后西方的闵采尔研究一直因意识形态的分歧而观点相左，由互不相容的马克思主义者和新教路德宗学者的观点所主宰。到20世纪70年代，双方开始对话，至80年代，随着世界政治形势的缓和，冷战的淡化与结束，双方均感到有必要客观地、不带政治偏见地进行缜密研究，重新评价这一历史人物。第二，80年代新发表了一批有关闵采尔的原始资料。最重要的是闵采尔的著作书信集。此书虽在1968年已由京特·弗兰茨编辑出版，却存在着严重缺陷，到80年代末，德国史学家乌尔里希·布本海马重编此书，并把1968年以来新发现的资料和原来省略的资料收入，使之成为一部可以信赖的资料集；另外1989年，彼得·马西森（Peter Matheson）将《托马斯·闵采尔全集》译为英文出版，为研究者带来了方便。第三，按照传统的观点，1989年

近年来西方史学界的闵采尔研究热潮

是闵采尔诞生 500 周年，是年在德国（包括原东德与西德）、美国、英国都举行了大型的闵采尔诞生 500 周年纪念会，从而掀起了闵采尔的研究热潮。

会后出版了一批学术专著，其中重要的有：格哈特·布伦德勒的《托马斯·闵采尔：思想与行动》（Gerhard Brendler, *Thomas Müentzer: Geist und Faust*, Berlin: Deutscher Verlag der Wissenschaften, 1989）；乌尔里希·布本海马的《托马斯·闵采尔：出生与成长》（Ulrich Bubenheimer, *Thomas Müntzer: Herkunft und Bildung*, Leiden: E. J. Brill, 1989）；亚伯拉罕·弗里森的《托马斯·闵采尔，不敬神者的摧毁者：16 世纪宗教革命的形成》（Abraham Friesen, *Thomas Muentzera, Destroyer of the Godless: The Making of a Sixteenth-Century Religious Revolutionary*, California: University of California Press, 1990）；汉斯－于尔根·格尔茨的《托马斯·闵采尔：神秘主义者、预言家、革命者》（Hans-Jürgen Goertz, *Thomas Müntzer: Mystiker, Apokalyptiker, Revolutionär*, Munich: C. H. Beck, 1989）；埃里希·W. 格里蒂希的《托马斯·闵采尔：一个错误的悲剧》（Erich W. Gritsch, *Thomas Müntzer: A Tragedy of Errors*, Minneapolis: Fortress Press, 1989）；汤姆·斯科特的《托马斯·闵采尔：德国宗教改革中的神学与革命》（Tom Scott, *Thomas Müntzer: Theology and Revolution in the German Reformation*, New York: St. Martin's Press, 1989）；京特·福格勒的《托马斯·闵采尔》（Günter Vogler, *Thomas Müntzer*, Berlin: Gütersloher Verlagshaus, 1989）。这些论著就闵采尔的生平、神学思想、其神学与革命的关系等问题作了广泛探讨，主要讨论的问题及其观点如下。

一　关于闵采尔的生辰及早期经历

闵采尔的出生时间始终是一个悬而未决的问题。戚美尔曼认

第四编　新教宗派研究

为他出生于 1490—1493 年间；① 恩格斯认为是 1498 年；② 《不列颠百科全书》认为是 1490 年之前；缪索在其《闵采尔及其时代》一书中提出了三个时间：1490 年、1493 年及 1498 年；③ 德国保守的史学家海因里希·贝默尔于 1922 年提出 1488 年或 1489 年之假设；④《新编天主教百科全书》认为可能是 1468 年。总之，众说纷纭，莫衷一是。1989 年德国史学家布本海马经过最仔细的推敲，认为"闵采尔大致出生在 1470—1495 年间，而且此时段的后半期比前半期可能性更大"⑤。据此看来，闵采尔确切的出生时间仍然是一个有待继续考证之谜。

探讨闵采尔早年经历的权威著作是布本海马之书。它把有关闵采尔到茨维考任牧师前的成长时期（1519 年以前）的各种资料和观点汇于一册。在该书中，布氏对公认的有关闵采尔早期生平的"传说"作了广泛探讨，从中区分出哪些是全无根据的、哪些是看似有道理却不能肯定的、哪些是有可能却未经证实的。如他把闵采尔于 1506 年或 1507 年进入莱比锡大学，1519 年出席了路德与艾克的莱比锡论战这两件事都归于最后一类。此外，他对一些传统看法也提出了挑战，认为马太斯·闵采尔不是闵采尔的父亲，闵采尔也未曾任不伦瑞克的圣马丁学校的教师。他不仅力图

---

① ［德］威康·戚美尔曼：《伟大的德国农民战争》（上册），北京编译社译，商务印书馆 1982 年版，第 195 页。
② 《马克思恩格斯全集》第 7 卷，人民出版社 1965 年版，第 410 页。但在该卷第 671 页第 222 注中又订正为 1490 年。
③ 转引自刘明翰《试论闵采尔》，《世界历史》1979 年第 5 期。
④ ［加拿大］詹姆斯·M. 斯特耶：《1989 年的闵采尔研究论述》，《16 世纪杂志》1990 年第 4 期，第 655 页［James M. Stayer, "Thomas Muntzer in 1989: A Review Article", *The Sixteenth Century Journal*, Vol. 21, No. 4 (Winter, 1990), p. 655］。
⑤ ［德］乌尔里希·布本海马：《托马斯·闵采尔：出生与成长》，布里尔出版社 1989 年版，第 19 页（Ulrich Bubenheimer, *Thomas Müntzer: Herkunft und Bildung*, Leiden: E. J. Brill, 1989, p. 19），见詹姆斯·M. 斯特耶《1989 年的闵采尔研究论述》，《16 世纪杂志》1990 年第 4 期，第 655 页。

删去这些证据不足的假设，也提出了自己的见解，如他认为，闵采尔于 1519 年初曾到奥拉明德，并在此研究过陶勒尔的著作等。布氏著作集中探讨了闵采尔在 1514—1517 年作为牧师在不伦瑞克的经历，及 1517—1518 年作为学生在维滕贝格的经历，至少在两个方面推进了闵采尔研究：

其一，他以不伦瑞克的新资料为基础，就闵采尔的家庭出身提出了一个新看法。在 20 世纪的闵采尔生平研究中，其出身一直是个推测性较浓的领域，有人甚至以他后来在农民战争中担任的角色而认为他出身于社会下层。布本海马认为，要确切证实闵采尔父亲的名字及职业是不可能的，不过，他用不伦瑞克的新资料勾勒了一个由其亲属、姻亲及朋友构成的圈子。布氏从闵采尔与金工有许多私下交往而推测他很可能当过铸币工及钱商；此外，他的亲属和姻亲都是城市居民，一个批发商，数名城镇市议员。据此，布氏推测：闵采尔的家庭和路德的家庭不仅源于同一地区，而且同属一类人，他们都直接或间接地从图林根的铜矿这一新财富中获利，因而使他们能得到就业和受教育的机会。福格勒直截了当地表达了布氏的这一推断，即"闵采尔很可能是一个较富裕的市民"①。

其二，路德与罗马教皇论战的最初几年，闵采尔是否正在维滕贝格，西方史学界对此存有怀疑，布本海马证实了这一点。他对维滕贝格的新资料之一、闵采尔手写的一份材料作了分析，认为这是闵采尔听人文主义学者阿斯蒂坎皮鲁斯（Aesticampianus，1457—1520）于 1517—1518 年之冬在维滕贝格大学就圣·杰罗姆的一部著作系列讲演时所作的笔录残片。布氏强调这个人文主义学者对闵采尔后来神学思想的形成有重要影响。

---

① ［加拿大］詹姆斯·M. 斯特耶：《1989 年的闵采尔研究论述》，《16 世纪杂志》1990 年第 4 期，第 659 页。

第四编　新教宗派研究

二　闵采尔革命神学形成的时间

对闵采尔革命神学形成于何时，西方史学界看法也不一致，以1520年5月为界，存在两派观点。一派认为是在此之前；另一派认为是在此之后。后者的代表人物是布本海马，他研究闵氏早期生平后认为："在探讨闵采尔早期生平中，我既没有遇见一个革命的闵采尔，也没有碰到一个在'革命途中'的人"[①]，其革命神学是他到达茨维考后，在与伊格拉努斯论战期间才形成的，而在此之前，他仅具有进步的改革观。弗里森的看法与布本海马的观点截然相反，他认为，闵采尔来到茨维考之前，即已形成了"充分完备的爆炸性神学"[②]，这种神学与路德或维滕贝格几乎无任何关系，它的形成既无须方济各会修士或伊格拉努斯的反对，也无须尼古拉斯·施托黑的支持。闵氏神学思想的形成并不是由于他与早期宗教改革人物有过几次善意或恶意的遭遇，而是他读了三位古代和中世纪作家奥古斯丁、犹西比乌斯和陶勒尔的著作。格尔茨虽然支持布本海马的观点，在具体论述上却又不同，他认为闵采尔在离开维滕贝格前不久，没有迹象表明他已意识到自己与路德的分歧，当然也不意味着在此之前他就与路德拥有同样的神学。当时，他们都还在从中世纪思想因素中汲取营养发展自己的神学。不过，闵采尔思想的形成显然要比路德晚得多，只是到了茨维考时期，其独立的神学才开始定型。[③] 布伦德勒支持布本海马的观点，不过，他明确提出，闵采尔神学形成的标志是1521年11

[①] ［德］乌尔里希·布本海马：《托马斯·闵采尔：出生与成长》，布里尔出版社1989年版，第19页。见［加拿大］詹姆斯·M.斯特耶《1989年的闵采尔研究论述》，《16世纪杂志》1990年第4期，第660页。
[②] ［加拿大］詹姆斯·M.斯特耶：《1989年的闵采尔研究论述》，《16世纪杂志》1990年第4期，第660页。
[③] ［加拿大］詹姆斯·M.斯特耶：《1989年的闵采尔研究论述》，《16世纪杂志》1990年第4期，第661页。

月《布拉格宣言》的发表。

三 闵采尔与路德的关系

这里包括两个问题：路德对闵采尔的影响，路德与闵采尔的决裂。

关于第一个问题，西方史学界都承认路德对闵采尔具有影响，不过对影响的程度，却有不同看法。弗里森认为，虽然路德对闵采尔革命神学的形成没有影响，但闵采尔对路德《论忏悔》（1521）一书作出了积极的反响；他还认为，闵采尔在维滕贝格时，路德是他了解奥古斯丁、陶勒尔的中介人。而布本海马则认为，使闵采尔了解神秘主义的不是路德，而是卡尔斯塔特。闵采尔于1520年5月到达茨维考时，具有以后两年中分裂为伊拉斯谟派、路德派和激进派的维滕贝格大学全体教员的进步改革观。言下之意，路德的影响只占极小部分，因为路德在当时并不是该大学"唯一令人感兴趣的教授"，1517—1519年的维滕贝格大学也"不是一所路德派大学"。布伦德勒认为，1521年前的闵采尔属路德派，只是在该年碰上"茨维考的先知"后，才"抛弃了路德神学，转向神秘的唯灵论"①。

关于闵采尔与路德决裂的原因，西方学者提出了三点：

其一，闵采尔对《圣经》有独特看法。布本海马认为，闵采尔善于比较《圣经》版本，对《圣经》解释有独到之处。他反对伊格拉努斯对《新约》的本本主义，认为圣经启示只有通过圣灵获得，反对那种对《新约》断章取义、用一种教规去论证另一教规的做法；福格勒也认为，闵采尔反对以纯学术的、语言学的方法来对待《圣经》，反对直观理解《圣经》，在《圣经》中寻找的应是一种灵性体验。故他们认为，这种唯灵论及闵采尔对伊格拉

---

① ［加拿大］詹姆斯·M. 斯特耶：《1989年的闵采尔研究论述》，《16世纪杂志》1990年第4期，第659、661—662页。

努斯本本主义的痛恨为他后来攻击路德埋下了伏笔。

其二,闵采尔神学具有更浓厚的神秘色彩。其神学坚信到世界末日时,即在"这个收割时节,不敬上帝者必须被摧毁"①,因而他鼓励其追随者起义,诉诸武力,而路德反对其神学及使用武力的做法。

其三,虽然闵采尔在后期已意识到自己与路德在神学上的分歧,认识到路德的唯信称义是一种"廉价、甜蜜"的宗教,但仍尽力去争取他,决裂主要来自路德一方。同时,路德对闵采尔主张武力也有误解。

福格勒认为,闵采尔在阿尔斯泰特建立的团契是个自卫性组织,当时的阿尔斯泰特是信仰新教的萨克森选侯的一块飞地,四周是蠢蠢欲动的信奉天主教的诸侯,他们迫害去听闵采尔布道及参加新教仪式的臣民,闵采尔诉诸武力,只是为了保护平民,使其不致因听取新教福音而遭到迫害;他还证明,闵采尔在1525年5月的军事行动目标也只是限于征服缪尔豪森周围50英里的地方。弗里森也认为,闵采尔迫不得已才以这种方式来保护其宗教改革及其追随者。但是,这种诉诸武力的号召,却使路德与闵采尔的神学分歧达到了顶点。然而,仅6年后,路德也认为"保护福音的武力是正义的"②。因此,分裂其实来自路德,而闵采尔并不愿意把神学分歧转化为政治对立。

四 闵采尔神学的思想渊源及内容

西方学者认为,闵采尔就读于维滕贝格大学时,受到了人文

---

① [美]亚伯拉罕·弗里森:《托马斯·闵采尔,不敬神者的摧毁者:16世纪宗教革命的形成》,加利福尼亚大学1990年版,第271页(Abraham Friesen, Thomas Muentzera, *Destroyer of the Godless: The Making of a Sixteenth-Century Religious Revolutionary*, California: University of California Press, 1990, p. 271)。
② [加拿大]詹姆斯·M. 斯特耶:《1989年的闵采尔研究论述》,《16世纪杂志》1990年第4期,第668页。

主义的影响，此为其神学中的重要因素之一。

他们还认为，使闵采尔的各种神学思想融为一体的是一种"秩序"观念（ordo rerum），此观念来源于古昆体良修辞学派（The Antique Rhetoric of Quintilian），它使闵采尔有关《圣经》、历史、自然乃至个人启示的成熟神学融为一体。布本海马的这一见解得到了公认。

西方史学界普遍认为神秘主义对闵采尔有重大影响。弗里森甚至认为闵氏神学直接来源于神秘主义，而与其他一切无关。这当然有极端之嫌，不过，他对闵氏神学中的神秘成分所做的研究是一流的。他认为闵采尔神学得力于陶勒尔、犹西比乌、奥古斯丁等人的著作，闵采尔虽未引用陶勒尔的原话，但对一个早已熟悉德国神秘主义观点及虔诚的人来说，很容易做到融会贯通。他还认为，闵采尔在探索外部世界时，不只是运用了其神秘灵性，而且直接表达了一种天启观念，此为把犹西比乌教会史和奥古斯丁在其反多纳图斯派的论战中、对稗子比喻之解释相结合的产物。它构成了闵采尔的信仰，他相信：基督教在2世纪就已堕落，因为那时就有一个堕落的教士用仪式取代了圣灵对个人的直接启示；在收割时节即将来临之前，稗子将会压制麦子，这是上帝的意志，而路德宣布的基督徒的孤独状态是圣灵在世界末日前夕重新活动的一个迹象；在此时刻，为使麦子长起来，必将稗子拔掉。

布伦德勒的看法实质与上述观点一致。他认为闵采尔神学具有神秘唯灵论特色，同时也是一种基于相信2世纪教会堕落之上的历史神学，此神学的内容包含着"叫有权柄者失位，叫卑贱者升高"①，以恢复耶稣和使徒的教会。

总之，对闵采尔神学中的神秘因素，多数学者都注意到"近代虔诚"（Modern Devotion）和圣灵直接启示在其中的分量，只有弗里森提到奥古斯丁和犹西比乌对其神学的重要影响，他是第一

---

① 《新约·路加福音》1：52。

位研究此点的专家。

五　闵采尔革命经历的一致性问题

这是学者们探讨的主题之一。大家都公认，闵采尔作为一个投身于变革现实的宗教改革家，其生涯必有某种一致性，即使不是从茨维考时期开始，至少也应从布拉格时期开始。一般说来，西方史学家倾向于从一种始终如一的神学中去寻求这种一致性，而原东德的马克思主义学者们则是从他对革命形势的响应中来探讨这一点。当然，西方学者并不否认这种革命形势，而原东德的史学家也不否认这种始终如一的神学。其具体看法如下：

格尔茨认为，闵采尔是一位始终如一的革命家，从《布拉格宣言》到逝世，他实质上都坚持了同一种神秘的革命神学，在此神学中，人的灵魂通过圣灵得到再生与社会政治结构的革命变迁融为一体，这是其一致性的主流。同时，格尔茨又从实践方面来丰富其论断，他从反教士的社会动力入手，探讨闵采尔革命自觉意识的发展。他认为，在闵采尔宗教改革神学中，选民的敌人是分段扩大的，从教皇和罗马教士到人文主义学者，进而扩大到路德派《圣经》神学家、直至各种统治者。在这种反教士气氛包围中，闵采尔直到生命最后数日才弄清楚自己神学的社会政治含义——它十分符合逻辑地使他当上了起义平民的领袖。总之，格尔茨认为，闵采尔神学的逻辑将他塑造成一个对不敬神者的摧毁者，而反教士传统和宗教改革经历，又使他确认了这些不敬神者，即一切特权阶层。这表明，格尔茨主要是从神学方面来探讨闵采尔经历的一致性的。

弗里森主要也是从神学方面来探讨其一致性。他认为，由于闵采尔有一份天启的在世界末日前夕消灭不敬神者的议事日程，故他对当时形势作了实践性的反应，或至少是尽可能地去实践。依弗里森的逻辑，闵采尔有一份杀人计划，只是受到环境所限，未能如愿。他反对格尔茨关于闵采尔永不会跨出自卫门槛的看法,认为闵采尔已越过自卫范围,用暴力去夷平天主教信仰,并在势力所及的范围内取得了成功。此外,还有一个因素迫使闵采尔走上革命道路,弗里森说:"不管怎样,促使闵采尔断然与他同时代的多数人决裂的是因为他相信:在这'收割时节'不敬神者必须被摧毁。"[1]

福格勒从神学与革命两方面对此作了探讨,他认为,闵采尔作为一个宗教改革家,其神学纲领的发展,及宗教改革对城乡下层民众的深入人心,这二者并行发展使闵采尔成为最杰出的宗教改革家,又使他成为农民战争的领袖。闵采尔至死所坚持的是同一神学,它在客观上与那种用物质标准把人分为高贵者与卑贱者、富人与穷人的政治社会等级制度相对抗,故受到诸侯的敌视,闵采尔出于保卫自己的宗教改革理论,只得与平民联合起来为"神的法律"而斗争。

此外,还有两人仅从单方面论述此问题。一是布伦德勒,他虽然确信闵采尔的纲领本质上是神学的,不过,他只从闵采尔对革命形势的反应方面来探讨闵采尔。他认为,闵采尔在阿尔斯泰特成为激进分子,在缪尔豪森和弗兰肯豪森为革命而战,故有人评论说,布伦德勒的闵采尔是"一个穿着16世纪服装的近代革命家"[2]。另一为斯科特,他单从神学方面来探讨。他接受格尔茨对闵采尔神学方面的见解,却未注意到格尔茨理论的双重性,结果,他的闵采尔成了某种神学决定论的单纯产物,成为一个教条主义的盲从者,躬身于用毁灭世界的理论去神秘地净化自己的灵魂。

---

[1] [美]亚伯拉罕·弗里森:《托马斯·闵采尔,不敬神者的摧毁者:16世纪宗教革命的形成》,加利福尼亚大学1990年版,第271页。
[2] [加拿大]詹姆斯·M.斯特耶:《1989年的闵采尔研究论述》,《16世纪杂志》1990年第4期,第665页。

六　对闵采尔评价的新趋势

20世纪70年代以前，闵采尔研究分为新教路德宗学者和马克思主义者两大派，由于意识形态上的分歧，对闵采尔的评价各执一端。70年代后，双方在此问题上开始对话，但在认识上相距太远。至90年代前后，对闵采尔的评价出现了大同小异的趋势。如格尔茨关于闵采尔是一个革命神学家的观点与原东德的"左翼"史学家福格勒的结论基本相同，福格勒认为，从近代的观点看，闵采尔创造了一种"革命神学"，"闵采尔行动的基础是他的神学"[①]。西方传记家不再认为闵采尔完全抛弃了路德宗的信仰，甚至不再坚持他是一个没有理解路德的神学家或是"出于偶然"、违背其原则才卷入农民战争的这类见解；原东德史学家也不再坚持闵采尔是农民战争的主要理论家和革命组织者的观点。由于双方都不再坚信自己的看法是定论，因而，对闵采尔的不同观点不再那么"锋芒毕露"了。自然，在这种大同的前提下，由于对闵采尔神学、神学与革命的关系等问题看法上的差异，即使在西方史学界（指不包括原东德史学家）对闵采尔的评价也存在一些小异，对此前文已提及，不一一赘述。

（本文与龙秀清合写，原载《世界史研究动态》1993年第2期）

[①] [德] 京特·福格勒：《托马斯·闵采尔》，1989年柏林版，第276、272页（Günter Vogler, *Thomas Müntzer*, Berlin: Gütersloher Verlagshaus, 1989, pp. 276, 272）。见詹姆斯·M. 斯特耶《1989年的闵采尔研究论述》，《16世纪杂志》1990年第4期，第656页。

安立甘宗

安立甘宗（Anglicans）是 16 世纪英国宗教改革运动的产物，基督新教主要宗派之一。它是世界各地依其宗教思想建立的诸教会的总称，因该宗以古代大公教会的正统继承者自居，所以我国又译为圣公宗，其教会称为圣公会（The Episcopal Churchs）。英格兰的圣公会称为英国国教（The Church of England），因该会于 16 世纪被英王立为国教而得名，这一名称延续至今，但它仅是世界安立甘团体中的一员。世界各地的圣公会虽在某些细节上有所差异，但它们有共同的传统、教义、组织制度和礼仪，可相互交换教牧人员，并定期召开国际会议，推动教务工作。

安立甘宗的基本特征是：在教义方面吸收并综合了路德宗、加尔文宗和天主教的内容与传统，是基督新教诸派中保留天主教残余最多的一派；崇信《圣经》是上帝对人类启示的记录，使用英语《圣经》；实行主教制；以《公祷书》作为该宗的礼仪标准。

在 20 世纪 80 年代初，该宗共有信徒约 4500 万人[1]，其中英国最多，约 2500 万人；其次为美国，270 万人[2]；其余分布于加拿大、澳大利亚、南非、新西兰、日本、印度、肯尼亚、乌干达、坦桑尼亚等 100 多个国家和地区。

---

[1] 据《不列颠百科全书》，大英百科全书公司 1980 年版。
[2] 据美国 1983 年《世界年鉴》。

第四编 新教宗派研究

一 英格兰的宗教改革与安立甘宗的建立

英国的宗教改革是 16 世纪西欧宗教改革运动的一部分。它是英国资本主义的发展、王权强大、英格兰民族开始形成的必然结果。

16 世纪初年,英国城乡资本主义发展的速度较快,门类齐全,分布均衡,统一的国内市场和经济中心已产生,以都铎王朝专制君主为首的政治统一和民族国家已基本形成。然而,当时的英国教会仍被罗马教廷所控制,大量财富流入罗马,教会的地产占全国土地的三分之一。在马丁·路德宗教改革的影响下,摆脱罗马教廷的政治控制与经济剥削,成为英国各阶层人民的普遍要求,罗马教皇成为众矢之的:资产阶级和新贵族要求取消教会的封建特权,夺取其土地,改革教义,建立适应资产阶级需要的基督教会;专制王权欲摆脱教皇的经济搜刮与政治干涉;世俗封建主亦羡嫉教会的财富,欲夺为己有。因此,英国的宗教改革首先是英格兰民族各阶层与罗马教廷在经济、政治上矛盾发展的结果,也是一次披着宗教外衣的资产阶级民族主义性质的运动。

在此历史背景下,英王亨利八世(1509—1547 年在位)于 1529 年开始自上而下地进行了宗教改革,至 1571 年安立甘宗确立,改革先后历经 40 余年,共分为三个阶段。

第一阶段(1529—1536)的主要成就是脱离罗马教皇与建立安立甘宗。自 1529 年始,亨利八世先后 8 次召开国会进行宗教改革。1529 年决定限制英国天主教会的经济和政治特权;1532 年宣布英国教会脱离与罗马教廷的关系,效忠英王;1534 年通过《至尊法案》,宣布英王为教会的最高首脑,宗教法庭改为国王法庭,国王有权召集宗教会议,英国教会改称为英国国教或安立甘宗,凡口头或书面诋毁国王者以叛国罪论处,但仍保存了天主教的教义、礼仪和主教制。这一法案标志着安立甘宗的产生。

安立甘宗

第二阶段（1536—1546）的主要成就是封闭与没收修道院的土地和财产，在经济上打击罗马教廷在英国的利益。亨利八世先后共封闭了578所男修道院，130所修女院。土地全部被没收，由国王封赐或廉价拍卖给新贵族，壮大了他们的经济实力。但此阶段在教义上仍未改革，而且否认天主教义的新教徒受到了迫害。

第三阶段（1546—1571）是安立甘宗确立的时期。英国宗教改革后，由于《圣经》的流传和路德、加尔文宗教学说的影响，在群众中留下了深刻的印象。特别是获得教会土地的一批地产阶级化的新贵族，积极要求改革教义和礼仪，因为他们深感只有改革才能保住教产，所以在亨利八世去世后，爱德华六世（1547—1553年在位）在新贵族的支持下改革了部分天主教的教义和礼仪，主要有：使用英语做礼拜；否认炼狱说；取消宗教迫害，给路德宗和加尔文宗以宽容；取消偶像崇拜；改革崇拜仪式，公布祈祷书。

1553年爱德华六世去世后，英国的新旧贵族之间进行了激烈的斗争，结果旧贵族占了上风，支持天主教的玛丽女王（1553—1558年在位）即位。她重新承认罗马教皇的最高权力，在国内全力恢复天主教，迫害新教徒及其领袖，被处火刑者达300人之多，故史学家称之为"血腥的玛丽"（Blood Mary）。她因此受到国内外新教政治势力的强力抨击与反对，仅在位5年，于1558年忧愤而死。此后在新贵族和资产阶级的支持下，伊丽莎白女王（1558—1603年在位）执政，再次废除罗马教皇在英国的一切权力，取缔天主教的活动，恢复了安立甘宗的国教地位，确立英王为国教的最高领袖，并改革了教义和礼仪。1571年由国会正式批准公布了该宗的教义和信仰原则《三十九条信纲》（Thirty-Nine Articles）和经过修改的礼仪标准《公祷书》（The Book of Common Prayer），标志了安立甘宗的确立。

安立甘宗的产生与确立是英国专制王权与资产阶级相结合的产物。

英王成为该宗的最高首脑说明了专制王权的强大和资产阶级的不成熟性与软弱性，从而决定其改革方式是自上而下的进行，其步骤是从政治、经济入手，而后涉及教义和礼仪，并保留了主教制，由于它未经激烈的群众运动的涤荡，故而该宗是新教主要宗派中保留了天主教的残余最多的一派。

二 安立甘宗的教义、组织和礼仪

安立甘宗的教义具有三个特点。第一，其自身并无新的建树，仅根据需要保存了部分天主教的、吸收了路德宗，特别是加尔文宗的教义与学说，因此它的教义具有广泛的综合性，介乎天主教与基督新教之间，但基本观点属于新教范畴。第二，教义的灵活性，自1529年始，该宗随英国经济、政治形势的发展，不断修改调整教义内容，特别是经历了17世纪清教革命，加尔文主义的色彩日益浓厚。第三，安立甘宗内部派别很多，对教义的理解也不尽一致，它明文规定各派间"不必尽同或十分相似……可随国度、时势、民俗而变异，只要所规定的不与《圣经》相违背"[①]。因此欲详尽地说明其教义颇为困难，只能根据至今其各派所共同承认的、具有权威性的信仰准则《三十九条信纲》和礼仪规范《公祷书》说明如下：

第一，继承古代大公教会的传统，信三位一体，道成肉身，基督救赎，神人二性，复活升天，末日复临和人的原罪。

第二，《圣经》是信仰的最高准则，一切教义和礼仪均不得违背《圣经》。对《圣经》内容的观点介乎天主教与新教之间，仅承认《圣经》之正典（Canon），此与新教一致，但又认为天主教所承认的《旧约伪经》（Apocrypha）虽不属经典，但"可作为

[①] 《三十九条信纲》第34条，载汤清编译《历代基督教信条》，香港基督教文艺出版社1968年版，第223页。

生活的楷模与教训"①。

第三，接受三大信经，《使徒信经》用于洗礼与早祷、晚祷；《尼西亚信经》用于圣餐礼，《阿塔纳修信经》（Athanasian Creed）用于指定的日期诵读。此点与天主教相同。

第四，否认罗马天主教的"炼狱说"、神职人员的赦罪权、跪拜圣像、崇拜圣徒遗物等，赞同路德的"唯信称义说"和教会观。②

第五，主张加尔文的"预定论"与"拣选说"③，但认为基督救赎是为了全人类，而非仅为选民。

第六，否认天主教的圣餐"化体说"，主张凡以信领受圣餐者就是参与了领受基督的身体和血。

安立甘教会组织保留了天主教的主教制，以英王为教会的最高首脑，英王除不能讲道和施行圣礼外，可行使其他的最高权力。该宗的神职人员分为主教、会长（Priest，相当于其他宗派的牧师）、会吏（Deacon，相当于见习牧师）三级。主教是教区的负责人，有按立圣职和施坚振礼（成年礼）之权。会长是教堂的负责人，主持讲道与施行圣礼。会吏负责主持信徒的早祷与晚祷，经主教批准可讲道和持盛酒之圣杯。主教之上为大主教，主持坎特伯雷与约克两大主教区，约克大主教的全名为"英格兰大主教"（the Primate of England），坎特伯雷大主教全称为"全英格兰大主教"（The Primate of all England），地位在约克大主教之上，可为英王行加冕礼，是英国国教会最高的神职人员。国教会共有 43 个主教区，其中 26 个属于坎特伯雷大主教管辖，14 个由约克大主教领导。部分主教可参加议会，共有 26 名主教和大主教为上议院议员，但不得参加下议院。主教在名义上由王室指派，实际上是由首相征求坎特伯雷大主教的意见后，由王室公布。由于安

---

① 《三十九条信纲》第 6 条，载汤清编译《历代基督教信条》，第 215 页。
② 请参阅拙作《路德宗》，《世界宗教资料》1983 年第 4 期。
③ 请参阅拙作《加尔文宗》，《世界宗教资料》1984 年第 1 期。

立甘宗在教制上保留了天主教的主教制与教阶制，故一般认为安立甘宗是保留了天主教组织制度的基督新教。

安立甘宗简化了礼仪，只保留洗礼和圣餐两项圣礼，实行婴儿受洗制，但认为天主教的其他5项圣礼（坚振、婚配、终傅、神品、告解）虽不属圣礼范围，但可作为一般礼仪。宗教活动亦较新教其他宗派为多，每天有早祷、晚祷、念经、跪拜等。

三　安立甘宗的发展

由于安立甘宗的教义具有综合性、灵活性与适应性，所以随着历史的发展，它对教义不断地进行了调整和补充。16世纪后半期的早期清教运动、17世纪的英国资产阶级革命以及18世纪卫斯理宗的分裂与独立，其天主教的残余不断受到冲击与涤荡，所以在18世纪前，该宗吸收了较多的新教传统与成分，以新教的倾向为主。但由于该宗自建立之初即存在着新教和天主教的两种倾向和斗争，故在19世纪初，这两种倾向的代表人物分别发动了"牛津运动"和"福音运动"，从而在该宗内部出现了高教会派（High Churchmen）、低教会派（Low Churchmen）和广教会派（Broad Churchmen）（分别简称为高派、低派、广派）。

高教会派是19世纪30年代牛津运动的产物。牛津运动系因该运动由牛津大学的神学家们发起而得名，其代表人物是皮由兹（Edward Bouveric Pusey，1800—1882）。他们于30年代经常在《时代书册》刊物上撰文，故又称为"书册派"运动。此派主张在教义和规章制度方面应该恢复与保持天主教的传统，教会应保有较高的权威地位，故拥护此派主张者称为高教会派或崇礼派。在礼仪方面，他们主张恢复《公祷书》中没有的天主教的礼仪和传统，如跪拜、着祭服、燃蜡烛、焚檀香，甚至举行弥撒礼，使用拉丁文等。此派的主张反映了英国资产阶级中较保守势力的观点。

低教会派是在 19 世纪初福音运动中产生的。它是由国教会内部代表新教倾向的教士发起的一次运动,领导人物为查尔斯·西姆恩(Charles Simeon,1769—1836)等。此派系因反对过高地强调教会的权威地位而得名。他们是 19 世纪基督教界福音派在安立甘宗中的代表。此派强调基督徒应提高对现实世界的责任心,并联合起来;改善与提高英国工人的生活状况与水平;反对奴隶制度,应给殖民地的奴隶以自由;基督徒的生活应厉行节约,不应无限制地享乐。在神学上,他们强调以《圣经》为最高准则;严格按照《公祷书》简化礼仪。

广教会派是 19 世纪后半期产生的、介于高派与低派之间的派别,因主张在神学范围内可包含众多的传统,建立较广阔的教会而得名。他们在继承传统方面强调自由与调合,特别关心教会的文化生活。因其侧重点有所不同,故又有"高广派"与"低广派"之分。

这三派的传统延续至今,信徒可自由选择某一派的教堂参加宗教活动。

英国的圣公会至今仍为国教,英国女王必须是国教信徒,议会每天均有祷告。但它在政治和教育方面并无特殊地位,公立学校中仅进行不分宗派的宗教教育。其信徒占英国人口的半数以上。

四 安立甘宗的传播

安立甘宗的教会组织除在英国称为国教外,其他国家和地区均称为圣公会,它首先传至苏格兰和爱尔兰,在当地建立了圣公会,但苏格兰以长老会的信仰为主,爱尔兰居民多信仰天主教,故圣公会的信徒不多,主要在海外殖民地吸收了众多的信徒。自宗教改革时代起,由英国的殖民者、商人、探险家和教士传至其殖民地、英语国家和其他一些地区。

欧洲以外最早建立的教会是美国圣公会。17 世纪初,北美最早的移民中相当部分是该宗信徒,他们在弗尼吉亚、马里兰建立了圣公会,1689年又在波士顿和纽约建堂。1776年美国独立后,开始与英国国教会脱离关系,建立了美国圣公会。1789年它召开了全国代表会议,定名为新教圣公会(The Protestant Episcopal Church),宣布完全独立。1801年集会修订英国国教会的《三十九条信纲》,美国修订版的《三十九条信纲》与原《三十九条信纲》的主要差异是略去了第8条中的《阿塔纳修信经》部分和第21条全文,删除了第37条有关英王权力之内容[①],以符合美国政教分离的实际状况。1919年成立了美国圣公会全国委员会,负责该会的组织、教育、传教等活动。美国圣公会除进行一般社会活动外,特别重视高等教育,著名的哥伦比亚大学即为该会建立。

18世纪后,随英帝国殖民地的扩大,建立了许多新教区:加拿大(1787年)、印度(1814年)、澳大利亚(1836年)、南非(1847年),当时这些教区均受英国国教会的领导,但到20世纪随民族独立运动的勃兴和殖民地的独立,各地圣公会相继取得自治权。20世纪80年代初安立甘宗各团体之间,与英国国教会已无隶属关系,亦无集中的权威,各国的圣公会均属民族的、独立的和自治的教会。

安立甘宗团体的基层单位称为主教区,20世纪80年代初全世界共有350个,教区之上有大主教区(Province)。大主教区的分布不一。有的国家有两个以上的大主教区,如英格兰(2)、爱尔兰(2)、澳大利亚(4)、加拿大(4)、美国(9);有的国家和地区仅有1个大主教区,如威尔士、苏格兰、新西兰、日本、南非、西非、肯尼亚、乌干达、坦桑尼亚;有的大主教区则包括几个国家如中非和西印度群岛。[②]

---

① 参阅《美国新教圣公会宗教信条》,乔治·福雷:《新教信仰·附录》,费城1979年版,第251页。
② 根据大英全书百科公司1980年版《不列颠百科全书》有关词条统计。

安立甘宗的国际组织为兰伯特会议（Lambeth Conference），因会址设于坎特伯雷大主教区的兰伯特宫而得名。此会由坎特伯雷大主教主持，仅系协作性的机构，无立法权，1988年召开了第十二次会议。

安立甘宗于1844年由美国圣公会文惠廉主教传入我国，首至上海，后传播于江苏、安徽、江西、湖北、湖南等省。美国圣公会曾在上海建立圣约翰大学（1879年）和武昌文华大学及一些中、小学。英国圣公会于1848年开始在宁波传教，后传至浙江、福建、广东、山东、四川、广西和华北地区。加拿大圣公会主要传教于河南。1912年他们在上海建立了中华圣公会总会。中华人民共和国成立后，我国圣公会的教牧人员与广大爱国教徒参加了三自爱国运动，与其他新教派别联合组织了基督教会。

（原载于《世界宗教资料》1985年第1期）

公理宗

公理宗（Congregationalists）是1581年从英国清教徒中分离出来的、在英国资产阶级革命中兴起的基督新教主要宗派之一。该宗在教义方面属于加尔文派，与长老宗的主要区别是它坚持在教会组织原则上实行公理制（Congregationalism，或译为公理主义），即由信徒公众治理教会，主张每一教堂均为独立自主的单位，各堂之间在教务行政上无隶属关系；强调信徒群众的权力与责任，信徒有权决定本教堂的教义、礼仪、礼拜程序，并民主选举牧师。依此宗思想建立的教会称为"公理会"（Congregational Church），初传入我国时曾译为"纲纪慎会"，后改译此称。1983年该宗信徒总数250余万人，学友约1000万人①，其中美国最多，其次为英国、加拿大、澳大利亚、南非和印度等国，斯堪的纳维亚诸国亦有零星的公理会团体。该宗于嘉庆十二年（1807年）由英国传教士马礼逊传入我国，为基督新教传入我国之始。

一　公理宗的建立

公理宗起源于英国清教运动中的分离派（Separatists）。16世纪70年代英国的清教徒因坚持以加尔文的宗教思想改革英国国

---

① 信徒系指正式加入公理会的成年人，16岁以下儿童不计入。学友指参加"主日学"及所属文教团体的信友。

教、实行选举制而遭到镇压后,一批代表中等资产阶级较激进的清教徒提出应从国教中分离出来,建立独立的改革教会,由信徒直接与上帝定约、自愿组织与管理教会,从而在80年代初产生了与长老派相对立的分离派。最初的代表人物为罗伯特·布朗（Robert Browne，1550—1633）和亨利·巴罗（Henry Barrow，1550—1593）。布朗曾积极倡导独立的公理制教会,于1581年在英国东部诺里季建立了第一个脱离国教会的教会,并于1582年发表《论改革教会不应作任何等待……》① 及《论真正基督徒的生活与规矩》等著作,主张政教分离、教会独立、信徒自理等,奠定了公理宗的思想基础。因此,后世公理宗信徒尊之为"公理宗之父"。他曾因在英国与荷兰广泛宣传其宗教思想而被流放,后在国教会的威逼利诱下妥协,90年代出任国教会主任牧师,终其余生。继之而起者为伦敦牧师巴罗,他曾因提倡比布朗更激进的主张而多次被捕入狱,在狱中仍坚持斗争,主张不应承认女王对教会事务的最高裁决权,教会的活动与经费自理。在他的影响下,其信友于1592年在伦敦建立了分离派教会。次年遭镇压,巴罗及其同伴被判处绞刑。与此同时,国会决定,凡不承认女王对教会的最高权威或不参加国教礼拜、秘密采用非法仪式者,驱逐出境。由此,分离派转入地下并移居荷兰活动。布朗与巴罗的思想反映了新兴资产阶级反对封建君主制,建立资产阶级政府的要求,这种宗教思想在政治生活中的必然结论是否定专制君主的权威,实现资产阶级的民主共和国,因此,它必将遭到专制政府的取缔与镇压。

17世纪初公理宗的代表人物为原英国国教会牧师约翰·罗宾逊（John Robinson，1575—1625），他曾因受迫害于1608年逃往

---

① 此文的全称为《论改革教会不应作任何等待,及论一般不愿改革的宣道者的罪不可赦……这些人定要等到官府的强迫和命令》,[美]华尔克:《基督教会史》,西蒙与舒斯特公司1969年版,第405页（Williston Walker, *A History of the Christian Church*, New York: Simon & SchusterInc, 1970, p. 405）。

荷兰，翌年在莱顿建立公理制教会，并开始称为"独立派"（Independents）。在莱顿期间，他发表了《论与国教分离的合理》与《教义问答》（此篇在其去世后正式发表）两篇重要作品，阐明了公理宗的教义与组织原则，被后世该宗信徒奉为珍宝。同时，他还与其同工作出两项重要决策，首先，由莱顿公理会的亨利·雅各布（Henry Jacob，1563—1624）于1616年潜回伦敦，在萨瑟克中心区建立一所公理会教堂，此为第一所延续至英国资产阶级革命时期的该宗教堂。其次，于1620年在威廉·布鲁斯特（Willian Brewster）率领下，一批"美国开国祖先"乘"五月花号"轮船横渡大西洋，于12月21日抵达北美洲，建立了普利茅斯殖民地，该地后来成为美国公理宗的基地。

1640年英国资产阶级革命爆发后，此派公开活动，逃亡至美洲与荷兰的部分信徒亦返回国内，扩充了实力，并得到克伦威尔的支持。在他执政期间（1649—1658），英国的教会曾依此宗的主张进行了改组，在各教派中，公理宗占有明显的优势，特别是在克伦威尔的军队中，许多高级军官均属此宗信徒。与此同时，在自愿组合的基础上建立了全国性的教会组织，并于1658年10月12日在伦敦萨伏依宫召开了"长老与使者会议"，通过了英国公理宗的信仰标志《英国公理宗教会所拥有及实施的信仰与教制宣言》，简称《萨伏依宣言》（*Savoy Declaration*）①，全面阐述了该宗的教义、组织和礼仪。因此，是年英国公理宗正式形成。

二 公理宗的教义、组织和礼仪

公理宗在原则上强调信徒的权利与责任不应受任何权威的束缚，也不承认任何自上而下规定的信条与礼仪，在他们必须对其

---

① 参阅《萨伏依宣言》，《历代基督教信条》，汤清编译，香港基督教文艺出版社1968年版，第392页。

他宗派表明教义原则时，则明确指出这并非束缚个别教会或个人的教义律例，仅是全体信众信仰和实施的综合与体现。《萨伏依宣言》的"导言"明确指出，不赞成以强力推行信条，不要求该宗所属教会的信仰划一，而应不拘小节，相互容忍。

该宗经典性的纲领有两部：《萨伏依宣言》为英国公理会信仰的基础与行政法规的原则，它是在《威斯敏斯特信纲》①的基础上删减增补而成的，着重修改了"导言"之后的《信礼宣言》（*Declaration of the Faith and Order*）部分，北美公理会于1680年和1708年两次会议对此部分均予以采纳和承认；北美公理会最重要的文献是《剑桥纲领》②，它是该宗第一代美洲移民于1648年制定的纲领，1649年出版。根据以上两部主要纲领所反映出的该宗的教义、组织和礼仪如下：

就教义而言，该宗的多数教会为正统的加尔文派观点，比长老宗、卫斯理宗更强调信仰自由、个人与上帝的圣约。多数公理宗信徒认为他们共同的信仰基础只是必须承认"耶稣是主"。

在教会组织方面，他们强调：其一，教会是信徒的自愿结合，每个教会在司法与行政上完全独立，实行民主与自治的制度，彼此之间为相互协商的关系，在经济上相互支援。其二，平信徒皆为祭司，施行礼仪的职责虽授予牧师，但并无明文规定一般信徒不许发圣餐。其三，每一教会可自行决定其使用的《信经》，安排其崇拜仪式和程序，并民主选举本会领导人；最初该宗设立长老、牧师、教师、执事四种职务，近年来仅保留牧师与执事两种。其四，接受新信徒须经教会投票通过，申请人必须承认其基本信仰，宣誓效忠该教会和接受其圣约。

该宗实行两项礼仪，即洗礼与圣餐，他们坚持圣礼的性质为教会的礼仪和印记，认为洗礼是重生与施恩的仪式，赞同加尔文

---

① 参阅拙作《加尔文宗》，《世界宗教资料》1984年第1期。
② 参阅《剑桥纲领》，《历代基督教信条》，第390页。

的圣餐"参与论"①。其礼拜程序为唱诗祈祷；读经祷告；讲道祝福；月领圣餐一次，坐着参加礼拜。

三 公理宗的发展与传播

英国公理会在"长期国会"时期非常活跃，信徒激增，并紧密地联系着浸礼派和第五帝国派。在克伦威尔执政的17世纪50年代，其影响达到了顶峰，该宗的领袖休·彼得斯（Hugh Peters）、约翰·欧文（John Owen）、托马斯·古德温（Thomas Goodwin）等在军队中据有显赫地位。1658年，随克伦威尔之死，该宗失去了权力的支持，在查理二世复辟时期（1660—1685）受到迫害。1662年根据《信仰划一法案》，有2000名包括公理会在内的非国教教师被免职，部分被监禁，并被从军队、政府和大学中清洗出去，英国的公理宗遭到了严重打击。尽管在1688年"光荣革命"后得到宗教宽容与信仰自由，但由于该宗已失去了对社会下层的吸引力，未得中兴，至18世纪卫斯理宗兴起后，该宗信徒大批加入卫斯理宗。从此，公理会在英国趋于没落。到20世纪80年代初，英国仅有该宗信徒40万人。

18世纪中期至19世纪中期百余年间，英国公理会在三个方面加强了活动。其一，加强在殖民地的传教活动。1795年建立了"伦敦会"（London Missionary Society），最初其目的并非仅为传播公理主义，而是主张不分宗派，大力在海外布道，但此会的主要支持者为公理宗，以致现代将其名称改为"公理宗世界布道协会"（Congregational Council for World Mission）。该会配合英帝国的殖民扩张，传播公理宗于马达加斯加、印度、中国、巴布亚等处，至今人数最多的团体是"南印度教会"。其二，注意吸收社会下层的贫穷信徒，并宣传新的政治和社会的激进主义：教育自助主

---

① 参阅拙作《加尔文宗》，《世界宗教资料》1984年第1期。

义（Voluntarism）和建立废除国教促进会（Liberation Society），反对国家资助各宗派的教育机构并废除国教。其三，为统一领导，于1832年建立全国性的公理会组织"英格兰与威尔士公理宗圣会"。1836年建立"殖民地布道会"（The Colonial Missionary Society，后改为"英联邦布道会"），以促进公理宗在英国殖民地的发展。

19世纪末与20世纪初，由于自由党的支持，英国公理会得到一些发展，教堂和学校有所增加，1906年自由党的胜利使该宗的社会与政治影响达到了顶峰，此后在英国走向衰落。但仍在基督教普世运动中发挥重要作用，鼓吹基督教会的大联合，英国公理宗的多数信徒于1972年10月与长老宗联合组成"联合改革教会"（United Reform Church）。

美国的公理会从开始就具有自身的特点。1620年移往美洲新英格兰的"美国开国祖先"为公理派，此后又有相当部分的非"独立派"的清教徒陆续移居美洲，他们在那里建立了马萨诸塞、康涅狄格、纽黑文等殖民地。为团结自立，巩固政权，他们联合建立了公理制教会，各地方教会自理，选举产生牧师。与英国公理会不同的是，他们实行神权民主政治，将公理宗作为国教（Established Religion）。《剑桥纲领》规定殖民地政府有权干预教会的教义与行政；公理会为上帝唯一许可的教会。[①] 1664年以前，马萨诸塞州仅公理宗信徒具有公民权，在新英格兰各州，教会应向州政府缴纳税款，牧师薪俸由州供给，各州政府有权召开宗教会议。直至1818年纽黑文的教会始与州政权断绝关系，马萨诸塞州则至1833年始实行政教分离。

为适应社会的发展与科学的进步，挽救信仰衰落的局面，该宗于1734年发起灵性奋兴运动，并与其他宗派协作于1740年发起美洲大觉醒运动。当时公理宗的代表人物为神学家与教育家爱

---

① 《剑桥纲领》，《历代基督教信条》，第390页。

德华兹（Jonathan Edwards，1703—1758），他以《圣经》为基础，以洛克的哲学和牛顿的物理学为资料，坚持并推崇加尔文正宗神学，论证其正确性，发起灵性奋兴运动。他强调上帝的绝对权力，否定人的自由意志，认为树立此坚定信仰，上帝将给人以善良之情感以战胜邪恶，使人充满活力，产生热情，成为选民。

自19世纪至今，美国公理会活动特点有三：第一，兴办教育事业，美国的三所著名大学哈佛（1636）、耶鲁（1701）和新泽西（1746年建，1896年改名为普林斯顿大学）均为公理会人士创建，爱德华兹曾任普林斯顿大学校长。大举兴办"主日学"（Sunday School）和成人教育。第二，配合美国的对外扩张，发展海外布道事业。1810年建立了美国国外布道部（American Board of Commissioners for Foreign Missions），着重向中国和近东传教。第三，倡导本宗各教会的联合与基督教的普世运动。1871年美国公理各教会成立了公理宗教会国家协会（National Council of the Congregational Churchs），它对各基层教会无立法、司法权，仅为协作机构，每3年召开一次会议。1957年7月该宗与属于路德宗、加尔文宗的一些小团体合并，成立了美国基督教联合会（United Church of Christ），1961年通过该联合会的章程，强调教义不受束缚，教会实行公理制，① 80年代初信徒2032648人，仅有少数公理会保持独立，未参加该联合会。

美国公理宗于1891年参加了"国际公理宗理事会"，1970年参加了在肯尼亚内罗毕成立的改革宗（长老会与公理宗）世界联盟。

公理宗于1807年传入我国，伦敦会先后派遣马礼逊、米怜（William Milne，1785—1822）来华传教，至1814年吸收了中国第一个新教徒蔡高，1824年按立了中国第一个牧师梁发。美国公理会于1830年派裨治文（Elijan Coleman Bridgeman，1801—1861）

---

① 据1982年纽约版《世界年鉴》材料。

来华布教，均收效甚微。鸦片战争后，伴随帝国主义的入侵，该宗得到发展，先后又有美普会、协同公会、美华会、瑞丹会、瑞华会等差会派员来华，共建立了5个传教区：港粤区、闽北区、华北区、江浙区和湖北区。该宗在我国建立了一些学校，主要有香港英华书院、福州格致书院、文山女学、北京贝满女中、育英中学，并与循道宗合办福州协合大学、协和神学院等校。

梁发担任牧师后，曾著有布道小丛书12种，每逢乡试，前往散发诸考生。据考，太平天国运动前洪秀全所得之基督教宣传品即梁发所写。我国伟大的资产阶级革命家孙中山先生亦曾于1883年在香港受洗于美国公理会。

公理宗自建立迄今已有300余年的历史。其宗教思想在英国资产阶级革命前和革命过程中曾起到了动员与组织群众的积极作用，对北美殖民地的开发也具有一定的影响，但在英国革命和美国独立战争后，随着资产阶级政权的建立逐渐失去吸引力，特别是社会下层的背离和改宗，致使该宗的教会思想和实践没有获得预期的目的。但其教义的灵活性和组织的适应性对其他基督教会和普世运动具有很大影响，故在新教中仍占有一定的地位。

（本文与吴清心合写，原载《世界宗教资料》1984年第2期）

卫斯理宗

卫斯理宗（Wesleyans）是以卫斯理的宗教思想为基础的各教会的总称，因创始人为约翰·卫斯理（John Wesley，1703—1791）而得名。该宗最初仅是英国安立甘宗的一派，其雏形为约翰·卫斯理及其弟查理·卫斯理（Charles Wesley，1107—1778）在牛津大学组织的"牛津圣社"（Holy Club），主张认真研读《圣经》，严格宗教生活，遵循基督徒的道德规范，并付诸行动。因此其成员被人戏称为"循规蹈矩者"（Methodists），后此称呼为该宗所接受，并逐渐成为卫斯理宗一些教会的正式名称，汉译为"循道宗"，又因该宗实行监督制，故又译为"监理宗"，该宗于1738年独立传道，1784年形成为独立的宗派。卫斯理宗的主要特点是：第一，适应18世纪英国资本主义的新发展，接受与强调某些被忽视的历史上新教各派的教义、而非提出新的神学思想或学说；第二，要求信徒虔诚地读《圣经》，依圣灵的启示行动，严格宗教生活，提高基督教徒的道德水平和革新生活面貌；第三，严密教会组织，编组管理信徒，精选会员，互相监督，强调社会服务与改良，坚持在社会下层传教。

它由于具有上述特点，并尽力适应资本主义社会的新需要，故在英语世界各国有一定的影响，是人数较多的一个新教教派。1982年，全世界共有会友4000余万人[1]，其中会友与慕道友大体

---

[1] 此数字包括正式会友、预备会友和慕道友（adherents）。正式会友指已受洗并在会友中公开宣布承认该宗教义和规章制度者，预备会友指其父母为会友、已受洗的儿童和已入会但正在被考察者，正式会友与预备会友合称会员或会友；慕道友是与教会及其事业机构、主日学有联系、希望成为会友而尚未被批准者。

各占一半，主要集中于美国。据统计美国有会友 12786827 人①，其次为英国（250 万人）、澳大利亚（100 万人），其余分布于加拿大、印度以及拉丁美洲、非洲、欧洲和东南亚等地。该宗于 1847 年由美国美以美会传入我国。其国际组织称为世界循道会（World Methodist Church）。

一　卫斯理宗的起源与建立

卫斯理宗是在 18 世纪英国资本主义进一步发展、工业无产阶级诞生与壮大的条件下，适应资本主义社会需要而产生的新教派。

17 世纪的英国资产阶级革命，为资本主义的发展扫清了道路。18 世纪上半叶，英国的纺织、冶金、采矿业都有了进一步的发展，出现了许多新工矿区，在此基础上于 80 年代开始了"产业革命"，这一革命是资本主义生产从手工工场阶段，向大机器工业阶段的过渡，它不仅在生产技术上发生了变革，而且也是一场剧烈的社会关系的变革。产业革命推进了新型工业和新的工业城市的建立和新的工业无产阶级的诞生。然而，资本主义的发展给工人带来的却是无穷的灾难，生活每况愈下，广大社会下层的不满和反抗丛生。对此，资产阶级政权除加强政治统治外，还力图通过宗教控制与软化工人的思想，转移其视线。但当时居统治地位的英国国教会已不能有效地适应新形势，国教会的许多主教、会长②道德败坏、追名逐利、生活腐化、纪律松弛，宗教生活已成为社会上层人士生活中的点缀和消遣。据教会史记载，当时大富翁于主日进教堂时，一般携带三个仆人，其一掌脚垫，其二提酒壶，其三捧《圣经》，教堂已成为上

---

① 据美国 1982 年《世界年鉴》材料统计。
② 英国国教会的会长相当于新教其他教派的牧师。

层社交活动的场所，因而失去了对社会下层的吸引力。特别是许多新矿区和工业中心，根本没有教堂，许多教牧人员贪图城市的安逸生活，不愿到艰苦的地区去布道，出现了宗教信仰的危机。因此，资产阶级社会需要产生新的能够适应新形势的宗派，卫斯理宗应运而起。

卫斯理兄弟出生于英国林肯郡厄普卫斯镇（Epworth）的一个国教会基层会长的家庭，因其父子女众多（19人），家境贫寒，幼年卫斯理兄弟的生活接近社会下层。1720年，约翰·卫斯理入牛津基督教会学院（Christ Church College, Oxford），成绩优良，1725年被授予会吏①圣职。1726年入林肯学院任讲师兼评议员，讲授逻辑学、哲学与希腊文。后其弟亦入校学习，在牛津期间，他们目睹国教会的腐败，宗教生活流于形式，社会道德的败坏与犯罪的增加，力图挽救信仰危机，复兴基督教的信仰。他们在当时流传于欧洲的虔敬主义（Pietism）②的影响下，于1729年与三五好友在牛津大学组织了同志会，称为牛津圣社。其宗旨是认真钻研《圣经》，严格宗教生活，交流灵性经验，定期禁食与领圣餐，检讨自己的思想言行。他们最初每周聚会一次，后改为每日聚会，随人数的增加，扩大了活动范围，开始到大学生、济贫学校和贫民区布道，一对一访问，启发宗教热情，宣传圣洁生活，还定期访问监狱，赠送药品，鼓励悔改，为该宗的建立打下了基础。18世纪30年代中期，卫斯理兄弟在伦敦工作，并曾作为传教士被派往美洲殖民地佐治亚州传教3年。在此期间，约翰·卫斯

---

① 会吏相当于实习牧师，实习半年后，合格者可转为会长（即牧师）。
② 虔敬主义是17世纪后基督教兴起的一种思潮，欧洲各主要教派中均有部分信徒对此赞同。其特点是：坚持新约中的道德原则与实现上帝国的观念；强调个人研究《圣经》与灵性生活；在组织上提高一般信徒的地位和惩戒未具有真正信仰的虚名教徒；对已受洗但未真正信仰的信徒和儿童进行教育。虔敬主义者一般是大教会中的小派，在某些教会中形成独立的派别，如天主教的詹森派（Jansenism）、荷兰新教的拉巴弟派（Labadists）、路德宗的敬虔派和德国的莫拉维亚弟兄会（Moravians）。

理与莫拉维亚弟兄会①成员交往甚密,深受他们的影响。同时他还结合英国的情况及其实践经验,静心研究《圣经》和路德、加尔文、清教各派别的教义与活动方式,提出了循道宗的主张。他认为只有提高每个基督徒的灵性修养和道德水平,使每个人真正具有"重生"的经验和喜悦,建立严密的组织,改变陈旧的布道方式,才能挽救信仰危机,发挥基督教的社会作用。自 1738 年始,拥护其主张的人们在国教会内部形成了一个派别,开始独立活动。卫斯理兄弟及其密友初在伦敦,后在英格兰西部新煤矿中心布里斯托尔(Bristol)露天布道,宣传其观点。约翰·卫斯理口才极佳,热情很高,据说他讲道效果非凡,常有听众边听边哭,全身颤抖,如醉如狂。他坚持在城市和工矿城区露天巡回传道 50 余年,足迹遍及英伦三岛。

1739 年卫斯理在布里斯托尔建立了第一个循道派团体和第一座教堂,随着信徒与团体的增加;1740 年在伦敦建立了循道派联合会,下辖各地若干小组。此时该派虽未与国教正式分离,未创建独立的教会,但已明确规定只有确已悔改归正、达到会友标准者,始能加入小组。为了加强控制,他还健全了组织机构。1742 年规定,吸收新会员需有考察期,合格者颁发会员证,还确定了小组活动的时间、制度与内容,以及征捐、济贫的办法。1744 年又在各小组之上划分若干教区或巡回区(Circuit),建立了领导机构"年议会"。

18 世纪 40—70 年代,该宗信徒不断增加,但也发生了分裂,系由于对加尔文的预定论的态度不同所致。40 年代后,该宗对预定论进行了长期的、激烈的辩论,卫斯理反对加尔文的先定思想,

---

① 莫拉维亚弟兄会是德意志形成的基督教神秘主义小派,其前身为波希米亚弟兄会。他们反对国教的形式主义,主张以礼拜、教育以及在组织上互相控制的方法,使信徒具有基督住在内心的经验,提高道德水平,过诚实与简朴的生活,作一个真正的基督徒。卫斯理曾亲往德意志访问该会之领袖。

赞同阿明尼乌派的观点①。而其同工怀特菲尔德（George Whitefield, 1714—1770）和亨廷顿伯爵夫人塞利纳（Selina, 1707—1791）则拥护加尔文的预定论，终导致分裂。怀特菲尔德派始终未脱离国教，后发展成为英国国教会中的福音派。塞利纳派与卫斯理分道扬镳，另立组织，后发展为威尔士循道会。

至18世纪80年代，卫斯理循道派人数迅速增加，在英国已有13.5万人，需要足够的教牧人员，但英国国教会拒绝为其按立牧师。因此，1784年卫斯理及其同工自行按立了牧师，从而在组织上迈出了脱离国教会的关键一步。同年，他还公布了《宣言书》（Deed of Declaration），指定100人议会的成员作为他去世后循道宗的最高领导机构，继承他所属的595座教堂的产业和管理权。条件是百人议会需接受他于1755年发表的《新约注释》和1771年发表的《布道词五十八篇》。1784年他将圣公会的《三十九条信纲》修改删减，剔除其中的天主教义和加尔文预定论部分，写成循道宗信条《二十五条信纲》，阐述了循道宗的信仰与教义。旋即为该宗巴尔的摩会议所接受。因此，多数史学家认为1738年为该宗产生之年，它脱离国教、正式形成之年应是1784年。1791年约翰·卫斯理逝于伦敦。1795年百人议会通过《和平计划》（Plan of Pacification），宣告正式脱离英国国教，成为基督教新教的独立宗派。

二 卫斯理宗的教义、组织和礼仪

说明卫斯理宗教义、组织和礼仪的史料主要有《约翰·卫斯理日记》《二十五条信纲》《新约注释》《布道词五十八篇》。这些材料被认为是其教义的标准。由于该宗的起源并非由于教义的冲

---

① 该派反对加尔文预定论所主张的基督救赎仅为了选民。他们认为基督是为了拯救全人类而被钉死在十字架上，并强调人的自由意志。

突，而只是奋兴运动的产物，故其教义的内容主要是根据需要吸收历史上新教各派的观点。据上述材料，要点如下：

第一，以《圣经》正典为最高的和唯一的信仰源泉和生活准则，但讲求信仰的实际效果，强调《圣经》对每个信徒现实生活的指导。卫斯理在《一个循道派教徒的品格》一文中提出的标准是：凡是上帝所禁戒的，他必闪避；凡是上帝所命令的，他必遵行；凡不能造就人的话，一句都不出口；凡圣洁可爱的事，就说就做，一切都为了荣耀上帝的圣名。

第二，为适应社会下层失业者、破产者、贫困的无产阶级的状况，该宗反对加尔文提出的基督救赎仅为了"选民"的预定论，主张基督博爱，认为上帝施救恩于一切人，基督是为全人类的救赎而死。并强调人具有自由意志，每人有权决定是否接受上帝的恩惠，凡信仰者均可获救。

第三，复兴路德"唯信称义"的教理，认为"信"的证据乃由个人的直接经验得来，有了真正的体会和感受才可称义。并提出只要在思想信仰上无任何违反神的诫命之事，还可在今世实现成圣，获得神恩。

第四，继承清教的传统，提倡生活克勤克俭，艰苦朴素，卫斯理规定除特殊情况外，不许饮酒。美国卫斯理公会规定新按立的牧师不得吸烟。并要求守诫命、济贫弱、道德高尚。

第五，该宗的圣餐观接近加尔文的"参与说"，卫斯理把《新约》中耶稣说"这是我的身体"[①]。这句话中的"这是"，解释为"这意思是"，认为圣餐只有属灵的意义。

卫斯理宗在教义上并无新的建树，但在组织制度上却具有异于其他教派的新内容。

该宗的信徒分为三种：正式会友、预备会友和慕道友。慕道友多为成年人，系渴望成为会友，正在进行考察，尚未被批准者。

---

① 《新约·马太福音》第 26 章。

预备会友包括新吸收的慕道友及父母为会友且已受洗的儿童。成年的预备会友有六个月的考察期，经审查合格并在教堂全体会友面前公开承认该宗的教义和规章，始为正式会员；儿童预备会友在成年时亦举行上述仪式，始转为正式会友。

循道会采用莫拉维亚弟兄会的经验，将会友有效地组织起来，建立严密的基层组织。基层组织称为小组，每 10—12 人为一组，组长由一般信徒担任。小组的任务是每周聚会一次，学习《圣经》，交流灵性经验，讨论接纳新会员，监督本组成员的思想与活动，每周向组内一个会员征捐，作为济贫与活动费用。卫斯理为保证和提高会员的质量还规定实行会员证制度，凡正式会员均发给会员证（Society Ticket），每三个月换发一次，如该会认为某人已失去会员资格，则不发新证，等于取消会籍。此项措施是基督教各派教会中的独特制度，对保证会员的质量起到一定的作用。

该会的组织机构在英美两国稍有区别，英国循道会的最高权力机构称为年议会，下设区会，每年开会两次，由选举产生的教牧人员主持，负责监督、检查纪律和信仰状况，区会下设若干教堂。美国卫理公会的最高权力机构为总议会，每四年开会一次，下设地区年会，辖若干教堂。

卫斯理宗的教牧人员分会督（相当于主教）与牧师两级。在各级议会中强调信徒的作用，一般是教牧人员与平信徒各占一半。

其圣礼有洗礼与圣餐两项。洗礼实行童年受洗，经成年宣誓后始能成为正式会员；圣餐礼与安立甘宗相似，实行跪领，以无酵葡萄汁代替葡萄酒，每年第一个主日在请领圣餐前举行立约崇拜。该会实行公开圣餐，各宗派基督徒均可参与其圣餐仪式。

三　卫斯理宗在英国的发展

19 世纪卫斯理宗随英国工业的发展，信徒人数持续上升，该世纪末已有信徒 45 万人。但因对组织制度的理解和是否准许妇女

卫斯理宗

巡回布道发生了分歧，故分裂为四个较大的团体：新循道会（Methodist New Connexion, 1797）；原始循道会（Primitive Methodists, 1811）《圣经》基督徒会（Bible Christians, 1815）；自由联合循道会（United Methodist Free Churches, 1857）。此外还有几个较小的团体。至19世纪末，因工人运动的发展，宗教信仰受到影响，各派又出现了联合的趋势。它们商定每十年举行一次全体循道宗会议，讨论共同的问题。19世纪的活动特点仍是着重在工人中巡回布道，英国一些早期工会的领袖很多出自此宗的信徒，在工人中宣传的是工联主义思想。

20世纪英国循道宗出现了联合运动，经过4个阶段完成了大联合。1907年新循道会、圣经基督徒会、自由联合循道会组成联合循道会（The United Methodist Church，汉译为圣道公会）。1932年卫斯理循道会（Wesleyan Methodist Church）、原始循道会与圣道公会合并为统一的英国循道公会（The Methodist Church）。20世纪60—70年代，循道公会又欲谋求改善与圣公会的关系，1965年双方原则上同意分两个阶段达到重新联合的方案，并由1967年和1971年循道公会稍加修改后通过。但其落实尚受到圣公会的阻力。

四 卫斯理宗在美国的传播和发展

卫斯理宗于1766年由信徒、爱尔兰移民菲利普·恩伯里（1728—1775）传至纽约，未见成果。18世纪70年代初，卫斯理又派了一批传教士前往美洲，其中最成功的是1771年到达美洲的铁匠弗朗西斯·阿斯伯里（Francis Asbury, 1745—1816），他在定居的移民和边区移民中传教获得成功。在美国独立战争期间，由于卫斯理站在英国一方，反对美国独立，使其事业受到损害。但由于阿斯伯里与美国密切合作而改善了该宗在该国的处境。后卫斯理复派以托马斯·科克（Thomas Coke, 1747—1814）为首的一

第四编 新教宗派研究

批牧师赴美协助工作,于1784年建立了自治的美国美以美会(The Methodist Episcopal Church)①,阿斯伯里与科克自称为该会会督。1791年卫斯理去世后,该会与英国母会正式脱离,于1792年召开了美国卫斯理宗第一次全国代表会议。

19世纪,他们以巡回方式和通俗语言传教获得进展,人数已经超过百万,并建立了数所学校与学院,但由于对平信徒在教会中的作用以及对奴隶制的态度不同而发生分裂。1830年部分坚持认为教会中平信徒应起更大作用的一派脱离美以美会,另立美普会(Methodist Protestant Church)。1843年以拒绝拥有奴隶的人加入教会为宗旨的一派另立美国卫斯理循道宗教会(Wesley Methodist Church of America)。接着美国奴隶制大辩论中,北部各州的美以美会反对奴隶制,主张解放黑奴,而南方各州的美以美会为奴隶制的合理性辩护,认为奴隶制度是上帝允许的社会自然制度的一部分,故基督教应予以承认。因此导致1845年的大分裂,北方的美以美会仍保持原名,南方的美以美会独立,改称为"The Methodist Episcopal Church, South",汉译为监理会。美国内战(1861—1865)前后,监理会失去了黑人信徒,他们单独组织了黑人卫理公会(African Methodist Episcopal Church)和黑人卫理锡安会(African Methodist Episcopal Zion Church)。这两个组织保持至今,1982年共有信徒300余万人。此外,还有一个较小的黑人教会称为有色人卫理公会,现改称为基督徒卫理公会(Christian Methodist Episcopal Church)。

20世纪以来,其主要宗派在教义上的分歧已渐消失,出现了联合运动。1939年美以美会、监理会与美普会三派合并组成卫理公会(The Methodist Church)。1968年卫理公会又与福音联合弟兄

---

① 此会初无汉译名称,鸦片战争后该会之传教团(Methodist Episcopal Mission),俗称差会来华,我国基督教界将其差会之缩写 M. E. M. 音译为美以美,作为该会之正式汉译名称。

会（The Evangelical United Brethren Church）①合组联合卫理公会，为美国卫斯理宗最大的组织。黑人的教会仍保持独立。

20世纪美国是卫斯理宗会友最多的国家，共有会友1300万人，主要教派9个：联合卫理公会（958477人）、黑人卫理公会（197000人）、黑人卫理锡安会（1125176人）、北美自由循道会（70183人）、美国原始循道会（10222人）、改革循道联合会（45000人）、南方监理会（11000人）、福音循道会（9730人）、基要循道会（745人）。②

美国卫斯理宗的活动特点有四：第一，在城市和工矿区活动，信徒主要为中下层工商业人士和工人，它与农业人口和上层知识界联系不多。第二，重点推行慈善事业、济贫、开医院、办学校、为失业者介绍工作、照顾贫病患者等社会服务工作。第三，积极开展在第三世界的传教活动。第四，推行基督教普世运动，参与这方面的一切协商与谈判，曾赞同1960年长老会提出的商讨重新联合的"布莱克—派克提案"，此提案的内容是呼吁卫斯理宗等宗派加入联合的"真正天主教与真正改革宗联合教会"。

五 在世界其他地区的传播

随着英、美殖民主义的扩张，卫斯理宗传播很广。英国循道会自18世纪后半期即开始向外传教，19世纪达到高潮，先后传至西印度群岛、塞拉利昂、黄金海岸、法属西非和尼日利亚，信徒人数较多的国家有印度、加拿大和澳大利亚，1880年后在南印度低种姓中吸收了大量信徒，该宗在加拿大和澳大利亚社会生活中占有重要地位。同时，也传往欧洲大陆的意大利、法国、德国，

---

① 福音联合兄弟会的前身为联合兄弟会和福音教会，信徒多为德国移民，教会中使用德语，在教义上与卫理公会并无分歧，因卫理公会规定在教会事务中只许使用英语，故最初分立，20世纪中期，语言障碍已消失，遂合并。

② 据1982年美国《世界年鉴》。

但人数不多。

美国卫理公会的传教活动超过了英国，其组织分布更广，信徒较多的国家和地区有北印度、墨西哥和其他拉美国家，此外还传至古巴、朝鲜、日本、中国和英国未到达的非洲地区以及斯堪的纳维亚半岛。

卫斯理宗先后有八个差会来我国传教，最早的是美以美会。该会于1847年派柯林斯与怀特夫妇来华传教，首至福建，后发展到江西、北京、天津。20世纪上半期在我国建立了福州三年议会、江西年议会、北京年议会和四川年议会，1911年与长老会合办南京金陵大学，1915年设金陵女子大学。监理会于1848年传至上海，后传播于江苏、黑龙江、吉林、辽宁和云南，并于苏州建立东吴大学。传入我国的美以美会、监理会等于1941年合并为中华基督教卫理公会。英国的圣道公会和循道会分别于1864年和1863年传入我国，传播于浙江、天津、河北、山东、湖南和湖北等地。

卫斯理宗是适应资本主义发展新阶段而产生的宗派。两百多年来，它在巩固资本主义制度、维护与安定资本主义社会秩序、以及在英、美殖民主义的扩张中发挥了作用。

（原载《世界宗教资料》1984年第3期）

浸礼宗

浸礼宗（Baptists）是 17 世纪从英国清教徒独立派[①]分离出来的基督新教主要宗派之一。该宗有五分之四的信徒在教义方面持正统的加尔文神学观点，其余的信徒属于阿明尼乌派（Arminians）[②]或摒除一切教会的信条。这一宗派的共同特征是反对婴儿受洗，坚持成年人始能接受洗礼。施洗的方式为全身浸入水中的浸洗，教会的组织实行公理制。浸礼宗的信徒较多，1983 年全世界共有信徒 2800 万人，其中绝大多数集中在美国，约 1450 万人，占美国新教徒的三分之一，是美国新教宗派中信徒最多的一派。美国共有 17 个浸礼宗教会，其中较大的有 4 个：南方浸信会（The Southern Baptist Convention）1050 万人、全美浸礼会（The National Baptists Convention, U.S.A.）550 万人、美国浸礼会（The National Baptist Convention of America）150 万人、北方浸礼会（The Northern Baptist Convention）150 万人。

美国以外浸礼宗信徒较多的国家有：苏联（54.5 万人）、印度（50.8 万人）、英国（32.7 万人）、巴西（24.3 万人）、扎伊

[①] 参阅拙作《基督新教的七大宗派及其历史渊源》第二部分，《世界宗教资料》1983 年第 2 期。
[②] 该派为荷兰莱顿大学神学教授阿明尼乌（Jacobus Arminius, 1560—1509）创立，属于加尔文宗的一支，主张基督救赎非仅为了选民，而是包括全人类，并强调人的自由意志。后被荷兰正统加尔文派驱逐出荷兰，但至今仍作为一个小教派残存。

尔（22.5万人）、缅甸（22.3万人）、加拿大（17.7万人）。该宗于1836年由美国传教士沙克（John Lewis Shuck）传入我国。它的国际组织为世界浸礼联盟（The Baptist World Alliance）。

一 浸礼宗的产生

基督教史学家一般认为该宗起源于施洗者约翰（John the Baptist），[①] 在使徒时代即已存在，迄今从未中断。也有一些史学家认为该宗的思想来源于16世纪欧洲大陆宗教改革中的重洗派（Anbaptists），但多数史学家主张浸礼宗作为讲英语的新教教派，实际上起源于17世纪英国的清教运动，最初为公理宗的一支。1608年英国林肯郡的清教徒分离派（公理宗的前身）因遭宗教迫害逃亡至荷兰，分为两支：一支定居于阿姆斯特丹，领袖为剑桥大学毕业生、牧师史密斯（John Smith, 1554—1612）；一支定居于莱顿，领袖为罗宾逊（John Robinson, 1575—1626）。史密斯在阿姆斯特丹受到当地流传的阿明尼乌派和门诺派（Mennonites）[②] 的影响，反对加尔文的预定论，主张人的自由意志和成年受洗。1609年他出版《兽的特性》（*The Character of the Beast*）一书，指出婴儿受洗不符合《圣经》的规定，并于同年付诸行动，他本人及其信友36人再次施行了洗礼，组成了第一个浸礼宗教会。由于他坚持基督救赎是为了全人类，而非仅为选民的教义和成年人受浸礼的主张，被称为"普通浸礼派"（General Baptists）。1612年史密斯逝世后，其同工海威斯（Thomas Heiwys, 1550—1616）继

[①] 原始基督教传说中的领袖人物，曾为耶稣在约旦河中施浸礼。其情节见《新约·马太福音》第3章。
[②] 门诺派是重洗派的一支，因创始人门诺·西门斯（Menno Simons, 1492—1569）而得名。门诺曾为重洗派成员，认为没有判断能力的婴儿受洗无效，成年人需重新接受洗礼。闵斯特公社失败后，他在荷兰组织重洗礼教会，称为门诺派。但此时该派已演化为和平主义者，主张以坚忍和殉道确证其教义。

为此派领袖。他与其信友潜回伦敦组织浸礼会，至其去世时已建立了四座教堂。

在莱顿的分离派于1616年派亨利·雅各布（Henry Jacob, 1563—1624）秘密回伦敦，在萨瑟克（Southwark）建立公理教会。该堂会中有部分浸礼宗信徒，最初联合建堂，至1638年浸礼宗信徒在约翰·斯皮斯伯里（John Spilsbury）领导下脱离了公理会，建立了独立的浸礼会。由于此派在教义上与普通浸礼派观点不同，坚持正统加尔文宗的预定论，认为基督救赎仅仅是为了选民，故被称为"特别浸礼派"（Particular Baptists）。这两派虽然在教义上有所分歧，但他们都认为实行全浸是洗礼的合法形式，符合《圣经》的原则；教会应是信徒的自治团体，实行公理制；信仰自由，父亲亦不能强迫儿子入教。他们对英国国教的态度也略有不同，但都认为国教会缺少真正基督教会的特征，应与之划清界限。

特别浸礼派在浸礼宗中占有绝对优势，约占该宗信徒的80%以上，他们于1644年颁发了《信仰宣言》，公开表明了其信仰标准，因此这一年可作为浸礼宗正式形成的标志，此宣言在1677年稍加修订后重新印发，1689年7月31日在伦敦召开的牧师与使者会议正式批准，并为1742年美国费城浸礼宗联会所承认。普通浸礼派亦于1660年制定了《信仰宣言》，其不同点在于反对加尔文的"预定论"，在此问题上两派始终存在分歧，但时至今日，此争辩已无现实意义，许多地区两派在求同存异的基础上，组织了联会。

二　浸礼宗的教义、组织和仪节

根据该宗权威性的信条——1677年《信仰宣言》[①]及其后来

[①] 此宣言的全名为《由许多因宣认信仰而受洗的基督徒会众的长老们和弟兄们所发表的信条》（*A Confession of Faith Put Forth by the Elders and Bretbren of Many Congregations of Christians Baptized upon Profession of Their Faith*）。

在实践中的发展表明,它除持新教的一般信条外,在教义、组织和仪节①方面强调以下几点。

第一,真正的教会是依基督的指示,由公开承认且步调一致的信徒自愿组成,为保证信仰的纯正,教会有权将信仰不一致的教徒开除。

第二,坚持信仰自由和信徒自愿的原则。基于此,不应干涉婴幼儿的自由,待其长大成人具有判断能力后,始能根据其志愿吸收入教;根据同一理由,认为政教分离是新约规定的政治原则,国家不应与教会有任何瓜葛。

第三,个人可与上帝直接联系,不承认圣礼、神职人员和教会的中介作用。仪式虽很重要,但仅具有"功用性"而非"生命性",不影响人与上帝的直接关系。并认为浸礼宗的宣言非强制教徒的信条,它不具有权威性、约束性,亦非考验教友的标准。

第四,教会实行公理制,从理论上讲,牧师并不比教友具有更大的权力。候选人申请为会友(信徒)时,由一般会友二人考核,被推荐后,本人在会众面前公开宣布其信仰,获通过后始准入教,停止会友资格亦同。

第五,实行浸礼与圣餐两项仪节。该宗虽强调浸礼,但认为此并非获得救恩的标志,而仅是肉体的行动,根本的问题在于"信",浸礼只是对上帝效忠的标记和信主、悔改的表示,但浸礼的形式至关重要,全浸是与基督同生共死的唯一象征。此仪节一般是当众举行,施浸者与候浸者着白衣,一齐步入水中。有的教会要求施浸者必须是牧师,有的则无具体规定。关于圣餐的理论,该宗赞同加尔文的"参与说"②,但近年来一部分持茨文利的"象

---

① 使节为该宗使用的特殊词汇,原文为 Ordinance,基督教界汉译为"仪节",以区别于其他教派的"礼仪"(Rites)一词。
② 参阅拙作《加尔文宗》,《世界宗教资料》1984 年第 1 期。

征说"观点。① 为体现平等,浸礼宗实行坐领圣餐,有"闭关圣餐"(Closed Communion)和"公开圣餐"之分,实行"闭关圣餐"的教会只限施于受浸礼者,实行"公开圣餐"的教会准允曾受洗的其他教派信徒为列席会友。

三　浸礼宗在英国的发展

1640—1660年是英国早期浸礼宗的大发展时期。它在克伦威尔的中、下级军官和士兵中吸收了大量信徒,但真正获得成功的是特别浸礼派。普通浸礼派所吸收的信徒多为下层,在共和国成立后,资产阶级给他们带来的不是福音,而是破产,在现实生活中找不到出路,因而大批成员投入贵格宗,此派大为削弱。1660年斯图亚特王朝复辟后,两派均转入地下,直至1689年宽容法令的公布。此后,由于新教派的兴起,普通浸礼派失去了吸引力,有的转会消亡,有的转为神位一体派(Unitarians),在英国濒于绝迹。

特别浸礼派从18世纪至20世纪初坚持严格的加尔文教义,积极开展活动,值得提出的有三项:第一,掀起海外布道的浪潮。1792年建立英国浸礼传教会(English Baptist Missionary Society),为近代新教在英语世界海外布道之始,首先传至印度。1831年传入澳大利亚,1864年在新西兰建立了浸礼会。第二,从18世纪开始建立各地方联会,1891年成立大不列颠与爱尔兰浸礼宗联盟(Baptist Union of Great Britain and Ireland),1905年参加了世界浸礼宗联盟。第三,19世纪末该宗赞同英国自由党的改革措施,在其执政时期有所发展,一度颇见成效,信徒与教堂有所增加。但终因该宗无新的理论,在自由党没落后,许多人转入卫斯理宗,

---

① 茨文利(Huldrych Zwingli,1484—1531)为瑞士苏黎世宗教改革家。他认为信徒领受圣餐仅具有象征性,借以纪念耶稣基督的救赎,否认祝圣后的饼与酒具有神秘的力量,只不过是一种精神食粮。

第一次世界大战后衰落,1983年英国仅有信徒32.7万人。

四 浸礼宗在美国的传播与发展

浸礼宗随英国清教徒移民于17世纪30年代初传入北美殖民地,但美国的浸礼会基本上是土生土长的。第一个普通浸礼派教会为罗杰·威廉斯(Roger Williams,1603—1683)于1639年在普罗维登斯(Providence)建立。他本是马萨诸塞湾的清教徒,因反对当地宗教,被强制移居罗德岛。在他的鼓吹下,此派有所发展。1670年联合建立了普通浸礼派联会。但此派在美国从未成为较大的势力,且多数中途衰落,人数较少。

在北美殖民地势力较强的是"正常浸礼派"(Regular Baptists),这是特别浸礼派在美国的名称。此派最早的中心在罗德岛新港(Newport Rhode),最早的教会系1641—1648年间由内科医生、牧师克拉克(John Clarke)集合该派信徒所建立。后在基特里(Kittery)、缅因、马萨诸塞、波士顿等地陆续建立了教会,此后又向美国中部发展,在查尔斯顿、南卡罗来纳等地先后建立了正常浸礼会。

18世纪后,此派开始了联合运动。1707年在新泽西、宾夕法尼亚和特拉华的五个较大的教会联合组成了费城浸信派协会(Philadelphia Baptist Association),1760年协会进一步扩大,吸收了康涅狄格、纽约、弗吉尼亚等州的教会参加,它们在大觉醒运动中吸收了大量的信徒。这一联合趋势被19世纪30—40年代的奴隶制论战所中断。由于南、北方对奴隶制的态度不同而走向分裂。1845年美国南方各州在佐治亚的奥古斯塔(Georgia Augusta)建立了独立的"南方浸信会",1907年北方各教会联合建立了"北方浸礼会",1950年改称为"美国浸礼会"。

19世纪以来,美国浸礼宗的活动着重在3个方面。其一,配合美国政府的殖民侵略与扩张,开展海外布道。它们于1814年成立"美国浸礼宗宣教协会"(The American Baptist Missionary Union)。1826年普通浸礼派又组成"美国海外布道会"(American Baptist Foreign Mission Society),在亚、非、拉美地区开展海外传教活动。在亚洲先后传往印度、缅甸和中国,据1982年统计,亚洲现有浸礼宗信徒100万人,大部分在这三个国家;该宗在非洲最先传至塞拉利昂,现有信徒50万人,主要分布于扎伊尔、尼日利亚和喀麦隆;在拉丁美洲目前有60万人。其二,兴办教育事业,特别是大专院校。该宗于1756年建立好望书院(Hopewell Academy);1764年建立布朗大学;1825年以前建立了8所其他性质的学校,1825—1850年建立了25所,1851—1875年建立35所,1876—1900年建立70所;1891年建立的芝加哥大学,是美国浸礼宗最高学府。其三,布道重点在黑人群众,这是美国浸礼宗最重要的特点。19世纪中期,随着美国内战的结束和解放宣言的公布,浸会加强了在黑人中的宣传布道,培训黑人牧师,建立黑人教会和教堂。1866年在北卡罗来纳(North Carolina)建立了第一个黑人教会的州会。1880年组织了黑人全国性的组织"全美浸礼会"。后因财产权与出版物的争端,该会于1916年分裂,较小的一个保持原名称,人数较多的一派改称为"美国全国浸礼会"。目前,黑人中的基督徒绝大多数属浸礼宗信徒。

美国浸礼宗除前述四大派别外,还有一些较小的团体,如自由意志浸礼派(Free Will Baptists),属普通浸礼派,信徒约4万人;登卡尔派(Tunkers),又译为友爱会,主张和平主义,反对任何形式的神学训练;反对传教浸派(Anti-Mission Baptists),反对任何传教活动,认为上帝选择预定得救者,无须宣传,此派约7万人;安息日浸礼会(Seventh-Day Baptists),以星期六为安息日,仅有几千名信徒。此外,在20世纪由于神学上的争端,导致几个新的教派产生,计有美国浸礼协会(America Baptist Association,1905)、正常浸礼派总会(General Association of Regular

Baptist Churchs，1932）和美国保守浸礼协会（Conservative Baptist Association of American，1947）。

第二次世界大战后，由于人口的流动和信徒的增加，南方浸信会突破了地区的局限，向美国北部和西部发展，目前，该会的组织已遍布全国。

五 浸礼宗在欧洲大陆和我国的传播

欧洲大陆近代浸礼宗的先驱是安肯（Johann-Gerhard Oncken，1800—1884）。他曾受美国传教士的浸礼，于1834年在德国汉堡建立了浸礼会，并由此传播至奥地利、匈牙利、罗马尼亚、保加利亚、瑞士、比利时、丹麦、荷兰、波兰、瑞典、挪威和俄国。1983年欧洲大陆共有信徒87万人，其中以苏联的信徒人数最多。在安肯的影响下，俄国于1884年建立了俄罗斯浸礼宗协会（Russian Baptist Union），复又在英国浸礼宗的影响下，1908年建立了福音基督徒协会（Union of Evangelical Christians）。十月革命后，该宗在苏联的信徒有所增加，上述两个教会的人数曾达450万人。1944年两派联合为"苏联福音基督徒和浸礼宗联合会"（All-union Council of Evangelical Christian and Baptists in U.S.S.R.），1983年有信徒约54.5万人。

该宗于1836年传入我国，最早来华的是美国南方浸信会传教士沙克，他于是年到达澳门和香港，但在广州未站住脚，被迫退回澳门。直至鸦片战争，随着不平等条约的签订，始在我国流传。以后陆续来华的有来复会、美国浸礼会、英国浸礼会、瑞典浸礼会、孟那福会、新约教会、友爱会等差会。在我国建立了华南区、华东区、华北区、华西区（四川）、华内区（河南、安徽）五个传教区，并开办了上海沪江大学、四川协合大学，与长老会合办山东齐鲁大学。

由于该宗信徒遍布亚、非、美、欧等大洲，遂于1905年在伦敦成立了"浸礼宗世界联盟",曾举行了多次世界性会议。该组织无共同信条,对所属教会亦无行政、司法权,仅为协作性机构,旨在交流情况、互相支援以及负责筹备与召开世界会议。秘书处设于纽约与伦敦两处。

(本文与吴清心合写,原载于《世界宗教资料》1984年第4期)

贵格宗

贵格宗（Quakerism）兴起于17世纪中期的英国及其美洲殖民地，创立者为英国人乔治·福克斯（George Fox, 1624—1691）。此宗派最初自称"光明之子"（Children of the Light）或"真理之友"（Friends in the Truth），又因该派信徒之间互称朋友，故其组织称为朋友会（Society of Friends），汉译为公谊会或教友派。但其最通用的名称为贵格派。"贵格"为英语"Quaker"一词之音译，意为颤抖者，因该宗建立之初在聚会中常有人全身痉挛颤抖而得名①。后来他们自己认为信徒在圣灵感召下颤抖是光荣的，故同意接受该名称，沿用至今，但其正式名称仍为教友派（Friends）。贵格宗与其他基督教派别相异之处在于它没有成文的信经、教义，也没有专职的牧师和圣礼、节日，而是直接依靠上帝的启示指导信徒的宗教生活与社会生活，此为其独具之特色。

贵格宗的信徒人数相对较少，但由于它始终具有神秘主义的特色，在教义上独具一格，以及在英国革命和美国历史上具有一定的影响，特别是该宗长期致力于社会福利、科学教育事业和工商业卓有成效，并以改良监狱、释放奴隶、主张信仰自由和男女平等、反对军国主义和战争蜚声于世，故至今在基督教思想体系

---

① 关于此名称的来源其说不一。另一说为该名称产生于1650年，当法官传讯福克斯时，他警告法官说："你在上帝面前应该颤抖。"法官说："那你们就是颤抖者了。"遂得此名。

方面仍属新教中的一个较重要的派别,被基督教界公认为是新教的七个主要宗派之一。1982年全世界有信徒约20万人。主要集中于美国(131018人),人数较多的国家有肯尼亚(33000人)、英国(30000人)①,其余分布于德国、荷兰、法国、瑞典、瑞士等国。1887年由美国贵格会派员传入我国。

一 贵格宗的产生与形成

贵格宗的思想源于英国革命前后出现的诸基督教小派,特别是"寻求灵恩派"(Seekers)②的宗教思想。

17世纪40年代,英国资产阶级夺取政权后,并未给社会下层带来福音。由于连年内战造成的经济混乱、商业萧条、原料不足、物价高涨,致使广大小资产阶级和工人的生活更加痛苦。据统计1641—1642年每周平均工资为7先令,至1648年物价已上涨40%—50%,而工资仅增加了2先令,加之自1646年起连续数年歉收,情况更加严重,广大社会下层不满现状,纷纷要求政治平等和经济保障。他们的要求大多通过宗教形式表现出来,出现许多小宗派,诸如平等灵修派(Levellers)、掘土灵修派(Diggers)和第五帝国派等均属以政治为主的宗教派别。亦有单纯追求宗教平等的派别,如浮嚣派(Ranters)③、寻求灵恩派(简称寻求派)等。贵格宗是以寻求派的思想为主体,并吸收了其他各小派的宗教、政治思想而产生的新宗派。

该宗的创立者福克斯,1624年出生于莱斯特郡德雷顿村的一

---

① 据1982年美国《世界年鉴》统计资料。
② 17世纪上半期英国基督教的一个神秘主义派别,认为当时存在的各派基督教会已变质,他们仅寻求个人与圣灵的直接联系。
③ 17世纪上半叶英国基督教的神秘主义派别。他们反对基督教各派存在的外在形式,认为神就在现实的世界上,基督就在他们中间,无需牧师、信条、《圣经》。

295

个纺织工人家庭。少年时代他在诺丁汉鞋店学徒,生活清苦,曾深受寻求派的思想影响。英国革命后,他目睹社会下层生活之恶化,不满意当时的政治状况和英国国教会、长老会、公理会、浸礼会等教派的宗教主张,决心以平等为目标,在宗教领域进行探索。1643年(19岁)他开始云游各地,遍访清教各派的教牧人员,均不得其解,并发现这些教会存在许多虚伪与欺骗行为,引起其强烈反感,决心建立新的教派。经过研读《圣经》,冥思苦想,他于1646年提出了四条新的宗教思想:第一,人人均可从上帝得到"内心之光"(the Inner Light),借此可直接得到圣灵的启示,指导人们的生活,激发人们的工作热情,获得真理,灵魂得救。第二,针对当时英国教会的教牧人员多属牛津或剑桥毕业生的情况提出:仅在牛津或剑桥毕业并不足以使之成为合格的教牧人员,只有上帝指定的、获得内心之光的人才能胜任这一工作。第三,上帝非居于人所建立的教堂之中,教堂只是一种形式,一种"尖头房子"(Steeple house)。圣礼的形式亦无真正价值。第四,在经济上反对缴纳什一税,在政治上坚持人与人的平等,除国王和法官外,应废除一切功名爵位,并反对战争,拒服兵役。

1647年(23岁的)福克斯开始游方传教,在英格兰西北部宣传"内心之光"的教义和政治、经济主张,获得一些不满现状的基督徒的赞许,从清教各派中吸收了许多追随者。1650—1660年间,由于下层各小派先后被镇压,纷纷改入贵格宗,信徒大增,在城市小资产阶级和熟练工人中得到迅速发展。1652年,他们在英国北部普林斯顿·帕特里克(Preston Patrich)聚集而居,建立了第一个贵格宗的中心区,随即发展至伦敦、布里斯托尔、诺里季(Norwich)等地。1654年后,传至爱尔兰、北美洲与荷兰。1660年后,传至德国、法国、意大利、挪威、土耳其及耶路撒冷。福克斯本人还曾致函阿尔及尔的长官和中国皇帝。

由于该宗的独特教义实际上攻击了各教派的教会和神职人员,和以圣经为最高权威的清教主义,特别是一些狂热的信徒,包括福克斯在内,经常冲进各派的教堂,打断正在进行的宗教仪式,宣讲其"内心之光"的教义,并进行挑战式的辩论,破坏了官方宗教的正常秩序,使之不能发挥有效的作用,故遭到包括克伦威尔在内的英国统治集团的镇压。根据《福克斯自传》统计,该宗信徒在1661年以前被捕者有3173人,1661—1687年间有42000人入狱,死于狱中者369人。福克斯本人在《自传》中说:"我们的朋友们被投入水中,被践踏殴打,以致鲜血迸流,种种侮辱,实难毕述。"他曾先后八次入狱,多次被打、被投入水中和被石块击伤。其《自传》也是在狱中口述、由其友人记述而成。

1660年贵格宗举行首次全国会议,商讨国内外的传教工作,自1672年后每年举行一次。1666年健全了组织,基层设立"月会",每个郡设立"季会",全国设"年会"。1676年该宗神学家罗伯特·巴克雷(Robert Barclay, 1648—1690)发表教义《十五条信纲》。次年在此基础上用拉丁文撰写了《真基督教教义明辨》(*Apology for the Ture Christian Divinity*),两年后译为英文,后来其继承者将此书编写为《巴克雷教义简篇》。由于福克斯文化水平低,其自传叙述杂乱,重复较多,系统性差,而巴克雷的著作较系统、较准确地阐述了该宗的信仰,故他的这三部著作,均被视为贵格宗的经典,特别是《十五条信纲》,传播较广,简明扼要地阐述了该宗的原则和教义。

贵格宗在1688年英国"光荣革命"后获得合法地位,但由于其教义之消沉与孤寂,19世纪后在英国趋于没落。

二 贵格宗的教义、组织和公共生活

根据《乔治·福克斯自传》和巴克雷的《十五条信纲》,[①] 以及该宗的历次声明和实践,表明他们虽无信经、信条,但在原则

---

① 见[美]乔治·福雷《新教信仰》"附录",费城1979年版,第273—281页。

上承认三位一体说、耶稣神人两性说、基督救赎说等基督教的基本信仰,并有以下独特的神学教义思想。

第一,"内心之光"说。此说是根据《新约·约翰一书》第一章第五节记载"上帝之光,它完全没有黑暗"的说教发展而成。认为此光存在于每个人的灵魂中,它是"光明的种子",可以使人得到上帝存在及其意志的直接感觉。但只有那些接受光并顺从光的人才能体验到。每个人,即使是最坏的人,其灵魂中亦有一定的光明的因素,关键在于如何发扬其光明的种子,抑止其黑暗的一面。这种子是神性的一部分,在人心中可以发芽、生长、壮大,给人以启迪。此神学思想是其平等观在宗教领域中的体现。

第二,直接启示说。此说庄严反对教会主义与《圣经》主义,认为人之得救与否,人的思想和行动的指南是圣灵对每个人的直接启示,无须教会的引导和《圣经》的根据。他们认为《圣经》是重要的,但并非今日信仰的最高权威,它仅仅是"流",只是宗教的记录,是根据上帝过去的启示由圣徒写成的记录,最新最高的启示是内心之光直接对每个信徒的指导,此乃真正基督徒信仰的标志。这一宗教思想实质具有突出人的理性思维的因素。

第三,强调极端的和形式化的平等。他们在现实生活中,不讲礼节,否认世俗的权威。该宗自福克斯起,见人不脱帽,不问好,对人一律称为"你",而不称为"您"①。并要求过平静俭朴的生活,少参加世俗的娱乐活动,包括游戏、宴会和竞赛,认为这是不敬上帝所致。

第四,强调博爱,包括爱仇敌。在政治生活中,反对一切暴力行为、主张和平主义和彻底的不抵抗主义,反对一切战争,包

---

① 福克斯与任何人谈话仅称对方为 Thee 或 thou,这是当时英国不客气的称呼,相当于中文的"你"。见福克斯等《贵格派文集》,许牧世译,香港基督教文艺出版社 1960 年版,第 369 页。

括正义的战争；不参加任何政治活动，拒绝服兵役（后改为不参加作战部队，可参加后勤、医务等），不使用任何刀枪武器，不担任政治职务，反对向任何世俗力量宣誓、效忠，仅从事正常的工商业、科学、教育事业以及社会服务工作。

贵格宗的这些教义反映了17世纪中期英国小资产阶级和熟练工人对现实的不满和强烈的平等要求，以及为此而斗争失败后的厌倦情绪。他们丧失了对现实斗争的信心和勇气，而走向神秘主义与寂静主义（Quietism）①的道路，在宗教中寻求安慰，并把平等的社会主张极端化和形式化，以发泄其不满情绪。

贵格宗反对社会制度和社会主义，认为没有设立圣职的必要，福克斯本人把当时的牧师称为"衣架饭桶"。该宗的组织仅称为聚会处（Meeting），分为月会、季会、年会三级。月会是基层聚会处，几个月会组成一个季会，由相同观点的几个季会组成年会。年会是贵格宗所属某派的最高组织，人数不一，1970年统计共49个年会，每个年会的成员从不足100人到60000人以上。最初每个聚会处仅设召集人，后改由长老和监督负责。这些职务由信徒定期选举产生，任期三年。贵格宗采取入会自愿制，但该宗信徒之子女为当然之会友，其他人入会需经个人申请，经聚会处成员认可，始能成为会友。

该宗不承认任何外在的权威，也没有固定的崇拜仪式和圣礼。他们认为每个信徒的全部生命都属于圣礼，故不必有单独的洗礼，每顿饭均属圣餐，故不必有单独的仪节。该宗亦无节日，包括圣诞节、复活节均予废除，并将"主日"（星期日）改称为第一日。他们的结婚仪式非常简单，男女双方中意后，在聚会处双双起立握手，发表结婚声明即可。

其宗教生活采取安静聚会方式，或就座默想，或下跪祷告，

---

① 17世纪中期产生于欧洲的一种神秘主义思潮。认为人力徒然，一切应听从上帝的安排，主张绝对寂静，逃避现实。

可完全自便，不拘形式地等候圣灵的启示、内心之光的引导。一旦有人得到启示，可发言宣讲，也可能在一次聚会中均未得到启示，即在寂静中散去。

三 贵格宗在美国和其他国家的传播和发展

贵格宗由英国两名女会友玛丽·费希尔（Mary Fisher）、安妮·奥斯丁（Anne Austin）传至美国，于1656年首至波士顿，后在马里兰和马萨诸塞湾殖民地传教，被当地殖民政府视为异端，曾被囚禁。以后陆续又有会友前来美洲，1661年在新英格兰建立年会，亦遭迫害，并有四人被判处死刑，收效不大。1671—1673年福克斯亲至美洲传教，该宗始在美洲站住了脚。他曾遍访西印度群岛、新英格兰和北卡罗来纳以北诸殖民地传经布道，并在马里兰（1672）、弗吉尼亚（1673）等地建立了年会。直至威廉·佩恩（William Penn，1644—1678）到达美洲后，始建立起贵格宗的基地。他是英国海军大将之子，1667年加入公谊会，决心在北美殖民地寻觅一块实现其理想的安居地。1677—1678年，他先后运送了800名会友前往美洲。1681年他从英王查理二世获得一块位于美洲西部的赠地①，命名为宾夕法尼亚，于1682年创建了该赠地之首都费城和年会。此后，这一地区成为贵格宗在美洲的基地。与此同时，巴克雷曾作为佩恩之助手，被查理二世委任为新泽西州总督，他据贵格宗的理论拟定了当地宪法。这两个地区均实行信仰自由政策，许多新教徒迁居于此，人数剧增。

18世纪初，贵格宗仍控制这两个地区的民政，但因殖民政府与印第安人和法国殖民者之间的矛盾尖锐，多次发生武装冲突。该宗由于坚守反战原则，拒服兵役和拒交战争税，被迫退出政界，

---

① 查理二世以此地段抵还佩恩之父的债务，以赠地的名义清账。

放弃其政治地位与影响。其后,他们在北美主要从事社会改革工作。18世纪提倡解放黑奴的先驱者之一是该宗的神学家、文学家约翰·伍尔曼(John Woolman,1720—1772)。他出生于新泽西州,父母均为贵格会会友,初以裁缝为业,后经营布匹百货。他认为蓄养黑奴和压迫印第安人不符合贵格宗的平等原则,曾多次奔赴各地作社会调查,劝告会友释放奴隶。1762年他发表《论蓄奴》一文,论述了奴隶制度之不合理,还著文为穷人请命,颇有影响,为19世纪美国全面反对奴隶制的社会改革打下了思想基础。《约翰·伍尔曼自传》阐述了他的神学思想和社会主张,不仅被贵格宗信徒视为经典,而且其文学造诣颇深,被认为是美国历史上的第一部传记文学作品。

美国独立后,美国的贵格会脱离了英国的公谊会而独立。19世纪,该宗继续向西部发展,并克服了奴隶制造成的障碍,建立了一些新的年会:俄亥俄(1812)、印第安纳(1821)、爱荷华(1863)、堪萨斯(1872)、俄勒冈(1893)、加利福尼亚(1895)和内布拉斯加(1908)。此时,美国的信徒已超过了英国,其中有些年会仍与伦敦的年会保持联系。随着该宗的发展,由于成员中间的贫富分化以及英国福音奋兴派的影响,致使美国贵格宗趋于分裂。费城年会的领导者主要由与英国联系密切的富商组成,他们赞同福音派的教义,特别拥护英国贵格会奋兴派约瑟夫·约翰·格尼(Joseph John Gurney,1788—1846)的观点,从而逐渐形成格尼派(Gurneyites),突出强调福音书的地位,故亦称福音派。但许多较贫穷地区的会友反对此观点,他们认为费城年会的长老和监督再不能代表他们的利益,遂脱离该会,形成分离派。其领袖为伊莱亚斯·希克斯(Elias Hicks,1748—1830),他强调内心之光的教义,提出如果上帝取消《圣经》,这可能是一件好事,他可以发动信徒写一部比《圣经》更好的新经典。此派为贵格宗之自由派,并攻击奴隶制度和规定的教条,1828—1829年形成希克斯派(Hicksites),又称开明派。1845年,以约翰·威尔伯

（John Wilbur，1776—1856）为首的部分会友，不满意希克斯派的观点，乃脱离分离派，另组威尔伯派（Wilburites）。此派又称保守派，坚持该宗早期的寂静主义，等候内心之光的启示，故又称正统寂静派（Orthodox Quientist Friends）。

至20世纪初年，美国贵格宗公开分裂为三个团体。一是格尼派年会联合各福音派，并与伦敦和都柏林的年会结合在一起，于1902年建立"五年会"（Five Year'Meeting），后改称为公谊宗联合会（Friends United Meeting）。二是保守的美国年会（Conservative American Yearly Meetings）由威尔伯派发展而来，保持传统的贵格宗习俗和崇拜方式。三是希克斯派年会于1902年改称公谊会总会（Friends Genera Conference），此派保持向现代新思想开放的观点。目前，这些派别已不再强调分歧，它们在社会服务的前提下出现联合的要求，一般都参加了联合组织"美国公谊宗服务委员会"（America Friends Service Committee）。此外，还有一些由大学生们组织的独立年会，亦已排除了旧的神学分歧。

贵格宗对美国的影响主要表现在世俗事务方面。他们除从事社会改革和服务之外，特别在教育与科学事业方面作出了贡献。19世纪该宗建立了一些大学和中学。公谊会创立的大学有厄勒姆学院（Earlham College，1847）、哈弗福特学院（Haverford College，1833）、斯沃斯莫尔学院（Swarthmore College，1864）等。贵格会友个人创办的大学有布赖·莫尔学院（Bryn Mawr College，1885）、康奈尔大学（Cornell，1865）、约翰斯·霍普金斯大学（Johns Hopkins，1876）。这些大学均注重科学，曾培育出一批出名的化学家、遗传学家、人类学家和天文学家、此外，他们还经营一批工业、商业和银行，坚持信用第一、声誉良好。

贵格宗在20世纪传播至非洲和欧洲大陆。1982年，非洲有信徒35531人，主要集中于几内亚。第一次世界大战后，重新在德国、荷兰、法国、瑞典、瑞士建立了新的年会，但人数很少。1937年该宗建立了国际性的组织"贵格宗世界咨询委员会"

(Friend's World Committee for Consultation)，总部设于英国伯明翰，定期召开会议，讨论共同性的问题。

1887 年，由美国贵格会传教士义白理（Esther Hettie Butler,？—1921）传入我国的南京和江苏，继而有英国的公谊会传教于四川。

（原载于《世界宗教资料》1984 年第 3 期）

新教几大教派外的其他派别

一 莫拉维亚弟兄会

莫拉维亚弟兄会（Moravians）发端于15世纪捷克的胡司宗教改革，形成于16世纪中期，因该会最初活动于捷克中部的莫拉维亚地区而得名，目前传播于德国、英国、荷兰、爱尔兰、瑞士、丹麦、瑞典和美国等地，共有信徒739885人。此派入教虽少，但它以强调平等、友爱、互助、灵修的特色，而成为新教的一个独立宗派。

波希米亚弟兄会 莫拉维亚弟兄会的前身为波希米亚弟兄会（Bohemian Brethren），由胡司的追随者组成，胡司（1373—1415）是捷克的爱国者和宗教改革的先驱。他的主张得到捷克人民的响应，大为动摇德意志贵族与天主教会在捷克的统治。因此，德皇与教皇于1414年将胡司诱骗逮捕，以异端罪名处以火刑，此举激起了捷克各爱国阶层的义愤，各地纷纷起义，汇为反封建、反民族压迫、全民性的胡司战争（1419—1434）。在对敌斗争中，由于参战人员的社会地位不同，分为两派。以农民为主体的社会下层主张取消等级特权，一律平等；废除国王和封建捐税与义务，没收地主土地；实行公共消费，因其根据地在捷克南部的塔波尔城，故称塔波尔派。以中产阶级、小贵族为主体的富裕阶层仅主张捷克独立[①]，没收教会财产；用民族语言传教以及一般信徒在圣餐中可用圣杯领用葡萄酒，故名圣杯派。最初，两派尚能联合作战，但在德皇与教皇的分化瓦解下，被各个击破，起义失败，塔波尔派惨遭镇压。战后残存的塔波尔派吸收了个别的圣杯派和其他异端派别的成员，以凯来齐斯基（Kelesiski,？—1460）为领袖，于1457年建立了新的宗教团体波希米亚弟兄会。该会主张：第一，《圣经》是信仰的最高权威与准则，反对罗马教皇和天主教会的权威；第二，蔑视等级特权，强调人人平等，信徒之间互称兄弟姊妹；第三，共同生活，公共消费；第四，按《圣经》原则过灵修生活，提高道德修养；第五，对统治者采取不合作主义，拒服兵役和担任公职，但反对积极斗争。这些思想反映了社会下层群众既不满现状，又屡屡失败，在宗教中寻找出路的消极思想情绪。此派在社会下层中流传较广，至16世纪中期，在反宗教改革运动的冲击下，被统治当局视为异己，于1548年被驱逐出境，弟兄会的成员部分迁至捷克中部的莫拉维亚地区，遂更名为莫拉维亚弟兄会。

亲岑多夫之改建 莫拉维亚弟兄会在捷克发展了百余年后，成为独立于正统教会的半公开的民间教会，遭限制与迫害，许多信徒被迫迁往他国，其中操德语的一支于1722年逃往德意志的萨克森地区，受到当地信奉路德宗敬虔派的伯爵亲岑多夫（Zinzendorf，1700—1760）的庇护，收容弟兄会成员居于其领地伯帖勒道夫村（Berthelsdorf），与当地居民共同生活。1727年，亲岑多夫除掌管该村之行政外，又参与其宗教活动，改建了弟兄会，将该村命名为"赫仁护特"（Herrnhut），意为"主护城"，重整组织，制定了信仰与管理制度。自此莫拉维亚弟兄会又被名为弟兄合一会。该会规定：由全体信徒推出12名长老，由长老推出5人组成执行委员会，其中4人为执行委员，1人为总长老，负责宗

[①] 当时捷克隶属于德意志神圣罗马帝国。

教与社会生活管理，亲岑多夫仅任监督。全体居民依性别、婚姻划分小组，组长负责信仰与纪律。婴儿自幼离开家庭，集体抚养，未婚青少年依性别分组，男女婚姻由抽签决定。为避免商人剥削，组建了商业合作社，信徒按组每日唱特定的圣歌作为祈祷仪式，并学习一段《圣经》。经过改建的弟兄会实际上是将莫拉维亚弟兄会与路德宗敬虔派结为一体的允许结婚的新教修道团体，而异于其他新教的独立宗派。1742年德意志皇帝腓特烈二世批准其为新的宗教团体，允许设立居留区。

教义与礼仪 1745年，改建的莫拉维亚弟兄会正式宣告独立，其特点是：第一，以正典《圣经》为唯一权威，以路德宗的《奥格斯堡信条》为信仰之依据。1778年出版的该宗教义《论弟兄会信仰》《弟兄会信仰教义概览》，突出了基督教赎、友爱互助、人人平等。抽签配偶的方式于19世纪初废除。第二，教会实行长老会管理体制，神职人员有主教、长老和执事，但主教无行政权，仅掌神权，施行授职礼。第三，以宣教事业为己任，特别强调到艰苦地区和土著人地区去传教和兴办教育事业。第四，教堂称为"所"，陈设简单朴素，四周为墓地，墓碑大小划一，以示平等。第五，礼仪有洗礼、圣餐、圣歌、祷告与读经。

该宗自亲岑多夫始即重视传教活动，1732年派员去西印度群岛和格陵兰，1734年至北美佐治亚，1741年至伦敦，同年亲至纽约，在宾夕法尼亚州设立居留地，命名为"伯利恒"，此处成为弟兄会在美国的基地。此后又传往南美和非洲。

目前该宗信徒分布欧美大陆，总部在美国，划分为四大教区：欧洲大陆地区（德国、丹麦、瑞士、荷兰、瑞典）、捷克教区、英国教区、美国教区。其中美国教区人数较多，并分为三派：①北莫拉维亚弟兄会（Moravin Church Northern Province），教堂97座，信徒26824人。②美国南部莫拉维亚弟兄会（Moravin Church in America, South Province），教堂63座，信徒17423人。③弟兄合一会（Unity of the Brethren），教堂26座，信徒数字未公布。此派未传入我国。

二 神体一位论派

神体一位论派（Unitarians）又名基督徒自由派（Free Christians），是16世纪中期欧洲宗教改革运动中产生的一个人文主义色彩较浓厚的宗派。创始人为意大利人利奥·苏西尼（Lelio Socini，1525—1582）及其侄福斯特斯·苏西尼（Faustus Socini，1539—1604）。该派的主要特征是要求以人的理性衡量基督教信条，凡以理性不能说明的教义均予否认，诸如三位一体、原罪等，仅崇信独一的上帝。该派于16世纪末与17世纪初，因反对正统基督教的基本信条，曾遭到天主教与新教的共同反对，受到排挤与迫害，一度转入秘密活动。18世纪后又出现于英、美等国，建立了现代神体一位论教会。20世纪80年代，全世界共有信徒616069人，集中于美国，其他分布于英国、罗马尼亚、匈牙利等地。

苏西尼与苏西尼派 神体一位论派虽产生于16世纪，但其思想渊源则可上溯至2、3世纪罗马帝国的神格唯一论派，主张上帝只有一位，圣子与圣灵只是上帝的不同表现形态。4世纪又有阿里乌派亦反对三位一体论，说法类似。欧洲宗教改革运动兴起后，一些人文主义者开始以理性思考现存的教义，其中较著名的是苏西尼叔侄。

利奥·苏西尼是意大利的律师，因异端嫌疑，被迫离开了天主教占绝对统治地位的意大利，周游列国，结交了许多宗教改革家，其中包括路德之密友梅兰西顿与加尔文，他在日内瓦时曾目睹西班牙的科学家塞尔维特①受审与被处以火刑之情况，深受启

---

① 塞尔维特（Miguel Serveto，1511—1553），著名的西班牙神学家与医学家，血液小循环系统的发现者，因发表《论三位一体之谬论》，反对三位一体说，于1553年以异端罪名被加尔文处以火刑。

发，奠定了他反对三位一体等正统教义的思想基础，并写出专著，但未敢发表。深受其影响的福斯特斯·苏西尼继承叔业，在其叔死后于 1579 年在波兰组织神体一位论团体"波兰弟兄会"，并由此传至匈牙利的德兰斯瓦尔亚公国。1600 年，他在波兰克拉科夫开办大学，宣传其主张，并举办年会。1605 年出版了该派之基本教义《克拉科夫问答》，书中正式定名为"神体一位论派"，其反对者则称其为苏西尼派，1658 年受耶稣会迫害，部分信徒逃往匈牙利、荷兰和英国，亦遭镇压，遂转入秘密活动。

苏西尼派的教义是：第一，上帝的启示应与人的理性相一致，理性是衡量教义的标准。第二，崇奉唯一的上帝，否认三位一体，耶稣仅是伟大的人物。第三，否认原罪，人无赎罪之必要。第四，人类的价值和尊严可借体验其真理而获得，基督曾如此传授。第五，否认加尔文的预定论及对人类的永罚。

现代神体一位派 18 世纪后兴起的现代神体一位派继承了苏西尼派的基本观点，并吸取了自然神论和圣经批判学，主张保留基督教的成分，但不受教义的束缚，实现基督教自由的教会。在 18—19 世纪，由于基督教宗派间教义争端颇为激烈，因而此派曾受到一些知识分子的欢迎。

此派在美国的代表人物为林赛（Theophilus Lindsey，1723—1808），他于 1774 年脱离英国国教在伦敦建立了神体一位教会。1813 年英国国教会承认其合法地位。1928 年正式定名为"神体一位总会及基督徒自由教会"（General Assembly of Unitarian and Free Christian Churchs）。20 世纪 80 年代在英国有教堂 330 座，信使约 4 万人。

该派于 18 世纪由英国传至美国，19 世纪一度兴盛，代表人物为钱宁（William Channing，1780—1842）。他本为公理会牧师，19 世纪初率其所属信徒转为神体一位派，并一度控制了哈佛大学，1825 年成立了神体一位全美协会，1894 年公布共同宣言，宣言中把基督教义归纳为"爱上帝及人类"。1961 年此派改组，在波士顿成立了"神体一位普世协会"（Unitarian Universalist Association）。在 20 世纪 80 年代，美国有此派教堂 946 座，信教徒 170352 人。其余教徒分布于罗马尼亚、匈牙利和一些英语国家。此派未传入我国。

三 19 世纪和 20 世纪初产生的新宗派

基督复临派 基督复临派（Adventists）是 19 世纪前期从基督新教特别是浸礼宗、公理宗、卫斯理宗的信徒中分化出来的一个新的神秘宗派。此派由浸礼宗信徒威廉·米勒（William Miller，1782—1849）于 1831 年创立于美国，该宗的特点是突出"末世论"与基督复临，大力宣传世界末日即将到来，耶稣基督将再次降临人世，建立理想的千年王国，信徒将获得永生。当时，米勒曾预言 1843—1844 年的某日，基督将从彩云中徐徐降临，届时即为世界末日。他们把出现的一切自然灾异、社会危机、道德沦丧都视为末日将至的预兆。这反映了当时美国社会下层对现实不满的一种消极、失望、变异、厌世的宗教心理。但是在预言的日期基督并没有也不可能复临，因而宣扬此派观点的信徒被各自所属的教会视为邪说加以清除，此派信徒遂自行组织为独立的宗派基督复临会。在 20 世纪 80 年代，此派信徒共有 5445372 人，其中美国 601688 人，其余分布于世界 180 余个国家与地区。此派于 1898 年由美国来复会传入我国。

18 世纪末 19 世纪初，美国城乡劳动者并未因独立战争的胜利和联邦政府的建立而改变处境。广大城乡劳动者因捐税沉重，日益贫困，小生产者缺乏资金，告贷无门，农民更受到商人与高利贷的盘剥，即使是一些中、小资产阶级亦因竞争激烈，部分宣布破产，他们对现实不满，但又无正确的引导，其中一部分人即从宗教上寻找出路，热衷于提倡某种奇特的神学思想，标新立异，自成一派。

末世论与基督复临本为基督教信条之一，认为现实世界迟早

第四编　新教宗派研究

要毁灭，世界末日终将到来，届时耶稣基督将再次降临人世，建立正义之国，对人类的善恶进行审核，善者得永生，恶者受永罚。此派的创始人米勒本为农民，曾任军官，未受过正统的神学教育，经自学《圣经》，特别是对《旧约·但以理书》和《新约·启示录》的钻研，坚信基督即将复临人世，建立千年王国。他们于1831年根据《新约·彼得后书》第3章"主应许再来"与《旧约·但以理书》第8章第14节，预言基督将于1843年3月21日至1844年4月18日期间复临，并通过讲道、报刊宣传，发起悔过、强化信仰的运动。一时追随者颇多，在预定复临的日期更是人心惶惶，有的大吃大喝，变卖家产者亦大有人在。但事与愿违，到预定复临的最后一天，并未出现奇迹。随即又预言复临日为1844年12月22日，亦未实现。信徒大失所望，米勒遭到各方面的攻击，部分信徒退出。仍坚持旧观点者，包括米勒在内，被各自的教会开除，另建教会。米勒等人仍坚信自己的信仰正确，只是不再预言具体的复临日期，仅坚持这一天不会太久。此后教会实行浸礼与圣餐两项圣礼，以公理宗的体制建立教会。

1849年米勒去世后，由于教义争端，分裂为几个独立的教会，主要有：①基督复临会，1854年建立，此派不同意把星期六作为安息日和吃素食，传播于亚洲和南美。②原始基督复临会，此派坚持早期复临思想，20世纪中期由基督复临会分化而来。③该派中人数最多的一派是基督复临安息日派，1863年建立，在美国有信徒517141人。该派于1898年传入我国，其在华传教组织称为来复会，流传于江苏、安徽一带。

基督复临安息日派（Seventh-day Adventists）产生于19世纪60年代。它吸收了"安息日浸礼会"守星期六为安息日的内容，[①]逐步发展为新教派。此派之先驱为米勒门徒怀特夫妇（James White and Ellen Harmon White，1827—1915），他们在40年代初主

---

① 该会以星期日为每周的第一日，故星期六即安息日为第七日。

张应严格遵守摩西十诫的第四诫"当守安息日"的规定。1846 年其门徒贝茨（Joseph Bates）又扩大宣传这一点，许多人追随之。这一主张遭到基督复临派中一部分人的反对。他们遂于 1863 年在密执安建立了独立的基督复临安息日会。

该会除信仰基督新教、基督复临派的一般教义和守星期六为安息日外，在教义方面突出强调三点信仰。第一，依《希伯来书》第 8 章第 2 节所示，认为复临是在天上圣所做准备的日期，而非复临的时间。具体复临时间虽不能确定，但应做精神的准备，地上公义的千年王国并非遥遥无期。第二，千年王国建立后，只有此派信徒才能得永生，恶人在接受刑罚之后将绝灭。第三，人的身体是圣灵的居所，故应洁净。因此，他们禁烟戒酒，不吃猪肉与勒死之物，提倡完全素食，亦不饮茶与咖啡，并在传教中建立医院，以增进人们之健康。

该会实行浸礼与圣餐两项圣礼。其特点是在领圣餐前两信徒互相洗足，男女信徒分别举行。此会的特殊教规是信徒要纳什一税，将收入的 1/10 交给教会作为经费，据说此制度之依据是《马太福音》第 23 章第 23 节。新入会的信徒须经投票通过后始能入会。

基督复临安息日会的组织较严密。在总会之下，全世界划分为 13 个教区，下辖 330 个基层教会。此会是复临派信徒最多的一个，约占信徒总数的 90%。20 世纪初，该会来我国传教，曾建立东、西、南、北、中、东北六个传教区，开办了一些医院与学校。

救世军 救世军（Salvation Army）是基督新教的一个社会团体与宗派，由威廉·布斯（William Booth，1829—1912，旧译卜威廉）于 1865 年创立于英国伦敦。1982 年全世界共有信徒 4029136 人，分布于英国、美国、新西兰、印度等 70 余个国家，1895 年传入我国。

19 世纪中期英国已经完成了工业革命，资本主义经济蓬勃发展，然而这一切并未给社会下层带来福音，相反，财富更加集中，贫富愈益悬殊，工人阶级的生活日益恶化，每个城市都有贫民窟，工人的斗争和运动突起。为应对此形势与调和阶级矛盾，基督教界亦出现了新的团体与宗派，救世军便是其中的一个。

布斯幼年家庭贫困，曾在当铺当学徒，目睹社会之黑暗，充满欺骗压榨，道德沦丧。稍长，他意欲从事社会活动，传播福音，改变社会精神面貌。为此他加入循道会，担任传道人，因其观点与该会矛盾，主张普救世人，故双方决裂，1861年脱离了循道会。布斯与其追随者于1865年在伦敦东区（贫民区）建立了独立的传教会，1878年仿军队建制改组教会，专职神职人员分任将、校、尉，着特殊军服，一般信徒为士兵，布斯自称大将。1880年正式定名为救世军，制军旗，建乐队。此派实行露天布道于街头巷尾，以奏军乐吸引群众聚集，然后讲道，并号召富豪捐款，建立一批救济院、学校、农场等慈善团体。军队建制、露天布道、社会救济是该宗的三大特点。

救世军并无新的教义，他们坚持一般的新教信条，特别是与卫斯理宗的信仰基本相同。该宗亦不要求信徒在教义上绝对一致，并尽力避免教义上的分歧，参加救世军者亦可保持与原有教会之联系，其所强调的是每个官兵均应"牺牲自己，救助他人"的道德原则与关心社会下层现实生活之改善。该会具有严格的组织和纪律，强调服从与牺牲，官兵禁止参加世俗娱乐，禁止吸烟与饮酒。士兵按年龄编为婴儿队、儿童队和青年团及多种成人信友的组织。

救世军不实行洗礼与圣餐仪式，认为真诚的悔过与充满圣灵就是真正的洗礼与圣餐，故在军中不宣传亦不实行这一点，但不反对信友到其他新教会受洗与领圣餐。此派的特殊礼仪是公开悔罪，每一军营（即教堂）中均设悔改台，悔罪者均要在台上公开认罪。

救世军的最高领袖称为大将，1929年以前为布斯及其后人担任，此后改为由最高委员会选举产生。其总部设于伦敦，但主要力量集中于美国。

该宗于1880年传入美国，1882年开始陆续传入印度、斯里兰卡、新西兰、南非等地。在20世纪80年代，共有军官25000人，信徒4029163人，分布于70余个国家，人数较多者为美国（41万人）、英国（35万人）。他们除传教外，主要从事社会慈善事业，包括济贫、发放救济品、免费午餐、住宿、收养孤儿、资助犯人、安排就业等活动。该宗于1895年传入我国，20世纪后在一些大城市设有军营（教堂）。

基督教科学派 基督教科学派（Christian Science）是具有基督教性质的神秘宗教团体。1879年由艾娣（Mary Eddy，1821—1910）创立于美国。此派名为科学派，但与我们所理解的"科学"相反，其特征是有病不需服药，依靠"意念"的精神疗法治病，称此为基督教的"科学"，故名。该派信徒集中于美国，全世界共有信徒1813048人。

艾娣出身于美国农民家庭，本为公理宗信徒，自幼体弱多病，并患有癔症，经多方治疗无效，乃另寻他法。后经催眠术家昆比治疗，自认为有效，颇为赞赏昆比的理论，认为疾病之原因在于想象，如使病人不相信自己有病，即可恢复健康。此理论对精神病患者或许行之有效，但并不能因此得出有病不需服药的结论。艾娣以其理论为基础，结合自身的体会建立了她所谓"绝对精神疗法"，宣扬只要依靠上帝与《圣经》产生"科学"的意念，百病均可痊愈，还说：人死非由于病毒，而是精神的毒害。1875年她出版了《科学与健康及圣经之关键》（Science and Health With Key to the Scripture）一书，以科学家自居，阐述其理论，并以此书作为该派之经典。1879年她及其追随者建立了独立的宗派组织"科学家基督教会"（The Church of Christ, Scientist），为扩大影响与培训信徒创建了马萨诸塞玄学院。1908年在美国发行《基督教科学箴言报》，至今已成为世界上颇有影响的报刊。

该派之经典为《圣经》与艾娣之著作，并以其观点解释《圣经》。他们主张世界上根本不存在物质，唯一真实的是上帝赐的"意念"（Mind）。一切疾病、罪恶均属幻想，只要坚定"意念"，便能战胜幻想得以归正与痊愈。该派放弃三位一体的理论，亦不实行基督教之圣礼，信徒入会只需填写承认其观点的入会书。

20世纪80年代初，此派全世界共有3200个教堂，1813048名信徒，分布于54个国家，多数集中于美国，有教堂3000座，信徒100余万人。①

耶和华见证人会 耶和华见证人会（Jehovah's Witnesses）为19世纪70年代从基督复临派中分化出来的一个派别。由拉塞尔（Charles T. Russell，1852—1916）于1881年创立于美国，故又称拉塞尔派。最初，此派名称为"守望楼圣经与传单会"，1931年改为"耶和华见证人会"，1982年共有会员（即见证人）6268327人。

创建人拉塞尔在青年时曾受基督复临派的影响，但苦于无具体的复临日期。他为此深研《圣经》，1872年宣布已找到了答案。拉塞尔宣布，英文《圣经》中"复临"一词（Return）是希腊文Parorsia之误译，此词应译为"临在"（Presence），意即基督将以人的肉眼所看不到的灵体出现于世，主持世上和平、正义与欢乐的千年王国。凡信仰此点并为此做见证者将在王国中过幸福生活。当他将此"发现"向基督教界宣布时，基本上无人支持，遂于1881年建立"守望楼圣经与传单会"，独立传教。

其独特的教义是：第一，反对三位一体，赞同阿里乌派的主张，认为耶稣是人，只是到他受洗后才成为基督，圣子和圣灵均系上帝的表现形式。第二，耶和华的见证人是上帝在世上的唯一代表，基督即将建立的千年王国是见证人的组织，到世界末日经过善恶双方的大决战即将实现。凡不承认此说者，其灵魂将毁灭。

---

① 不公布信徒数字为此会之惯例，上述数字为《世界基督教百科全书》的估计数字（David B. Barretted., *World Christian Encyclopaedia*, Oxford: Oxford University Press, 1982）。

第三，现实世界无任何意义，不抱有希望，因而世界末日的来临，现实的一切均将毁灭，故无须对现行世界进行改造或行善，只要努力宣传此派教义，作其见证人即可成为上帝的选民。因此，他们拒服兵役和向国旗致敬。

该派认为圣礼并无神圣之意义，洗礼仅是标志，圣餐本是纪念，故其实行成年洗礼与纪念性的晚餐。其最高领导机构为董事会，领袖为董事长，总办事处设于美国布鲁克林（Brooklyn），工作人员均居于郊区之伯利恒屋。低于董事的工作人员称教仆和区仆，地方教会称为群团（Companies），教堂称"王国会堂"。信徒分先锋（Pioneers）与宣传员（Publishers）两类。先锋为专职，发给薪金；宣传员为一般成员，每月应业余为此派信仰做宣传至少60小时，包括口头宣传和推销宣传品。该派之宣传刊物为《守望楼与基督临在通报》《觉醒》杂志及其领袖之著作《上帝的竖琴》《圣经研究》等，均廉价出售，并设有广播电台。此派信徒600余万人，集中于美国与北欧。

后期圣徒派 （摩门教）后期圣徒派（The Latter-Day Saints）是美国史密斯1830年创立于纽约州的一个神秘主义教派，据其自称系根据《摩门经》的启示所创，故俗称为"摩门教"（Mormonism）。其组织的全名为"耶稣基督后期圣徒教会"（The Church of Jesus Christ of Latter-Day Saints）。1982年，此派共有信徒4476484人，主要集中于美国西部。由于该派除奉《圣经》为经典外，还以自创的《摩门经》为经典，故被基督教界视为旁门左道，仅认为是具有基督教性质的派别。

创始人约瑟·史密斯（Joseph Smith，1805—1844）为一城市贫民，曾受到基督复临派的影响。据其自称，1823年间天使摩罗尼（Moroni）曾向其显灵，命其接受一部刻于金版上的新启示，并告其存放地点。1827年，史密斯宣称他按指示掘得金版及一副镶有宝石的眼镜，金版上写有变种的古埃及文字，即使是古埃及文专家亦不能识，只有借助那副具有神力的眼镜才能释读，现已

第四编　新教宗派研究

将其译为英文，即《摩门经》，1830年出版于纽约。同时他宣称该书译毕后，金版即被天使收回，已不复在人间。该书"序言"中说有12人（包括他本人）证明见过此金版，但后来3人否认。《摩门经》的内容主要有三：第一，《摩门经》的作者摩门（Mormon）为4世纪美洲印第安人的先知。这些印第安人的远祖是希伯来人①的两个部落，分别于远古及公元前渡海来到美洲，但后来这些部落绝灭，摩门曾将其经典记录为《摩门经》，埋于地下，直到史密斯发掘出来。第二，《摩门经》是《旧约·圣经》之补编，内称史密斯为重要先知，被授予建立后期圣徒教会的使命。第三，基督复临前，散居世界上的犹太人将聚集美洲，上帝将在美国建立新耶路撒冷（即理想的千年王国）。

1830年史密斯在纽约建立了独立的后期圣徒教会，并广为宣传，信徒达数千人。1844年在瑙武（Nauvoo）建立基地，自任将军统治该城，遂创建摩门大学，训练宣教人员，派往欧洲传教。史密斯在该地倡导与实行多妻制，对居民统治甚严厉，并欲竞选总统，从而引起了当地群众的不满，终被枪杀。此后该派领袖为木匠布里格姆·杨（Brigham Young），因当地居民仇视此派，故他率领万余信徒西迁犹他州，修建盐湖城，建立了政教合一的神权政体，统治该地。1852年此派强调实行多妻制，布里格姆有妻子17人，子女49人，他还规定教会上层骨干必须有3个妻子，此项制度直到1896年始由美国联邦政府强制废除。

该派的经典为《新旧约全书》《摩门经》、史密斯的启示及历届"第一主席"的言论。其特殊的教义是：第一，耶稣是基督，史密斯是真先知。第二，遵守十诫及摩门教之礼仪。第三，其他宗派的洗礼无效，仅摩门教神职人员所施的洗礼才能赦罪，其按手礼才能充满圣灵。第四，基督将在美国建立理想的千年王国，

---

①　此说毫无根据。印第安人的祖先是蒙古利亚人，约于距今5万—2万年前经白令海峡迁至美洲。

入会者将成为选民。其最高领导机构为 12 使徒会议，由"第一主席"主持，设顾问二人，下有主教长、大祭司、传道人、主教、祭司、执事等。全部成年男信徒均为神职人员，分别担任上述各职务。其礼仪与纪律具有独特之处，实行成年受洗，死者实行再洗礼。凡未受此派洗礼而死者，可由其亲属代受再洗礼，成为摩门教徒；戒烈性酒；征收信徒的什一税。

该宗流传于北美、西欧和北欧等地，1982 年欧美共有信徒 4475484 人，其中美国信徒最多，总数为 2974351 人。美国摩门教主要派别有：①耶稣基督后期圣徒教会（the Church of Jesus Christ of Latter-day Saints），俗称摩门教（Mormon），有教堂 7379 座，信徒 2811000 人；②后期圣徒改革教会（The Reorganized Church of latter-day Saints），有教堂 1061 座，信徒 160800 人；③耶稣基督教会（The Church of Jesus Christ），俗称比克顿特教会（Bricker Tonites），有教堂 60 座，信徒数千人。

该宗之经典《摩门经》被基督教界人士认为是"胡思乱想"。美国著名文学家马克·吐温评之为"印刷的麻醉药"。

五旬节派　五旬节派（Pentecostals）是 1906 年产生于美国的一个神秘宗派。五旬节本为犹太教纪念以色列人逃出埃及后，在西奈山接受"十诫"的节日。因传说上帝授"十诫"的日期是以色列人逃出埃及后的第 50 天（10 天为一旬），故名五旬节。基督教产生后，据说圣灵于五旬节降临于诸门徒之身，"他们都被圣灵充满，按照圣灵所赐的才能说起别种语言来"[①]。故基督教会又将五旬节称为圣灵降临节。20 世纪初，在基督教的福音奋兴运动中，美国卫斯理宗、浸礼宗等宗派中的一些信徒，突出强调圣灵降临的神恩作用，逐渐从旧的宗派中分化出来，建立了五旬节派。此派的特征是：第一，灵洗，即圣灵降临在信徒身上，这一说教类似中国民间的所谓"附体"。第二，说方言，即说出没有人能

---

① 《新约·使徒行传》2：4。

听懂的话，亦即胡言乱语。第三，神医，有病不吃药，依圣灵治病。第四，坚持"基要"信仰。① 该宗起源于美国，分布于欧、美、亚、非各大洲。1985年共有信徒24784725人。

19世纪后半期，由于欧、美自然科学与社会科学的发展，以及圣经批判学②的深入，致使不少信徒对《圣经》之权威及基督之信仰发生动摇。因此，基督新教界发起了福音奋兴运动，以各种方式强化信仰，挽救危机。五旬节派是此狂热运动中的一支。20世纪初，美国奋兴布道家托里（Reuben A. Torrey, 1856—1928）创"灵洗"方式，即圣灵的洗礼，并付诸实践。其追随者于晚间聚会祷告，祈求充满圣灵，有时一些信徒突发狂热情绪，全身痉挛，大声赞美上帝，口称悔过，或痛哭或狂喜，有人说出一些任何人也不懂的"语言"。此种神秘的狂热的经验与体会称为"灵洗"。他在美国首先推行灵洗的地区是堪萨斯州的托皮卡（Topeka）和洛杉矶，1906年在洛杉矶的聚会中有信徒说出了别人不懂的语言，故以此年作为五旬节会诞生之年。

该会以《圣经》为教义的唯一来源，以基要派的观点解释之。此外，他们还以圣灵的教导为权威，相信每个教徒均可得到圣灵的引导。其组织形式最初仅有各自独立的五旬节会，每一教会有宣教师，负责传教与"翻译"信徒中说出的别人不懂的"语言"。信徒选出长老与牧师管理教会。后来建立了联合组织，1939年于斯德哥尔摩召开了世界五旬节会会议，讨论共同事务与协调宣教工作，每3—4年召开一次。在礼仪方面，实行成年受洗，行浸礼与圣餐，特殊的仪式是灵洗、驱魔、神医。

---

① 19世纪后半期基督教神学思潮的一个派别，它坚持基督教传统信仰之要点，故称"基要派"，此派坚持的五要点为：《圣经》无误；耶稣神性；童女所生；基督救赎；基督复活与复临。

② "圣经批判学"是19世纪兴起的一个新学科，它以考据的方法研究《圣经》的历史背景、内容之真伪、各章成文的先后、相互联系与区别、考证其年代与内容。

由于它是20世纪从新教各派中分化出来的一个宗派，并保存了一些主要宗派的痕迹，以致基督教界认为他们在"唯信称义"方面是路德宗，在洗礼方面是浸礼宗，在"成圣"理论①上是早期的卫斯理宗，在组织制度方面是公理宗，在宣教方面是救世军，唯有在灵洗方面是五旬节派。

此派从美国首先传至北欧。1906年挪威循道会牧师巴瑞特（T. B. Barratt）在访问美国时接受了灵洗，回国后宣传该派教义，于1916年建立挪威五旬节会。在20世纪80年代，该会是挪威国教会（路德宗）以外的最大教会，信徒约4万人。瑞典于1910年建会，信徒共10余万人。芬兰建会于1911年，丹麦建会于1919年。五旬节派亦传至英国、法国、德国、俄国，但信徒人数不多。

该会信徒主要集中于亚、非、拉地区和美国，在亚洲集中于印度和印尼，在南美集中于巴西和智利，第三世界的信徒约占其总数的一半。美国是该宗的基地，1985年共有信徒2277261人。10万人以上的教会有：神召会（Assemblies of God），设9930座教堂，信徒1103134人；上帝会（Church of God），教堂5018座，信徒411385人；四方福音会（Church of the Four Square Gospel），教堂100座，信徒154645人；上帝五旬节会（Pentecostal Church of God），教堂3500座，信徒113000人；联合五旬节会（United Pentecostal Church），信徒300000人。

该宗于1917年由美国五旬节会传入我国，主要活动于云南省少数民族地区。后陆续有美国神召会、使徒信心会、上帝会、基督徒公会、辅通福音会来我国传教，活动于广东、浙江等沿海地区。

（原载于《世界宗教资料》1988年第4期）

---

① 该宗主张个人成圣完全是神恩的作用，在称义之后始能成圣。

第五编

新教影响研究

论西欧资本主义早期的观念更新问题
——兼评加尔文主义的历史作用

一　问题的提出

近年来，关于西欧从封建主义向资本主义转变的问题，不仅在国外，而且在国内史学界均引起了广泛的讨论。就国内情况看，这一讨论大致集中在两个方面。一方面是有关这种转变本身的。讨论的问题有：这种转变的完成受到哪些因素的影响和制约？其中哪一种因素起主导的和决定性的作用？各种因素间的关系又是怎样？它们彼此是如何相互作用的？另一方面涉及这种转变在各个国家和地区的不同情况，或者说各种有关因素在各国所起作用大小的差异，其中特别是在中、西方的不同。也就是说，在西欧为什么完成了这种转变，在中国却没有？毫无疑问，以上两方面问题的讨论，无论是从方法论的角度，还是从具体历史研究的角度，均具有明显的意义。

而且，这些问题所以在今天引起人们的兴趣，也绝非偶然。现代化是当今世界谈论的热门话题与追求的目标。特别是发展中国家，一般均投入大量人力，苦心探索精心研究现代化的途径、步骤与方法，参加者有政府工作人员、理论工作者、管理人员与科技人员。具体标准是人均产值、人均收入、三种产业的比例、城市人口比例、人均住房面积、义务教育普及率、大学生的比例、

第五编　新教影响研究

交通发达程度（电话、传真、汽车、火车、飞机）、信息发达程度（报纸、电台、电视、计算机）、千人医生拥有率、人口增长率、平均寿命等指标。这是现代化的重要内容，它标志着经济发展与科技进步的程度。但对于人本身的现代化及其标准往往研究不够或不够具体。这个问题引起了美国科学院院士，斯坦福大学胡佛研究所英格尔斯（Alex Inkeles）教授的注意，他经过调查研究，认为现代化必须由具有现代思想观念的人完成，现代人具有外部特征与内部特征。外部特征是受过 12 年教育、衣着入时、化妆得体、汽车出入、手持移动电话……但如仅具其表，并不能被认为是现代人，更重要的是内部特征，即具有现代化人的观念与素质。他提出这方面的标准共十四条，归纳之有七条：①信心十足，乐观主义。②勤劳节俭，效率性强。③信息灵通，求知欲强。④掌握机遇，变革进取。⑤时间观念，惜时守信。⑥不因循守旧，勇于更新。⑦尊重他人，平等待人，乐于接受不同意见。[①]作为现代人应二者兼备，但关键是具有现代人的内部特征。这也是当代基督教文明国家各行各业的普通人及各行各业一切有成就的人所具备的。对于英格尔斯教授的这一观点，我感到很有启发，在我国现代化的过程中，应更加重视培育具有现代思想观念的人，以加速我国的现代化。而且我还认为，作为历史学工作者，我们不仅要视其"流"，更重要的是探其"源"，研究西方社会现代人思想观念产生的过程及其内容，这将有助于我们更好地吸收这一有益的文化。

因此，本文欲仅就一个具体问题，即西欧资本主义早期的观念更新问题做一些历史考察。西欧从封建制向资本主义制度转变的决定性因素是经济关系发展之必然。但"并不是只有经

[①]　概括自［美］英格尔斯《个人现代性探索》，哥伦比亚大学出版社 1983 年版（Alex Inkeles, *Exploring Individual Modernity*, New York: Columbia University Press, 1983），或参阅曹中德《人的现代化》，《现代化杂志》1984 年第 10 期。

济状况才是原因，才是积极的，而其余一切都不过是消极的结果"①。马克思主义经典作家非常强调包括思想观念在内的多种因素的综合作用。"经济状况是基础，但是对历史斗争的进程发生影响并且在许多情况下主要是决定着这一斗争的形式的，还有上层建筑的各种因素：阶级斗争的各种政治形式和这个斗争的结果——由胜利了的阶级在获胜以后建立的宪法等等，各种法权形式以及所有这些实际斗争在参加者头脑中的反映，政治的、法律的和哲学的理论，宗教的观点以及它们向教义体系的进一步发展。"② 恩格斯在此明确地说明了社会转变时期理论与思想观念的重要性。但过去我们往往忽略了这一点，特别是对"宗教的观点以及它们向教义体系的进一步发展"重视不够，而事实上，"历史上的伟大转折点有宗教变迁相伴随"③，资本主义早期物质文明的成长与资本主义的理论、观念更新相辅相成。它在冲破封建神学思想枷锁，破除天主教会的教义体系中成长壮大，又随着资产阶级革命而普及推广，作用于社会。其理论即加尔文主义。加尔文主义在 18 世纪中叶资本主义工业化社会之前是资产阶级的理论基础，并以此为指导，进行了一系列的反封建的观念更新、以适应和推动资本主义商品经济的发展，其影响长达二百余年之久。

对此，西方学者曾进行了长期的较广泛的研究。他们认为加尔文主义的观念更新对资本主义的发展，产生了重要的影响。20世纪英国著名经济史家托尼曾评论说："自宗教改革以来的两个世纪，基督新教中最有特色和最有影响的派别是以加尔文主义为基

---

① ［德］恩格斯：《恩格斯致瓦·博尔吉乌斯》，《马克思恩格斯选集》第 4 卷，人民出版社 1972 年版，第 506 页。
② ［德］恩格斯：《恩格斯致约·布洛赫》，《马克思恩格斯选集》第 4 卷，第 477 页。
③ ［德］恩格斯：《路德维希·费尔巴哈和德国古典哲学的终结》，《马克思恩格斯选集》第 4 卷，第 231 页。

础的诸流派……它成为一种国际运动，它带来的不是和平，而是刀剑，在加尔文主义的道路上传播了革命。"[①] 在他之前，还有在我国较为流行的韦伯和特勒尔奇的两部名著。[②] 他们在各自的著作中，对加尔文主义的理论与观念更新作了专门的论述，其中不乏真知灼见，但他们又夸大了观念的作用或存在某种偏见，无视其与经济关系之联系。因此，本文欲以加尔文主义为例，剖析西欧启蒙运动以前资产阶级反封建观念的斗争，即早期资本主义社会的观念更新问题，进而评析加尔文主义的历史作用，从而说明理论、观念更新在西欧封建社会向资本主义社会过渡时期中的重要性及其斗争的长期性。

二 资产阶级反对封建观念的必要性及其发展阶段

西欧资本主义萌芽产生于14、15世纪，到18世纪中期，其主要国家发展为工业社会。随着资产阶级的发展壮大，进行了多方面的反封建斗争。在政治上，先后建立了世界上第一个资产阶级神权共和国——日内瓦，并成功地发动了尼德兰革命和英国资产阶级革命。同时，在思想领域，他们进行了长期的反对封建观念的思想斗争，并有一个逐渐深化的发展过程。

根植于以自然经济为基础的封建观念，束缚与妨碍着资本主义的发展，封建社会的人生观与价值观的中心是贬低和否定现实世界与人的价值，认为人生前活动的根本目的是死后的永生。天主教的通俗宣传小册子《要理问答》的第一问即"你为什么活在世界上？"答："为恭敬天主和救自己的灵魂。"这一问一答简要

---

① ［英］理查德·H. 托尼：《宗教与资本主义的兴起》，第97页。
② ［德］马克斯·韦伯：《新教伦理与资本主义精神》，四川人民出版社1986年版；［德］特勒尔奇：《基督教社会思想史》，香港基督教文艺出版社1976年版。

地说明了封建教会的人生观与价值观。由此基点发展而来的一系列封建观念均不能适应资本主义商品经济的发展。诸如维护封建贵族高高在上的等级观念；王权神授观念；实行禁欲主义，提倡安贫乐道，反对获取财富的观念；节日冗长、圣礼豪华，为荣耀上帝不惜浪费大量时间与金钱的时间观与价值观念等。因此，资产阶级为适应自身的发展，必须批判陈旧的封建观念，树立有利于资本主义发展的新理论和新观念。

资产阶级反对封建观念的斗争大体上可划分为两个阶段。第一阶段是14—15世纪西欧的文艺复兴运动；第二阶段是16—17世纪的宗教改革运动。它是以马丁·路德和让·加尔文为代表，继承和发扬人文主义思想，从教会内部发动的、批判封建神学、冲击旧宗教思想体系的革命运动。

文艺复兴以文学和艺术的形式打破了以神和死后生活为中心的传统观念，表现了以人和现实世界为中心的思想，以后又扩大到各学术领域。人文主义思想歌颂了人的伟大、人的智慧和能力，以及现实世界的美好和重要，把人的思考和理性从神转移到人自身，从死后转向现实的物质世界。因此说，文艺复兴是"世界的发现与人的发现"[1]。它开阔了人的视野，开辟了一个现实的广阔的新天地，启迪了人们的智慧与良知，有力地打击了传统的封建的人生价值观、财富观与时间观念。文艺复兴的历史意义是伟大的，但其自身又具有历史的局限性。具体表现在：

第一，文艺复兴是一场世俗的文化运动。它仅从教会外部无情揭露与批判了封建教会的腐败黑暗及其所宣扬的愚昧无知的蒙昧主义，嘲讽了神职人员和个别教皇的道德沦丧。但是人文主义者并未从根本上触及封建神学的理论核心。他们"一方面尖锐地

---

[1] ［瑞士］雅各布·布克哈特：《意大利文艺复兴时期的文化》，何新译，商务印书馆1979年版，第280页。

批评某个教皇的行为,而在原则上则重申对教皇的赤胆忠心"[1],仅希望教皇能消除弊端,洗心革面,故而不能有效地摧毁其神学思想体系,从根本上否定罗马教皇权。

第二,人文主义者所讨论和涉及的内容,多为神学以外的学术领域,他们的活动与涉及的范围主要是社会中上层和知识界,未能有效地深入广大群众,社会下层对此鲜知,影响面窄,因而未形成全民运动。

第三,文艺复兴批判了违反人性的禁欲主义,倡导发展人的个性,满足人的欲望,这在当时历史条件下是一个进步。但在任何社会中,个人的欲望不能无限膨胀,仅提倡以个人为中心,就会影响与他人的关系。因此,必须树立有效的、适合商品经济发展的社会道德规范。对此,文艺复兴未能切实地加以解决。

第四,人文主义的财富观(发财就是一切)与传统的封建观念相矛盾,在宗教信仰上得不到承认,发财与灵魂拯救不能和谐的统一,在当时西欧宗教观念极端浓厚的情况下,不利于资产阶级积累财富。

因此,文艺复兴未能形成一种全民性的反封建运动,也未能从根本上动摇封建教会的根基与全面破除旧观念。相反,许多人文主义者与教皇关系密切,成为教皇的座上宾。某些教皇也积极支持文艺复兴运动。

享乐人生的世界观亦为一些封建的和日益世俗化的教会贵族所接受,只有从教会内部批判封建神学理论,才能摧毁旧观念的理论基础。

从16世纪开始,西欧开始了宗教改革运动,持续的时间长达两百年。西方一位近代学者精练地概括了文艺复兴的人文主义与

---

[1] [德] B. 博伊默尔:《马丁·路德与罗马教皇》(Bemigius Baumor, *Martin Luther und der Papst*),明斯特1977年版,第45页。转引自《中世纪与文艺复兴研究》(*The Journal of Medieval and Renaissance Studies*)1984年第2期,第161页。

宗教改革的关系。他说："没有人文主义，就不会发生宗教改革。"① 宗教改革是文艺复兴的继续，是人文主义思想在宗教领域的运用与发展，从教会内部破除了封建的旧观念，树立了以人为主体的新思想。

1517年马丁·路德的《九十五条论纲》的张贴，揭开了宗教改革的序幕。他在人文主义的道路上跨出了关键性的一步，即对罗马教皇权的批判与否定。1520年12月10日，他以断然的革命行动，当众焚毁了教皇开除其教籍的训令，并于同年发表了《罗马教皇权》《致德意志基督教贵族的公开信》《教会的巴比伦之囚》《论基督徒的自由》等重要著作，提出了"唯信得救"的理论。路德在宗教领域内强调人的理性与思考，主张人人皆可通过阅读、理解与解释《圣经》，从而产生信仰，便可得救。人与上帝的直接交通，无须天主教会神职人员为媒介，亦不须善功、圣礼等，从而彻底摧毁了罗马教皇权的三大理论支柱，即教皇最高权威论、圣礼得救与善功赎罪论、教士特权论，② 使教皇、教会和神职人员成了"失去了咸味的盐"③。在此基础上，他进一步提出民族自主、教会平等与世俗平等、政教分离、信仰自由等新的观念。但其思想由于历史条件具有相当的局限性，他之得救的最高境界只是个人与上帝的神秘结合，仅是精神上的解脱与快慰；他的社会改造理论与观念，除民族自主得以实现外，其平等观、自由观、政教分离等均因德意志的具体情况与市民之软弱而未能实现或收效甚微。

真正树立资产阶级的新观念，批判陈旧的封建观念，并以之

---

① ［英］布朗：《宗教改革前的德国人文主义与罗马教皇权》，《中世纪与文艺复兴研究》第14卷，1984年第2期，第159页。
② 参阅拙作《马丁·路德早期政治思想初探》，《世界宗教研究》1983年第2期。
③ ［英］A. W. 沃德编：《剑桥近代史》第3卷，剑桥大学出版社1957年版，第45页（A. W. Ward, eds., *The Cambridge Modern History*, Vol. 3, Cambridge: Cambridge University Press, 1957, p. 45）。

改造社会和人的思想,且成效显著者乃加尔文主义。

三　加尔文主义的理论基础及其发展

　　加尔文主义有狭义与广义之分。狭义的加尔文主义又称原始的加尔文主义,意指16世纪加尔文在法国形成的宗教思想和在日内瓦的实践。[①] 其核心是加尔文的天人关系与拯救学说"预定论",以及以长老为中心的民主共和的教会组织制度、纪律和教会观、圣餐观等。[②] 广义的加尔文主义还包括加尔文的后继者们据其学说,结合各国的实践所发展的"预定论";据加尔文及其诸流派理论家的作品拟定的教义和教规;普遍实行的民主共和的教会组织形式和礼拜仪式;根据预定论的思想引申和树立的新思想观念。

　　加尔文主义的各种破旧立新的观念是与资产阶级的产生与发展相适应的。其理论基础是"预定论"学说。此说包括三个组成部分,即"天命论""拣选论""呼召论",加尔文在天命论中强调上帝的绝对意志,认为自然界和人类社会的一切均在上帝意志的绝对掌握之中,人生事业之成败、福祸之降临,均系上帝之安排。人们之所以命运不同,是因为上帝把世人划分为选民和弃民两种,即"拣选论"。对选民,上帝予以支持、保护并创造条件,使其生前享受荣华富贵,死后可升天堂;对弃民则予以抛弃。至于谁是选民,谁是弃民则是上帝以其绝对意志在人们未出生前早已确定。既然人之是否成为选民,得救与否,上帝早已确定,所以一切"圣事""善行""念经"均无效果。这两说虽然否定了天

---

① [德]阿瑞德:《世界历史上的基督教》,斯克里布纳出版社1964年版,第305页(Arend Theodore Van Leeuwen, *Christianity in World History*, New York: Charles Scribner, 1964, p. 305)。
② 具体内容请参阅拙作《加尔文的预定论与资产阶级》,《历史研究》1985年第1期。

主教会的中介作用和教皇的权力,但确属宿命论范畴。可是加尔文"预定论"的实质并非要求人们听天由命,消极服从。他说:"拣选仅表明了一半",更重要的一半则是"呼召论"(Calling)。①

既然上帝早已安排好选民与弃民的名单,而且选民少,弃民多,其时的人们当然均愿做选民,并欲探知上帝对自己的决定。但加尔文提出上帝的决定"秘而不宣",每个人只能通过上帝对你的呼召看到一线生机,虽得不到明确肯定的答复,但你可在呼召中察觉到上帝透露的一些迹象,找到一些证据,从而体会与感觉到自己是上帝的选民。

体现上帝呼召的三个具体标志是:

第一,具有坚定的信念与信心。坚信自己是上帝的选民,并有真诚的信仰,在得不到确凿证据时能够丝毫不动摇,反而信心百倍。参加教会组织只是具有坚定信仰的一个标志。

第二,事业之成败。加尔文认为社会上各种职业岗位均为上帝给予呼召之园地,一个人如能在有益于社会的工作中勤奋努力、认真负责、勇于斗争、百折不回而获得成功,是由于上帝呼召的结果,也是选民的标志之一。因为只有上帝给予能力、机会才有可能获得成功。对于选民,今生可以过优裕的生活,死后还得以进入天国。所以依此思想武装起来的加尔文主义信徒无一自暴自弃、甘当弃民,而均坚信自己是选民,在激烈竞争的海洋里奋勇拼搏,全力以赴,力争最后获得成功,确证自己是上帝的选民。

第三,具有高尚的道德品行。加尔文认为获取财富与事业的成功,不能搞歪门邪道,巧取豪夺,而要有道德标准。除传统的基督教伦理道德外,加尔文还特别强调勤奋、节约、谦逊与节制。他明确地说,行为不端的人不能成为选民。

---

① [法]加尔文:《基督教原理》第3卷,第21章,第7节,威斯敏斯特出版社1960年版,第930页(Jean Calvin, *Institutes of the Christian Religion*, Kentucky: The Westminster Press, 1960, p.930)

第五编　新教影响研究

　　加尔文的"预定论"中之"天命论"与"拣选论"均属无形之物，但通过呼召论使无形变为有形，可以看得见摸得着，这就把宗教信仰与现实社会紧密地联系在一起。在其流传过程中，从理论到观念又有所发展和丰富。

　　1564年加尔文辞世后，其学说在西欧得到较广泛的流传。"法国、日内瓦、荷兰、苏格兰新教运动的基础是加尔文主义，德意志与英格兰的新教亦受其重要影响。特别是美洲殖民地，通过17世纪英国清教徒的移居，有着更大的影响。"[①] 其发展表现在宗派与理论两个方面。在派别方面，除日内瓦、法国、荷兰、苏格兰与英格兰的长老会外，还有从英国清教徒中分化出来的公理宗、浸礼宗和由各小派汇合而成的贵格宗。

　　在理论方面，加尔文的"预定论"于17世纪初在荷兰长老会中曾进行了较长期的激烈辩论。正统的长老会坚持绝对的"预定论"，[②] 而一般中、下层资产阶级则赞同"一般预定论"。"一般预定论"又称"阿明纽斯派"（Arminiaus），或称"荷兰抗议派"（Remonstrants of Holland）。此派因其代表人物阿明纽斯（Jacobus Arminius，1560—1609）而得名。他是莱顿大学的神学教授与牧师，突出地强调人之所以成为选民主要是人自身的努力，非上帝的绝对预定。他去世后，形成阿明纽斯派，1610年此派提出抗议文（Remonstance），指出"加尔文主义五要点"，概括了其"一般预定论"之内容。要点所强调的内容是：第一，人的自由意志与能力。强调人们具有自由意志，可据此弃恶从善，人是否能成为选民，个人可以作出选择与努力。第二，有条件的拣选。上帝虽预知某些人为选民，是基于预见到这些人会对其呼召产生反应与效果，被选之人具有信心是上帝拣选之依据，此信心来自人的自

[①] ［英］格林：《文艺复兴与宗教改革》，伦敦1972年版，第173页（V. H. H. Green, *Renaissance and Reformation*, London, 1972, p. 173）。

[②] 即加尔文的"预定论"，因强调上帝的"绝对"意志而得名。

由意志。上帝仅拣选那些他确知据其自由意志来拣选基督的人。所以,是人拣选基督,而非上帝拣选人。第三,基督救赎是为了全人类,而非仅为了选民。但有的人未必接受此,故只有在某一人接受基督救赎时才能产生效果。第四,人对成为选民的信心和决心在前,上帝的呼召在后,因此是人的自由意志决定着呼召。第五,选民也有可能堕落。已蒙呼召成为选民之人,若不恒心持守信念,并不断努力,将会丧失选民资格,非一经成为选民而终身有效,更不会荫及子孙。[①] 此派之"预定论"的中心思想是强调人的因素,具有更浓厚的人文主义气息,认为人之是否成为选民是人与上帝合作的结果,其中人的自由意志起了重要作用。"在决定性的一刻,人的自由意志是重要的角色,因此是人而不是上帝来决定谁将是接受救赎恩赐的人。"[②] 此派的抗议书于1610年提交荷兰长老会讨论,经长期辩论,于1619年在多特大会上被拒绝,并受到压制,至1630年,此派思想始获得合法,得以流传。其"预定论"思想在荷兰、法国与英国清教徒中传播较广,安立甘宗亦受其影响。当代的许多新教派,除正统的长老宗外,均吸收了此思想。

荷兰正统长老会为反对阿明纽斯派之观点,于1619年公布了加尔文主义的5项立场,今称为"加尔文主义五基要信仰",为后世正统长老宗教会所持守。五基要信仰是:第一,世人不能自救。认为人受邪恶本性之束缚,无自由意志,不能自己弃恶从善,信心乃上帝之赐予,非神人之协力。第二,无条件的拣选。上帝在创世前已确定某人为选民,此乃上帝之绝对意志,将信心赐予选民,乃神拣选之果,而非其因。所以是上帝拣选人,而非人拣选上帝。第三,特选的救赎或有限的救赎。主张基督救赎仅为了选民,而非为了全人类(加尔文本人尚未如此明确地提出),对

[①] [美] 大卫·斯蒂尔、柯蒂斯·托马斯:《加尔文主义五特点》,赵中辉译,基督教改革宗翻译社1974年版,第6—7页。
[②] [美] 大卫·斯蒂尔、柯蒂斯·托马斯:《加尔文主义五特点》,第8页。

选民无条件地赐予信心,并保证拯救永远有效。第四,圣灵的特别呼召。圣灵不但给选民一般的呼召,而且给予特别的呼召,保证其具有坚定的信念与信心、事业的成功与高尚之道德。第五,选民永远有效,凡蒙拣选、得呼召之人,将永得拯救与恩惠。这五点的中心是,圣父拣选人,圣子为其救赎,圣灵对其发出呼召并产生功效。"整个救恩过程(拣选、救赎、重生)都是神的工作,而且完全是出于神的恩惠。因此,决定谁将是接受恩赐的人,是神而不是人。"[①] 后世称此为"绝对的预定论"。阿明纽斯派的一般预定论与绝对预定论的区别在于:第一,前者公开承认在人之成为选民当中,即在事业上的成功与否,主要在于个人的努力与意志,强调了人的因素与价值。这就更加鼓励个人在一生的事业中奋发向上,勤于思考,而且成为选民后,不能有任何松懈,必须奋斗始生。而绝对预定论只是隐蔽地承认人的努力与价值,一切均归之于荣耀上帝并突出其绝对意志。第二,前者明确承认基督救赎是为了全人类,每个人凭借个人的力量均可成为选民,亦即事业上的成功,机会均等,由此在平等观方面向前发展了一步。尽管在当时历史条件下,个人的成功受到诸方面的限制,非仅靠个人的努力均能达到,但从思想观念上较绝对"预定论"前进了一步。

至英国清教革命时期,又进一步发展了天职观,突出强调现实社会与人生的价值,发展了近代初期人文主义的职业观念,对于人的职业、劳动态度、工作责任等提出了具体要求,使加尔文主义的新观念更加具体化。

加尔文以长老为核心的民主共和的教会观在他去世后亦有所发展。16世纪末叶清教徒分离派领袖布朗提出教会应由信众自己管理,勿须经过长老。17世纪清教徒的独立派进一步提出教会独立自主、宗教宽容、政教分离等主张,为英国资产阶级革命提供了理论依据与样板。

---

① [美]大卫·斯蒂尔、柯蒂斯·托马斯:《加尔文主义五特点》,第11页。

总之，加尔文主义在 16 世纪后半叶和 17 世纪得到了较广泛的发展与传播，并以"预定论"思想学说为基础，演化出达到选民标准所必需的一系列新观念。

四　加尔文主义更新了哪些观念

资产阶级兴起后，为适应自身的发展和商品经济的需要，必须与陈腐落后的封建观念作斗争，进行破旧立新。在掌握政权后，更要加强进行对封建观念的资本主义改造，以建立自己的精神支柱与信念，发展资本主义生产。他们从多方面批判了封建制度，其中最重要的一环是对社会的主体——人的思想进行改造与观念更新。因为只有具备新思想观念的人，才能适应新的生产方式。这一更新在日内瓦、荷兰与英国等地普遍进行，持续了近二百年之久，直至启蒙运动。

综合各有关国家的情况，加尔文主义对西欧社会进行了以下几种观念更新。

(一) 人的价值观念

人生的目的是什么？价值何在？这是任何时代的人们都必须回答的问题。中世纪的封建教会对此有明确回答，认为遵守戒律，行善功、圣礼，轻视今生与肉体，实行禁欲主义是拯救灵魂的唯一途径，现实的人生毫无价值可言，一切为了死后的永生。

加尔文主义作为基督教的一支，并没有也不可能否认上述人生观，而且更加强调人生的一切都是为了荣耀上帝和得到拯救。因为"对宗教改革时代的人们来说，生活中最重要的事情就是得到永久的拯救"[①]。但是，加尔文的拯救观与天主教截然不同，较

[①] [德] 马克斯·韦伯：《新教伦理与资本主义精神》，乔治·艾伦·温有限公司 1930 年版，第 104 页（Max Weber, *The Protestant Ethic and the Spirit of Capitalism*, London: George Allen & Unwin Ltd. , 1930, p. 104）。

路德亦有很大发展。他认为人的现实生活非常重要,在其代表作《基督教原理》中辟专章论述,并从宗教角度肯定了现实世界与人生的重要性。他说:"今生既然有助于我们认识神,怎能忽略它,认为它毫无价值呢?"按照加尔文的"预定论"学说,"选民在一切事物上均有上帝的指引"①,使之充满智慧与活力,在对社会有益的事业中获得成功,并使之具有高尚的品德,不走邪路,不搞歪门邪道,这些均为上帝呼召之结果。选民在事业上的成功,体现了上帝的绝对意志,因而也就荣耀了上帝,个人亦得到拯救。由此观之,加尔文的拯救观是以现实人生价值为标准的,凡勇于进取,信心百倍,在事业上获得成功者,就必然得到拯救,生前可以获得财富,死后亦为上帝所接纳。这一新观念鼓励着当时的人们在事业上全力发挥自己的聪明才智,奋发图强,不甘落后,为社会作出贡献,体现了个人的价值。它从思想观念上批判了一些人对待现实生活的消极应付、麻木昏庸、混吃等死、无所作为的态度,因此是弃民而得不到拯救。在加尔文看来"生活的全部意义正在于进入世界生活中去"②。至阿明纽斯派时期,更加强调了人的主观能动性,在生活中应充分发挥个人的作用,体现个人的价值,自己掌握自己的命运。这一新观念反映了原始积累时期资产阶级发家致富的要求和商品经济的需要。同时也促进了社会生产的发展与进步。

(二)忠于职守与提高效率的观念

加尔文认为个人事业上的成功是选民的外在标志和重要证据之一。但社会上职业不同,各行各业,既有资本家,又有雇佣工人和独立劳动者;既有脑力劳动,又有体力劳动,创造的财富不同,收入亦不一,那么如何理解与掌握事业成功的标准?这既是一个理论问题,又是一个现实的社会问题。对此,加尔文从两方

---

① [法]加尔文:《基督教原理》第 3 卷,第 724 页。
② [德]特勒尔奇:《基督教社会思想史》,第 365 页。

面加以说明。第一，每个人的职务虽有不同，但皆为上帝之派遣，均为天职，故其对于成为选民的价值均等。他说：上帝给每个人"分配不同的职务，他按天命给每个人划分不同的职责，此划分非人力所能改变"。"只要我们服从上帝的呼召，不论何种工作，在上帝的心目中，都是有价值和重要的，无所谓贵贱之分。"第二，他认为各种职业均是上帝呼召之场所，只要尽职尽责，提高效率，忠于职守，均是荣耀上帝的场所，都可以成为选民。"上帝嘱我们在一生的行为中，须重视自己的服务"，谁也不应"反抗主的呼召"。① 加尔文的这一思想明显地掩盖了资产者与无产者之间的界限，既使资产阶级充满了信心，又给社会下层增添了精神安慰。这使当时人们的工作效率和职责，不仅有法律和规章制度的保证，又增加了上帝的监督，而且上帝无处、无时、无所不在，每个人至少要当一天和尚撞一天钟。他把工作职责与宗教热忱联系在一起，这对稳定社会秩序与发展生产，发挥了一定的保证作用。

（三）机遇观念

加尔文主义认为，每个人的职业均为上帝之安排，非人力所能改变，但上帝的呼召并非僵化不变，工作岗位并非固定。人们在完成现有职责的同时，还需注意掌握时机，利用机会，因而提出了机遇观念。这一观念包括，每个人在工作中要开动脑筋，勤于思考，"留意特别的机会"，"一有机会即需加以利用"。同时要"把握风向与潮流，趁热打铁"。② 在资本主义商品经济发展时期，掌握信息，捕捉与把握时机，对获取利润与成功至关重要，所以这一观念在宗教领域内也有所反映。

尽管人们工作的安排是天命，但每个人工作与职务的变换更是上帝呼召的结果。变换的原则是扬长避短，更适于发挥个人的

---

① ［法］加尔文:《基督教原理》第 3 卷，第 724 页。
② ［英］巴克斯:《基督徒守则》，载《不列颠宗改革思潮》，香港基督教文艺出版社 1976 年版，第 133、132 页。

能力，在两种不同的工作中应选择责任更重大，能取得更多利润的工作，亦即更能荣耀上帝的工作。我们要"以更大的注意力和勤勉，从事那绝对必要的更伟大的工作"。"爱惜光阴的最大秘诀在于明智地辨别和实行这一点，即最大的责任最先履行，一个人在满可以赚一镑钱的时候，却去赚一分钱，这就是他失去时间了。"① 而失去时间、失去获得更大利润的机会，也就是对上帝的不忠，是不愿成为选民，因而得不到拯救的具体表现。因此，把握与利用机会的机遇观念是履行对上帝职责的一部分。

（四）勤奋节俭观念

资本主义社会初期，资产阶级为了积累资金，发展生产，极力批判封建主的骄奢淫逸，腐朽堕落的生活，提倡勤俭节约的观念，在加尔文主义中也充分反映了这一点。加尔文的上帝观为人们树立了最高榜样。他说："上帝并非高高在上，清闲自在地观察人世……而是亲自掌握宇宙的枢纽，不仅用眼观察，还亲自动手，统治一切。"上帝并非"好逸恶劳"，"空虚懒惰，昏昏欲睡，而是机智有效，运用自如和从事行动"。② 因此，人们在工作中"最重要的是勤奋，我们要不断地努力工作，像逃命一样地快跑"。"在竞赛里面（我们要）赛跑，这是一种战斗……我们的时间的损失，就是敌人的胜利，在此情况下，又哪有时间去游戏、赌博、游荡、空谈。"③ 因此加尔文要求人们勤奋，要有"紧迫感"，要节约金钱，反对"过分的贪欲和无度的浪费……奢侈和享乐"，"懒惰是最可怕的罪行"。④

为树立与提倡勤奋节约的观念，清教理论家巴克斯列举出必须反对与勤奋相违背的六种蠹贼：一是懒惰，这是"大罪"。"懒惰之人看着时间白白流逝，看着工作不作，拖延履行职责"。"明

---

① ［英］巴克斯：《基督徒守则》，载《不列颠宗改革思潮》，第152页。
② ［法］加尔文：《基督教原理》第3卷，第200、201页。
③ ［英］巴克斯：《基督徒守则》，载《不列颠宗改革思潮》，第135、138页。
④ ［德］特勒尔奇：《基督教社会思想史》，第287页。

天永远是他们工作的日子","今天永远是他们休息的日子"。他认为,好吃懒做,冗长的筵席,贪食好酒都是懒惰的表现,懒惰就是"对上帝的劫夺"。二是睡懒觉,凡睡眠时间超过恢复健康和工作所需的限度者即是睡懒觉。三是过分装饰打扮,如过度的洗濯、扣针、衣着华丽、卷发、抹粉均属虚荣浪费。四是铺张浪费,追求新奇,浮夸虚荣,讲排场,如过分装饰房屋、家具、设备等。五是生活奢华,贪食好酒。六是闲话无边,"言之无物,口若悬河,词藻华丽"①。加尔文主义的节约观念,不仅要求节约金钱与生活资料,并要求节约时间,在有限的时间内,发挥最大的效率。

(五)时间观念

巴克斯在《基督徒守则》中,专章论述了时间观念问题。他把节约与利用时间视为与拣选相联系的大事,是对上帝应尽之义务。他主张要放弃一切可以放弃的事,珍惜每一分钟,把它用在"履行责任之事"。"你们是生或死,穷或富,疾病或健康,都以你如何利用时间而定。"所以,"节约时间是比节约金钱更为必需的责任"。为了节约时间,必须付出代价,其要点是:一要极其勤奋,放弃安逸懒惰的生活,"所谓爱惜时间,不是将那过去的时间唤回来,不是停止时间的飞逝,也不是寻求世上的长寿,而是在时间经过时,使时间不被懒惰或犯罪所吞没";二要"避免享乐、嬉戏、闹饮、远离邪荡、淫乱和虚荣";三要"当上帝呼召你做更重要的事,成就更大之事时,应放弃次要之事",亦即把时间用在刀刃上,加尔文主义要求节约时间,但并非不许休息,休息是"磨刀",以便工作更有效率,"磨刀不是停工",节约时间还应不怕得罪人。"宁可让你们那些无所事事的客人失望,让他们知道你既不愿聊天,也没有时间游手好闲,宁可让人说你不礼貌和不和

---

① [英]巴克斯:《基督徒守则》,载《不列颠宗改革思潮》,第161—167页。

第五编　新教影响研究

蔼，也不愿坠落。"① 概括来说，其基本精神就是要抓紧每一分钟，用在最重要的事业上，发挥其最高的价值。

（六）民权概念

加尔文为巩固日内瓦的资产阶级政权，反对封建神权和等级制度，提出并实践了以信徒选举产生的长老制教会。据其《教会宪章》，日内瓦的教会设四种职务，长老、牧师、教师、执事。② 长老是一般信徒的领袖，由日内瓦议会选举产生，负责维持教会秩序，监督信徒生活、道德和纪律以及教会管理。教会的权威机构是由12名长老和5名牧师组成的长老会，独立行使教会的司法权。长老制发挥了一般信徒对教会的管理作用，打破了神职人员的垄断，这是资产阶级反对封建专制，实行民主共和政治在宗教上的反映。加尔文虽仅任牧师与长老会主席，③ 但由于其威望，事实上成为该共和国的最高领袖。长老制体制巩固了日内瓦新生的资产阶级政权，向民权制前进了一步。但是加尔文的民权观念带有浓厚的保守性，他主张在有些地区还应服从封建君主和官吏的统治，即使是不义之君亦应服从。只有当暴君的行为"招致上帝愤怒时"，"毁坏暴君血腥的王权，推翻专制的政府"，才是必要的。但亦需在议会的指导下，才能"行使职权反对君主的残暴与苛政"④，而不允许采取民众自发的行动。加尔文的民权思想与共和政治是有限的，可谓仅具有民权观念的萌芽和民主之趋势。民权观念产生于其继承人伯撒（Béza，1519—1615）时期。他提出"人民的统治权是最后的根据"⑤。在《官府裁判权》一书中还说，

---

① ［英］巴克斯：《基督徒守则》，载《不列颠宗改革思潮》，第133—138页。
② ［英］迪林伯格编：《让·加尔文选集》，第3章第1节，牛津大学出版社1975年版（John Dillenberger ed., *John Calvin: Selections from His Writings*, Oxford University Press, 1975）。
③ 另一说，加尔文仅任教堂的主任牧师，参加长老会，实际上是主席，但无名义。
④ ［法］加尔文：《基督教原理》第3卷，费城版，第1581—1592页。
⑤ ［德］特勒尔奇：《基督教社会思想史》，第407页。

人民是法律的最后根据，在必要时，可以进行暴力革命。此主张包含了近代民权、资产阶级革命和宪法具有最高权力的观念。

民权观念在荷兰的阿尔色修斯（Johannes Althusius，1557—1638）时期日臻完善充实。他是严格的加尔文主义者，被"公认为加尔文主义派国家学说的大师"①，曾任拿骚、赫尔、波恩大学教授，尼德兰革命后任省级法院首席法官。他将加尔文主义应用于政治研究，提出"人民主权论"和现代联邦主义，影响甚大。他的理论依据是，上帝与人类的约定是以社会为基础，而非上帝与当权者订约，当权者只有代表人民的利益时才有权威。因此，主权属于全体人民，全体人民均自由平等，人民是国家和社会的主人。民权观念有力地打破了君权神授论，剥下了封建政权的神圣外衣。民权论者强调此观念是以理性和《圣经》为依据，应以武力反抗违反上帝意志的统治者，甚至处以极刑，这是人民的权力与责任。民权观念不仅为尼德兰的资产阶级所接受，而且被苏格兰的长老会和英格兰的清教徒所吸收。17世纪英国资产阶级革命中的长老派和独立派均宣传民权观念，它是克伦威尔麾下将军们的信念，正是在此观念的支持下，英王查理一世被送上了断头台。

16世纪末和17世纪初，清教徒的独立派进一步提出民主共和的观念。代表人物为公理宗的鼻祖勃朗（Robert Browne，1550—1633）和巴罗（Henry Barrow，1550—1593）。他们提出上帝的约定是与每个人直接订立的，故每个人均自由平等。信徒的联合，便是教会，故应由信徒直接民主选举产生教会的管理人，各堂会均是独立自主，据圣约自愿联组成的教会，并实行政教分离的政策。民主共和的教会组织形式，为资产阶级共和国提供了神圣样板，为共和国的建立奠定了理论基础，1649年英吉利共和国的建立便是一例。

---

① ［德］特勒尔奇：《基督教社会思想史》，第412页。

（七）商品经济观念

破除自然经济，发展商品生产，是资本主义的历史任务。加尔文主义适应这一要求，积极提倡商品经济观念与开源节流的思想。加尔文批判了反对牟取金钱和发财致富、重农轻工商的旧观念，认为发展货币经济和商品生产与基督教的信仰并不矛盾，工商业与农业一样，同为上帝所承认的职业，牟取更大的利润只不过是勤劳的报酬。在日内瓦，他曾积极扶植服装与天鹅绒制造业，当此两行业被法国排挤后，又以贷款支持钟表制造业，瑞士的这一行业至今驰名世界。加尔文还抛弃了禁止放债的旧传统，认为货币和信用均是生产力，并赞助设立国家银行，以使国家获得商业交换的利润。但加尔文对贷款有明确的限制，仅允许以商业为目的的生产贷款，不准许靠利息为生的重利盘剥，更不准从穷人和难民处获取利息。利率由法律规定，最初为 5%，后为 10%。加尔文提倡商品经济观念和生活上勤俭节约的观念，开源节流，无疑促进了资本主义的商品生产。

五　加尔文主义的观念更新解决了什么问题

纵观前述加尔文主义的理论及其社会、政治、经济的新观念，尽管表面上皆与上帝联系在一起，但均与现实密不可分，所解决的问题都是从封建社会向资本主义商品经济社会过渡中需要解决的新问题。它与路德主义不同，如果说路德主义的重点是摧毁封建神学理论体系，建立适应资产阶级的神学思想，那么加尔文主义则是除此之外，重点在于以新思想、新理论、新观念改造社会与改造人，使人们的思想观念适应于资本主义商品经济的发展。它主要解决了下列问题。

第一，宗教信仰与个人事业相结合，调动了人们的积极性与创造性。加尔文主义与基督教其他宗派一样，均相信上帝的存在，并关心人的灵魂拯救问题（即拯救观），这在当时的历史条件下是可以理解的。但加尔文主义的特点与贡献在于把神秘宗教与现实生活巧妙地融为一体，把出世和入世、生前与死后紧密地结合在一起，寓宗教功能于社会功能之中。人之得拯救，成为选民的标志是个人的信念、事业的成功以及道德之高尚；这些是得救的唯一途径。从而在宗教上肯定了人生与人的价值。因此，加尔文主义者对现实生活的态度是积极的，战斗的，充满了活力与生机。他们为了发挥和体现生命的价值，在激烈的竞争中要不沉沦，就必须充分利用有限的时间，勤奋节俭，忠于职守，全力以赴，充分发挥个人的聪明才智，以事业的成功，获取选民的明证。这就在客观上启发与调动了人们的积极性与创造性，当然，也为资产阶级发家致富提供了理论依据。

第二，利与义相结合，为资本主义工商业的发展建立了精神支柱。在基督教传统的理论中，利与义是相对立的。牟利则为不义，称义则必轻利。"你们不可能同时作上帝的忠仆，又作金钱的奴仆。"[①] 中世纪的天主教会对世人宣扬禁欲主义，提倡安贫乐道、重农抑商，把商业和借贷视为罪恶，而教会自身却大发其财。文艺复兴时期的人文主义者揭露了教会的伪善，抨击了他们的财富观，公开提出：人生的目的是发财，贪图财富是一切事业的动力，如果弃绝这一欲望，一切事业将会停止。[②] 他们虽然坦率地道出了资产阶级的欲望与信念，却提不出系统的理论，从而得不到上帝以及全社会的承认，对拯救忧心忡忡，存在后顾之忧。加尔文则通过神学上的革新，认为利与义二者可以兼得，义是利之因，利为义之果。并对牟利作了若干道德上的限制，如必须从事有利于社会的正当职业，对印制纸牌、淫秽书刊等行业严加禁止；牟

---

① 《新约·马太福音》6：24。
② 参阅张椿年《意大利文艺复兴时期财富观念的变化》，《世界历史》1987年第3期。

取利润不能搞歪门邪道,应采取正当手段,凭借个人的能力,要求诚实、谦虚与节制,而不允许不择手段地牟取暴利。加尔文的这一结合,不仅为资本主义工商业活动提供了精神支柱,资本家可以心安理得地发展生产,而且对发财致富也作了若干道义上的限制。

第三,解决了生产与生活的关系问题。资产阶级发家致富所得到的金钱,重点用于何处,生产抑或生活?这是当时西欧社会迫切需要解决的一个现实问题。16、17世纪的资产阶级处于资本的原始积累时期,社会的发展要求积累资金,扩大再生产。加尔文主义适应生产的需要,坚决批判花天酒地、大吃大喝、铺张浪费、豪华奢侈、讲排场摆阔气等封建贵族的旧观念,大力提倡勤劳节俭、节衣缩食、生活节制、艰苦创业的新观念,并制定法律法规破旧立新,改造社会。这些措施与观念的更新,使腐朽堕落的西欧封建社会习气有所克服,不论在日内瓦,还是尼德兰的资产阶级和英国清教徒的大多数,在较长时期内,以廉俭为荣,铺张浪费为耻,把金钱用于扩大再生产,把精力置于事业中,从而增加与提高了社会的总生产率,加速了社会的前进。在此历史时期内其生产力发展之迅速,马克思曾有明确的总括:"资产阶级在它的不到一百年的阶级统治中所创造的生产力,比过去一切世代创造的全部生产力还要多,还要大。"① 资产阶级在生活上享乐主义思想之抬头是18世纪以后的事。

第四,批判了封建等级、门第观念,树立了自立、自强的思想。加尔文主义认为,选民的三个外在标志:信心、事业、道德只有靠个人的努力、勤奋、修养,始能获得,而门第、等级均无济于事,因为父母不能代替你成为选民。而且加尔文主义还认为靠父母和家庭遗产为生是不光彩的,也是一种耻辱,只有靠自己

---

① [德]马克思、恩格斯:《共产党宣言》,《马克思恩格斯选集》第1卷,人民出版社1965年版,第256页。

的拼搏奋斗获得成功，才能得到上帝的承认。这一观念在长期熏陶中沉淀为一种民族的传统精神，激发了个人的独立性与积极性。

综上所述，我们可以看到适应资本主义商品经济产生与发展的加尔文主义之理论与观念更新在社会转变时期的作用。它批判了阻碍资本主义发展的封建观念，把人改造为具有新观念、新价值观、适应资本主义商品生产的新人，从而巩固了资本主义制度，推动了生产力的发展与社会前进。由此可以说明，西欧从封建制向资本主义制度转变的决定性因素虽然是经济关系，但包括思想观念更新在内的各种精神因素绝非可有可无，无足轻重，它也是一种重要的物质力量。物质文明与精神文明二者相辅相成，缺一不可，经济因素及与其相适应的各种思想观念的综合作用，推动着社会的前进与发展。

同时，我们还可以看到，西欧从封建制向资本主义制度转变时期，反封建思想观念斗争、进行观念更新的长期性与艰巨性。如从文艺复兴计，其批判封建观念长达四百年之久。即使从加尔文主义诞生之日计，也有近二百年的历史。在长期的反封建斗争中，他们进行了艰苦细致的工作，其特点是以宗教的说教、上帝的监督强化新观念的树立。对于一个人来说，可谓从生到死，从家庭到社会，从学校到教堂，每日每时都在接受加尔文主义的新观念，并且世代相传。在资产阶级革命前，它是发动革命的理论和精神力量，在革命后，以之改造社会和人的思想，并逐步形成为一种民族传统，对西欧、北美有关国家的影响长达二百年之久。

启蒙运动后，由于科学的发展与社会的进步，国家实行政教分离，人们的宗教观念逐渐淡薄。但是，宗教之迷雾开始消散后，这些资产阶级商品生产的新观念已根植于世俗社会之中。时至今日，我们从西方奋发向上的企业家、事业家、科学家、社会中坚与精英人士中不难找到加尔文主义思想观念的痕迹与精神。

加尔文主义的思想观念，尽管具有明显的资本主义性质，但与西欧的封建观念相较，诸如封建贵族的骄奢淫逸，浪费无度；

生活昏聩，无所事事；讲求门第，饱食终日；高高在上，追求神权等，无疑具有历史的进步性，理应属于人类历史上文化优秀遗产的一部分。

六　需要澄清的两个问题

韦伯的《新教伦理与资本主义精神》和特勒尔奇的《基督教社会思想史》是目前在我国较为流行的有关加尔文主义的两部名著。在作品中，他们较详细地分析了加尔文主义与资本主义的产生和发展的关系，其中不乏精辟之论断，但是也必须澄清其中的两个基本观点。

第一，关于资本主义生产与资本主义精神观念之间的关系问题，在上述著作中，特别是韦伯的著作中，突出地强调加尔文主义，即资本主义精神的作用。他提出："戈泰因正确地把加尔文派的分布称为资本主义的温床。"他还说："较为天真的唯物史观认为，这些观念是作为经济环境的反映，或作为上层建筑而产生的。""资本主义精神无疑在资本主义秩序出现以前就出现了。"[①]美国新教学者约翰·麦克尼尔把韦伯的观点概括为"加尔文的学说即使不是产生了，也是抚育了近代资本主义"[②]。韦伯的观点否定了意识形态根源于经济关系，不承认存在决定意识，把加尔文主义的理论、观念说成是仅源于基督教，似乎是只有基督教才能产生资本主义商品经济的新观念，从而推导出只有基督教文化才能产生资本主义的结论。我们认为，加尔文主义作为基督教的一派，是意识形态之一，只能是资本主义经济在人们思想上的反映，

[①]　[德] 马克斯·韦伯：《新教伦理与资本主义精神》，第43、67、55页。该书注：戈泰因的这句话引自 Gothein, *Writschaftsgeschichte Des Schwarzwaldes*, Vol. 1, p. 67。

[②]　[美] 约翰·麦克尼尔：《加尔文研究三十年》，《教会史》第17卷，第208页。

但它又具有相对的独立性，反作用于资本主义经济。加尔文主义是基督教义的发展，是适应资本主义商品经济的产生而出现的，它的产生又推动了资本主义的发展。韦伯颠倒了意识形态与经济基础的关系，因而陷入了唯心主义的泥坑。

第二，特勒尔奇在《加尔文主义与资本主义》一节中强调："加尔文派虔敬和勤勉习惯，使资本主义存在有了口实，并增加了力量"，"有了不断勤勉的劳动，再加上限制消费和奢华，遂产生了资本积累的趋势"[①]。韦伯在其书中亦强调此。在他们看来，似乎只要具有勤勉节俭的习惯，资本家就可以发家，便可以产生资本的原始积累。无疑，早期的资产阶级多具有勤奋节俭等加尔文主义的观念，但仅依此并不能奏效。"所谓原始积累只不过是生产者和生产资料分离的历史过程……而对他们的这种剥夺的历史是用血和火的文字载入人类编年史的。""资本来到世间，从头到脚，每个毛孔都滴着血和肮脏的东西。"[②] 马克思在《资本论》中对原始积累已有深邃的精辟的分析，因此无须赘言。在此仅指出，资本家的发家，资本的原始积累，实质的内容是占有雇佣劳动者的劳动，仅靠勤劳节俭是发不了家的。

（原载《史学理论》1988年第2期）

---

① ［德］特勒尔奇：《基督教社会思想史》，第418、823页。
② ［德］马克思：《资本论》第1卷，人民出版社1975年版，第783、829页。

基督新教与天主教的关系及其区别

一 基督教的名称与宗派

基督教（Christianity）并非一个统一的整体。它是在历史上形成和发展的、以信仰救世主耶稣为核心的正统与非正统的各个大小教派的总称。其中最大的派别有三，即天主教，或罗马公教（Roman Catholicism，旧译为罗马教），东正教（Eastern Orthodox）和抗议教（Protestantism，亦译为抗议宗、抗罗宗，旧译为更正教、复原教，我国学术界称其为基督新教，或新教）。它们是基督教历史上两次大分裂的产物。

基督教的第一次大分裂发生于1054年，究其根源则可上溯到罗马帝国晚期。395年，罗马帝国分为东、西两部分，形成了以君士坦丁堡为中心的东罗马帝国，和以罗马为中心的西罗马帝国。在此后的五百余年中，东、西两方的教会由于语言和政治上的差异，分裂成为以罗马为中心的拉丁教会和以君士坦丁堡为中心的希腊教会。双方为争夺正统地位和势力范围进行了长期的斗争，最后于1054年正式分裂。自此，希腊教会称为东正教；拉丁教会称为罗马公教。罗马公教在1582年（明朝万历十年）经耶稣会士、意大利人利玛窦（Matteo Ricci，1552—1610）传入我国，汉译为"天主教"①，俗称旧教。

基督教第二次大分裂发生于 16 世纪。当时，西欧民族国家和市民资产阶级兴起，要求摆脱封建势力的国际中心——罗马教廷控制与剥削的群众运动日益高涨。首先在德国爆发了马丁·路德领导的宗教改革运动，接着在瑞士出现了加尔文的宗教改革以及英国的宗教改革，产生了一批脱离罗马教廷的新型教会，统称为抗议教（Protestantism）②。1807 年该教传入我国后，汉译为基督教、耶稣教或新教等。在学术界则习称为新教。因此，"基督教"这一名称在我国具有广义与狭义的两个含义。广义的基督教（Christianity）是各教派的总称；狭义的基督教则仅指抗议教（Protestantism）。为了避免混淆，我认为将"Protestantism"，汉译为"基督新教"为宜。

基督新教亦非一个统一的整体。它是经过宗教改革运动产生的、脱离罗马教廷的各基督教派的总称，主要有三大宗派：一是路德宗（Lutheranism），亦称信义宗，流传于德国和北欧诸国，传入我国后称为中华信义会。二是加尔文宗（Calvinism），亦称改革宗（Reformed Protestantism）或长老宗（Presbyterianism），流传于瑞士、法国、德国、苏格兰、荷兰等地，传入我国后称为长老会。三是安立甘宗（Anglicanism），又称圣公宗或英国国教，传入我国后称为圣公会。

16 世纪末和 17 世纪，英国继宗教改革之后又爆发了清教运动，主张清除英国国教中保留的天主教传统，以加尔文宗的教义进一步实行改革，从而又陆续产生了一批独立于英国国教的新宗

---

① "天主"一词来源于《史记》第 28 卷《封禅书》。见中华书局 1959 年版标点本《史记》第 4 册，第 1376 页。
② 1529 年神圣罗马帝国皇帝在斯拜尔（Speyer）召开帝国会议。会上信仰天主教的诸侯占优势，重申反对异端的禁令，并禁止夺取教会的财产。信仰路德教的诸侯对此联合提出抗议，因而被称为抗议者（Protestant）。后来其他脱离罗马教廷的教派信徒也被称为抗议者，抗议教的名称源于此。

派。它们主要有：公理宗（Congregationalism），传入我国后称为中华基督教会；浸礼宗（Baptists），我国称之为中国浸礼会；贵格会（Quakers），又称公谊宗或教友会。到18世纪，随着英国资本主义的进一步发展，又分化出卫斯理宗（Wesleyanism），亦称美以美宗（Methodism），汉译为监理宗或循道宗。19世纪首先在英国又出现了跨宗派的宗教团体，如青年会、女青年会、救世军等。① 到20世纪，基督新教的派别已达数百种，目前仅美国就有二百余种派别。② 这些种类繁多的教派在教义、组织形式与制度、礼仪诸方面均有差别，所以这篇短文只能就16世纪基督新教的三大宗派的共同点来说明其与天主教之异同。

二 基督新教与天主教之异同

这一问题可以从其教义、组织机构与制度、礼仪三个方面说明。

第一，教义方面。基督新教与天主教均属基督教的派别。它们的基本经典都是《圣经》，包括《旧约全书》与《新约全书》。但天主教的《旧约全书》篇幅较多，共46卷；基督新教的《旧约全书》为39卷。此外天主教的经典还包括圣传和教皇的决定。

它们共同的信条有四点。第一，信三位一体，崇信至高无上、全能全知的上帝，它具有三个"位格"（Person），即圣父、圣子、圣灵（天主教称为圣神）。但这三个"位格"并非相互独立的三个神，而是具有"同一本体"的唯一神。圣父在天，创天地万物，圣子为耶稣基督，降临尘世拯救世人，圣灵自父、子出，启迪世人避

---

① 关于基督新教的宗派，请参阅雷海宗《基督教的宗派及其性质》，《历史教学》1957年第1期。
② ［英］多蒂、罗斯：《美国宗教》，载《美国的语言和生活》，哈珀-罗出版社1968年版，第399页（Glady Doty, Janet Ross, "Religion in U. S. A", Language and Life in the U. S. A., New York: Harper & Row, 1968, p.399）。

恶从善。第二，信原祖原罪，认为人类起源于上帝所造的人类始祖亚当与夏娃，他们居住在伊甸乐园，因受魔鬼撒旦的诱惑，偷吃了禁果，懂得了羞耻与生儿育女，因此犯了罪，这种罪有继承性，株连了全人类，所以人一出生就继承了这种罪性，称为原罪。第三，信基督救赎，崇信耶稣基督为拯救人类降临人世，为了赎买世人的原罪和所犯下的其他罪，亲自受难，被钉死在十字架上，三日后复活、升天。耶稣的这一献身，洗净了世人的罪。因此，人们欲灵魂得救，必依靠救世主。第四，信灵魂不灭与世界末日，末日到来之时，一切死去的人都要复活，与活着的人一起受耶稣的审判，义人（指得救与高尚的人）得永生，恶人下地狱。

天主教和基督新教共同奉行的教规和纪律是摩西① "十诫"，其内容是：除上帝外，不许拜别的神。不许制造和敬拜偶像。不许妄称耶和华的名。六日勤劳作工，第七日守安息日为圣日。须孝敬父母。不许杀人。不许奸淫。不许偷盗。不许作假见证陷害人。不许贪恋他人所有的财物。②

基督新教与天主教在教义方面的主要区别是：首先，天主教认为教皇是基督在世的最高代表，是教会的最高首脑，具有最高的权威，因此，历代教皇的命令、决定都奉为经典。基督新教则否认之，认为最高的权威是《圣经》，最高的首脑是基督，教皇的决定也可能是错误的，因此不能作为经典。其次，对世人如何才能得救这一问题，也存在着根本的分歧。天主教认为世人只有参加神职人员主持的圣事，才能得到神恩，得永生。因此一般教徒只能依靠天主教会，对神职人员俯首帖耳，才能得救。基督新教出于反封建的要求，代表资产阶级的经济、政治利益，反其道而行之，提出"唯信称义"的基本教义，任何人皆可通过自由阅

---

① 古代犹太人的部落领袖，传说他曾代表犹太人接受上帝的"十诫"。
② 天主教奉行的"十诫"无第二条"不许制造和敬拜偶像"，增加一条为"勿贪他人妻"。

读和理解《圣经》，信仰耶稣基督，而成为义人。即单纯由于个人的信仰就可以得救，无须通过神职人员的圣事，这就意味着否定了天主教的教阶制度、神职人员的特权和天主教会的权威。最后，天主教为了威慑教众，制造恐怖气氛，在地狱之外，又提出炼狱①的说教。只有依靠作善功，购买赎罪券，才能免除炼狱之苦。基督新教反对这一恫吓与威胁、否认此说，认为单纯靠个人信仰，就可以得救。所以，新教教义的基本点是强调信徒的地位，相信人的理性，突出个人的作用，在此基础上，每个人都可以通过阅读和理解《圣经》与上帝直接打交道，达到永生之路。虽然它也是唯心主义的，但对于人们宗教思想的解放，具有划时代的意义。

第二，组织形式与制度方面。天主教实行集权制、教阶制与任命制。神职人员按教阶分成三级，即教皇、主教、司铎。教皇被认为是罗马教廷（即梵蒂冈）的最高领袖，握有天主教会的最高立法、司法、行政权，统率全世界的天主教会。主教是一个教区的教会首脑，根据教区的大小设大主教和主教，管理与监督本区教务，有施行全部圣事的全权，由教皇直接任命。司铎即神父，由主教授神权，并在罗马教廷备案，负责基层教堂的教务，可履行除坚振与神品以外的圣事。司铎之下为修士和修女。天主教实行自上而下的以教皇为首的统一领导，有严密的组织系统和层层控制、任命的组织制度。②

基督新教在组织上与罗马教廷切断关系，建立了民族的、独立的、自主的教会。在制度上反对教阶制、任命制，多数教派实

---

① 炼狱，亦称涤罪所，是 7 世纪天主教会提出的说教，认为善人死后升天堂，恶人下地狱，一般的信徒死后要先在炼狱中熬炼，至罪尽时为止。
② 我国天主教广大神职人员、教友为了维护祖国的独立尊严，保卫教会纯洁，坚决摆脱了罗马教廷的控制，走上独立自主，自办教会的道路。他们曾于 1957 年在北京召开天主教代表会议，成立了"中国天主教爱国会"，通过了反对罗马教廷的控制、实行独立自主、自办教会的决议。

行选举制。因宗派之不同,其制度大体可分为三种:长老制、公理制与主教制。

长老制始于加尔文宗。教会的领导人称为长老,由信徒选举产生。执行具体任务的负责人称为执事。专业的牧师系由长老会议聘请。

公理制是17世纪英国清教运动中产生的一种制度。"公理"意为"公共管理",公理会与浸礼会均实行此种制度。其具体内容是教堂各自独立,由全体教徒直接管理,各教堂之间只有联合性质的机构,而无相互隶属的上下级关系,专业牧师由该堂全体教徒聘请。有的教堂也通过选举产生长老管理教务,但非终身制。

主教制主要是英国圣公会实行的制度,在形式上较接近天主教,但它是脱离罗马教会的独立的民族国家的教会。它把教牧人员分为三级,即主教、会长和会吏。主教是教区的首领,会长相当于牧师,会吏相当于见习牧师。此外北欧信义会(属路德宗)也采用主教制。卫斯理宗接近主教制,我国称其主教为会督。

总之,基督新教打破了天主教会的教阶制,贯彻一般信徒与教牧人员平等的原则,体现了资产阶级的民主、共和精神。

第三,礼仪方面。主教的礼仪较多,形式豪华,内容烦琐,圣礼多达七件,即一为圣洗:入教仪式,婴儿在八天内领洗;二为坚振:成年时举行的坚定信仰之礼;三为告解:教徒向神职人员秘密悔罪的仪式和制度;四为圣体:由神职人员在弥撒中将面饼和葡萄酒化为耶稣的肉和血,教徒向神父秘密悔罪,经赦免后始能领圣体,以示与耶稣合为一体,但圣"血"不允许一般教徒饮用,据说是担心教徒人多手杂,易将圣"血"溅于杯外,有损基督之尊严,故只准神职人员独饮;五为终傅:为即将去世的信徒施行的圣礼,以利灵魂升天;六为神品:由修士晋升司铎之礼;

七为婚配：神职人员主持的婚礼。这七种圣礼必须由神职人员主持才能生效，一般信徒只有参加圣礼才能获得神恩，因此它们是控制教徒的手段。

基督新教反对繁多的圣礼、豪华的仪式和神职人员的特权，主张廉价教会，从经济和时间上厉行节约。各宗派对削减圣礼项目的主张不一，路德宗主张凡《圣经》中未明确反对的天主教的圣礼，均应保留，加尔文宗则主张凡《圣经》中无明确规定的均应取消。故新教各教派所施行的圣礼项目不一，方式亦有差别，但基本的两项——圣洗和圣餐（即天主教之圣体）均予保留，内容较简化，场面较朴素。洗礼是入教仪式，方式有点水礼与浸礼两种[①]。圣餐礼与天主教不同之处是：一般教徒与教牧人员都可以领用面饼与葡萄酒，以示平等。基督新教的主要节日如圣诞节、复活节与天主教相同，但对一些次要节日，多数新教已不重视。

综上所述，基督新教是市民资产阶级在反封建斗争中从天主教分裂出来的一个革新教派，其教义打破了封建神学的枷锁，提倡个性解放与理性思考。在组织形式与制度方面贯彻了平等与民主的精神，并简化礼仪，在时间与财富方面实行节约。这些主张是原始积累时期新兴资产阶级的政治、经济观点在宗教上的反映。至于天主教后来虽历经改革，力求适应资产阶级的需要，但它仍然保留了较多的封建烙印。马丁·路德点燃的宗教改革运动和基督新教的创立在反封建的资产阶级革命中确曾起过积极的作用，可是，确如马克思所说："路德战胜了信神的奴役制，只是因为他用信仰的奴役制代替了它。他破除了对权威的信仰，却恢复了信仰的权威。他把僧侣变成了俗人。但又把俗人变成了僧侣。他把

[①] 点水礼由牧师沾圣水点在受洗人的前额上；浸礼多在教堂修建的"浸礼池"中举行，受洗者快速将全身浸入水中。

人从外在宗教解放出来，但又把宗教变成了人的内心世界。他把肉体从锁链中解放出来，但又给人的心灵套上了链。"① 因此，基督新教与天主教虽然在教义、组织和礼仪诸方面有所差别，但它们都是一种麻醉剂，"是人民的鸦片"②。

(原载《历史教学》1982年第7期)

---

① [德] 马克思：《〈黑格尔法哲学批判〉导言》，《马克思恩格斯选集》第1卷，第9页。
② [德] 马克思：《〈黑格尔法哲学批判〉导言》，《马克思恩格斯选集》第1卷，第2页。

1996年世界基督教信徒的
增减状况

20世纪90年代以来世界基督教徒人数,继其80年代的发展,仍呈上升的趋势。1990年,世界①总人口为5297042000人,基督徒总数为1758777900人,占世界总人口的33.3%。至1995年,世界总人口为5804121000人,基督徒总数为1955229000人,占世界总人口的33.7%,增长率为0.5%,净增人数196451100人,而1989年基督徒总数仅占世界总人口的32.9%,这说明了90年代以来基督教信徒的增长趋势。

基督徒总数虽呈上升趋势,但在基督教三大支派中出现了新的不平衡,在20世纪始终保持稳定增长的天主教,在90年代出现了滑坡现象。天主教信徒1989年占世界总人口的18.5%,占当年基督徒总数的58.5%,1990年其信徒为966455400人,占总人口的比例下滑为18%,占基督徒的比例降至54.9%,至1995年,天主教信徒为986121000人,占人口比例进一步下降至16.9%,在三大支派中,其比例进一步下降为50.4%。这一现象值得我们深入研究。

基督新教与东正教的信徒均继续增长,1990年基督新教信徒为

---

① 1996年统计数字系据美国《教会研究国际公报》1996年第1期编制。该刊统计数字的时间范围为1995年2月至1996年1月,习惯上算为1996年的标准数字。其他数字的依据是各该年度的《不列颠百科全书·年鉴》《美国与加拿大教会年鉴》《教会研究国际公报》以及于可主编《当代基督新教·附表4》,东方出版社1993年版。

540159100 人，占当年世界总人口的 10.1%，占基督徒的 30.7%，至 1996 年其信徒增至 632570000 人，分别为总人口的 11.2%，基督徒的 33.3%。五年的增长率为 2.5%。1990 年东正教信徒为 179517100 人，为总人口的 3.3%，基督徒的 10%；1995 年其信徒为 213083000 人，百分比分别增至总人口的 3.67% 和基督徒的 10.8%。

1996 年由于天主教信徒的滑坡，所以基督教（Christianity）信徒的增长率主要体现在基督新教（Protestantism）和东正教信徒的增加。对于这一现象，由于缺乏 1995 年基督新教各宗派与各地区的统计资料，所以只能从 1996 年基督教（Christianity）信徒的分布数字加以分析。第一，基督新教信徒增长率的提高，主要是亚非地区基督徒的增长，如非洲的基督徒 1990 年为 231053500 人，1996 年增至 300640000 人，增长率为 1.3%；亚洲的基督徒 1990 年为 227621900 人，1996 年增至 291566000 人，增长率为 1.28%。这些数字均高于北美和大洋洲（主要是基督新教信徒），更高于欧洲，1990 年欧洲基督徒为 516007600 人（包括俄罗斯在内），1996 年为 526238000 人，增长率为 1%。这些数字说明亚非地区的增长率高，而这一地区的基督徒主要是基督新教信徒。第二，东正教信徒在 20 世纪初人数较多，曾占世界总人口的 7.5%，至 1980 年已下降至 2.8%。但 1989—1991 年间，由于东欧政局的变化和苏联的解体，促使了东正教信徒的增长。1989 年上升为 3.2%，1991 年增至 3.3%，1996 年达 3.67%。

表1　　　　　1996 年世界主要宗教信徒统计表　　　　（单位：人）

年度 名称	1990 年	1996 年	2000 年预测数	2025 年预测数
世界总人口	5297042000	5804121000	6158051000	8294341000
基督教	1758777900	1955229000	2119342000	3058229000
伊斯兰教	934842200	1126995000	1240258000	1957019000
佛教	323349500	326056000	334852000	385818000

第五编　新教影响研究

续表

年度 名称	1990 年	1996 年	2000 年预测数	2025 年预测数
犹太教	17719800	13858000	15192000	17158000
印度教	705345900	793075000	846467000	1118447000
锡克教	18152000	19647000	21774000	37347000
新宗教	117589100	123048000	130352000	148266000
原始宗教	99424000	99896000	100862000	114204000
无宗教信仰者	866427700	876448000	915714000	1112191000
无神论者	233098500	222195000	231515000	300878000

＊本表依据 1990 年、1996 年美国《教会研究国际公报》第 1 期编制。

（原载《世界宗教文化》1996 年第 2 期）

天主教自由派向保守派的新挑战
——评《困境中的教会——梵蒂冈是否背叛了梵二会议?》

一 自由派与保守派的斗争

第二次世界大战后,随着国际形势的发展、社会与科学的进步,特别是西方现代化国家物质生活的丰富,罗马天主教会日益陷入了全面的信仰危机。在思想上,传统的天主教理论及与之相适应的教规、教阶、教仪均受到无情的批判;在组织上,地方教会的独立意识增强,它们开始蔑视教皇权威而仅将其视为信仰的象征。自由派和保守派就是在这场危机中孕育形成的。它们在振兴教会问题上观点不一,前者主张适应时代洪流,改革教会传统,从而使陷入危机的天主教会重新萌发出新的机制,获得新的生命力;后者则坚决主张维护教会的旧有传统,以"封闭"政策去对付世俗变革的冲击,继续维护教会和教皇的权威。

自由派和保守派自诞生以来已发生两次大的论争。第一次爆发于20世纪60年代的第二次梵蒂冈大公会议(简称"梵二会议")期间。当时,由于教皇约翰二十三世(1958—1963年在位)较为开明,一些主张教会改革的教士与神学家的积极参与,自由派基本上控制了局面。会议通过的文件强调教义、教规应适应现代化的发展、主教团分享教皇一些权力、对普世主义和天主教与犹太教、伊斯兰教等其他宗教及同科学、无神论者的对话予以肯定等。虽有许多问题未能解决，但它标志着天主教会已迈入了改革的时代。第二次论争始于教皇约翰·保罗二世（1978—2005年在位）即位之时。就其所涉及的问题而言，一方面是梵二会议留待解决的"遗产"，主要有堕胎节育问题、神职人员可否结婚、夫妻中无罪被弃者重新结婚的可能性、神职人员放弃世俗财产问题、主教的退休制度以及改变主教的委任制度等；另一方面则是对约翰·保罗二世现行政策的评价，他对梵二会议所持的模棱两可的态度令两派均感不满，因而对教皇现行政策的评价便成为他们争论的一项重要内容。保守派指责教皇一味地贯彻梵二会议精神，对自由派妥协，致使解放神学、地方教会运动和女权主义神学等日益猖獗，从而加深了教会思想混乱和分裂的倾向。自由派则批判教皇反对妇女担任神职、反对人工节育及教士结婚等立场，认为教皇没有继续贯彻梵二会议的精神，中断了天主教会的改革进程。这场争论在1985年召开的世界主教特别会议上达到了高潮，双方据理力争，各不相让，均力图使教皇转向自己一方。但是，由于约翰·保罗二世的折中主义策略，使得该会的结果含混不清，在解放神学、女权主义神学和地方主教会议的作用与地位等问题上均无重大突破。

世界主教特别会议后，两派虽暂时趋于平静，但斗争并未因此而停止。美国天主教学者于1987年出版的《困境中的教会——梵蒂冈是否背叛了梵二会议？》（以下简称《困境中的教会》）一书向我们展示了这一内容。该书为前杜宾根大学神学教授、著名神学家汉斯·孔与美国坦普尔大学天主教思想及宗教对话教授伦纳德·斯威德勒合编的一部论文集。书中共收集欧美自由派神学家的论文28篇，其中12篇取自1986年出版的德文版论文集《天主教会向何处去？》（*Whither the Catholic Church?*），其余16篇均为美国神学家的新著。从论文的观点来看，神学家们皆从自由派的立场出发对罗马教皇的现行政策作了较客观的评价，认为约翰·保罗二世及臣属正力图在系统神学、宗教道德、圣经研究、宗教会法等方面把天主教会恢复到梵二会议以前的状态。该文集的出版实际上是自由派神学家对约翰·保罗二世的抨击及对保守派的挑战，于此，他们更明确地阐述了自己的观点，表明自己对教皇现行政策的看法，把两派在世界主教特别会议之后的斗争引向深入。

　　自由派勇于提出挑战是基于他们对现实的考虑。这部论文集的首篇是汉斯·孔的《论天主教会的现状：该书的必要性》。该篇客观而冷静地分析了自由派所处的形势，认为自由派在以下两个方面优于保守派。首先，保守派所赞同的教会中央集权专制主义的统治违背了历史的发展方向，不符合时代的要求。在天主教会中，信徒的自决意识已有所增强，他们依据《圣经》，"认为教皇并非凌驾于教会之上，而只是教会中的一员，并非主教中的独裁者，而只是主教之间的联结；并非教会的统治者，而只是上帝的众仆之仆"[①]。这种观点在广大信徒中虽未发展成公众的舆论，但为自由派提倡的教会改革提供了一片沃土。其次，1985年秋季的世界主教特别会议也产生了有利于自由派的结果，或者说为自由派的主张能在教会中得到普遍的拥护提供了某种机会。因为汉斯·孔发现该会虽然弥漫着折衷主义色彩，但在会后颁布《最后的报告》中仍有一处提及相当数量的主教支持复兴梵二会议精神，它所提及的问题主要有十个方面："第一，教会应该是一个社团；第二，统一中的多元主义；第三，主教与教皇的分权原则；第四，分享和相互信任；第五，妇女的天职与传教；第六，青年是教会

[①] ［瑞士］汉斯·孔：《论天主教会的现状：该书的必要性》，载汉斯·孔等编《困境中的教会——梵蒂冈是否背叛了梵二会议？》，圣弗兰西斯科哈珀-罗有限公司1987年版，第2页（Hans Küng, "On the State of Catholic Church: or Why a Book Like This is Necessary", in Hans Küng, Leonard J. Swidler, eds, *The Church in Anguish: Has the Vatican Betrayed the Council?* San Francisco: Harper & Row, 1987, p. 2）。

的希望;第七,基层社团与教会应优先惠顾穷人;第八,普世主义;第九,与其他宗教的对话;第十,教义的现代化。"① 汉斯·孔指出,报告中提及的每一点都把罗马教廷的行政权限制在梵二会议的范围。他认为,世界主教会议今后不必再讨论对梵二会议精神的继承问题,需要考虑的只是如何把这些精神付诸实践。从以上两个方面考虑,汉斯·孔坚信自由派会在下一次争论中获胜。因而他们强烈呼吁召开第三次梵蒂冈大公会议,向保守派提出挑战。

二 两派论争的新发展

《困境中的教会》一书不仅预示着一场更大的论争的到来,而且还具体提出了两派之间的新分歧。神学家们在本书中所讨论的问题主要集中于系统神学、圣经研究、宗教道德、宗教教育、教会法和未来的教会模式等。对这些问题的探讨向我们展示了两派在教皇现行政策问题上的新分歧。

系统神学是教义的重要组成部分。荷兰内梅亨大学神学教授海尔门·海因在《约瑟夫·拉青格的"噩梦神学"》一文中分析了当今梵蒂冈信理部部长拉青格神学思想的变化,具体说明了罗马教廷的政策在系统神学领域的变化。他发现拉青格从教会批评家和改革家那里接受了批判主义方法,意识到教会不仅与超凡的圣体、圣礼相联结,而且也存在着世俗的组织机构与传教活动。他运用此法理解神学上的争论,分析教会的形成过程,成为梵二会议上著名的教会批评家之一。其神学思想的转变始于1970年发表的《教会民主化》("Democratization in the Church")一文。该篇对解放神学所提出的"民主""自由"等概念持有异议,认为

---

① [瑞士]汉斯·孔:《论天主教会的现状:该书的必要性》,载汉斯·孔等编《困境中的教会》,圣弗兰西斯科哈珀—罗有限公司1987年版,第14—16页。

"民主，无论是在卡尔·拉纳那里还是在其学生那里都已变成了一种'称义的谎言'；而自由，则被等同为否认任何社会约束的自我限制"①。而后，他的神学思想越来越远离从前的轨道，他反对使用历史批判法和社会批判法，以权威代替逻辑，将自己囿于偏狭的合法神学之中。海因指出，这种变化其实是对罗马中心论和新学院派神学的回归。其目的是预防教会的严重分裂和对教会领袖的挑战。它标志着罗马教廷的政策在系统神学领域的变化和对梵二会议的背离。

杜宾根大学神学教授狄特马尔·梅斯专门从道德准则角度分析了罗马教廷的现行政策。他详细地研究了罗马教廷近十年来发布的有关文件及受迫害者的状况，发现天主教会的道德准则同样与梵二会议精神背道而驰。他提出，梵二会议已开始将教会的社会准则推向人类的社会伦理准则，教会的认识模式亦由教条式转为开放式，强调与时代特征和信徒的实际意识对话。而当今罗马天主教会的道德准则却是以道德本身的丧失作为代价。以最有争议的性伦理领域的道德准则为例，梵蒂冈规定：第一，禁止人工节制生育。严格区分"安全期"与"人工节育"的不同，认为后者往往导致虐杀初级生命的非道德行为。第二，禁止人工流产，认为这同样是残害与他人无害的幼小生命的不道德行为。第三，性行为当伴随神圣的婚约，禁止婚前、婚外及非婚性行为和同性恋。可以看出，随着人类道德意识和道德习惯的发展，天主教的古老的道德准则将日益成为违背人性的非道德准则。而这却是罗马教廷未能继续贯彻梵二会议精神、沿袭旧有传统和故步自封的结果。

瑞士神学家乔治·希尔伯特在《对历史批判法的诋毁》一文中谈到了《圣经》研究的问题。他认为，由于梵二会议与当今罗

---

① [德]海尔门·海因：《约瑟夫·拉青格的"噩梦神学"》，载汉斯·孔等编《困境中的教会》，第75—76页（Herman Hring, "Joseph Ratzinger's Nightmare Theology", in Hans Küng, Leonard J. Swidler, eds, *The Church in Anguish*, San Francisco: Harper & Row, 1987, pp.75-76）。

马教廷对历史批判法所持的态度不同,因此它们对《圣经》的理解与诠释皆有不同的原则与模式。

在研究了梵二会议的文件之后,希尔伯特提出会议在《圣经》研究问题上有四项原则:一是把《圣经》内容分为三个层次,即耶稣本人的圣谕及圣迹,使徒的传谕和先知的福音。二是圣谕在不同层次的记述中往往有不同的形式。三是不应仅仅把《福音书》视为某某的作品,它包含着一定的社会内容。四是《圣经》不仅是具有单一色彩的历史记述,其背后尚隐藏着一个未知的世界。他认为梵二会议从根本上承认了历史批判法的思维模式,它在《圣经》研究中做到了多方面、多层次、发展地和深入地探讨问题。而今天的罗马教廷,情况恰恰相反。虽然教皇本人并未对历史批判法持否定态度,但以拉青格为首的信理部却对这一研究方法恣意诋毁:虔诚的信徒和忠于教会的《圣经》诠释者由于使用历史批判的方法而走向教会的对立面。他们认为历史批判法虽然为更好地理解《圣经》提供了诸多的可能性,但从本质上说,它只能历史地看待《圣经》而不能依照现代的要求解释它。

因此,拉青格呼吁"《圣经》就是《圣经》,是信仰的准则"[①]。希尔伯特认为这种教条式的圣经研究法是与梵二会议精神相悖的。

关于当今罗马教廷在宗教教育问题上所推行的政策,杜宾根大学神学教授沃尔夫冈·巴瑟罗斯在其《要回到旧的〈要理问答〉吗?》一文中作了分析与评估。作者认为现今的天主教会已回归到《要理问答》时代。罗马教廷反对把人文科学和社会科学引入宗教教育领域,呼吁回归到一种正规的宗教教育理论的时代。

---

① [德]乔治·希尔伯特:《对历史批判法的诋毁》,载汉斯·孔等编《困境中的教会》,第123页(Georg Schelbert, "Defaming the Historical Critical Method", in Hans Küng, Leonard J. Swidler, eds, *The Church in Anguish*, San Francisco: Harper & Row, 1987, p. 123)

天主教自由派向保守派的新挑战

拉青格提出："没有《要理问答》，社会将丧失信仰的逻辑；没有《要理问答》，信仰的解释就会支离破碎而无公断；没有《要理问答》就会抛弃对《圣经》的研究；也不会再有针对某种特殊问题的宗教教育。"[①] 另外，作者还提到了现代人的素质问题。他认为许多人已经发现了自己的自决能力，愿意在不同的宗教选择中做出取舍。他们拒绝潜移默化式的灌输，除非他们愚蠢或者已被引入歧途。在寻找生活意义的时候，他们反对福音书，因为福音书并不能使他们体验到上帝如何使生活变得有意义，如何引导他们走出世俗，如何使他们摆脱奴役、罪恶；如何使他们复活，让他们有力量去爱。同时指出，这些现代人所需要的宗教教育不可能是呆板的《要理问答》，而只能是开放式的、引进人文科学与社会科学方法观念的新式教育。

在教会法问题上，荷兰内梅亨大学教会法教授孔特·沃尔夫深入分析了1983年1月约翰·保罗二世颁布的新教会法。他认为，尽管约翰·保罗二世曾提醒人们约翰二十三世早在梵二会议之初即已宣布改革旧教会法，尽管他一再强调上一次大公会议与这部新法典的联系，但是，无论是从语言上还是从内容上，都很难从这部法典中寻得梵二会议的精神。

孔特·沃尔夫认为"新的教会法在许多方面似乎是梵一会议而非梵二会议成果的汇集"[②]，他列举了如下四个方面：一是在教皇和主教的关系上，新的教会法强调教皇的特权。"新的律法书对教皇权的解释是前一教会法中所没有的……教皇被视为'耶稣的代表'，

[①] [德]沃尔夫冈·巴瑟罗斯：《要回到旧的〈要理问答〉吗?》，载汉斯·孔等编《困境中的教会》，第163页（Wolfgang Bärtholomaus, "Return to the Old Catechism?", in Hans Küng, Leonard J. Swidler, eds, *The Church in Anguish*, San Francisco: Harper & Row, 1987, p.163）。

[②] [德]孔特·沃尔夫：《新的教会法——同样的旧体系》，载汉斯·孔等编《困境中的教会》，第104页（Knuf Walf, "The New Canon Law—The Same Old System", in Hans Küng, Leonard J. Swidler, eds, *The Church in Anguish*, San Francisco: Harper & Row, 1987, p.104）。

他不仅对教会而且对其他一切宗教团体皆有至高无上的权力。"① 二是主教会议的职责并未体现分享教皇的权力。"主教会议的权限经常是做一些次要的阐发和引申。而且,在进一步阐明问题的时候,主教会议要拥护教皇的政令和法案。这种分享仍体现着教皇的统治。"② 三是在教皇与地方教会的关系上,与梵二会议的精神相反,强调加强教皇对地方教会的影响。"如果你认真读一读新教法,你就会了解在那些动听的陈述背后教皇对地方教会仍具有特殊权力。"③ 四是在教友的权利问题上,新教会法亦未表现出不同。梵二会议认为:世俗教友都是信徒,都受过洗礼,彼此是弟兄,是同一身体上的肢体。但是新律法在教士与教友之间划出了明显的界限,因为新律法中辟有专章"论教友的权利与义务",其地位与教士有明显的不同。

在《困境中的教会》中,大部分美国神学家均关注近年来发生在美国的一系列宗教迫害事件。他们发现事件的起因均是受害人对一些敏感问题的探究,因此对梵蒂冈的现行政策产生了疑虑。他们均在各自的文章中探讨了这一类问题,希望客观地评价梵蒂冈的现行政策和未来教会的模式,在诸多的文章中,斯威德勒的文章最具有代表性。他认为"正如教皇约翰二十三世及梵二会议精神所指出的,'无论个人还是团体,其使命的首要方面应通过时代象征'来体现。就我们这个时代而言,无论在世俗世界还是在教会里,其时代象征都必须远离专制与集权"④。"而目前天主教会在很大程度上

---

① [德]孔特·沃尔夫:《新的教会法——同样的旧体系》,载汉斯·孔等编《困境中的教会》,第94页。
② [德]孔特·沃尔夫:《新的教会法——同样的旧体系》,载汉斯·孔等编《困境中的教会》,第97页。
③ [德]孔特·沃尔夫:《新的教会法——同样的旧体系》,载汉斯·孔等编《困境中的教会》,第98页。
④ [美]伦纳德·斯威德勒:《民主—分歧—对话:天主教会的使命》,载汉斯·孔等编《困境中的教会》,第306页(Leonard Swidler, "A Catholic Vocation", in Hans Küng, Leonard J. Swidler, eds, *The Church in Anguish*, San Francisco: Harper & Row, 1987, p. 306)。

违背了传统,更趋于向集中和权威主义的回归。"① 斯威德勒还指出,美国的教会模式代表了未来教会的模式,因为其思考—分歧—对话—抉择的模式不仅与梵二会议精神一致,而且符合《圣经》所提倡的传统,具有正确性与可行性。

三 简评《困境中的教会》

作为天主教内部自由派与保守派斗争的产物,该书发表的现实意义不言自明。它进一步阐明了自由派的观点和主张,袒露了目前天主教会内部两派的分歧,揭示了梵蒂冈的发展动向,说明罗马教皇中央集权大一统局面的裂隙日益增大。因此,该书将会在基督教世界及其他各界读者中引起广泛的反响,并有助于自由派在下一次交锋中取得优势。正如主编者之一汉斯·孔所言:"长期暴露问题之所在,将会导致类似宗教改革和梵二会议式的革命的爆发。"②

该书不仅在天主教神学观点上提出了新见解,而且在研究方法上也令人耳目一新。汉斯·孔曾提出:神学不应是一种神秘的学问,仅对已信仰的人有效,相反,它应便于那些不信的人理解,不应成为一种对"纯"信仰的颂扬,也不应视之为某一学派的辩护工具,而应是毫不妥协地以科学态度对真理进行探讨。这就是说,天主教自由派神学已不再是重复"信经"中的"真理",很多天主教神学家和伦理学家皆已吸收科学的方法,特别是心理学、精神分析学、社会学、人类学和语言学来分析神学问题。

《困境中的教会》正是一些著名的天主教自由派对这种新研

---

① [美]伦纳德·斯威德勒:《民主—分歧—对话:天主教会的使命》,载汉斯·孔等编《困境中的教会》,第322页。
② [瑞士]汉斯·孔:《论天主教会的现状:该书的必要性》,载汉斯·孔等编《困境中的教会》,第13页。

究方法的一次尝试。在这些文章中,没有旧神学武断的演绎法,而是从事实中得出较客观的结论。在研究梵蒂冈的现行政策时,神学家们的基本着眼点是梵二会议的文件与现今罗马教廷的文件,经过比较而得出结论。如前已介绍过的乔治·希尔伯特的《对历史批判法的诋毁》就是最典型的一例。他首先通过对梵二会议文件的研究指出该会承认历史批判法在圣经学中的作用,提出了解释《圣经》的四个基本原则,然后与信理部对历史批判法的态度相比较,最后得出结论认为,当今教会在圣经研究上背离了梵二会议精神。

同时,书中还有几处专门论述了新的神学研究方法,斯威德勒在《斗争中的孔》一文中曾对汉斯·孔的研究方法加以总结,他认为汉斯·孔的神学研究方法有两个特点。第一个特点是历史性,"他历史地、因而也是发展地看问题,丝毫不惧怕变化的观念。他的世界观完全不同于传统的那一种"①。这是一种新的模式。汉斯·孔之所以受到迫害,主要是由于这种新的认识模式不能自然而然地为人们所接受。第二个特点是"对话"。汉斯·孔认为客观世界是一种广泛的联系,而且,对现实的叙述与叙述者本人所处的时代、文化背景、社会阶层和环境以及使用的语言皆有关联,故而神学研究亦应在与神学以外的领域交流、对话中得出较全面的结论。此外,汉斯·孔也在文章中评论过拉青格的神学研究方法,认为拉青格把修女人数的锐减归罪于女权运动、心理学、社会学和政治神学等,实际上是在掩饰教会的错误。"拉青格只从冲击教会的现代世界中去寻找恶源,而无视天主教会本身的罪恶",这是一种偏狭,由此得出的

---

① [美]伦纳德·斯威德勒:《一场持续的争论:斗争中的孔》,载汉斯·孔等编《困境中的教会》,第 201 页(Leonard Swidler, "A Continuous Controversy: Küng in Conflict", in Hans Küng, Leonard J. Swidler, eds, *The Church in Anguish*, San Francisco: Harper & Row, 1987, p. 201)。

结论必然是"阴郁的预言"。同时，他还提醒人们不尊重历史事实会导致卑鄙的武断盲目，拉青格就是这样行事的。他在不尊重客观事实的情况下，为了达到攻击对手的目的使用了如下手段："讽刺反对派扰乱了神圣的秩序；制造桃色新闻；披着现代自由的外衣谴责'保守'言辞，"① 等等。

总之，《困境中的教会》是天主教自由派学者的一部力作，是我国宗教学者研究当代天主教的必读之书。

（本文与吴舒屏合写，原载《世界宗教资料》1989年第3期）

---

① ［瑞士］汉斯·孔：《枢机拉青格、教皇沃伊蒂瓦和梵蒂冈的恐惧》，载汉斯·孔等编《困境中的教会》，第61页（Hans Küng, "Cardinal Ratzinger, Pope Wojtyla and Fear at Vatican", in Hans Küng, Leonard J. Swidler, eds, *The Church in Anguish*, San Francisco: Harper & Row, 1987, p.61）。